EXECUTIVE EDITOR, MODERN LANGUAGES
Roger D. Coulombe

PROJECT EDITORS
Valentia Dermer
Jayne Cotton

NATIONAL MODERN LANGUAGE PRODUCT SPECIALIST
Teresa Carrera-Hanley

MODERN LANGUAGE PRODUCT MANAGER
Natalie St. John

D.C. HEATH CONSULTANTS
Alison King
Karen Ralston
Ramón Morales-Sánchez

DESIGN AND PRODUCTION
Will Tenney, Executive Designer
Donna Lee Porter, Senior Production Coordinator
Marianna Frew Palmer, Editorial Services
Susan Gerould/Perspectives, Cover Designer

Published simultaneously in Canada

Printed in the United States of America

International Standard Book Number: 0-669-14892-X

2 3 4 5 6 7 8 9 0

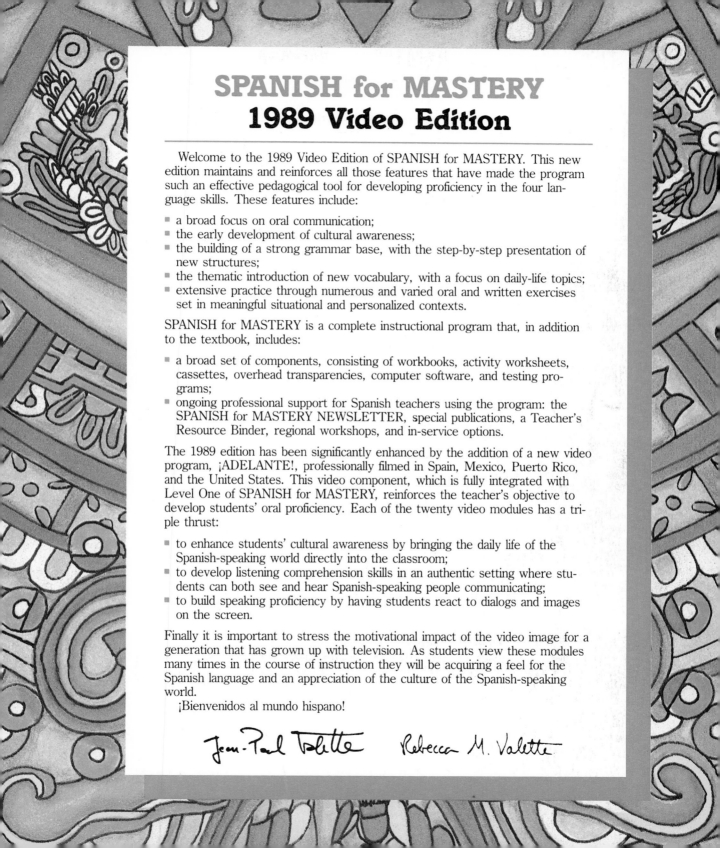

SPANISH for MASTERY
1989 Video Edition

Welcome to the 1989 Video Edition of SPANISH for MASTERY. This new edition maintains and reinforces all those features that have made the program such an effective pedagogical tool for developing proficiency in the four language skills. These features include:

- a broad focus on oral communication;
- the early development of cultural awareness;
- the building of a strong grammar base, with the step-by-step presentation of new structures;
- the thematic introduction of new vocabulary, with a focus on daily-life topics;
- extensive practice through numerous and varied oral and written exercises set in meaningful situational and personalized contexts.

SPANISH for MASTERY is a complete instructional program that, in addition to the textbook, includes:

- a broad set of components, consisting of workbooks, activity worksheets, cassettes, overhead transparencies, computer software, and testing programs;
- ongoing professional support for Spanish teachers using the program: the SPANISH for MASTERY NEWSLETTER, special publications, a Teacher's Resource Binder, regional workshops, and in-service options.

The 1989 edition has been significantly enhanced by the addition of a new video program, ¡ADELANTE!, professionally filmed in Spain, Mexico, Puerto Rico, and the United States. This video component, which is fully integrated with Level One of SPANISH for MASTERY, reinforces the teacher's objective to develop students' oral proficiency. Each of the twenty video modules has a triple thrust:

- to enhance students' cultural awareness by bringing the daily life of the Spanish-speaking world directly into the classroom;
- to develop listening comprehension skills in an authentic setting where students can both see and hear Spanish-speaking people communicating;
- to build speaking proficiency by having students react to dialogs and images on the screen.

Finally it is important to stress the motivational impact of the video image for a generation that has grown up with television. As students view these modules many times in the course of instruction they will be acquiring a feel for the Spanish language and an appreciation of the culture of the Spanish-speaking world.

¡Bienvenidos al mundo hispano!

Jean-Paul Valette   *Rebecca M. Valette*

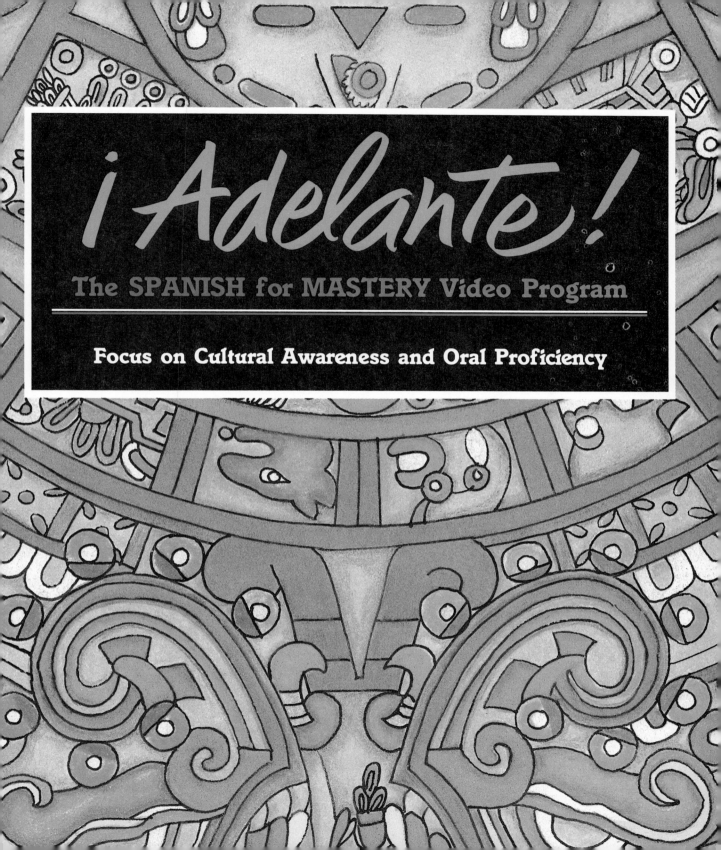

¡Adelante!

The SPANISH for MASTERY Video Program

Focus on Cultural Awareness and Oral Proficiency

Purpose and Objectives

¡ADELANTE! is the video component of SPANISH for MASTERY. By presenting the Spanish-speaking people in their day-to-day activities, the video program makes the study of Spanish a complete cultural and linguistic experience from the very beginning of instruction. More specifically, the purpose of ¡ADELANTE! is to foster:

- cultural awareness of the Spanish-speaking world and its people, with a special focus on young people
- listening comprehension skills
- communication skills, especially in proficiency-type situations
- vocabulary acquisition in context

Of equal importance is the motivational aspect: ¡ADELANTE! is a pedagogical tool that will enrich classroom teaching and stimulate students' interest from the first day of study.

Although ¡ADELANTE! is integrated with Level One of SPANISH for MASTERY, it can be used effectively at Levels Two and Three for cultural enrichment and communication activities.

The Setting

¡ADELANTE! was filmed on location in Madrid (Spain), Mexico City, Cuernavaca, and Puerto Vallarta (Mexico), San Juan (Puerto Rico), San Antonio (Texas), and Miami (Florida). These varied locales present students with a diversified image of the Spanish-speaking world. Students encounter Hispanic young people, their families and friends engaged in a variety of everyday activities within culturally authentic settings.

Overall Organization and Contents

¡ADELANTE! consists of twenty independent modules. These modules are contained on four video cassettes that correspond to specific lessons of SPANISH for MASTERY 1, *¿Qué tal?*, and to the two-volume edition BIENVENIDOS and DÍA A DÍA.

	VIDEO PROGRAM		To accompany SPANISH for MASTERY 1 *¿Qué tal?*	
¡ADELANTE!	PART I	Cassette 1 Cassette 2	Bienvenidos	
			Units 1, 2	
			Units 3, 4, 5	
	PART II	Cassette 3 Cassette 4	Día a Día	
			Units 6, 7	
			Units 8, 9, 10	

Scope and Sequence

The table on the following pages shows how the twenty modules correlate with the specific lessons of SPANISH for MASTERY 1. It also indicates the cultural, grammatical, and vocabulary topics covered in each module.

CASSETTE 1

	Module	Text Reference Spanish for Mastery 1	Cultural Topic	Proficiency Activity	Vocabulary	Grammar Topics
1	¡Hola, amigos!	Unit 1 Lessons 1, 2	Introduction to the Spanish-speaking world; Greetings	Introducing one-self	Greetings	
2	¿Cuánto es?	Unit 1 Lesson 3	Shopping; The café: a meeting place	Shopping; Ordering and paying in a café	Numbers 1–100	
3	¿Qué hora es?	Unit 1 Lesson 4	A day in the life of a Spanish city	Telling time	Time of day	
4	¿Qué tiempo hace?	Unit 1 Lessons 5, 6	Geographical variety in the Hispanic world	Talking about the weather	Date and weather conditions	
5	En San Antonio	Unit 2 Lessons 1, 2, 3	A fiesta in San Antonio	Talking about leisure activities	Weekend activities	*-ar* verbs; affirmative, negative; questions
6	En Miami	Unit 2 Lessons 3, 4	Hispanic life in Miami	Talking about studies and career plans	Daily activities	

CASSETTE 2

	Module	Text Reference Spanish for Mastery 1	Cultural Topic	Proficiency Activity	Vocabulary	Grammar Topics
7	¿Quién es?	Unit 3 Lessons 1, 2	A secondary school in Spain	Describing people	People's appearance and characteristics	*ser;* noun group
8	En el club hispano	Unit 3 Lessons 3, 4	Leisure activities	Relating to other people; Talking about possessions	Adjectives of nationality; Everyday objects	*tener;* noun group
9	Y ahora, México	Unit 4 Lessons 1, 2	A provincial Mexican city	Talking about future plans	Names of places	*ir; ir a* + infinitive; *estar*
10	En la capital	Unit 4 Lessons 3, 4	Visiting Mexico City	Getting around the city	Names of places	direct object pronouns
11	La familia de Maritza	Unit 5 Lessons 1, 2	A Puerto Rican family	Talking about home and family life	Family	*-er* and *-ir* verbs
12	En mi casa	Unit 5 Lessons 3, 4	A Mexican home	Talking about oneself and others	Daily activities	*decir;* direct and indirect object pronouns

Module	Text Reference Spanish for Mastery 1	Cultural Topic	Proficiency Activity	Vocabulary	Grammar Topics		
13 El mundo de los deportes	Unit 6 Lessons 1, 2	Sports	Talking about sports activities	Sports	*gustar; jugar*		
14 Los espectáculos	Unit 6 Lessons 3, 4	Movies, theater, and other weekend activities	Talking about leisure activities	Movies, theater, and television	stem-changing verbs		
15 Comprando ropa	Unit 7 Lessons 1, 2	Clothes and clothing stores	Shopping for clothes	Clothing; Numbers	comparative and superlative; demonstrative adjectives	CASSETTE 3	VIDEO PACK II
16 El pobre Sr. Peña	Unit 7 Lessons 3, 4	The morning routine	Describing one's daily routine	Personal care activities	reflexive verbs		
17 La vida escolar	Unit 8 Lessons 1, 2	A school day in Mexico	Talking about past activities	School life	preterite		
18 A comer	Unit 8 Lessons 3, 4	Spanish cafés and restaurants	Ordering foods and beverages	Foods and beverages	preterite	CASSETTE 4	
19 El mundo profesional	Unit 9 Lessons 1, 2, 3, 4	Professional life	Describing one's professional activities	Professions	irregular preterite		
20 La paella	Unit 10 Lessons 1, 2, 3, 4	A food market; Spanish cuisine	Shopping for food; Cooking	Foods; table settings	informal commands		

Description of a Module

The typical video module of ¡ADELANTE! consists of three parts:

- the cultural opener
- the dialogs
- the expansion or "ampliación"

The first two parts are linked together in a unified segment. The last part of the module, entitled "ampliación," is a pedagogical segment that invites student participation. Each module is presented in both a captioned and uncaptioned version.

	PART	DESCRIPTION	STUDENT OBJECTIVE
first segment	Cultural opener	visual presentation of a selected aspect of culture in the Spanish-speaking world	to watch and observe
	Dialogs	conversations or monologs about daily life topics	to listen and understand
second segment	Expansion or "ampliación"	presentation of specific vocabulary or structure in a cultural context	to listen and speak

The cultural opener

This part visually presents the theme of the module and provides the background for the dialogs. It is accompanied by a brief narration. The main objective of the cultural opener is to show the Spanish-speaking world and its people, especially its young people, in their daily occupations. In this part, students are therefore invited *to watch,* in order to observe, understand, and assimilate cultural similarities and differences.

The dialogs

This part flows naturally from the cultural opener to which it is thematically related. It consists of one or several conversational exchanges on daily-life topics, such as ordering in a café, buying clothes, shopping, or simply talking about one's weekend activities. These dialogs, spoken in clear and distinct Spanish, recombine the structures and lexical elements of the corresponding lessons in the student text. Here students should be encouraged *to listen* so that they can understand the dialogs as they are spoken and eventually imitate or perform them.

The expansion or "ampliación"

This part is a separate segment and may be used independently. It focuses on specific vocabulary and/or grammar points from the corresponding lessons in the student text. Here students should be encouraged *to speak.* These speaking activities may take different forms ranging from simple listening and repetition to answering personal questions.

Using the Video Program

¡ADELANTE! is a flexible pedagogical tool that can be used in many ways and at many different points in the instructional process. In fact, multiple viewings significantly increase its effectiveness.

Each module of ¡ADELANTE! is correlated to specific lessons in the Student Text, which represent one to four weeks of instruction. Within this instructional period, the corresponding video module can be incorporated into the lesson plan at many different times and for different teaching objectives.

To introduce new material

The video module provides a highly motivating introduction to the new lesson material.

- Students watch the cultural opener and note similarities and differences between customs of the United States and those of the Spanish-speaking world.
- Students watch the opener and dialog in order to find examples of points mentioned in one of the cultural notes of their textbook.
- The teacher presents some of the key vocabulary or structures that appear in the video, and students then view the cultural opener and the dialogs for general comprehension.
- Students watch the "ampliación" section to see how much of the new vocabulary they are able to understand in context.

To illustrate and practice the new material

Segments of the video may be replayed many times so that students have the opportunity to learn the new structures and vocabulary in an authentic context.

- Students alternate viewing between the captioned and the noncaptioned versions of the opener and the dialogs until they can understand the entire text.
- Students participate in the showing of the segment by mouthing the words ("lip sync") with the speakers or by actually speaking aloud with them.
- The teacher plays the noncaptioned version, stopping after certain sentences so that students can write them in dictation.
- Once students understand the "ampliación" section, the teacher plays the video with the sound turned down, while students describe the objects or activities shown on the screen.

To reinforce communication skills

When students have become familiar with the content of the entire video module, the scenes can be used as a springboard for communicative activities.

- The teacher plays the video without the sound and students take turns describing what they see on the screen.
- Students prepare sets of true-false statements about the video and present their "quizzes" to their classmates. (This may be done as a team game.) If answers are disputed the video is played again for verification.
- Students act out skits based on the video.

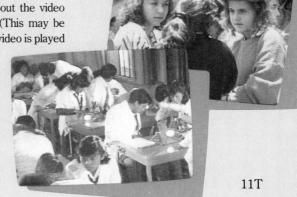

INTRODUCTION

The Teacher's Edition for SPANISH for MASTERY is an enlarged version of the Student Text. The front matter consists of four parts: a description of the characteristics and organization of the SPANISH for MASTERY program, including a scope and sequence chart; suggestions about how to use the various components of the program; hints on how to supplement the basic materials; and a Reference Guide containing useful classroom expressions and a detailed listing of the contents of the program.

In the textbook itself, an overprint of small, blue type provides teachers with several kinds of information:

- Unit summaries of the main communication, grammatical, and cultural objectives.
- Supplementary questions on the *Presentation texts*
- Supplementary grammatical information
- Supplementary cultural information
- Supplementary vocabulary
- Suggestions for expanding and modifying exercises
- Suggested realia to enliven the presentation of culture
- Suggested optional activities
- Responses to all ***Observación*** sections
- Material designated as optional
- Correlation of the text to the components

It is important to note here that the term "optional" does not mean that the material should be left out. It simply designates material that can be adapted or omitted according to the specific objectives of the class and/or material that can be assigned as supplementary work for the better student or for the student who has a particular interest in the topic.

The key **Est. A, B, C,** or **D** is used to cross-reference the ***Observaciones*** to the ***Estructura*** section(s) to which they correspond.

Contents

PART 1: Description of SPANISH for MASTERY — 17T

1. General Characteristics of the Program   17T
  1.1 Objectives and Philosophy   17T
  1.2 Key Features   17T

2. Organization of SPANISH for MASTERY   21T
  2.1 The Student Text   21T
  2.2 The Workbook   25T
  2.3 The Cassette Program   25T
  2.4 The Activity Masters   26T
  2.5 The Testing Program   27T
  2.6 The Overhead Transparencies   27T
  2.7 The Computer Software   27T
  2.8 The Teacher's Resource Binder   28T
  2.9 The SPANISH for MASTERY Newsletter   28T

3. Scope and Sequence   29T

PART 2: Using SPANISH for MASTERY — 39T

4. Suggested Techniques   39T
  4.1 The First Day of Class   39T
  4.2 Teaching Unit 1   40T
  4.3 Teaching the Basic Lessons   40T
  4.4 Using the *Variedades*   45T
  4.5 Using the *Vistas*   46T
  4.6 Using the Workbook   46T
  4.7 Using the Cassette Program   47T
  4.8 Using the Testing Program   48T
  4.9 Using the Overhead Transparencies   49T

5. Scheduling and Lesson Plans   49T
  5.1 Scheduling   49T
  5.2 Lesson Plans   50T

PART 3: How to Supplement SPANISH for MASTERY 55T

6. Supplementary Material and Activities   55T
   6.1 How to Find and Use Realia   55T
   6.2 How to Prepare and Use Games   59T
   6.3 Cultural Activities   64T

PART 4: Reference Guide for SPANISH for MASTERY 65T

7. Useful Expressions   65T
   7.1 Classroom Expressions   65T
   7.2 Expressions for the *Actividades*   67T

8. Detailed Listing of the Contents   68T
   8.1 Structure   68T
   8.2 Vocabulary   72T
   8.3 Pronunciation   74T
   8.4 Reading   74T
   8.5 Culture   75 T

PART 1: Description of SPANISH for MASTERY

1 | GENERAL CHARACTERISTICS OF THE PROGRAM

SPANISH for MASTERY is a complete three-level program for junior/senior high school students. SPANISH for MASTERY 1, *¿Qué tal?*, and SPANISH for MASTERY 2, *Entre nosotros*, are accompanied by the following components:

- Teacher's Annotated Edition
- Video Program ¡ADELANTE!
- Workbook
- Teacher's Annotated Edition of the Workbook
- Cassette Program
- Tapescript
- Testing Program
- Activity Masters
- Overhead Transparencies
- Song Binder
- Computer Software
- Teacher's Resource Binder
- Answer Key/Student Text

The core program is contained in the Student Text and the Teacher's Annotated Edition. The other components are optional.

SPANISH for MASTERY 3, *Situaciones*, is a program for third-level students.

1.1 Objectives and Philosophy

The basic objectives of SPANISH for MASTERY are the following:

- to help each student attain proficiency in the four skills of listening, speaking, reading, and writing within a minimum period of time and in a way that makes language learning a meaningful activity;
- to present the language within the context of the contemporary Spanish-speaking world and its culture.

In pursuing these goals, the authors have adopted a pragmatic approach and purposely have avoided relying on any one theory of language learning. To elicit a high level of student participation in the learning process, they have evaluated a variety of pedagogical techniques and have selected those that would produce the best results. This integration of techniques is at the heart of SPANISH for MASTERY. Furthermore, teachers can adapt the program to their own teaching styles and to the needs of their students.

1.2 Key Features

1.2.1 Broad cultural focus.   In SPANISH for MASTERY, cultural material is integrated into the learning process so that students gain an awareness of the culture of the Spanish-speaking world as they study each lesson. In addition, specific segments of the program have been especially designed to emphasize culture:

- the *Nota cultural* of each lesson
- the five full-color, illustrated *Vista* sections
- the *Rincón cultural* sections of the Workbook
- the photographs and realia presented throughout the text

From the start of the program, students are made aware of the geographic and cultural variety of the Spanish-speaking world, from South America to the Caribbean, from Mexico and Central America to Europe. A second but no less important goal is to make students aware that Hispanic culture in their own country is a reality that directly affects their lives. For many students this awareness will broaden their horizons and stimulate their interest in learning Spanish.

1.2.2 Accent on youth.   An effective way of involving students in language is to make communication in the new language relevant to their own lives. The majority of the activities in this program have youth-related themes: hobbies, travel, schoolwork, dating, choice of career, relationships with parents, and attitudes toward love, friendship, money, success, and failure.

1.2.3 Adaptability of the program.   SPANISH for MASTERY can be used in a variety of teaching situations:

- large or small classes
- slow or fast tracks
- language programs stressing oral proficiency or more traditional classes

The program is also adaptable to small-group teaching and lends itself to self-paced instruction. Part Two of this manual suggests various ways in which the teacher can organize the lessons.

1.2.4 Several approaches to grammar.   Because there is no one way of teaching a foreign language, SPANISH for MASTERY incorporates several classroom approaches into the presentation of Spanish structures:

- **Guided discovery approach.** The new structures in each lesson are presented in key sentences in the *Presentation text* that begins each lesson. The ***Conversación/Observación*** section that follows presents a limited number of short questions that pertain to the new structures. The questions are phrased to allow students to make generalizations about the new material.
- **Descriptive approach.** In the ***Estructura*** sections, the new material is explained in English and, where appropriate, presented graphically with examples and related exercises. These sections also serve as a grammar reference manual.
- **Modified contrastive approach.** Where appropriate, new structures are compared to and contrasted with previously learned structures or English equivalents. Areas of potential interference between Spanish and English are mentioned explicitly: see, for example, Lesson 9.1, English "to know" versus Spanish "saber" and "conocer."
- **Analytic-synthetic approach.** More complex points of grammar are introduced across two or more lessons in minimal learning steps. Finally the entire pattern is summarized in a table; see, for example, the presentation of possessive adjectives, Unit 5.

1.2.5 Variety in the learning material.   Variety in presentation as well as in content is an essential element in fostering and maintaining student interest. Throughout SPANISH for MASTERY this feature has been given particular attention. For instance, instead of relying exclusively on dialogs, the lessons are also built around narratives, interviews, questionnaires, and cartoon series. Similarly, the exercises encompass a wide variety of formats, such as role-playing activities, ***Preguntas personales,*** open-ended sentences requiring a personal completion, and ***Creación,*** in which students match words to create sentences.

1.2.6 Focus on communication.   To elicit active participation in the learning process, all exercises of SPANISH for MASTERY, including those of the Cassette Program and the Workbook, are set in situational contexts. The situations may be practical, such as planning a trip, answering an ad in the newspaper, or selecting items from a menu. Sometimes the situations are humorous, such as reacting to a date being late. The purpose of these contextual exercises is to have students use

Spanish as a means of communication and self-expression rather than as a rote response in artificial drills. This approach gives students extensive practice with the **yo** and **tú** forms, as they communicate with each other.

1.2.7 Flexibility and efficiency in developing language skills. The language is presented and practiced through all four language skills. However, if the teacher wishes to focus on only one or two skills, the parts of the program emphasizing these skills can be stressed. For instance, if speaking is a priority, the teacher can stress the communicative activities such as *Preguntas personales,* the *Diálogo* exercises, and the *Para la comunicación* sections of the Student Text, the *Speaking* activities of the Cassette Program, and the *Rincón cultural* sections of the Workbook.

Each skill is developed in its several aspects. For example, the basic reading segment, *Variedades* presents reading material in varied formats. It is followed by an *El arte de la lectura* segment. This section, along with the Workbook section *Enrich your vocabulary,* offers many opportunities for building such reading skills such as identification of cognates and guessing the meanings of new words. Similar breadth of development characterizes the listening activities of the Cassette Program, which involve active listening to recorded material from the Student Text, selective listening for grammatical signals (verb tenses, forms of determiners, singular and plural markers), and general listening comprehension of unfamiliar passages.

1.2.8 Logical organization. In learning Spanish, students are carefully guided through a concise, measured grammatical progression. The presentation of the simpler and more frequently used structures precedes that of the more complex and less common ones. Each lesson in SPANISH for MASTERY concentrates on two to four aspects of grammar, and the amount of new vocabulary is carefully controlled. The introductory *Presentation text* of the lesson incorporates the new material into the context of previously mastered patterns and structures. Any unknown words or major new structures are side-glossed before they are actually taught.

1.2.9 Systematic reentry of grammar and vocabulary. All the *Estructuras,* all the vocabulary in the *Vocabulario práctico* sections, and all the *Expresiones* in the *Para la comunicatión* sections are active; that is, they should be mastered by the students. List of these words and expressions by unit appear in the Activity Masters. Passive vocabulary, for recognition only, is glossed when it appears.

As the program progresses, structures and vocabulary items are reentered in the exercises and reading materials. Suggestions for reviewing structures and vocabulary are made in the overprint if the mastery of these elements is a requisite for learning the new material of the lesson.

All basic aspects of grammar and active vocabulary are incorporated into the *Test/Repaso* which concludes each unit of the Workbook. The teacher may use these tests informally for review if desired.

Level 2 of SPANISH for MASTERY, *Entre nosotros,* opens with a systematic review, in new contexts, of all important material presented in Level 1. Therefore, second-year students who have not completed Level 1 or who have used a textbook series other than SPANISH for MASTERY can confidently begin the second year with the material in Level 2.

1.2.10 Emphasis on Spanish. SPANISH for MASTERY has been written in such a way that Spanish may be used exclusively in class. Unit 1 provides basic vocabulary and structure in context so that students can use Spanish from the very first day. Spanish names (p. xi) and classroom expressions (see Part Four of this Teacher's Edition or the Activity Masters) should be introduced at the beginning of the course.

The use of English in the book gradually diminishes as students advance through the program. However, the *Observación* questions and the grammatical explanations in the *Estructura* sections are in English throughout to prevent possible misunderstandings and to ensure that all students may use them for out-of-class reference and study.

1.2.11 Naturalness of the language.   Language presented to beginning students must be simple, yet it must also be natural and idiomatic. The possible conflict between simplicity and authenticity is lessened in SPANISH for MASTERY by the addition of *Expresiones para la coversación* (Units 1–5) and *Expresiones para la composición* (Units 6–10). In these sections, students learn authentic, common expressions through dialog and composition practice. Expressions introduced this way (such as, **¡Mira!** and **¡Oye!**) are then reentered in the presentation material of subsequent lessons.

1.2.12 Careful vocabulary choice.   The concern for simplicity and authenticity is also reflected in the choice of vocabulary. In instances in which Spanish speakers from different areas have different words for an object or concept, SPANISH for MASTERY has chosen the word which consultants felt would be most appropriate for American secondary school students. The existence of variants, however, is pointed out in the readings. For instance, the word **autobús** is used throughout the text, but variants such **omnibus** and **guagua** are mentioned in a *Variedades* section.

The *Pronunciación* sections reflect Latin American rather than Castilian pronunciation, though variants are given in the teacher's overprint.

2 | ORGANIZATION OF SPANISH FOR MASTERY

The following pages describe SPANISH for MASTERY 1, *¿Qué tal?*

2.1 The Student Text

The Student Text contains ten basic units and five illustrated cultural sections *(Vistas)*. The book concludes with appendices, a complete Spanish-English Vocabulary, and an active English-Spanish Vocabulary.

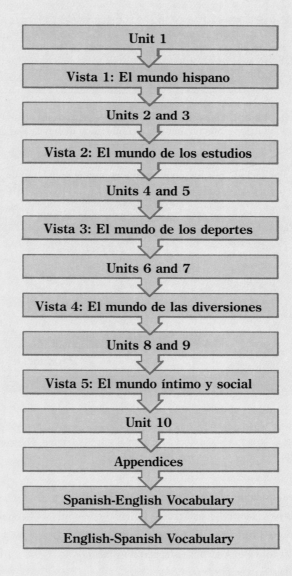

Unit 1

Vista 1: El mundo hispano

Units 2 and 3

Vista 2: El mundo de los estudios

Units 4 and 5

Vista 3: El mundo de los deportes

Units 6 and 7

Vista 4: El mundo de las diversiones

Units 8 and 9

Vista 5: El mundo íntimo y social

Unit 10

Appendices

Spanish-English Vocabulary

English-Spanish Vocabulary

2.1.1 Organization of a unit.   Each unit is built around a particular theme such as hobbies, leisure-time activities, family life, shopping, and friendships. The unit (except for Unit 1) is divided into four basic lessons, which present the new structure and vocabulary, and ends with the reading section *Variedades.*

Unit organization	
Lesson 1	Presentation of new material (structure and vocabulary)
Lesson 2	
Lesson 3	
Lesson 4	
Variedades	Reading practice

2.1.2 Organization of a basic lesson.   Each basic lesson consists of three parts: the presentation material, the instruction material, and the recombination material. The diagram below shows the construction of a typical lesson.

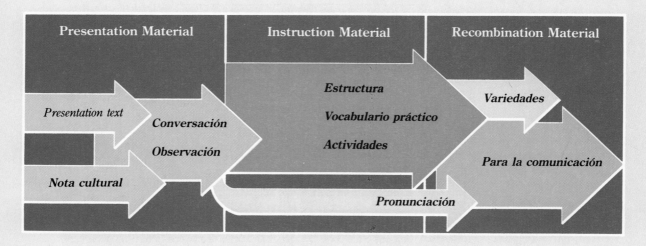

- **The Presentation Material.** The function of the *Presentation text* is to introduce, in context, samples of the basic structures and vocabulary taught in the lesson. The context may assume a variety of formats:

— A dialog (**¿Qué tiempo hace?** — Lesson 1.6)

— A narrative (**Los sábados por la noche** — Lesson 6.4)

— A personality or psychological questionnaire (**¿Eres servicial?** — Lesson 5.4)

— A series of humorous cartoons (**¡El pobre señor Ochoa!**— Lesson 7.3)

— A recipe (**Una receta del Caribe: refresco de plátanos** — Lesson 10.1)

— A game (**¿Cuál es su trabajo?** — Lesson 9.4)

The *Presentation text* is built on previously learned material and contains samples of the new structures and vocabulary of the lesson. Words unfamiliar to the students are glossed.

The **Nota cultural** is a short reading passage that explains and develops cultural references made in the *Presentation text.* For example, in Lesson 6.1, following interviews with several teens about how they earn and spend money, the **Nota cultural** presents the monetary units of Spanish-speaking countries.

The **Conversación/Observación** section links the presentation material and the instruction material. Through the carefully sequenced **Observación** questions, students are able to generalize about the new grammatical material of the lesson.

■ **The Instruction Material.** The grammatical structures in the **Estructura** section are functionally related to the theme of the unit. For example, the grammar of Unit 3, which focuses on the description of people, presents descriptive adjectives and **ser.**

New grammar in the **Estructura** section is explained in a simple, clear, and schematic manner. Immediately after the grammar explanations, the rules are applied in situational exercises.

The exercises assume a variety of formats:

— Situational activities, which are simple transformational drills;

— **Diálogos,** which are activities that two or more students act out, often requiring a personal yes/no answer;

— **Preguntas personales,** which are yes/no and open-ended questions about the student's life, incorporating the new grammatical structures of the lesson while reviewing previously learned structures;

— Open-ended sentences, which students complete with personal information;

— Given situations from which students draw conclusions;

— **Creación,** a recombination drill/game in which students are asked to derive as many logical sentences as they can from a given set of elements containing the new grammatical structures.

With the exception of the *Diálogos,* all these activities can be done either orally or in writing.

In the **Vocabulario práctico,** vocabulary items are grouped thematically (sports, family, food, clothing, etc.) for ease of assimilation. Wherever possible the items are presented pictorially or in sentences.

The **Pronunciación** sections, which are recorded in the Cassette Program, introduce new sounds, intonation patterns, and points of spelling. As the course progresses, specific elements are reentered for practice or a further explanation. When absolutely necessary certain sounds are transcribed in the International Phonetic Alphabet.

Beginning with Unit 5, the lessons often contain an illustrated Spanish proverb **(Refrán)** containing a vocabulary item or grammatical structure of the lesson.

■ **The Recombination Material.** The **Para la comunicación** section reinforces the new material of the lesson and helps students further develop communication skills:

— In Units 1–5, each **Para la comunicación** section contains **Mini-diálogos** that reinforce oral communication skills through dramatization and directed dialog.

— In Units 6–10, each **Para la comunicación** section contains a **Mini-composición** that reinforces written communication skills.

All **Para la comunicación** sections open with a subsection entitled **Expresiones para la conversación/composición** which provides students with conversational fillers useful in developing natural communication.

2.1.3 *Variedades.* Reading skills are formally developed in the final section of each unit, the *Variedades.* The section begins with a reading passage in the form of a narrative, a guessing game, a culture capsule, or a personality quiz, in which the new material presented in the unit is recombined.

The second part of this section is called *El arte de la lectura.* Its purpose is to expand the students' ability to read for meaning by focusing attention on specific elements (such as how to recognize cognates and utilize their increasing knowledge of suffixes and word families to guess meanings of new words).

2.1.4 *Vista.* The purpose of the five illustrated *Vista* sections is twofold:

— To show the breadth of the Spanish-speaking world—Spain, Latin America, and the United States;

— To focus on Hispanic young people and their particular concerns.

CONTENTS	
Vista 1	*El mundo hispánico*
Vista 2	*El mundo de los estudios*
Vista 3	*El mundo de los deportes*
Vista 4	*El mundo de las diversiones*
Vista 5	*El mundo íntimo y social*

Since the *Vistas* are entirely in Spanish, they provide ample practice in developing reading skills. The format is that of a colorful magazine, with short, lively "spots" that can be easily comprehended as separate "articles." The various photographs, illustrations, and realia may provide points of departure for conversation. The *Activadades culturales* at the end of each *Vista* suggest further areas of exploration. In addition, the Activity Masters contain reading comprehension exercises and other reading activities based on the *Vistas.*

2.1.5 End matter. The end matter contains the following elements:

▪ Appendices:

Appendix 1 — Numbers
Appendix 2 — Verbs
▪ Spanish-English Vocabulary

This vocabulary lists all the words and expressions in the text, except obvious cognates and specialized items glossed in the *Vistas.* Each word and expression considered "active" is followed by a reference number giving the unit and lesson where the word or expression first appears actively in the text.
▪ English-Spanish Vocabulary

This vocabulary lists only the active words and expressions. This includes the *Estructuras* and the items in the *Vocabulario práctico* and *Expresiones para la conversación/composición* sections. Each entry has a unit and lesson number referring the student to the first active usage in the text.

2.2 The Workbook

The Workbook supplements the Student Text. In addition to providing written exercises to accompany the basic instructional material of the Student Text, each unit of the Workbook contains an illustrated cultural section: *El rincón cultural,* a vocabulary section: *Enrich your vocabulary through Spanish,* and a *Test/Repaso.* The Teacher's Annotated Edition of the Workbook provides the answers to all the activities.

2.2.1 Written exercises. For each basic lesson of the Student Text, the Workbook contains two to four pages of written exercises in situational contexts. Each lesson begins on a right-hand page so that students can tear out specific pages to hand in if the teacher so requests.

To avoid monotony and to stimulate student interest, all basic exercises are set in situational, visual, or game contexts. Most exercises require thoughtful rather than mechanical answers.

2.2.2 *El rincón cultural.* Each Workbook unit ends with a section called *El rincón cultural.* This section contains realia, games, and exercises. The realia reinforce the cultural themes developed in the unit.

2.2.3 Enrich your vocabulary through Spanish. The purpose of this section is to expand students' Spanish and English vocabularies by pointing out word roots that are similar in the two languages.

2.2.4 Test/Repaso. Each unit closes with a *Test/Repaso* consisting of a series of situational review exercises. Students take these tests on their own and check their responses against the answer key at the back of the Workbook. The answer key contains a diagnostic section to help students interpret their results. It also refers them back to specific sections of the unit for additional study and review.

2.3 The Cassette Program

The Cassette Program for SPANISH for MASTERY is designed to supplement the Student Text by providing additional practice in the development of listening and speaking skills.

2.3.1 General description. The Cassette Program for each lesson of SPANISH for MASTERY runs approximately 25 minutes. All activities in the Cassette Program, together with the correct oral and written responses, are printed in the Tapescript, a separate booklet available to the teacher.

2.3.2 Types of activities on cassettes. The cassette for each lesson contains a variety of activities. These are introduced in English so that all students may work independently with the Cassette Program. The activities include the following categories:

- **Listening.** Students listen to an unpaused, dramatized reading of the *Presentation text* and to a reading of the *Nota cultural* or the *Para la comunicación* dialogs.
- **Listening and Repeating.** (1) The speaker models words and sentences from the *Pronunciación* sections of the Student text. Students repeat these in the pauses provided. (2) The speakers models words from selected vocabulary, verb, and grammar charts of the Student Text. When the chart contains both words and sentences in which the words are used, students repeat the words and listen to the sentences.

- **Listening for Signals.** Students hear a series of sentences and are asked to discriminate among sounds that signal grammatical information, such as singular or plural, masculine or feminine, past or present. Students mark their responses on the grids provided in the Activity Masters. At the end, the speaker gives the correct answers.
- **Listening Comprehension.** Students listen to a series of statements and decide whether each statement corresponds to one situation or to another, whether each statement is true or false, logical or illogical, and so on. Students record their answers on the grids provided in the Activity Masters.
- **Listening Comprehension with Visual Cues.** Students see illustrations and hear several statements pertaining to them. They may be asked to match statements with the illustrations, to indicate whether the statements are true, or to complete the illustrations based on the cues given in the sentences. For example, students see detailed portraits, hear a corresponding number of descriptions, and decide which descriptions go with which persons. Students also indicate whether they understand specific words or expressions heard on the cassette.
- **Speaking.** (1) Directed activities: Students participate in situation drills similar to the exercises in the Student Text. These provide variety in oral practice while developing listening comprehension skills. In these activities, the cues are followed by a pause for the student response, and then a confirmation of the appropriate response is given by the speaker on the tape.
  (2) Open-ended activities: The speaker asks students personal questions that incorporate the structures and vocabulary introduced in the lesson. Because students give original answers, no suggested response is given on tape.
- *Conversación.* The Cassette Program contains free-response activities similar to those in the *Conversación* section of the Student Text. Students answer the questions using the write-on lines provided in the Activity Masters. Because students supply original answers, no response is given on the tape.
- **Spot Dictation.** Students see a short passage from which certain words have been omitted. They must fill in the missing words as the speaker reads the entire passage. Each passage is read twice.
- **Spanish Songs.** Each unit features a traditional Spanish song, the melody of which is heard at the beginning and end of each lesson and at intervals throughout. At the end of the unit the entire song is sung in Spanish. The music and lyrics are included in the Activity Masters for student participation. A cassette with all the unit songs from Levels 1 and 2, with the music and lyrics, is available separately in a special Song Binder.

2.4 The Activity Masters

The SPANISH for MASTERY Activity Masters are available as copymasters and include the following teaching aids:

- **Cassette Program Material**
  — Activity Sheets containing the answer grids and visual cues for the *Listening for Signals* and *Listening Comprehension* activities; write-on lines for the *Dictation* activities; the music and lyrics of the unit songs.
- **Other Material**
  — Reading Activities to accompany the *Vistas*
  — Active Vocabulary Sheets by unit for reference and review
  — Useful Expressions, including Classroom Expressions and Expressions for the *Actividades* (reprinted from the Teacher's Edition)

2.5 The Testing Program

The SPANISH for MASTERY Testing Program offers three types of testing materials: *Lesson Quizzes, Unit Tests,* and *Achievement Tests.* The tests are available as copymasters and the listening portions are recorded on cassettes. The Answer Key to the Testing Program is found in the accompanying Test Guide.

2.5.1 Lesson Quizzes. The *Lesson Quiz,* designed to be administered in about 20 minutes, permits quick and frequent evaluation of the students' mastery of the structures and vocabulary of a lesson. The test items are based on aural, visual, or word cues to accommodate all learning styles. A Student Progress Chart (on a copymaster) allows the teacher to track each student's progress.

2.5.2 Unit Tests. The *Unit Test,* designed to be administered in about 45 minutes, focuses on the content of the unit and also evaluates communication skills. In addition to responding to items similar to those in the *Lesson Quiz,* students may be asked to use Spanish in practical situations, such as listening for specific information; in creative situations, such as deciding which of two expressions most logically completes a thought or sentence; and in cultural contexts.

2.5.3 Achievement Tests. The Testing Program provides two *Achievement Tests* (to follow Units 5 and 10), each designed to be administered over two 45-minute class periods. Broader in scope than the *Unit Tests,* the *Achievement Tests* go beyond the elements of language and focus on the listening, reading, and writing skills.

2.6 The Overhead Transparencies

The SPANISH for MASTERY 1, *¿Qué tal?,* program includes a set of 43 Overhead Transparencies available in a convenient binder. The transparencies correspond to specific visual items in the Student Text to which it is keyed with identifying titles and page numbers.

The Overhead Transparencies have been provided to teach and reinforce vocabulary, to practice essential verb forms, to present the geography of the Spanish-speaking world, to serve as a basis for conversation and composition, and to help teachers minimize the use of English in the classroom.

2.7 The Computer Software

The SPANISH for MASTERY Software is a computer program that provides varied and extensive practice using the vocabulary of Level One. The program, on three double-sided disks, is self-contained, easy to use, and allows students to improve their vocabulary without teacher supervision. The manual that accompanies the program gives suggestions for individual and group use, as well as ideas for integrating the software into the language program.

The Software program is organized by unit. Within each unit, the vocabulary is practiced in a variety of formats, sequenced in order of difficulty.

2.7.1 Receptive/Recognition Activities. These activities are in a multiple-choice format. Students select which word or phrase among those suggested best describes a picture, gives a Spanish-English or English-Spanish equivalent, logically completes a sentence, or answers a question.

2.7.2 Production/Writing Activities.   In these activities, students type in a response, using Spanish accents as appropriate. They are asked to identify pictures, write out numbers, give Spanish-English equivalents, and complete sentences. In verb exercises, they are often asked to write a specific form, such as a sentence completion using the preterite tense. The computer evaluates the typed response and provides the correct answer if necessary.

2.8 The Teacher's Resource Binder

The Teacher's Resource Binder is a three-ring binder that contains the following items:

- **Question Cards — additional communicative activities**
- **Student Text Answer Key**
- **Workbook: Teacher's Annotated Edition**
- **Activity Masters, as copymasters**
- **Testing Program, as copymasters**
- **Tapescript**
- **Test Guide**
- **"Teaching with SPANISH for MASTERY" — a booklet of teaching strategies**
- **Newsletters**
- **Unit Correlation Charts**

2.9 The SPANISH for MASTERY Newsletter

The SPANISH for MASTERY Newsletter is an invaluable supplement to the SPANISH for MASTERY program. Published three times a year, it is available to all SPANISH for MASTERY users free of charge. Each issue contains up-to-date information of interest to teachers and students alike. The **Accent on . . .** column gives suggestions for using the program and highlights current trends in teaching. The **Vistazo** column (in Spanish) focuses on the culture and language of the Spanish-speaking world. **Para su calendario** lists upcoming conferences and meetings. Each issue also includes a listing of schools that have recently adopted SPANISH for MASTERY. Teachers can file the Newsletters in the Teacher's Resource Binder for reference.

3 | SCOPE AND SEQUENCE

Students' lesson-to-lesson progression through SPANISH for MASTERY 1, *¿Qué tal?*, is represented on the following Scope and Sequence chart. This chart correlates each lesson's communication functions and activities (comprehension and self-expression), communicative topics (thematic vocabulary), and linguistic goals (grammatical accuracy).

SPANISH for MASTERY 1
¿Qué tal?: SCOPE AND SEQUENCE
Building for Communicative Proficiency

UNIT 1   ¡Bienvenidos!

COMMUNICATION FUNCTIONS AND ACTIVITIES **Comprehension and self-expression**	COMMUNICATION TOPICS **Thematic vocabulary**	LINGUISTIC GOALS **Grammatical accuracy**
1.1 Introducing oneself Saying where you are from	**1.1 Topic: Introductions**	(Unit 1 does not contain formal grammatical presentations.)
1.2 Greeting and leave-taking Saying how you feel	**1.2 Topic: Greetings and responses** Forms of address	
1.3 Giving prices and phone numbers Being polite	**1.3 Topic: Numbers 0–100**	
1.4 Asking and telling the time Asking what's wrong	**1.4 Topic: Telling time**	
1.5 Asking and telling the date Expressing surprise	**1.5 Topic: The date** Days of the week Months of the year	

1.6 Discussing the weather:
    Naming seasons
    Giving the temperature
Expressing positive and negative
    feelings
	1.6 Topic: Weather
	Weather expressions
	Temperature
	Seasons	

29T

COMMUNICATION FUNCTIONS AND ACTIVITIES	COMMUNICATION TOPICS	LINGUISTIC GOALS
Comprehension and self-expression	**Thematic vocabulary**	**Grammatical accuracy**
2.1 Describing one's daily activities Expressing approval and concern	**2.1 Topic: Daily activities**	**2.1** Using the present tense: -*ar* verbs: *yo* form **Expressing negation:** *no*
2.2 Describing other people's daily activities Asking and answering yes/no questions	**2.2 Topic: Daily activities**	**2.2** Using the present tense: -*ar* verbs: *él/ella* and *ellos/ellas* forms **Yes/no question formation:** intonation subject-verb inversion use of *¿verdad?*
2.3 Talking to one another about daily activities Expressing what one wishes, hopes, or needs to do Asking for specific information Saying that one can't do something	**2.3 Topic: Asking questions** Interrogative expressions Reply words	**2.3** Using the present tense: -*ar* verbs: *tú, Ud.* forms **Infinitive constructions with** *desear, esperar, necesitar* **Forming information questions**
2.4 Talking about oneself and others Addressing two or more people Describing what one likes or doesn't like to do Drawing conclusions	**2.4 Topic: Preferences**	**2.4** Using the present tense: -*ar* verbs: *nosotros, Uds.* forms *Me/te gusta* **+ infinitive** **Using pronouns with prepositions**

UNIT 3 Amigos . . . y amigas

COMMUNICATION FUNCTIONS AND ACTIVITIES

Comprehension and self-expression

3.1 Identifying others:
Name, origin, and profession
Expressing agreement or hesitation

3.2 Describing oneself and others:
Appearance and personality
Asking what someone is like

3.3 Describing personal possessions
Asking how much and how many
Attracting someone's attention

3.4 Asking how old someone is
Expressing wishes and obligations
Saying where people come from
Drawing conclusions

COMMUNICATION TOPICS

Thematic vocabulary

3.1 Topic: People

3.2 Topic: Personal identification
Adjectives describing physical appearance and personality

3.3 Topic: Personal possessions
Everyday objects
Adjectives describing appearance

3.4 Topic: Countries and nationalities
Names of countries
Adjectives of nationality

LINGUISTIC GOALS

Grammatical accuracy

3.1 The noun group:
singular forms of nouns, indefinite and definite articles
The verb *ser*

3.2 Descriptive adjectives:
using singular forms
position

3.3 The verb *tener*
The noun group:
plural forms of nouns, indefinite and definite articles
Using descriptive adjectives:
plural forms

3.4 Using idiomatic expressions with *tener*
The verb *venir*
Linking sentences:
the relative pronoun *que*

Somos latinos como tú.
AeroPeru

UNIT 4 Y ahora . . . ¡México!

COMMUNICATION FUNCTIONS AND ACTIVITIES

Comprehension and self-expression

4.1 Describing daily activities
Asking someone to repeat a phrase

4.2 Getting around town
Talking about going somewhere
Discussing future plans
Inviting people to do something

4.3 Identifying other people:
Origin, profession, and basic characteristics
Stating where one lives
Talking about how one feels
Describing ongoing actions
Expressing amazement or doubt

4.4 Talking about travel
Expressing uncertainty

COMMUNICATION TOPICS

Thematic vocabulary

4.1 **Topic: Daily activities**

4.2 **Topic: City and country**
Places and buildings
Prepositions of place

4.3 **Topic: Feelings**
Adjectives describing physical and emotional conditions

4.4 **Topic: Travel**
Kinds of transportation

LINGUISTIC GOALS

Grammatical accuracy

4.1 **Using the personal _a_**
Using the prepositions _a_ and _de:_
contractions _al_ and _del_

4.2 **Indicating location:**
the verb _estar_
The verb _ir_
Describing events in the near future:
_ir a_ + infinitive

4.3 **Describing people and things:**
ser vs. _estar_
Describing activities in progress:
estar + present participle

4.4 **Using direct object pronouns:**
lo, la, los, las
position of pronouns with the infinitive

COMMUNICATION FUNCTIONS AND ACTIVITIES

Comprehension and self-expression

5.1 Discussing everyday activities
Talking about one's belongings and those of others
Wishing someone good luck
Commenting on someone's good fortune

5.2 Identifying and describing members of the family
Talking about one's belongings and those of a friend
Asking what someone is doing
Apologizing

5.3 Ranking persons or objects
Talking about other people's belongings
Describing one's home
Expressing surprise or astonishment

5.4 Discussing activities involving other people
Expressing admiration

COMMUNICATION TOPICS

Thematic vocabulary

5.1 Topic: Daily activities
Reading materials
Expressions of time

5.2 Topic: The family
Family members
Pets

5.3 Topic: Ordinal numbers
Topic: The house
Rooms and parts of the house

5.4 Topic: Activities involving other people

LINGUISTIC GOALS

Grammatical accuracy

5.1 Using the present tense:
-er and -ir verbs
The verb ver
Using de to express possession

5.2 Expressing ownership or relationship:
possessive adjectives mi, tu
Describing people and things:
noun + de + noun
The verb hacer

5.3 The verb decir
Expressing ownership or relationship:
possessive adjectives su; nuestro

5.4 Expressing ownership or relationship:
possessive adjectives: summary
Using object pronouns:
direct object pronouns: lo, las, los, las (Review)
indirect object pronouns: le, les
The verb dar

El mundo del deporte es nuestro mundo. adidas

COMMUNICATION FUNCTIONS AND ACTIVITIES	COMMUNICATION TOPICS	LINGUISTIC GOALS
Comprehension and self-expression	**Thematic vocabulary**	**Grammatical accuracy**
6.1 Talking about money Expressing negative concepts Expressing how often one does something	**6.1 Topic: Money**	**6.1 Using object pronouns:** *me, te, nos* **Using affirmative and negative expressions** **Using stem-changing verbs:** *pedir (e→i)*
6.2 Talking about sports Discussing one's likes and dislikes Expressing one's opinion	**6.2 Topic: Sports** Games, equipment, and players	**6.2 Using stem-changing verbs:** *jugar (u→ue)* **Referring to people and things in a general sense:** use of the definite article **Using the verb *gustar***
6.3 Talking about leisure activities Asking about preferences Stating what one plans, wants, and prefers to do Drawing a conclusion	**6.3 Topic: Pastimes** Movies, theater, and television	**6.3 Asking questions with *¿cuál?*** **Using stem-changing verbs:** *pensar, querer, preferir (e→ie)* *encontrar, poder, dormir (o→ue)*
6.4 Expressing when an action occurs Talking about acquaintances Expressing what one generally does	**6.4 Topic: Expressions with days of the week**	**6.4 Using time expressions:** the definite article with days of the week **Using irregular verbs:** *salir, poner, traer, oír (-go)* *conocer (c→cz)*

HOTEL GRANVIA
BARCELONA

UNIT 7 Los secretos de una buena presentación

COMMUNICATION FUNCTIONS AND ACTIVITIES

Comprehension and self-expression

7.1 Describing oneself and others
Making comparisons

7.2 Describing what people are wearing
Shopping for clothes:
Explaining one's needs
Indicating one's preferences
Asking about prices

7.3 Talking about personal care and grooming

7.4 Describing one's daily routines
Giving examples

COMMUNICATION TOPICS

Thematic vocabulary

7.1 Topic: Personal description
Physical description

7.2 Topic: Clothing
Articles of clothing
Colors
Numbers from 100–1.000.000

7.3 Topic: Personal care
Personal care activities

7.4 Topic: Daily activities
Parts of the body
Daily routine activities

LINGUISTIC GOALS

Grammatical accuracy

7.1 Descriptive adjectives: Review
Using the comparative and superlative form of adjectives

7.2 Pointing out specific objects and persons:
demonstrative adjectives
Using adjectives as nouns:
definitive article + adjective

7.3 Using reflexive verbs:
present tense

7.4 Using the definite article with parts of the body
Using reflexive verbs:
change of meaning
infinitive forms

UNIT 8 La vida y sus sorpresas

COMMUNICATION FUNCTIONS AND ACTIVITIES	COMMUNICATION TOPICS	LINGUISTIC GOALS
Comprehension and self-expression	**Thematic vocabulary**	**Grammatical accuracy**
8.1 Talking about events that happened recently Expressing how long an action has been going on	**8.1 Topic: School** Schoolwork: tests, grades, homework	**8.1 Describing the recent past:** *acabar de* + infinitive **Using the present tense with *hace***
8.2 Reporting past events	**8.2 Topic: Expressions of time**	**8.2 Using the preterite:** *-ar* verbs; verbs ending in *-car, -gar, -zar*
8.3 Reporting past events	**8.3 Topic: Activities**	**8.3 Using the preterite:** *-er* and *-ir* verbs *dar, ver* *caer, creer, leer, oír*
8.4 Reporting past events Talking about foods Sequencing a narration	**8.4 Topic: In a café** Food and beverages	**8.4 Using the preterite:** *-ar, -er,* and *-ir* verbs: summary *-ir* stem-changing verbs

ESPAÑA
CERLER
FORMIGAL/PANTICOSA
CANDANCHÚ
BAQUEIRA BERET
SIERRA NEVADA

NIEVE SKI
TOURING CLUB

UNIT 9 Buscando trabajo

COMMUNICATION FUNCTIONS AND ACTIVITIES

Comprehension and self-expression

9.1 Discussing abilities
Talking about what and whom one knows
Expressing certainty

9.2 Expressing wishes, needs, abilities, and intentions
Discussing career preferences
Writing a letter to a friend

9.3 Reporting past events
Describing how often something happens
Talking on the phone

9.4 Reporting past events

COMMUNICATION TOPICS

Thematic vocabulary

9.1 **Topic: Jobs**
Medicine, social services, office work, tourism

9.2 **Topic: More jobs**
Business, radio and television, law, science and technology

9.3 **Topic: Expressions of time frequency**

9.4 **Topic: Trades**

LINGUISTIC GOALS

Grammatical accuracy

9.1 **Distinguishing between** *saber* **and** *conocer*
Using the pronoun *lo*

9.2 **Using the infinitive:**
verb + infinitive
preposition + infinitive
Expressing an objective or goal:
the preposition *para*

9.3 **Using the preterite:**
ir, ser
conducir, decir, traer
Expressing duration, manner, movement, and exchange:
the preposition *por*

9.4 **Using the preterite:**
hacer, querer, venir, estar, poder, poner, saber, tener
Referring to a previously expressed idea:
lo que

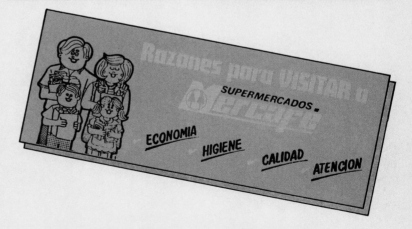

UNIT 10 Día a día

COMMUNICATION FUNCTIONS AND ACTIVITIES	COMMUNICATION TOPICS	LINGUISTIC GOALS
Comprehension and self-expression	**Thematic vocabulary**	**Grammatical accuracy**
10.1 Following recipe instructions Making requests Asking favors Expressing thanks	10.1 Topic: Place settings	10.1 Using object pronouns: Review **Giving commands:** affirmative *tú* commands
10.2 Giving advice Telling someone not to do something	10.2 Topic: Foods and meals	10.2 **Giving commands:** negative *tú* commands
10.3 Asking favors and making requests Giving advice Telling someone not to do something	10.3 Topic: Commands	10.3 **Giving commands:** irregular *tú* commands **Using two object pronouns together:** pronoun position
10.4 Describing locations Describing one's home Giving excuses	10.4 Topic: Relative location Prepositions of place Furniture	10.4 **Using two object pronouns together:** the pronoun *se* **Using prepositions of place**

PART 2:   Using SPANISH for MASTERY

4 | SUGGESTED TECHNIQUES

A basic characteristic of the SPANISH for MASTERY program is its flexibility. The classroom teacher can easily adapt the textbook and its related components to the students' needs and learning styles. Each unit of SPANISH for MASTERY contains more activities than can be completed by the average class. The teacher should therefore select those that are most appropriate for specific classes and individuals. The purpose of this section is to help the teacher make these choices by showing how each component may be used. The suggestions are not exhaustive, but they form a base upon which the teacher may wish to build.

4.1 The First Day of Class

On the first day of class, students should be made aware that Spanish is a very special language. Spanish should not be considered a "foreign" language since there are some 19 million Hispanics in the United States.

The teacher may spend ten minutes of the first class (or even a whole period) expanding on this point. The statistics will vary according to each school's geographical location (whether it is in or near a Spanish-speaking community, in a region rich in Spanish geographical names, etc.). The teacher may want to use these guidelines:

- **History.** Point out that Spain had explored much of the South and Southwest before the Pilgrims landed in 1620. (Check encyclopedias and American History textbooks for information about the role of Spaniards in American history.)
- **Geography.** Point out some of the many names of Spanish origin on a United States map:
  — States: Florida, Nevada, Arizona, Montana, etc.
  — Cities: Los Angeles, San Antonio, San Jose, Amarillo, etc.
  — Rivers: Rio Grande, Colorado, etc.

- **Human environment.** Bring to class realia that emphasize the presence and importance of the Hispanic community in the United States. For example:
  — Hispanic newspapers and magazines published in this country
  — books and materials used in bilingual schools
  — ads for Hispanic shops and/or products
  — menus from Hispanic restaurants
- **Language.** Another important point to emphasize from the beginning is the linguistic relationship between Spanish and English:
  — ask students to identify the many Spanish-derived words used in English, such as *patio/poncho/tornado/mosquito/chocolate/fiesta*.
  — show students a very simple text containing many cognates (such as a Spanish ad for an American product) and ask them to pick out the words they understand.

Show that Spanish is a useful international language by pointing out on a world map the various countries where it is spoken.

4.2 Teaching Unit 1

Learning a language is an exciting experience, but it can also be frustrating, since students are exposed to a new medium which they do not fully comprehend. Consequently, it is important that they feel comfortable with the material they are asked to handle. Unit 1 is a special unit that has been designed to meet this objective in the following ways:

— It is youth-oriented.

— It contains basic cultural material to which students can easily relate.

— It is the only unit in which the *Presentation texts* are translated.

— It contains six short lessons.

— It does not contain any formal grammatical presentation.

— It is correlated to four modules in the video program.

Above all, it contains material which students can learn easily and which is useful in building basic proficiency, namely:

how to say their names	(Lesson 1)
how to greet others	(Lesson 2)
how to count	(Lesson 3)
how to tell time	(Lesson 4)
how to give the date	(Lesson 5)
how to speak about the weather	(Lesson 6)

Because Unit 1 presents no formal grammatical structures, the teacher may decide either (1) to teach the lessons in the order in which they are presented (this is suggested if Spanish is begun in the seventh or eighth grade) or (2) to teach only the elements that are considered essential and to intersperse the other elements in the course of the program (this may be preferable if Spanish is begun in the ninth or tenth grade).

4.3 Teaching the Basic Lessons

4.3.1 Using the Presentation text.   *The Presentation text* (not intended for memorization) serves as initial exposure to the basic structures of the lesson and as a point of departure for other activities. This material is available as an unpaused, dramatized recording in the Cassette Program and can be used in the following ways:

- Students listen to an unpaused version either as provided in the Cassette Program or as read by the teacher.
- Students first look at the illustrations, which enhance comprehension. Then, while the tape (or teacher) models the new sentences in the *Presentation,* students can read along in the book.
- Students listen to the text before seeing it. The teacher pauses or stops the cassette at various intervals to ask questions. For a shorter presentation, the teacher waits until students have heard the entire text before stopping the cassette or reading.

Comprehension of the *Presentation text* can be reinforced by many activities whose formats depend on the nature of the text itself:

- **Dialog.** Students and/or the teacher can play roles.
- **Cartoon series.** Students and/or the teacher can act out some of the drawings or use the illustrations to make up different stories.
- **Personality questionnaires.** Students answer the questions on a separate sheet of paper and then analyze their answers.
- **Comprehension questions.** Students answer the questions about the *Presentation text* which appear in the overprint.

4.3.2 Using the *Nota cultural*.　　The purpose of the ***Nota cultural*** is twofold: to familiarize students with the culture of the Spanish-speaking world and to develop reading skills. The culture notes provide general cultural information such as geography and history as well as insights into customs or patterns of behavior of interest to young people.

The cultural notes can serve as a point of departure for more extended classroom activities. The teacher may wish to bring photos, slides, or realia relating to the topic of note. The teacher could also create a cultural bulletin board or involve students in cultural projects. For example, food is usually a topic of interest to everyone. To expand on the ***Nota cultural*** of Unit 10, Lessons 1 and 2, the teacher may wish to display realia such as menus, recipes, and magazine and newspaper advertisements. As projects, students may wish to prepare recipes, plan an Hispanic banquet, or visit a restaurant as a field trip.

4.3.3 Using the *Conversación/Observación*.　　The questions of the ***Conversación*** allow students to use some of the new structures of the lesson; they also serve as a springboard to the ***Observación*** segment, which in turn leads to the ***Estructura*** sections.

In going over the ***Observación*** sections with students, the teacher may ask them to open their textbooks to the appropriate page. In many lessons it is also possible, and sometimes preferable, to show the ***Conversación*** sentences on the chalkboard, on a chart, or on an overhead transparency. In this way, the teacher can more readily focus on specific features of the sentences, drawing attention to those points under discussion. If the sentences are reproduced on larger visuals, color or boxing may replace the boldface used in the text.

4.3.4 Teaching structure.　　In the ***Estructura*** sections, each grammar point is presented with succinct explanations in English, with samples in Spanish, and, where appropriate, with illustrations. These descriptions, however, are intended to serve as reference sections, because in most classes the teacher will first introduce the grammar of the lesson orally. This oral introduction to the grammar may be done in one of the following ways:

- The teacher may introduce the structure in the context of the *Presentation text*.
- The teacher may prefer to begin with the ***Conversación/Observación,*** the inductive tool that is already prepared for them.
- To increase motivation, the teacher may begin by explaining why the students need to know the structure. For example, in Unit 4, Lesson 2, the teacher may explain that someone may ask the student what she or he is going to do tomorrow. To answer in Spanish, the student needs to know the construction **ir a** plus infinitive.
- For some students, it helps to present certain structures with props. For example, in order to teach **tener** in Unit 3, Lesson 3, teachers might ask questions about items the students have on their desks or in their pockets.

- When students learn a new structure, the teacher should have them practice with the *Listening for Signals* activities in the Cassette Program until they can hear differences, in gender and in number, for example. Some students may need to listen to these cassette activities several times until they can recognize the new forms easily.

4.3.5 Using the *Actividades*.   After the teacher presents the structure orally, students must internalize it. It is at this point that differences in learning rate and learning style become most apparent. In order to accommodate these difference, SPANISH for MASTERY provides many kinds of learning activities—more than any one teacher would be likely to use in a year. These cover a wide range, from simple to more challenging. They are also in a variety of formats so that students who need extra practice in a given structure will not be repeating the same kind of activities. These learning activities are in the text, with variations suggested in the overprint of the Teacher's Edition, as well as in the Workbook and Cassette Program.

Students internalize new structures by practicing them in role-playing or situational exercises and by using the language for personal expression. In SPANISH for MASTERY, students are never given a series of unrelated sentences to manipulate; they always practice new structures in a situational context.

Types of Activities

Simple situational activities.   These activities usually come immediately after the grammar presentation, requiring only simple grammatical transformations. Students of all abilities should do these activities.

- The teacher could give the situation and cues while students give responses with their books closed. It is better if the teacher gives the cue before mentioning a student's name so that everyone will pay attention.
- Students could work in pairs or small groups and cue each other for responses.

Diálogos.   The guided dialog exercises are also relatively easy, since they involve only simple manipulation of the language: following a model, one students asks a question of another student, who responds either affirmatively or negatively. These exercises are especially suited to classes emphasizing communication skills: two students work together and practice asking and answering questions, while the teacher is available as a resource.

Preguntas personales.   These are either yes/no or open-ended questions that are both straightforward and easy to answer. This is a good activity to help build communication skills as students are answering questions with real information, sharing a part of themselves with their peers.

- The teacher may ask questions of several students individually in order to receive a variety of responses. Again, the question should be asked before calling on a student to answer it.
- Teachers should foster communication by encouraging students to listen to each other. When a student answers a question, the teacher should not repeat the student's response but should check to see that other students are listening. For example: Teacher: **"Juan, ¿a qué hora sales de casa?"** After Juan answers, the teacher calls on another student. Teacher: **"Ana, ¿a qué hora sale Juan de casa?"** If Ana cannot answer, the teacher tells her to ask Juan. In this type of activity, students learn to listen to each other as they practice the language.
- The ***Preguntas personales*** also lend themselves to working in pairs. One student might ask another student a question, write the response, and then share the responses with the class.

- The teacher may prefer to assign these personal activities as written homework since the responses will be different. The teacher would then correct the papers individually and have students rewrite the sentences that have errors.
- For an in-class activity, one student could give a response, which the other class members would write.

Creación.   This activity requires a knowledge of the structure and basic vocabulary of the lesson. It is also challenging and fun as students must use the words given in the three or four columns of the activity to create logical, grammatically correct sentences.

- As an oral activity, each student could be called upon to create a sentence which other students could judge for logic and correctness.
- The **Creación** activities are particularly well suited for written work. As a special challenge, students may compete to see who can write the greatest number of logical and grammatically correct sentences in a given time (5, 10, or 15 minutes).

Answers to all the activities in the text are printed in the Answer Key to the Student Edition, a separate booklet available to the teacher.

Additional communicative activities can be developed using the Question Cards that are found in the Teacher's Resource Binder.

4.3.6 Teaching Vocabulary.   Words are essential to communication. If students can identify and understand the key words in a conversation or a written text, they can grasp the gist of the message. When they have acquired a basic vocabulary, they can begin to express their own ideas.

In SPANISH for MASTERY, vocabulary is introduced in small "doses," with one or two thematic lists per lesson. This approach allows students to master new words in manageable amounts and meaningful contexts. At the end of each unit, all the new lexical items are grouped together for review on a one-page "Active Vocabulary Sheet," available for duplication and distribution in the Activity Masters component.

The new vocabulary is reinforced in the textbook activities and readings, the Workbook and Cassette Program activities, the video program ¡ADELANTE!, and the Software component.

Most of the vocabulary in SPANISH for MASTERY consists of concrete, everyday words that students can easily relate to. Probably the most important thing to keep in mind is that students need a great amount of comprehension practice with new vocabulary items before they are able to use these words actively themselves. Here are a few suggestions:

- Pre-teach new vocabulary, for listening comprehension only, via classroom warm-up activities. For example, by playing "Simon says" students quickly learn to recognize the names of parts of the body. Spend a couple of minutes at the beginning of the hour talking about current events (whether it is the success of the local school basketball team or an international confrontation), writing key words on the board and using gestures, pictures, maps, and drawings to convey meaning. Retell familiar stories or fairy tales in Spanish.
- Teach new vocabulary using the Overhead Transparencies. For example, Transparency 12 contains drawings depicting the common **-ar** verbs of Unit 2. First focus on listening comprehension, pointing to the corresponding drawings as you say: **"Yo trabajo," "Yo bailo," "Yo canto."** Then ask **"¿Bailo?"** as you point to several different drawings. Students will reply **"sí"** or **"no,"** as appropriate. You may have volunteers come forward and with a pointer indicate the corresponding picture as you give a series of sentences using the various verbs. Once you feel confident that all students understand all the verbs when you use them in context, you can begin modeling the verbs for repetition and writing the forms on the transparency with washable markers.
- Teach new vocabulary using the video program, which is especially effective for introducing and practicing new words in an authentic context. Present some of the key vocabulary that appear in

the module and have students view the cultural opener and dialogs for general comprehension. The "ampliación" section, which often focuses on specific vocabulary items in a cultural context, may then be used to practice the new material.

- Teach new vocabulary using magazine cutouts. For instance, when teaching house vocabulary (Unit 5.3), you can easily find magazine pictures of rooms and furniture. Get a supply of red and blue construction paper, and mount masculine nouns on blue and feminine nouns on red. This way all pictures will be of the same size, and the color coding will help students remember gender. If desired, you can use a felt marker to write the corresponding noun on the back of the picture card. Initial listening comprehension may be developed as follows. Hold up the picture of the kitchen, for example, and say a few sentences: **"Mira una cocina. Betty, ¿te gusta esta cocina también? ¿Sí? ¡Bueno! Te doy la cocina."** Give the picture to Betty. Then you can ask the class: **"¿Quién tiene la cocina?"** and elicit the response "Betty." Once all the pictures have been described and distributed, students can be told to give them to other classmates. When students can respond quickly to the new vocabulary words as you use them in questions and commands, collect the cards, put them along the chalkboard, and have students pronounce the new vocabulary. You can group the words by gender and write the corresponding article and noun next to each word.

- Practice vocabulary at the end of a unit using the SPANISH for MASTERY Software component. Here, students have the advantage of working at their own pace, without teacher supervision, and yet with immediate feedback.

4.3.7 Teaching Pronunciation.

Students should be taught to approximate the sounds of Spanish as much as possible from the very start of the course. The goal of SPANISH for MASTERY is to have students acquire accurate fundamentals of Spanish pronunciation. The focus is on standard Latin American speech; however, the major Castilian and regional variants are mentioned in the overprint.

- **The importance of listening.** In order for students to acquire good Spanish pronunciation, they must listen to standard Spanish as much as possible.

¡ADELANTE!, the SPANISH for MASTERY video component, provides the ideal opportunity for developing the listening comprehension skill and the pronunciation skill. In the dialog segment of each module, students hear Spanish-speaking people communicating in an authentic context. The teacher may then ask students to imitate the dialogs or perform them.

The SPANISH for MASTERY Cassette Program contains a broad variety of listening activities (*Presentation text, **Vocabulario práctico, Para la comunicación, Pronunciación***). In the **Pronunciación** section of the lesson tape, students receive guided practice toward developing an authentic accent.

It is important that the teacher make every effort to speak Spanish at a natural tempo within sense groups, maintaining normal stress and intonation patterns, and providing students with as authentic a model as possible.

- **The sequencing of the pronunciation sections.** Each lesson ends with a short section which focuses on one or two aspects of Spanish pronunciation, beginning with a presentation of the alphabet. In the first part of the book, these sections treat vowel or consonant sounds. However, while repeating the practice words and sentences, students will be indirectly acquiring Spanish linking, intonation, and stress patterns.

- **References to English.** Occasionally the pronunciation sections compare Spanish sounds to related English sounds. The teacher may wish to explain that Spanish vowels and consonants are generally sharper and more tense than their English counterparts. Even in unstressed syllables, Spanish vowels retain their distinctive characteristics and are not reduced to the schwa, or "uh" sound, of unstressed vowels in English.

- **The use of phonetic symbols.** Generally, phonetic symbols have been avoided. Occasionally, however, it seemed most practical to refer to specific sounds such as /g/ and /k/ with symbols. The fricative sounds of *b, d,* and *g* are indicated as /b̸/, /d̸/, /g̸/. The slash line is used to indicate a silent consonant: h̸ablo.
- **Spanish vowels.** In the interest of simplicity at the beginning level, the Spanish vowels are presented as /a/, /e/, /i/, /o/, and /u/. The sounds /ɛ/ and /ɔ/ are considered as positional variants of /e/ and /o/ and are not practiced separately, since students tend to produce them naturally. For example, **aprende:** /ɛ/, /e/; **ordinario:** /ɔ/, /o/.
- **Linking.** Students should be frequently reminded that Spanish speakers tend to link words more than English speakers do. The teachers should try to speak naturally, linking words as much as possible, so as to accustom students to the sound of "real" Spanish.

4.3.8 Using *Para la comunicación.* The *Para la comunicación* sections recombine the material of the lesson in a new format and stress oral (Units 1–5) and written (Units 6–10) communication skills. Although *Para la comunicación* activities are optional and may be omitted at the teacher's discretion, the *Expresiones para la conversación/composición* should be dealt with at least briefly, since these expressions appear frequently in the presentation material of subsequent lessons.

In Units 1–5, the *Para la comunicación* sections are in the form of *Mini-diálogos* and provide for spoken exchanges between students. Models are provided, and each *Mini-diálogo* is accompanied by visual cues to prompt responses and eliminate the need for English or for complex Spanish instructions. In Units 6–10, the *Para la comunicación* sections feature *Mini-composiciones* and stress writing skills. The students are given a context, together with relevant vocabulary and structures, and are asked to develop their own thoughts in original, short compositions.

4.4 Using the *Variedades*

The *Variedades* sections, which occur at the end of units, contain reading material: narratives, personality questionnaires, guessing games, and letters; many of these have a cultural focus, and all of them are youth-oriented. They provide a smooth, sometimes humorous transition from one unit to the next, and can be used in a variety of ways.

- **For in-class activities.** The *Variedades* sections can serve as the basis for cultural discussions, comparing and contrasting customs of the United States and of the Hispanic world. They also promote conversation, as when students discuss the validity of results they obtain through a personality questionnaire. (In **Los secretos de la cara,** Unit 3, students can decide whether the shape of a person's face influences his or her personality.) Where there are game-oriented activities, the teacher can hold team, group, or individual competitions to see who can correctly answer all the questions first. An activity such as this encourages quick reading for comprehension and can be of great help in improving reading skills. In addition, the *El arte de la lectura,* which follows each section, teaches students how to expand their reading comprehension by recognizing cognates and word patterns.
- **For individual activities.** When the teacher is conducting a review for a class test, those who do not need the review can read the *Variedades* section. They can summarize it in Spanish to practice their writing skills.
- **For out-of-class activities.** The *Variedades* can be assigned as homework or extra-credit work. Students could be encouraged to find and label pictures in magazines or newspapers to illustrate the topics of the *Variedades.* Some students might want to draw their own pictures. These illustrations can become bulletin board or class decorations and will serve as a good review of vocabulary and structures.

The *Variedades* sections do not have to be done at the end of the units they accompany. Although they should probably not be used before their accompanying unit has been studied, they can be used afterwards, to reinforce grammar, to review vocabulary (for example, the *Variedades* after Unit 3 can be used with Unit 7 to review parts of the body), or to provide a change of pace before or after a vacation.

4.5 Using the *Vistas*

The purpose of the *Vistas* is, first and foremost, to engage students and to encourage them to explore Hispanic culture and civilization. The *Vistas* also furnish ample reading practice and provide the basis for the discussions and mini-talks in Spanish. They should be considered optional and supplementary.

At all stages of instruction, the *Vistas* can be used to reinforce oral communication skills. In the beginning, simple questions can be asked about the passages and/or the illustrations, using vocabulary that students already know. Toward the middle of the year (*Vista 3* or *4*), students can give mini-talks in which they describe one of the illustrations or ask the class simple questions about it. Other activities include expansion of cultural knowledge:

(1) Using one of the topics in the *Vistas* as a springboard, have students write a research paper or do a classroom presentation on the topic or on one of its aspects. (For example, in *Vista 4,* students could research Hispanic music, and, using records or their own musical talents, could play samples of various types of Hispanic music.)

(2) Have students write their own *Vistas,* using one of the passages as a model. (For example, for *Vista 5,* students could write another letter to the "Estimada Doctora" or answer one of the letters differently.)

(3) Students could be encouraged to make posters, dioramas, or charts based on the information in the *Vistas.* (For example, to illustrate the metric system in *Vista 2,* a student or a group of students could make a growth chart using metric measurements, and the other students could determine their height in meters.)

The *Actividades culturales* at the end of each *Vista* offer suggestions for further research and study. The teacher may assign these or have students think up projects of their own. Many of the projects may be exhibited in the classroom or the halls of the school, and foster greater interest in foreign-language study. Students may also bring in photos, articles, record albums, and other items relating to the personalities in the *Galería de estrellas (Vista 4).*

Reading Activities based on the five *Vistas* are provided in the Activity Masters. A valuable supplement, these activities include questions on content, personal questions, crossword puzzles, exercises such as multiple choice, true/false, matching, fill-ins, sentence building and sentence completion, and activities such as writing a letter, a menu, and a class schedule.

4.6 Using the Workbook

The Workbook has been carefully designed to develop the writing skill. The activities are sequenced in order of increasing difficulty so that students first write out cued responses before using the new structures to express their own feelings and ideas. The activities are related to situations or illustrations so that students concentrate on the meaning of what they are writing as well as on accuracy of forms. Most lessons end with suggestions for brief original sentences.

4.6.1 Using the written exercises. The Workbook contains numerous situational activities based on points of structure or vocabulary. Each Workbook activity is keyed to the text so teachers will know at what point they can assign a particular activity. Each lesson begins on a right-hand page so that teachers may request that students tear out specific lessons to hand in. The Teacher's Annotated Edition of the Workbook provides the answers to all the activities.

- The teacher may assign these activities as written homework for all students, only for students who need extra drill on specific items, or for students seeking extra credit.
- Part of the class could do the Workbook activities individually, while the teacher provides help to other members of the class.
- The teacher may assign all activities upon completion of a unit as a review.

4.6.2 Using *El rincón cultural*.   An original feature of SPANISH for MASTERY is the *El rincón cultural* section at the end of each unit. This section provides a change of pace between units. It contains games and realia that introduce students to authentic samples of the Spanish language. The realia can provide a point of departure for oral communication activities. The various games may be done outside of class as homework or in class as written activities in pairs or small groups.

4.6.3 Using *Enrich your vocabulary through Spanish*.   This section is another original feature of SPANISH for MASTERY. Learning is reinforced whenever students can see some immediate benefit from what they are doing. In the *Enrich your vocabulary through Spanish* sections, students learn to understand their own language better and to build up their English vocabulary. By focusing on the usefulness of Spanish, these sections promote positive attitudes toward the language.

4.6.4 Using the *Test/Repaso*.   The *Test/Repaso* provides a written review of the basic structures and vocabulary of the unit. The *Test/Repaso* should precede the Unit Test.

- The teacher may use the *Test/Repaso* informally for review.
- Students may take the *Test/Repaso* on their own and check their answers in the Answer Key at the back of the Workbook.

4.7 Using the Cassette Program

The Cassette Program introduces students to spoken Spanish through the voices of a number of Spanish speakers, thus supplementing the model provided by the teacher. Because the activities are recorded at natural conversational speed, students should be warned that they may not understand everything the first time they hear the cassette. In some cases the teacher may wish to present a passage or exercise before playing the cassette. At other times the teacher may stop the cassette to have students repeat a sentence or phrase they have just heard. The more opportunity students have to listen to the cassette the better able they will be to understand spoken Spanish.

- **Listening to the Presentation text.** The teacher may wish to play the cassette of the *Presentation text* as an introduction to the lesson. Students can listen with their books closed or follow the text with their books open.
- **Listening for Signals.** These exercises are designed to test students' ability to distinguish among sounds that signal grammatical information: noun markers, verb forms, and so on.
- **Speaking.** The speaking exercises are similar to the situational textbook exercises. Since students do not read the cues, they are forced to listen carefully. Two types of activities form the basis of this section:
  — directed activities, in which there is only one correct response; and
  — open-ended activities, such as the simple personal questions that appear later on in the program.

- **Spot Dictation.** Students see a short printed passage from which certain words have been omitted. They listen to a recording of the entire passage and fill in the missing words. Each passage is read twice.
- **Listening Comprehension.** This activity gives students practice in determining whether statements they hear refer to one situation or another, are true or false, logical or illogical, and so on.
- **Listening Comprehension with Visual Cues.** This activity is based on an illustration in the Activity Masters. Students are actively involved, since the listening process is accompanied by "pencil work": for example, they are asked to trace a path, to locate certain items by marking them with an X, or to draw a picture. Listening reinforced by writing causes students to pay close attention to what is being said since immediate action is required.
- **Listening and Repeating.** Students hear a recorded version of the *Pronunciación* sections, the *Vocabulario práctico,* and the verb charts, and practice the new sounds.
- **Spanish Songs.** Each unit concludes with a song in Spanish, the melody of which will have been heard at intervals throughout. Students may sing along with the cassette reading from the music and lyrics in the Activity Masters. Songs feature simple lyrics, sometimes with a familiar melody (for example, "La cucaracha," Unit 6). For extra credit, students can learn and perform the songs for the class; whole-class performances could become part of a larger school festival. A cassette with all the unit songs from Levels 1 and 2, along with the music and lyrics, is available separately in a special Song Binder.

4.8 Using the Testing Program

The SPANISH for MASTERY Testing Program includes four *Lesson Quizzes* and a *Unit Test* for each unit, and two *Achievement Tests*. In addition, the Test Guide includes ideas for developing speaking tests and written composition tests.

4.8.1 Using the *Lesson Quizzes.* The four *Lesson Quizzes* that accompany each unit are designed to be administered upon completion of each lesson. The *Quiz* items include a variety of formats, such as fill-ins, short answers, multiple choice, statement completion, and full answers. Students should be able to complete each *Lesson Quiz* in about 20 minutes.

For slower learners, the teacher may wish to administer the *Lesson Quiz* as a series of short quizzes given upon completion of the individual sections of the lesson.

4.8.2 Using the *Unit Tests.* The *Unit Tests* are designed to be administered upon completion of each unit. Students should be able to complete each *Test* in about 45 minutes. All the material of the unit is evaluated in discrete-point exercises.

For slower learners, the teacher may wish to administer each *Unit test* over a two-day period. The listening portion could be given on the first day and the written portion on the second day.

4.8.3 Using the *Achievement Tests.* The *Achievement Tests* are designed to be administered upon completion of the corresponding units (*Achievement Test 1:* Units 1–5; *Achievement Test 2:* Units 6–10). Students should be able to complete each *Test* in two 45-minute class periods. The teacher may choose to administer the listening portion and part of the written portion (the Reading perhaps) on the first day, and the rest of the written portion on the second day.

For slower learners, the teacher may wish to include only selected items from each part of the *Test,* adjusting the scoring as necessary.

4.9 Using the Overhead Transparencies

4.9.1 When to use them.   The SPANISH for MASTERY Overhead Transparencies have been selected with particular attention to flexibility and multiple use. The transparencies may be used for (1) review (structures and vocabulary); (2) testing (especially vocabulary); (3) reentry and variety (previously learned vocabulary, and familiar transparencies in new contexts); (4) guided self-expression (conversation and composition); (5) cultural awareness (maps).

4.9.2 How to use them.   The following are basic techniques for using the Overhead Transparencies:

- **Transparencies plus pointer.** The teacher projects the transparency and uses a pencil, a ruler, or a pointer to various images.
- **Transparency plus marker.** The teacher may write on the transparency with a water-soluble transparency marker that can be easily wiped off with a damp cloth or paper towel. Colored markers may be used to distinguish and reinforce various linguistic features.
- **Transparency plus overlay.** An overlay is a second transparency used to add visual material to another transparency. Besides the overlays provided in the box of visuals, teachers may use blank sheets of acetate to develop their own.
- **Transparency plus mask.** If the teacher wishes to project only a portion of the visual, a sheet of paper may be laid on the transparency as a mask.
- **Transparency plus moving elements.** It is possible to project both a still image (the original transparency) and a moving image. Adding movable hands to a clock face is perhaps the most common example.

5 | SCHEDULING AND LESSON PLANS

5.1 Scheduling

SPANISH for MASTERY 1, *¿Qué tal?* is designed to be completed in one school year; it is the teacher, however, who decides how many units will ultimately be covered. It is not necessary to complete the book since all the important structures of Level 1 are reviewed in a different context in the first four units of Level 2.

When planning the teaching of SPANISH for MASTERY, the teacher should be aware of the following:

(1) In order to complete SPANISH for MASTERY within the school year, each unit should take about 15 class days.

(2) It will probably not be possible for a class to do all suggested activities. Some will have to be shortened, and others omitted entirely. For the teacher's convenience, certain features, exercises, and grammatical presentations are labeled "optional" in the overprint of the Teacher's Edition.

The following chart shows how a unit may be presented in 15 school days, with and without language laboratory sessions.

SAMPLE LESSON SCHEDULE FOR A UNIT	
Day 1	Lesson 1
Day 2	Lesson 1
Day 3	(Lab: Lesson 1) Lesson 1
Day 4	*Lesson Quiz 1* Lesson 2
Day 5	Lesson 2
Day 6	(Lab: Lesson 2) Lesson 2
Day 7	*Lesson Quiz 2* Lesson 3
Day 8	Lesson 3
Day 9	(Lab: Lesson 3) Lesson 3
Day 10	*Lesson Quiz 3* Lesson 4
Day 11	Lesson 4
Day 12	(Lab: Lesson 4) Lesson 4
Day 13	*Lesson Quiz 4* Unit Review **(Test/Repaso)**
Day 14	*Unit Test*
Day 15	Test Results **Variedades** or **Vista**

Notes:

(1) The corresponding Video Program module can be incorporated into the lesson plan at many different times and for different teaching objectives. (Pages 6T–11T of this teacher's manual describe the Video Program and its uses.)

(2) The Cassette Program may be used effectively both in the classroom and in the language laboratory.

(3) The *Unit Test* may take less than a full period.

(4) In the average school year there will be ample time to work with the selections in the **Vistas.**

5.2 Lesson Plans

Drawing up lesson plans helps the teacher to visualize how a unit is going to be presented. By emphasizing certain aspects of the program and playing down others, the teacher can change the focus of a unit to meet students' needs.

The following lesson plan shows how Lesson 5.2 may be taught using some of the techniques presented in Section 4 of this manual. Suggestions are given for several types of classes.

5.2.1 Basic Lesson Plan for Lesson 5.2

Day 1
1. Go over *Tú tienes la palabra* in the *Para la comunicación* section of Lesson 5.1. Have pairs of students read their dialogs. (5 minutes)
2. Give the *Quiz* for Lesson 5.1. (15 minutes)
3. Have students open their books to page 176. Elicit appropriate review vocabulary: **la foto, la persona, el (la) muchacho(a),** adjectives. (5 minutes)
4. Play the cassette and have students follow the *Presentation text* in their books. Ask the comprehension questions given in the overprint. Go over the *Conversación* and *Observación* questions. (10 minutes)
5. Briefly present the possessive adjectives in *Estructura* A and the *Vocabulario práctico.* (5 minutes)
6. Assignment: Make a family tree showing as many relatives as you can. Give each person's name and indicate his or her relationship to you. Include pictures if possible. (5 minutes)

Day 2
1. Have individual students briefly present their family trees to the class. (5 minutes)
2. Review *Estructura* A, possibly using some of the family trees as a point of departure. (10 minutes)
3. Do *Actividades* 1, 2, 3 orally (10 minutes)
4. Read the *Nota cultural.* Have students compare families in the United States and the Hispanic world. (5 minutes)
5. Present *Estructura* B. Ask students personalized questions, such as **¿Tienes tu libro de español? ¿Cómo se llama tu profesor(a) de inglés?** Do *Actividad* 4 in class. (10 minutes)
6. Go over the *Pronunciación* section. (5 minutes) Assignment: Write *Actividad* 5. (Or: Write the Workbook activities for Lesson 5.2)

Day 3
1. Go over the written homework. (5 minutes)
2. Present *Estructura* C, paying particular attention to the irregular form **hago** and to the idiomatic expressions. Do *Actividades* 6, 7. You may have students write selected responses. (15 minutes)
3. In the language laboratory or in the classroom, do the corresponding cassette activities with the Activity Masters. (15 minutes)
4. Present the *Vocabulario práctico* on page 182 and do *Actividad* 8. (5 minutes)
5. Go over the *Mini-diálogos* in the *Para la comunicación* section. Assignment: Prepare for the *Lesson Quiz.* (Give some sample *Quiz questions.*) Write *Tú tienes la palabra.* (5 minutes)

Day 4
1. Go over *Tú tienes la palabra.* Have pairs of students read their dialogs. (5 minutes)
2. Give the *Lesson Quiz.* (15 minutes)
3. Begin Lesson 5.3.

5.2.2 Variations on the Basic Lesson Plan.   The basic lesson plan may easily be modified to meet the needs of individual classes. Since SPANISH for MASTERY offers a wealth of teaching materials and activities, it is expected that teachers will differ in the way they teach a given lesson. Here are a few sample variations.

(1) Regular class using the video program

Module 11 of the video program is correlated to Lesson 5.1 and 5.2 of the Student Text. The teacher may use the video program to introduce and practice new vocabulary about the family. The Cultural opener also develops the theme of the cultural notes which focus on Puerto Rico and the Hispanic family. It is suggested that the cultural opener and the dialogs be shown during one class period and the expansion during another.

(2) Regular class without the Cassette Program

If a school does not have a language laboratory, nor the facilities to use the Cassette Program in the classroom, the teacher can serve as a model by reading the *Presentations,* directing the oral activities, and guiding the pronunciation activities. If the teacher wants to use the activities in the Cassette Program together with the Activity Masters, he or she can work with the Tapescript, which is available separately. The teacher can, for example, read the *Listening for Signals* activities while students record their answers on the corresponding Activity Sheet.

(3) Regular class with emphasis on oral skills

In order to emphasize oral skills, the teacher should have access to a high-quality cassette recorder in the classroom. On Day 1 the teacher can play the recording of the *Presentation text* while students keep their books closed. The teacher asks students if they understood any words or phrases. The teacher plays the cassette again and asks students to write down fragments that they understand. The teacher plays the cassette a third time, stopping after each exchange and asking students to try to reconstitute what is said. Finally, the teacher plays the cassette a fourth time and has students follow with their books open. On Days 2 and 3 the teacher plays the *Nota cultural* as a warm-up activity while students subvocalize along with the speaker. The teacher uses the cassette activities, playing them two to three times if needed. When possible, the teacher conducts the textbook *Actividades* orally with students' books closed. On Day 4 the teacher directs impromptu dialogs patterned after those in *Tú tienes la palabra.*

(4) Regular class with emphasis on written skills

In order to develop reading and writing skills, students need regular practice. It is often effective to have one or two students write responses at the board or on an overhead transparency while the rest of the class writes at their seats. It is also helpful to use the Workbook.

On Day 1 the teacher can ask students to answer comprehension questions in writing. Students can also write the review vocabulary in the *Presentation text.*

On Day 2 students can practice the new structure by personalized questions (**¿Tienes un disco de música latina?**) in writing. The *Actividades* suggested for writing in the overprint can be written as well as done orally.

On Day 3 students can write out answers to warm-up review questions on the *Presentation text,* or they can write selected sentences from the *Presentation text* as a dictation exercise.

On Day 4 pairs of students can write new dialogs similar to those in *Tú tienes la palabra.*

At the end of a unit, students who have access to a computer terminal might use the Production/Writing activities of the Software program. These activities are recommended for individual or group use to reinforce writing skills. Students are asked to identify pictures, give Spanish-English equivalents and forms, and complete Spanish sentences.

(5) Slower class

With slower learners it is important to stress comprehension, both oral and written, and to pay less attention to such details as spelling.

On Day 1 the teacher should play the *Presentation text* several times in order for students to begin to understand what is said. Encourage students to speak quietly along with the cassette and to read along in their books. The teacher may want to give the English equivalent of a sentence from the *Presentation text* and have students find the corresponding Spanish sentence. (Example: "My father works for a textile company." Students respond: **"Mi padre trabaja para una compañía de textiles."**) To check comprehension, it may be better to use true-false statements about the text rather than the questions in the overprint.

On Days 2 and 3 more time will be spent on the ***Actividades.*** Students should first practice with full-class and half-class responses before responding individually. An exercise done chorally can then be repeated by having students work in pairs. The Cassette Program *Listening* activities should be repeated twice. ***Estructura*** B can either be omitted or presented only for recognition. As a change of pace for homework, ask students to bring in photos or drawings of their pets.

On Day 4 the *Quiz* can be shortened by omitting one or more items.

The video program is an ideal teaching tool in the slower classroom. The blend of media — moving image and sound — makes for optimal language learning. The captioned version allows students to see the relationship between the spoken language and the printed word.

PART 3: How to Supplement SPANISH for MASTERY

6 | SUPPLEMENTARY MATERIAL AND ACTIVITIES

Foreign language methodologists stress the importance of using realia and supplementary cultural activities for a number of reasons:

— They enliven the atmosphere of the class.

— They provide a sometimes much-needed change of pace.

— They allow for a more natural exchange between student and teacher.

— They permit students who are not linguistically oriented to express themselves in other areas such as music, art, or cooking.

— They present students with a practical application of the skills learned in the classroom.

— They provide an interdisciplinary link to students' other studies.

6.1 How to Find and Use Realia

Spanish teachers, in contrast to teachers of other languages, have easy access to materials in the language they are teaching. From the Northeast to the Southwest, the United States has a rich source of Hispanic culture: newspapers, magazines, information about food, music, dances, and customs are accessible to everyone for the price of a postage stamp.

This section lists some good sources of materials and suggests how and when to use them. The listing is not exhaustive, but seeks to provide variety.

librería selecta*

LIBROS EN ESPAÑOL
TODOS LOS GUSTOS Y TODAS
LAS NECESIDADES
SOLICITE NUESTROS CATALOGOS

Librería Madero
FRANCISCO I. MADERO NUM. 12   TELEFONO 510-20-68

IDEAS
para su hogar
La revista
que no es revista...
¡es IDEAS!

6.1.1 The written language

Spanish-language magazines and newspapers distributed in the United States

NAME	COUNTRY	APPROX. COST	TYPE	USEFUL CONTENTS	(U.S.) DISTRIBUTOR	FREQUENCY
ABC	Spain	$3.00 $4.00 (Sunday)	newspaper	ads money tables (values) stock market weather reports	Roig 29 West 19th St. New York, NY 10011	daily
as color	Spain	$2.50	sports	pictures cartoons	Roig	daily
Buenhogar	Panama	$2.50	family	ads articles with checklists recipes cartoons personality questionnaires correspondence	Roig	bi-weekly

El Diario-La Prensa					El Diario-La Prensa 143 Varick St. New York, NY 10013	daily except Sat.
Estrellas	Puerto Rico	$1.75	personality	ads	Roig	bi-weekly
GeoMundo	U.S.	$3.00	geography	pictures ads	Roig	monthly
¡Hola!	Spain	$4.50	personality	cartoons ads pictures	Roig	weekly
Lecturas	Spain	$4.00	personality	ads cartoons TV section	Roig	weekly
Réplica	U.S.	$2.00	personality	ads comics	Roig	monthly
Semana	Spain	$4.25	general	ads with forms cartoons TV section	Roig	weekly
Siete días	Argentina	$3.50	news	ads cartoons chess section	E. Castellón 207 Piaget Ave. Clifton, NJ 07011	weekly
Vanidades	Panama	$2.50	modern living	ads forms to fill out recipes (wordless) comics	Roig	monthly
Vistazo	Ecuador	$4.00	news current events sports	ads with forms charts	E. Castellón	weekly

El Diario-La Prensa — U.S. — .35, $1.00 (Sunday) — newspaper — entertainment section, comics, Sunday colored section, ads

U.S. magazine printed in Spanish: *Selecciones del Reader's Digest*

6.1.2 The spoken language. In many states and in most large urban centers of the country, there are a variety of Spanish language radio broadcasts. If your state does not have a station that broadcasts programs in Spanish, you still might be able to receive broadcasts from a station in a nearby state. Check your local newspapers for listings.

Local Spanish Radio Programs		
City	State	Radio station call letters
Boston	MA	WUNR
Chicago	IL	WCRW; WEDC
Denver	CO	KBNO
Houston	TX	KEYH; KLAT; KXYZ
Los Angeles	CA	KLVE/FM
Miami	FL	WCMQ; WOCN; WQBA
New York	NY	WADO; WBNX; WJIT
Philadelphia	PA	WTEL
San Antonio	TX	KCOR; KEDA; KFHM
San Francisco	CA	KBRG/FM

Local Spanish Television Programs		
City	State	TV station call letters
Chicago	IL	WCIU/TV; WSNS/TV
Houston	TX	KRIV/TV
Los Angeles	CA	KMEX/TV; KSCI/TV; KVEA/TV
Miami	FL	WLRN/TV; WLTV/TV
New York	NY	WNJU/TV; WXTV/TV
Phoenix	AZ	KTVW/TV
Sacramento	CA	KCSO/TV
San Antonio	TX	KWEX/TV
San Francisco	CA	KDTV/TV; KTZO/TV
Tijuana	MEX	XETV

Again, if your state does not have Spanish-language television stations, you may be within the reception area of another state that does. There are now two national networks, Univisión and Telemundo, which supply local television stations with programs in Spanish. Check your local newspapers for listings.

6.1.3 Other sources. In the local community, there may be the following:

— Hispanic clubs and organizations sponsoring festivals that feature food, song, and dance.

— stores and shops catering to Spanish-speaking clientele.

— restaurants offering Spanish or Latin American cuisine.

— travel agencies offering brochures and posters.

— consulates, embassies, and other cultural missions.

— food product companies (Kellogg's, Del Monte, Campbell) that sell their products abroad and in Spanish-speaking domestic outlets.

A pen pal exchange program can also be arranged with a class studying English in a Hispanic country. Classes can exchange letters, realia, and other cultural material difficult to locate in the United States.

6.1.4 How to use the material. The teacher may want to use realia to enrich classroom activities and to help students make a transition from the classroom to the Spanish-speaking world.

▪ **Preparing realia for students.** It is important for the teacher to prepare the realia before exposing students to it. If the material is too difficult or if there are too many unknown words and structures, students may become discouraged. Teachers should be selective in the realia that they bring to class. In the beginning, the realia should have visuals that reinforce vocabulary and structures that students have already learned. The teacher might edit the realia, underlining words or structures that students already know and preparing a brief glossary of items that they don't know. Students should not translate but try to understand the message from the context.

▪ **Useful materials.** In newspapers and magazines, TV guides, movies schedules, weather reports, and ads for restaurants, food, or clothes provide useful teaching tools that are easy to understand. They can be used for the following purposes:

— identification of vocabulary and structures already learned
— vocabulary building (new words, especially concrete nouns)
— culture expansion
— points of departure for conversation

Many Hispanic periodicals contain ads for U.S. products and carry publicity (and even articles) patterned after U.S. models. This may give the impression that the Spanish-speaking world tends to copy the American model. While "Americanization" is a very real phenomenon, the teacher should make sure that students understand that Spanish speakers have their own traditions and values. (Observant students will notice that some U.S. products are marketed with different types of ads in Spanish, reflecting the Hispanic value system rather than that of the United States.)

Radio and television programs are often difficult to understand. Encourage students to concentrate on the gist of what is being said. The easiest things to understand are probably Spanish adaptations of English commercials. Students will recognize the name of the product and may be able to figure out the general message. Generally, all radio and television commercials for stores and businesses are clearly enunciated and provide listening practice in numbers and addresses. Sometimes a newscast in Spanish is easy to understand if students are already familiar with the particular news item.

Some songs have simple lyrics with recurring phrases that are easy to understand. While listening to them, students also improve their pronunciation.

6.2 How to Prepare and Use Games

Games are useful learning tools, accessible to every teacher, that provide variety. At the beginning of the class, games capture students' attention. In the middle of the period, games may serve as a transition from one activity to the next. At the end of the class, they fill in the few minutes between the final activity and the bell. The teacher can play games with the entire class or use them for pair and small-group activity. The main purpose of games is to enliven the linguistic aim of the lesson; they should not become the exclusive focus of the class.

The following section provides sample games that the teacher can use or adapt.

6.2.1 Commercial games. Many games are now available in Spanish editions. Games in this category include classics like Monopoly (good practice in using numbers with dice and money), Scrabble (for vocabulary practice, can be played in teams and simplified), and Lotto (excellent vocabulary practice). There are many other Spanish games with English-language counterparts that are also useful in reviewing Spanish structures and vocabulary. These are all available through companies that sell foreign language realia.

6.2.2 Teacher-created games.   Teacher-created games have a distinct advantage over commercial games: they can be "custom made" to fit the needs of a particular class or a lesson. Following are sample games that the teacher can use in the classroom.

A. Oral games

HANGMAN

The teacher may suggest this game as a way to review vocabulary prior to the unit test. One student thinks of a word from a ***Vocabulario práctico*** section of one of the lessons in the unit. This student writes on the chalkboard a series of blanks corresponding to the number of letters in the word and draws a noose. When someone from the class guesses a letter that appears in the word, the student at the board enters that letter in all the spaces where it occurs. When someone guesses a letter that is not in the word, the student leading the game adds a part of the body to the person in the noose. The object, of course, is to guess the word before being hanged. As the final activity, no matter who wins, a student should spell the complete word and supply the gender or identify the part of speech of the word.

¡ADIÓS!

This game is similar to "Ghost" in English. Playing in groups of five or six, each student has a turn to say a letter that contributes to the spelling of the Spanish word. If in so doing the student completes a word, he or she gets an **A,** the next time a **D,** and so on. Any student who completes the word **Adiós** is out. The last person remaining in the game is the winner. If a student says a letter that the next person does not believe contributes toward the building of a word, the student who said may be challenged. If the challenged student cannot come up with a word, he or she receives a letter toward being eliminated from the game. However, if the challenged student does know a Spanish word with that sequence of letters, the student who challenged receives one of the letters of **Adiós.**

WORD GEOGRAPHY

This game is an adaptation of the English language game "Geography". One student starts by saying a word. The next student must say a word that begins with the last letter of the previous word. Anyone who fails to do so is eliminated, and the game continues until one person remains.

Example: Student 1: bueno
Student 2: ojos
Student 3: sol
Student 4: la
Student 5: aquí
and so on

TWENTY QUESTIONS

One student thinks of an object (**¿Qué es?**), and the others, in turn, try to guess what it is by asking yes/no questions. The student who guesses correctly is "it," but if no one guesses after twenty questions, the student who was "it" thinks of another object and the game begins again.

(Other possible questions: **¿Quién soy?, ¿Dónde estoy?, ¿Cuál es mi profesion?**)

CHALLENGE

The teacher divides the class into several teams and assigns each team a section of the chalkboard. One person from each team goes to the board and the teacher announces the category. The students at the board write as many words as they can think of in that category in ten seconds. After they return to their seats, a second student from each team goes to the board. The teacher announces a new category and the members of this group write as many words as they can think of in ten seconds. When every member of the team has been to the board, the class checks all the teams' entries and counts them. The team with the most correct words is the winner. If desired, the class can subtract the number of wrong words from the correct ones in calculating the team score. The teacher may use the themes of the *Vocabulario práctico* as categories.

TIC-TAC-TOE

The class is divided into two teams. A tic-tac-toe board with one subject pronoun written on each of the squares is set up and then covered. One member of the team chooses a square. The teacher (or another student) uncovers the pronoun and gives the team member a verb to conjugate in a particular tense, corresponding to the subject pronoun. If the student does it correctly, his or her team wins the square. If not, the turn is forfeited and the other team selects a square. A team wins the game when it has won three squares in a row.

¡CARAMBA!

After distributing sheets of paper divided into sixteen squares, the teacher gives a category, such as food, clothing, or school life. Students then fill in the spaces with Spanish words belonging to the category. One at a time, the teacher then calls out words that belong in the category; if students have the words, they cross them off their sheets. The first student to get four words in a row horizontally, vertically, or diagonally calls out ¡**Caramba!** and wins the game.

¡BÚSCALO!

This is an adaptation of the card game "Go Fish", and is best played in groups of four or five. Five cards are given to each player, and any pairs are placed face up on the desk. The object of the game is to get the most pairs. To begin one student asks another group member if he or she has the card that would give the student a pair. The student can continue asking whomever he or she wishes for cards until someone does not have the card asked for. The player is then told "¡**Búscalo!**" He or she picks up the top card from the remaining deck, and the person to his or her right asks for cards. (ace = **as;** king = **rey;** queen = **reina;** jack = **sota**)

B. Written games

BUSCAPALABRAS

This can best be described as a "block of letters" in which various Spanish words are hidden. These words may be written forward, backward, diagonally, or upside down, as long as there is consecutive placement of the letters of the word. Students are given the list of words they are to find (in Spanish or in English) and a set amount of time in which to find them. The game may also be set up as a contest, and the first student to find all words is declared the winner.

P	R	O	S	O	M	I	L	I	A	B
R	A	T	R	A	B	A	J	A	R	M
E	T	A	R	L	R	A	T	R	O	C
P	R	E	E	A	E	C	H	O	C	O
A	A	V	C	H	V	E	A	M	T	S
R	B	S	I	A	I	R	B	U	S	C
A	U	T	V	B	V	E	L	P	A	P
B	T	S	O	M	E	M	O	C	R	A

BUSCAR
COMEMOS
CORTAR
HABLO
PREPARA
TRABAJAR
VIVE

CROSSWORD PUZZLES

These are simple to prepare and can be imaginative and creative. The following is an example of a puzzle that reviews clothing:

HORIZONTALMENTE

4. Clothing   7.

6.

VERTICALMENTE

1.   2.

3.   5.

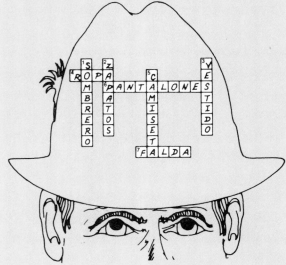

CATEGORIES

Students are given a chart with categories on the horizontal axis and letters on the vertical axis. Students must write one word for each category beginning with each of the letters.

	alimentos	lugares	colores
M	manzana	México	morado
A	azúcar	Argentina	azul
C	café	Colombia	café

FOLLOW THE DOTS

This is an adaptation of the juvenile game, but with the numbers written out. Students connect the dots in numbered order to discover a hidden figure or message.

UNSCRAMBLE

Students rearrange scrambled letters to form a Spanish word. Each group of scrambled words should pertain to a common theme, for example, parts of the body.

EAIRNP = <u>P I E R N A</u>

CAAR = <u>C A R A</u>

PLEASAD = <u>E S P A L D A</u>

In addition to the above suggestions, teachers can adapt any popular television game show (for example, "Password," "Jeopardy," "The $25,000 Pyramid," "Wheel of Fortune") to Spanish. Students can also submit ideas for games and receive extra credit for making up a game and writing the rules.

6.3 Cultural Activities

Since Hispanic communities in the United States are so numerous, it is not difficult to bring cultural activities into the classroom.

6.3.1 Dancing. By learning Hispanic dances, students will also be learning about Hispanic music. If information is available, the teacher should explain the origins of the dance.

6.3.2 Cooking. Cooking usually ranks as one of students' favorite activities; even those who are not keen on preparing food will not turn down the opportunity to eat. Recipes for Hispanic dishes abound, and many are very simple to prepare.

6.3.3 Other classroom cultural activities. Some teachers regularly prepare "foreign festivals" that include regional food specialties dances, and performances by students. Although time consuming to prepare, these fiestas can be enjoyable and valuable parts of a foreign language week.

6.3.4 Outside the classroom. Field trips are also a good way to provide an introduction to Hispanic culture. Some possible excursions might be:

- going to a Hispanic restaurant
- going to a Hispanic shop
- going to a Hispanic museum
- visiting a Hispanic community

In order for these activities to be successful and to make students see and experience the relevance of Spanish, they need to be carefully planned. Students could be given special assignments or research, and could report to the class before the trip. Or, the assignment could be given to everyone for homework.

PART 4: Reference Guide for SPANISH for MASTERY

This part of the teacher's manual contains reference materials for easy accessibility.

7 | USEFUL EXPRESSIONS

The teacher who wishes to conduct the class entirely in Spanish may use the following vocabulary supplements.

7.1 Classroom Expressions

These classroom expressions may be copied and distributed to students.

7.1.1 Palabras

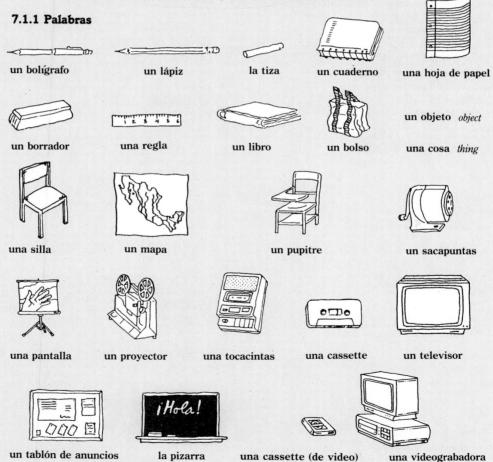

un bolígrafo

un lápiz

la tiza

un cuaderno

una hoja de papel

un borrador

una regla

un libro

un bolso

un objeto *object*

una cosa *thing*

una silla

un mapa

un pupitre

un sacapuntas

una pantalla

un proyector

una tocacintas

una cassette

un televisor

un tablón de anuncios

la pizarra

una cassette (de video)

una videograbadora

7.1.2 Expresiones

Both the plural (Escuchen) and the singular (Escucha) command forms are given here.

Escuchen (Escucha).	*Listen.*
Escuchen (Escucha) la cinta (cassette).	*Listen to the cassette.*
Miren (Mira) el video.	*Watch the video.*
Repitan (Repite).	*Repeat.*
No repitan (No repitas).	*Don't repeat.*
Hablen (Habla) más alto.	*Speak up. Speak louder.*
Escuchen (Escucha) la pregunta.	*Listen to the question.*
Contesten (Contesta).	*Answer.*
No contesten (No contestes).	*Don't answer.*

Vengan (Ven) aquí (enfrente de la clase).	*Come here (in front of the class).*
Hagan (Haz) el papel de . . .	*Play the part of . . .*
Empiecen (Empieza).	*Begin.*
Gracias.	*Thank you.*
Siéntense (Siéntate).	*Sit down.*

Saquen (Saca) los libros (cuadernos).	*Take out your books (workbooks).*
Abran (Abre) los libros a la página . . .	*Open your books to page . . .*
Cierren (Cierra) los libros.	*Close your books.*
Saquen (Saca) un bolígrafo (un lápiz).	*Take out a pen (pencil).*
Saquen (Saca) papel.	*Take out some paper.*
Lean (Lee) en voz alta.	*Read aloud.*
Continúen (Continúa).	*Continue.*
Escriban (Escribe).	*Write.*
No escriban (No escribas).	*Don't write.*

Levántense (Levántate).	*Get up.*
Vayan (Ve) a la pizarra.	*Go to the board.*
Miren (Mira) la pizarra.	*Look at the board.*
Mírenme (Mírame).	*Look at me.*

Pongan (Pon) atención.	*Pay attention.*
Silencio.	*Silence.*
No hablen (No hables).	*Don't talk.*

Cuidado con la pronunciación (la ortografía).	*Careful with the pronunciation (spelling).*
Digan (Di) . . .	*Say . . .*
Díganle (Dile) . . .	*Tell him/her . . .*
Todos juntos	*All together*
Todo el mundo	*Everyone*
Otra vez	*Again, Once more*

Muy bien.	*Very good.*
Excelente.	*Excellent.*
No, no es eso.	*That's not it.*

Para mañana . . .	*For tomorrow . . .*
Para la próxima vez . . .	*For the next time . . .*
Preparen (Prepara) . . .	*Prepare . . .*
Hagan (Haz) el ejercicio (los ejercicios) . . .	*Do the exercise (the exercises) . . .*

En español	*In Spanish*
En inglés	*In English*
¿Qué quiere decir . . . ?	*What does . . . mean?*
¿Cómo se dice . . . ?	*How do you say . . . ?*

¿Hay preguntas?	*Are there any questions?*
Levanten (Levanta) la mano.	*Raise your hand.*
¿Comprenden? (¿Comprendes?)	*Do you understand?*
No comprendo.	*I don't understand.*
No sé.	*I don't know.*

7.2 Expressions for the *Actividades*

Cambia.	*Change. Conjugate.*
Compara.	*Compare.*
Contesta.	*Answer.*
Cuenta.	*Tell, relate.*
Da.	*Give.*
Describe.	*Describe.*
Di.	*Say, tell.*
Empieza.	*Start, begin.*
Escoge.	*Choose.*
Escribe (un párrafo; una oración).	*Write (a paragraph; a sentence).*
Explica.	*Explain.*
Expresa.	*Express.*
Haz el papel (los papeles) de . . .	*Play the part (parts) of . . .*
Hazle una pregunta (según el modelo).	*Ask him/her a question (according to the model).*
Imagina.	*Imagine.*
Lee.	*Read.*
Manda.	*Send.*
Pide.	*Ask for.*
Piensa.	*Think.*
Pon.	*Put.*
Pregunta.	*Ask.*
Prepara.	*Prepare.*
Usa.	*Use.*
la columna	*column*
la frase (oración)	*sentence*
la palabra	*word*
la respuesta (contestación)	*answer*
un elemento	*an element*
siguiente	*following*

8 | DETAILED LISTING OF THE CONTENTS

This section lists the contents of SPANISH for MASTERY in chart form. The teacher will find these charts useful in preparing course objectives, lesson plans, study guides, and tests as well as documenting mastery of content. As the course progresses, the teacher may use the charts to recall where specific sounds, words, structures, or cultural topics were introduced. Lists have been established under the following headings: Structure, Vocabulary, Pronunciation, Reading, and Culture.

8.1 Structure

These charts list the grammar sections of the Student Text and cross-reference the related exercises.

Estructuras	Text Exercises	Workbook Exercises	Tapescript Exercises
Unit 2 Nosotros los hispanoamericanos			
Lesson 2.1 A. Los verbos que terminan en *-ar*			
B. El presente: la forma *yo*	1	B1	5,9
C. La negación	2,3	C1,C2	4,5
Lesson 2.2 A. El presente: la formas *él/ella y ellos/ellas*	1,2,3	A1	3,4
B. Preguntas con respuestas afirmativas y negatives	4,5	B1,B2	6,7
Lesson 2.3 A. El presente: las formas *tú y usted*	1,2,3	A1	3,4,6
B. El infinitivo	4	B1	
C. Preguntas para obtener información	5,6,7	C1,C2	
Lesson 2.4 A. El presente: las formas *nosotros y ustedes*	1		4,5,6
B. Repaso: el presente de verbos que terminan en *-ar*	2	B1	4,5,6
C. *Me gusta*	3	C1	7
D. Pronombres con la preposición	4,5,6	D1	
Unit 3 Amigos . . . y amigas			
Lesson 3.1 A. El sustantivo y el artículo indefinido: masculino y femenino	1,2		3,4
B. Los artículos definidos: *el, la*	3	B1	4
C. *Ser*	4	C1	7
Lesson 3.2 A. Los adjetivos: formas del singular	1,2,3,4		3,4,6
B. La posición de los adjetivos	5,6	B1,B2	5
Lesson 3.3 A. *Tener*	1,2		3,5
B. Sustantivos y artículos: formas del plural	4,5	B1,B2	9
C. Adjetivos: formas del plural	6,7,8	C1	8
Lesson 3.4 A. Expresiones con *tener*	1,2,3,4		3,4,5,6
B. *Venir*	5,6	B1	9,10
C. El pronombre relativo: *que*	8,9,10	C1	

Estructuras	Text Exercises	Workbook Exercises	Tapescript Exercises
Unit 4 Y ahora . . . ¡Mexico!			
Lesson 4.1 A. La *a* personal	1,2	A1	3,4
B. Contracciones: *al y del*	4,5,6	B1,B2	7,8
Lesson 4.2 A. *Estar*	1,2	A1	3,4,6,8
B. *Ir*	3,4,5		8,10
C. El futuro próximo con *ir*		C1	10,11
Lesson 4.3 A. *Ser y estar*	1,2,3,4	A1,A2	3,4
B. *Estar* + el participio presente	5,6,7	B1	6,7,8
Lesson 4.4 A. Los pronombres *lo, la, los, las*	1,2,3	A1,A2,A3	3,4,5,7
B. Los pronombres con el infinitivo	5,6,7	B1	
Unit 5 Mi familia y yo			
Lesson 5.1 A. Verbos regulares que terminan en *-er* y en *-ir*	1,2,3	A1,A2	5,6
B. *Ver*	6	B1	
C. El uso de *de* para indicar posesión	7	C1	11,12
Lesson 5.2 A. Los adjetivos posesivos: *mi* y *tu*	1,2,3	A1,A2	4
B. Sustantivo + *de* + sustantivo	4,5	B1	6,8
C. *Hacer*	6,7	C1	
Lesson 5.3 A. *Decir*	1,2	A1	
B. El adjetivo posesivo: *su*	4,5	B1,B2	7,8
C. El adjetivo posesivo: *nuestro*	6		
Lesson 5.4 A. Repaso: los adjetivos posesivos	1	A1	4
B. Repaso: los pronombres *lo, la, los, las*	2,3,4,5		6
C. *Dar*	6	C1	
D. Los pronombres *le, les*	7,8,9,10	D1,D2	8
Unit 6 Nuestras diversiones			
Lesson 6.1 A. Los pronombres *me, te, nos*	1,2,3	A1	3,4
B. Palabras afirmativas y negativas	5,6	B1,B2	7
C. *Pedir* (e→i)	7,8	C1	9,10
Lesson 6.2 A. *Jugar* (u→ue)	3	A1	
B. El uso del artículo definido en el sentido general	4,5,6	B1,B2	7
C. *Gustar*	7	C1,C2	9
Lesson 6.3 A. *¿Cuál?*	3		
B. *Pensar, querer, preferir*	4,5,6,7,8	B1,B2	5
C. *Encontrar, poder, dormir* (o→ue)	9,10,11,12	C1,C2	8,10
Lesson 6.4 A. El artículo definido con los días de la semana	1	A1,A2	4
B. *Salir, poner, traer, oír*	2	B1,B2	6
C. *Conocer* (c→zc)	3	C1	9

Estructuras	Text Exercises	Workbook Exercises	Tapescript Exercises
Unit 7 Los secretos de una buena presentación			
Lesson 7.1 A. Repaso: los adjetivos	1,2,3	A1	4
B. La forma comparativa	4,5,6,7	B1,B2	6,7
C. La forma superlativa	8,9,10	C1	
Lesson 7.2 A. Los adjetivos demostrativos	4,5	A1	6,7
B. El uso del adjetivo como sustantivo	6,7	B1	9
Lesson 7.3 A. Los pronombres reflexivos	1,2,3,4	A1,A2	5,6
B. Los verbos reflexivos: el arreglo personal	5,6,7	B1,B2	6,8
Lesson 7.4 A. El uso del artículo con las partes del cuerpo	1,2	A1	4,5
B. Verbos reflexivos: otros usos	3,4,5,6	B1,B2, B3,B4	7,8
C. El infinitivo de los verbos reflexivos	7,8		10
Unit 8 La vida y sus sorpresas			
Lesson 8.1 A. El pasado inmediato: *acabar de* + infinitivo	1,2,3	A1,A2	4,5
B. La duración de una acción: *hace* + el presente	4,5	B1,B2,B3	
Lesson 8.2 A. El pretérito: verbos que terminan en *-ar*	1,2,3,4	A1,A2	4,5,6
B. El pretérito: verbos que terminan en *-car, -gar y -zar*	5,6	B1	8
Lesson 8.3 A. El pretérito: verbos que terminan en *-er* y en *-ir*	1,2,3	A1,A2	5
B. El pretérito: *dar y ver*	4,5		7
C. El pretérito: *caer, creer, leer y oír*	6	C1,C2,C3	9
Lesson 8.4 A. Repaso: el pretérito de los verbos que terminan en *-ar, -er, -ir*	1,2	A1,A2,A3	3,4,6,8
B. El pretérito: verbos con cambios que terminan en *-ir*	3	B1	8
Unit 9 Buscando trabajo			
Lesson 9.1 A. *Conocer y saber*	3,4,5,6	A1,A2,A3	7,8,9
B. El pronombre *lo*	7	B1,B2	
Lesson 9.2 A. Construcción: verbo + infinitivo	1,2,3,4	A1	4
B. Construcción: preposición + infinitivo	6,7,8,9	B1,B2,B3	8
C. La preposición *para*	10	C1,C2	
Lesson 9.3 A. Pretéritos irregulares: *ir y ser*	1,2	A1	4,5
B. Pretéritos irregulares: *conducir, decir y traer*	3,4	B1	8
C. La preposición *por*	5,6,7	C1,C2	
Lesson 9.4 A. El pretérito: otros verbos irregulares	1,2,3	A1,A2,A3	4,5,6
B. *Lo que*	4,5	B1	

Estructuras	Text Exercises	Workbook Exercises	Tapescript Exercises
Unit 10 Día a día			
Lesson 10.1 A. Repaso: los pronombres directos e indirectos	1,2	A1	3,4
B. Mandatos afirmativos: la forma *tú*	3,4	B1	6,7
C. La posición de los pronombres con los mandatos afirmativos	5,6	C1,C2	8
Lesson 10.2 A. Mandatos negativos: la forma *tú*	4,5,6	A1,A2	5,6,7
B. La posición de los pronombres con los mandatos negativos	7,8	B1,B2,B3	
Lesson 10.3 A. Mandatos irregulares (I)	1,2	A1	4,5
B. Mandatos irregulares (II)	3,4	B1,B2	5
C. La posición de los pronombres directos e indirectos	5,6,7	C1,C2	7,8
Lesson 10.4 A. El pronombre *se*	1,2,3	A1	4
B. Expresiones de lugar	4,5	B1,B2,B3	6,7,9

8.2 Vocabulary

The following tables summarize the contents of the *Vocabulario práctico* sections.

Vocabulary Topic	Lesson	Page(s)
Los números		
Los números de 0 a 10	1.3	16
Los números de 11 a 100	1.3	18
Los números de 100 a 1.000.000	7.2	270
	Appendix 1	432
El tiempo		
La hora	1.4	21,24
El tiempo	1.6	33
	5.1	172
La temperatura	1.6	34
Expresiones con los días de la semana	6.4	244
La fecha	1.5	28
	6.4	244
¿Cuántas veces?	9.3	367
La vida de todos los días		
Saludos y respuestas	1.2	11
La gente	3.1	85
La familia	5.2	179
Trabajos	9.1	343
	9.2	355
Oficios	9.4	378
Los animales domésticos	5.2	182
Las diversiones	6.3	234
En el café	8.4	332
Los deportes	6.2	226
Actividades	2.1	52
	2.2	59
Actividades de todos los días	7.4	286
Unos objetos	3.3	100–101
Transportes	4.4	159
El dinero	6.1	218–219
La ropa	7.2	266
El arreglo personal	7.3	278–279
La descripción		
El país y la nacionalidad	3.4	112–113
La descripción de una persona	3.2	92–93
El aspecto exterior de una persona	7.1	256–257
Adjetivos	5.3	187
Unos adjetivos	3.3	106
Otros adjetivos	4.3	151
El cuerpo	7.4	284
Adjetivos con comparativos irregulares	7.1	259

Vocabulary Topic	Lesson	Page(s)
En casa		
La casa	5.3	190
¿Cómo se pone la mesa?	10.1	402
La comida	10.2	406–407
Muebles	10.4	428
Los estudios		
La escuela	8.1	310
La lectura	5.1	172
Verbos		
Otros verbos en *-ar*	4.1	134–135
Verbos y expresiones	8.2	318
Verbos que terminan en *-er* y en *-ir*	5.1	170–171
	8.3	324
Verbos con cambios (e→ie)	6.3	236
	Appendix 2	433
Verbos con cambios (o→ue)	6.3	239
	Appendix 2	433
Verbos con cambios (c→zc)	6.4	246
Verbos que usan objetos directos	5.4	196
Verbos utilizados con objetos indirectos	5.4	198
Expresiones útiles		
Lugares	4.2	142–143
Expresiones de lugar	4.2	145
	10.4	426
Preposiciones	9.2	357
Palabras interrogativas y palabras de respuesta	2.3	66–67
Palabras útiles	2.1	54
Palabras frecuentes	4.4	161
Verbos y expresiones	8.2	318

8.3 Pronunciation

The following list shows where specific phonemes (sounds), phonetic features and sound-spelling correspondences are introduced for the first time and where they are reviewed. Some consonants which show only slight phonetic differences between Spanish and English have not been given individual attention and practice.

Phonemes	Introduced on page. . .	Reviewed on page. . .
Vowels a	12	
e	18	
i	24	
u	30	
o	36	
Consonants h	54	
jota	55	230
ll	60	271
v	68–69	289
r	76	359
ñ	115	
d	138–139	248
s	146	348
c	146	320, 348, 370, 379
z	146	262, 379
b	174	

Phonemes	Introduced on page. . .	Reviewed on page. . .
rr	182	428
g	190–191	230, 320
l	199	271
p	223	
ch	280	
/k/	320	370
t	412	
/g/	320	
Special Features		
alphabet	6	
linking	88, 106	
diphthongs	96	240, 327
stress	154	335, 402, 421
accent marks	161	335, 402, 421
-ción y *-sión*	348	
vowels	312	

8.4 Reading

The following section summarizes the reading skills taught in the ***El arte de la lectura*** sections in Units 2–10.

Skill	Page
Understanding new words	79
Cognate patterns	118, 337, 431
Suffixes	251, 292
Recognizing -ar verbs	165
Adjectives of nationality	202
Word families	382

8.5 Culture

This chart lists the cultural topic of each *Nota cultural* and of each *Vista* reading section. A specific cultural reading may be listed more than once if its topic fits several categories.

Topic	Vista	Nota cultural
Los hispanohablantes		3
Nombres hispánicos		6
El apellido de la mujer casada		416
Los hispanos en los Estados Unidos	44	63, 71, 342
Hispanohablantes notables	46–47, 210–211, 298–299	
La familia hispánica	386–387	177, 194
El trabajo		352, 374
Las comidas		405
El cumpleaños y el día del santo		27
Monedas de los países hispánicos		15, 217
La artesanía		17
Nuestra herencia hispánica		51
Un poco de historia		57
Influencia española en el origen de los nombres	45	
Los jóvenes		
Los saludos		10
Los "teenagers" hispanos	384–389	
Jóvenes en Hispanoamérica y en España	40–41	
La escuela	120–129	133, 316
Los amigos	389	83, 91, 217, 243
Citas	388	99
La ropa		265
La apariencia personal		255, 283
Posesiones		352, 424
La quinceañera		323
Los pasatiempos		
Los pasatiempos favoritos	294–295	
La calle	391	
Las fiestas	302	99
El cine	297	233
La música	298–301, 303	141
El fútbol	206, 208–209	225
El esquí		308
Los deportes	204–213	
El mundo hispano		
Tres ciudades hispánicas		109
Caracas		185
Cuernavaca		141

Topic	Vista	Nota cultural
Guadalajara y Puerto Vallarta		149
Las provincias de España		329
El turismo en España		364–365
El turismo en México		157
Las relaciones mexicano-norteamericanas		149
Nueva York y los hispanohablantes		169
Los americanos		109
Puebla		133
Viviendo en apartamentos		185
La hora hispánica		22
El sistema métrico	125	35
El plátano		397
Los ruidos españoles	42–43	274
Los animales y sus cualidades	392	
Los colores	385	
Las estaciones		33

The following are used in the overprint to cue the use of the various ancillaries of SPANISH for MASTERY 1.

material recorded on the Cassette Program

WB additional exercises in the Workbook

additional activities in the Cassette Program with text in the Tapescript

MASTERS answer sheets for written Cassette Program activities and additional activities found in the Activity Masters

visual material on the Overhead Transparencies

QUIZ indicates a *Lesson Quiz* in the Testing Program

TEST indicates a *Unit Test* in the Testing Program

ACHIEVEMENT TEST indicates an *Achievement Test* in the Testing Program

is used to signal ***Actividades*** suitable for writing

additional practice on disks of the Computer Software

additional material in the Video Program

additional activities on Question Cards in the Teacher's Resource Binder

SPANISH for MASTERY 1

¿Qué tal?

Jean-Paul Valette
Rebecca M. Valette

Editor-Consultant
Teresa Carrera-Hanley

Contributing Writers
Frederick Suárez Richard
Clara Inés Olaya

 D.C. HEATH AND COMPANY
Lexington, Massachusetts / Toronto, Ontario

TEACHER CONSULTANTS
Susan Crichton, Lynnfield H.S., Massachusetts
Karen Davis, McLean Middle School, Texas
Elena Marsh, Columbine H.S., Colorado
Judith Morrow, Bloomington H.S. South, Indiana
Delores Rodríguez, San Jose Unified School Dist., California

LINGUISTIC CONSULTANT
Kenneth Chastain, University of Virginia

EXECUTIVE EDITOR, MODERN LANGUAGES
Roger D. Coulombe

PROJECT EDITORS
Valentia Dermer
Jayne Cotton

NATIONAL MODERN LANGUAGE PRODUCT SPECIALIST
Teresa Carrera-Hanley

MODERN LANGUAGE PRODUCT MANAGER
Natalie St. John

D.C. HEATH CONSULTANTS
Alison King
Karen Ralston
Ramón Morales-Sánchez

DESIGN AND PRODUCTION
Will Tenney, Executive Designer
Donna Lee Porter, Senior Production Coordinator
Marianna Frew Palmer, Editorial Services
Susan Gerould/Perspectives, Cover Designer
M. L. Dietmeier, Illustrator

Queridos amigos,

Dear friends,

The language that you are going to study this year (and hopefully continue to study in the years to come) is a very special language. It is present all around us! Think of the many states, cities, rivers and mountains that bear Spanish names: Florida, Nevada, Colorado, Los Angeles, Santa Fe, El Paso, the Sierra Nevada, the Rio Grande. . . . The list is endless.

More important, Spanish is very much alive in the United States because millions of Americans speak it every day! Think of the people around you: you may have a friend with a Hispanic name, or you may have been to a Hispanic shop or restaurant in your town, or know of famous people whose names are Spanish, or you yourself may be of Hispanic heritage. . . . For young Americans, learning Spanish is not learning a "foreign" language, but learning a language spoken by many in their own country.

Obviously the domain of Spanish extends far beyond the boundaries of the United States. Spanish is the language of Spain, Mexico, Central America and most of South America. It is also spoken in parts of the Philippines and parts of Africa. It is the official language of 20 countries and is one of the five official languages of the United Nations. It is spoken daily by about 300 million people around the world and is understood by many millions more. All in all, Spanish is one of the most widely used and most useful languages of the world.

The study of Spanish is important for several other reasons. Language is part of culture. In learning a language, you learn not only how other people express themselves, but also how they live and what they think. It is often by comparing ourselves with others, by investigating how we differ and how we are similar, that we begin to learn who we really are. Your experience in learning Spanish will therefore help you understand your own culture better.

Soon you will discover many similarities between Spanish and English. They have many words in common and others that are closely related. Knowing Spanish will help you understand *your* language better and even increase your English vocabulary!

Spanish is the native language of many great writers, poets and artists whose ideas have shaped our own ways of thinking and feeling. Knowing Spanish may help you better understand these ideas and, consequently, the world in which we live.

Last, but not least, Spanish is a language used in business, in the professions and in the trades, both abroad and here in the United States. Americans who choose to serve their fellow citizens as doctors, nurses, lawyers, social workers, teachers, firefighters and law-enforcement officers will find they can perform their tasks more effectively if they speak Spanish.

As you see, knowing Spanish is not an end in itself, but a step toward several worthwhile objectives: communication with others here and abroad, increased knowledge of the world in which we live, better understanding of ourselves . . . and maybe an extra advantage when you are looking for a job!

Y ahora, ¡adelante con el español!
And now, forward with Spanish!

Jean-Paul Valette   *Rebecca M. Valette*

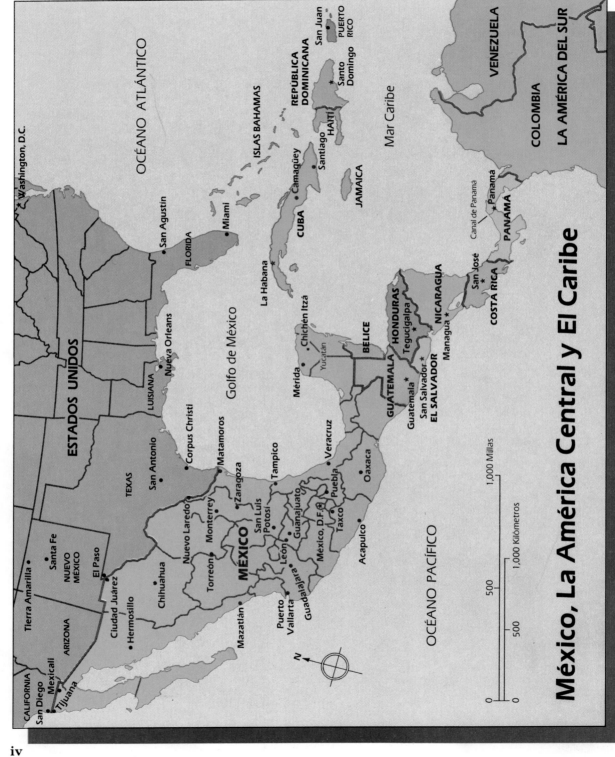

México, La América Central y El Caribe

iv

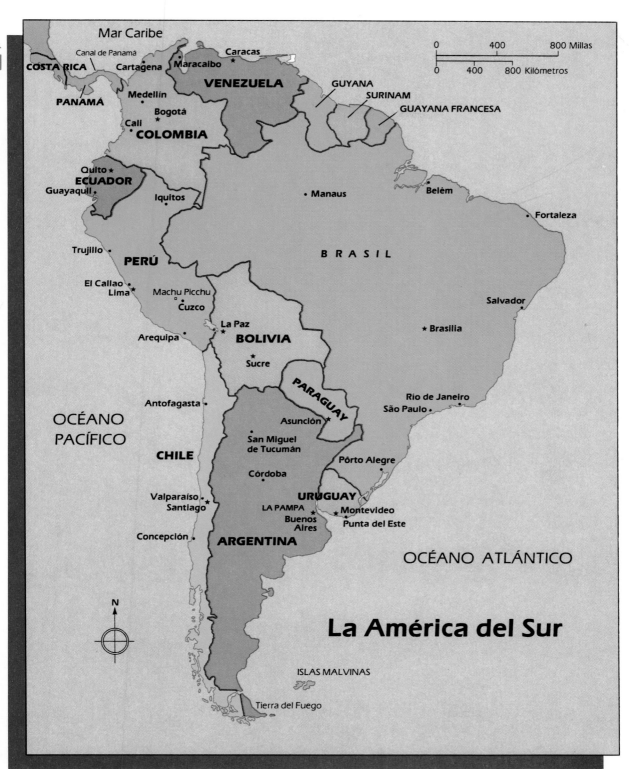

La América del Sur

Mar Caribe

Canal de Panamá

COSTA RICA

PANAMÁ

Cartagena

Maracaibo

Caracas ★

VENEZUELA

GUYANA

SURINAM

GUAYANA FRANCESA

Medellín

Bogotá ★

Cali

COLOMBIA

Quito ★

ECUADOR

Guayaquil •

Iquitos •

• Manaus

• Belém

• Fortaleza

B R A S I L

Trujillo •

PERÚ

El Callao •

Lima ★

Machu Picchu □

• Cuzco

Arequipa •

• La Paz

BOLIVIA

★ Sucre

Salvador •

★ Brasilia

PARAGUAY

Antofagasta •

OCÉANO PACÍFICO

Asunción •

San Miguel de Tucumán •

CHILE

Río de Janeiro •

São Paulo •

Pôrto Alegre •

Córdoba •

URUGUAY

Valparaíso •

Santiago ★

LA PAMPA

Buenos Aires

★ Montevideo

Punta del Este

Concepción •

ARGENTINA

OCÉANO ATLÁNTICO

N

ISLAS MALVINAS

Tierra del Fuego

0   400   800 Millas

0   400   800 Kilómetros

4

v

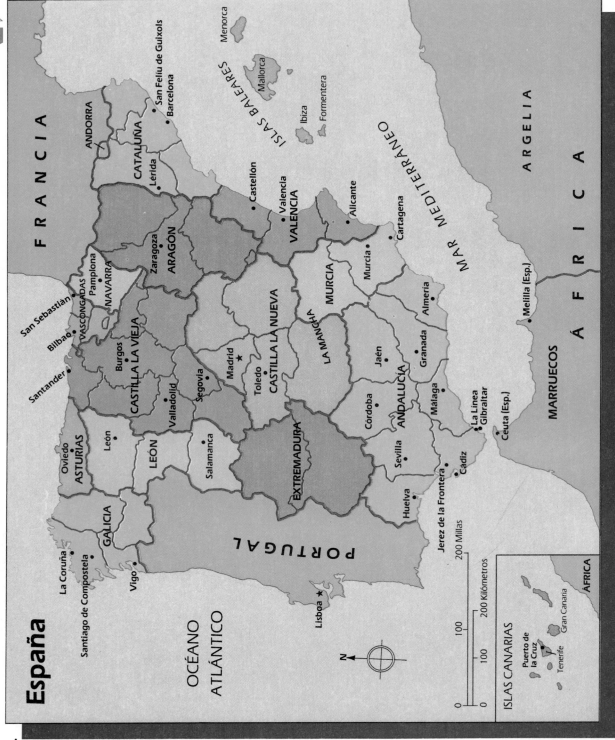

España

vi

Contents

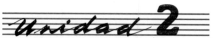 **1** ¡Bienvenidos!   **1**

1.1 Presentaciones   **2**
   A. ¿Cómo te llamas?   B. ¿Quién es?

1.2 ¡Hola!   **8**
   Vocabulario Saludos y respuestas

1.3 ¿Cuánto es?   **14**
   A. México—en un café   *Vocabulario* Los números
   de 0 a 10   B. En un mercado   *Vocabulario* Los
   números de 11 a 100

1.4 Una cita   **20**
   A. A las dos   *Vocabulario* La hora   B. A las
   dos y diez   *Vocabulario* La hora

1.5 Fechas importantes   **26**
   Vocabulario La fecha

1.6 ¿Qué tiempo hace?   **32**
   Vocabulario El tiempo   La temperatura

VISTA UNO El mundo hispánico   **37**

---

2 Nosotros los hispanoamericanos   **48**

2.1 En San Antonio y en Nueva York   **50**
   Estructuras A. Los verbos que terminan en **−ar**
   B. El presente: la forma **yo**   C. La negación

2.2 En el suroeste   **56**
   Estructuras A. El presente: las formas **él/ella**
   y **ellos/ellas**   B. Preguntas con respuestas
   afirmativas y negativas

2.3 En Los Ángeles   **62**
   Estructuras A. El presente: las formas **tú** y
   usted   B. El infinitivo   C. Preguntas para obtener
   información

2.4 En Miami   **70**
   Estructuras A. El presente: las formas **nosotros** y
   ustedes   B. Repaso: el presente de verbos que
   terminan en **−ar**   C. **Me gusta**   D. Pronombres
   con la preposición

VARIEDADES ¿Quién soy yo?   **78**

 **Unidad 3**   **Amigos . . . y amigas**   **80**

3.1   **En un café**   82

Estructuras   A. El sustantivo y el artículo indefinido: masculino y femenino   B. Los artículos definidos: **el, la**   C. **Ser**

3.2   **Los amigos ideales**   90

Estructuras   A. Los adjetivos: formas del singular B. La posición de los adjetivos

3.3   **En la fiesta**   98

Estructuras   A. **Tener**   B. Sustantivos y artículos: formas del plural   C. Adjetivos: formas del plural

3.4   **Un club internacional**   108

Estructuras   A. Expresiones con **tener**   B. **Venir** C. El pronombre relativo: **que**

VARIEDADES   Los secretos de la cara   116
VISTA DOS   El mundo de los estudios   119

 **Unidad 4**   **Y ahora . . . ¡México!**   **130**

4.1   **Un día de clases**   132

Estructuras   A. La **a** personal   B. Contracciones: **al** y **del**

4.2   **Un fin de semana**   140

Estructuras   A. **Estar**   B. **Ir**   C. El futuro próximo con **ir**

4.3   **Correspondencia**   148

Estructuras   A. **Ser** y **estar**   B. **Estar** + el participio presente

4.4   **¿Eres un(a) buen(a) turista?**   156

Estructuras   A. Los pronombres **lo, la, los, las** B. Los pronombres con el infinitivo

VARIEDADES   Otros países . . . otras lenguas   163

Unidad 5   **Mi familia y yo**   **166**

5.1   **Olivia Ortiz, puertorriqueña de Nueva York**   168

Estructuras   A. Verbos regulares que terminan en **–er** y en **–ir**   B. **Ver**   C. El uso de **de** para indicar posesión

5.2   **Las fotos de Amalia**   176

Estructuras   A. Los adjetivos posesivos: **mi** y **tu** B. Sustantivo + **de** + sustantivo   C. **Hacer**

5.3 El edificio de apartamentos   184

Estructuras A. **Decir**   B. El adjetivo posesivo: **su**
C. El adjetivo posesivo: **nuestro**

5.4 ¿Eres servicial?   192

Estructuras A. Repaso: los adjetivos posesivos
B. Repaso: los pronombres **lo, la, los, las**   C. **Dar**
D. Los pronombres **le, les**

VARIEDADES La historia de las cosas que comemos   **201**
VISTA TRES El mundo de los deportes   **203**

unidad **6**   Nuestras diversiones   **214**

6.1 El problema del dinero   216

Estructuras A. Los pronombres **me, te, nos**
B. Palabras afirmativas y negativas   C. **Pedir (e → i)**

6.2 Los deportes   224

Estructuras A. **Jugar (u → ue)**   B. El uso del
artículo definido en el sentido general   C. **Gustar**

6.3 Las diversiones y tú   232

Estructuras A. **¿Cuál?**   B. **Pensar, querer,
preferir (e → ie)**   C. **Encontrar, poder,
dormir (o → ue)**

6.4 Los sábados por la noche   242

Estructuras A. El artículo definido con los días de la
semana   B. **Salir, poner, traer, oír**   C. **Conocer
(c → zc)**

VARIEDADES El correo del corazón   **249**

unidad **7**   Los secretos de una buena presentación   **252**

7.1 Modas para los jóvenes   254

Estructuras A. Repaso: los adjetivos   B. La forma
comparativa   C. La forma superlativa

7.2 La ropa es un problema   264

Estructuras A. Los adjetivos demostrativos
B. El uso del adjetivo como sustantivo

7.3 ¡El pobre señor Ochoa!   272

Estructuras A. Los pronombres reflexivos
B. Los verbos reflexivos: el arreglo personal

7.4 Una persona pulcra   282

Estructuras A. El uso del artículo con las partes del
cuerpo   B. Verbos reflexivos: otros usos
C. El infinitivo de los verbos reflexivos

VARIEDADES ¿Cómo mantenerte en buena salud?   **290**
VISTA CUATRO El mundo de las diversiones   **293**

 **8** La vida y sus sorpresas **304**

8.1 **¡Estas cosas ocurren siempre!** 306

Estructuras A. El pasado inmediato: **acabar de** + infinitivo B. La duración de una acción: **hace** + el presente

8.2 **Un día que no empezó bien** 314

Estructuras A. El pretérito: verbos que terminan en **–ar** B. El pretérito: verbos que terminan en **–car, –gar y –zar**

8.3 **¡Qué suerte!** 322

Estructuras A. El pretérito: verbos que terminan en **–er** y en **–ir** B. El pretérito: **dar** y **ver** C. El pretérito: **caer, creer, leer** y **oír**

8.4 **Noticias de todos los días: nuestros periodistas escriben** 328

Estructuras A. Repaso: el pretérito de los verbos que terminan en **–ar, –er, –ir** B. El pretérito: verbos con cambios que terminan en **–ir**

VARIEDADES ¿Qué hicieron? 336

9 Buscando trabajo **338**

9.1 **¿Tienes las habilidades necesarias?** 340

Estructuras A. **Conocer** y **saber** B. El pronombre **lo**

9.2 **Aspiraciones profesionales** 350

Estructuras A. Construcción: verbo + infinitivo B. Construcción: preposición + infinitivo C. La preposición **para**

9.3 **Un trabajo de verano en España** 362

Estructuras A. Pretéritos irregulares: **ir** y **ser** B. Pretéritos irregulares: **conducir, decir** y **traer** C. La preposición **por**

9.4 **¿Cuál es su trabajo?** 372

Estructuras A. El pretérito: otros verbos irregulares B. **Lo que**

VARIEDADES ¿Qué profesión te conviene? 380
VISTA CINCO El mundo íntimo y social 383

 **10** Día a día **394**

10.1 Una receta del Caribe: refresco de plátanos 396

Estructuras A. Repaso: los pronombres directos e indirectos B. Mandatos afirmativos: la forma **tú** C. La posición de los pronombres con los mandatos afirmativos

10.2 El A–B–C de la salud 404

Estructuras A. Mandatos negativos: la forma **tú** B. La posición de los pronombres con los mandatos negativos

10.3 ¡Bravo, Sra. de Ortiz! 414

Estructuras A. Mandatos irregulares (I) B. Mandatos irregulares (II) C. La posición de los pronombres directos e indirectos

10.4 Una conspiración: un mini–drama en cuatro actos 422

Estructuras A. El pronombre **se** B. Expresiones de lugar

VARIEDADES El lenguaje de las manos 430

APPENDICES 432
VOCABULARY Spanish-English 436 English-Spanish 471
INDEX 483

Me llamo . . .

Alberto	Federico	Miguel	Alicia	Elena	Luisa
Alonso	Felipe	Pablo	Ana	Emilia	Manuela
Andrés	Francisco (Paco)	Pedro	Anita	Francisca (Paca)	María
Antonio	Guillermo	Ramón	Bárbara	Inés	Mariana
Carlos	Jaime	Raúl	Beatriz	Isabel	Marta
Diego	Jesús	Rafael	Carolina	Josefina (Pepita)	Rosa
Domingo	José (Pepe)	Ricardo	Carlota	Juana	Rosalinda
Eduardo	Juan	Roberto	Catalina	Juanita	Susana
Enrique	Luis	Salvador	Clara	Linda	Teresa
Esteban	Manuel	Tomás	Cristina	Lucía	Verónica

¡Bienvenidos!

1.1 Presentaciones

1.2 ¡Hola!

1.3 ¿Cuánto es?

1.4 Una cita

1.5 Fechas importantes

1.6 ¿Qué tiempo hace?

OBJECTIVES

Communication

By the end of this unit, the students will be able to use Spanish:
- To introduce themselves
- To greet others
- To tell time and read timetables
- To give the date
- To use numbers up to 100 in discussing prices
- To talk about the weather

Language

This unit introduces the students to the Spanish language and its sound system via basic stock phrases that relate to their daily environment.

Culture

In this unit, the students are introduced to the Spanish-speaking world, its breadth and variety.

 Unit One   Modules 1, 2, 3, 4

1

For an explanation of the symbols and codes used to cue the use of the various components, see the last page of the teacher's manual.

Act. 1

A. ¿CÓMO TE LLAMAS?

(On the first day of school in San Antonio, Texas)

Alicia: ¿Cómo te llamas?
Carlos: Me llamo Carlos, ¿y tú?
Alicia: ¡Me llamo Alicia!
Carlos: ¿Eres de Puerto Rico?
Alicia: ¡No!
Carlos: ¿Eres de México?
Alicia: ¡No!
Carlos: ¿Eres de Panamá?
Alicia: ¡No, no, no! Soy de San Antonio . . .
        ¡como tú!

A. WHAT'S YOUR NAME?

What's your name?
My name is Carlos; and yours?
My name is Alicia!
Are you from Puerto Rico?
No.
Are you from Mexico?
No.
Are you from Panama?
No, no, no! I'm from San Antonio,
like you!

Avoid giving word-for-word translations of expressions such as **¿Cómo te llamas?**. You may, however, want to point out that different languages have different ways of expressing the same idea. For example, **¿Cómo te llamas?** means literally *How do you call yourself?* and not *What's your name?*

José Antonio Domínguez
México

Los hispanohablantes
(The Spanish speakers)

Today, Spanish is spoken by about three hundred million people around the world. These people who share the same language are the Hispanic people. They live in Spain, South and Central America, Mexico, the Caribbean . . . and also in the United States. Approximately nineteen million people of Hispanic background are living in the United States.

Ángela Santos
Puerto Rico

Ernesto Medina
Perú

Ana Guzmán
Argentina

Pablo Castillo
España

Graciela Cortez
Panamá

Marta Gómez
Estados Unidos

Ask the students if they know other Spanish surnames. For example, Carrera, Chávez, Domínguez, García, Herrera, López, Ortiz, Pérez, Ramos, Ruiz, Santos, Velásquez.

Nombre			
Castillo, Pablo	Calle Velázquez	Madrid	España
Cortez, Graciela	Avenida Balboa	Panamá	Panamá
Domínguez, José A.	Avenida Reforma	Veracruz	México
García, Carmen	Avenida Colón	Bogotá	Colombia
Gómez, Marta	San Martín Road	San Antonio Texas,	Estados Unidos
Guzmán, Ana	Plaza de la Independencia	Buenos Aires	Argentina
Martínez, Felipe	Avenida de la Paz	San José	Costa Rica
Medina, Ernesto	Avenida del Sol	Cuzco	Perú
Montero, María	Avenida José Martí	La Habana	Cuba
Santos, Ángela	Avenida Palmas del Mar	San Juan	Puerto Rico
Pérez, Ricardo	Ponce de León Boulevard	Miami,	Florida, Estados Unidos
Sánchez, Pedro	Avenida América	Quito	Ecuador
Vilar, Luisa	Avenida Simón Bolívar	La Paz	Bolivia

The above streets and avenues are real. You may point out the cities and countries on a world map.

ACTIVIDAD 1 Presentaciones (Introductions)

Imagine that you are in a school in Colombia. It is the first day of school and the new students are introducing themselves to one another. Play the roles of these students.

> José / Anita

José: ¿Cómo te llamas?
Anita: Me llamo Anita, ¿y tú?
José: Me llamo José.

You can ask the students to give the English equivalents of these names.

1. Tomás / Teresa
2. Diego / Susana
3. Luis / Luisa
4. Miguel / Ana
5. Pablo / Emilia
6. Ramón / Inés
7. Ricardo / Clara
8. Juan / Anita
9. Felipe / María
10. Pedro / Isabel

NOTAS:
1. You may have noted the accent mark in certain names (José, María, Tomás, Inés). Accent marks are part of Spanish spelling. They should not be left out!

2. In Spanish, question marks and exclamation points occur at the beginning as well as at the end of a question or exclamation. These punctuation marks are written upside down at the place where the question (¿) or exclamation (¡) begins.

ACTIVIDAD 2 ¿De dónde eres? *(Where are you from?)*

Say where you are from. Then ask a classmate where he or she is from.

Estudiante 1: Soy de [San Antonio], ¿y tú?
Estudiante 2: Soy de [Houston].

ACTIVIDAD 3 ¡Hola! OPTIONAL

Choose one of the Hispanic young people listed in the address book on the left and pretend to be that person. Introduce yourself to the class.

¡Hola! Me llamo Graciela Cortez. Soy de Panamá.

ACTIVIDAD 4 ¿Quién eres? *(Who are you?)* OPTIONAL

VARIATION: Have "interviews" with the people on p. 44.

A classmate will play the part of one of the young people in the **address book**. Have an interview according to the model.

Estudiante 1: ¡Hola! ¿Cómo te llamas?
Estudiante 2: Me llamo José Antonio Domínguez.
Estudiante 1: ¿Eres de México?
Estudiante 2: ¡Sí! Soy de México.

WB
1, 2

SCRIPT
Act. 3

MASTERS
p. 1

Act. 4

B. ¿QUIÉN ES?

Alicia: ¿Quién es?
Carlos: ¡Es Dolores Hernández!
Alicia: ¿Dolores Fernández?
Carlos: ¡No! ¡Hernández, con H (hache)!

WHO IS THAT?

Who is that?
It's Dolores Hernández.
Dolores Fernández?
No, Hernández, with an H.

Nombres hispánicos
(Spanish names)

Since many people in Spanish-speaking countries are Catholic, it has been the tradition to give children the names of saints of the Catholic calendar. Boys are commonly named Juan, Pedro, Tomás, José, Miguel, Carlos . . . Girls are often named in honor of the Virgin Mary: María, Dolores, Carmen, Concepción, Consuelo, Pilar, Mercedes . . . The name Dolores, for example, is an abbreviation of *Nuestra Señora de los Dolores*—Our Lady of Sorrows.

It is common to give children a double first name: Juan Carlos, José Luis or José Antonio for boys; Ana María, María Elena or Maricarmen for girls.

• Carmen: Nuestra Señora del Monte Carmelo (Our Lady of Mount Carmel); Concepción: la Inmaculada Concepción (The Immaculate Conception); Consuelo: Nuestra Señora del Consuelo (Our Lady, Comforter of the Afflicted); Pilar: Nuestra Señora del Pilar (Our Lady of the Pillar—a statue in the cathedral at Zaragoza); Mercedes: Nuestra Señora de las Mercedes (Our Lady of Mercy).

Act. 5

Pronunciación El alfabeto español

• Today non-Spanish names are becoming more common, especially in U.S. Hispanic communities and in large cities of the Spanish-speaking world.

• As cross-cultural contacts increase, names of foreign origin (Heidi, William, etc.) are gaining in popularity in the Hispanic world.

Knowing the Spanish alphabet will help you spell Spanish words. It will also help you practice pronouncing Spanish sounds. Here are the letters of the Spanish alphabet, along with their Spanish names.

a	a	j	jota	r	ere
b	be	k	ka	rr	erre
c	ce	l	ele	s	ese
ch	che	ll	elle	t	te
d	de	m	eme	u	u
e	e	n	ene	v	ve
f	efe	ñ	eñe	w	doble ve
g	ge	o	o	x	equis
h	hache	p	pe	y	i griega
i	i	q	cu	z	zeta

• The letter k and w are found only in words borrowed from other languages.
• The Real Academia Española does not consider rr to be a separate letter of the alphabet. Consequently when alphabetizing entries, rr is treated simply as two distinct letters. (See p. 460 where the entry **perro** comes between **perplejo** and **perseverancia**, and NOT after **peruano**.) Traditionally, however, the rr is often included in the alphabet list because it represents a distinct sound.

The Spanish alphabet contains three more letters than the English alphabet: **ch, ll,** and **ñ.** When Spanish words are put in alphabetical order the letters **ch, ll,** and **ñ** come after **c, l,** and **n,** respectively.

SCRIPT
Act. 6

MASTERS
p. 7

ACTIVIDAD 5 **Nombres** OPTIONAL

Spell out loud the following names in Spanish: VARIATION: Spell out the names of Hispanic countries.

your first name
your last name
the names of your father and mother or brothers and sisters

Para la comunicación

Expresión para la conversación

aquí *here*

Soy de **aquí**, como tú.   *I'm from here, like you.*
Y María, ¿es de **aquí**?   *And María, is she from here?*
Y Pablo, ¿es de **aquí**?   *And Pablo, is he from here?*

Mini-diálogos

Use the words in the pictures to replace the underlined words.

Carmen: ¿Quién es?
José: ¡Es Miguel!
Carmen: ¿Es de aquí?
José: ¡No! ¡Es de Puerto Rico!

  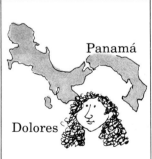 

¡Hola, Carlos!
¡Hola, María!

¡Hola, Felipe!
¿Qué tal, Carolina?

¡Hola, Luis!, ¿qué tal?
Muy bien, ¿y tú?

¡Hola, José! ¿Cómo estás?
Bien, ¿y tú?

¡Buenos días, señora Sánchez!
¡Buenos días, señora Camacho!

¡Buenos días, señor Fonseca! ¿Cómo está usted?
¡Muy bien, señor Montero!

¡Adiós, Luisa!
¡Adiós, Miguel!

Hello, Carlos!
Hi, María!

Hi, Felipe!
How's it going, Carolina?

Hello Luis, how are you?
Very well, and you?

Hi, José! How are you?
Fine, and you?

Good morning, Mrs. Sánchez.
Good morning, Mrs. Camacho.

Good morning, Mr. Fonseca. How are you?
Very well, Mr. Montero!

Goodby, Luisa!
'Bye, Miguel!

NOTAS CULTURALES

Saludando a los amigos   OPTIONAL
(Greeting friends)

Hispanic people are very open in showing their friendship. Teenagers, for instance, greet each other not only with words, but also with marks of affection. Boys shake hands. Girls kiss each other on the cheek. Boys and girls shake hands. These greetings are used when people meet and sometimes when they are leaving each other.

Informalidad y formalidad

In general, Spanish speakers tend to be more formal than English speakers. Here are two examples of this formality. In the United States, we say "Hi" or "Hello" when we meet a friend or a teacher. A Hispanic teenager will say *¡Hola!* to a friend, but when meeting a teacher will still probably use the more formal greetings *¡Buenos días!, ¡Buenas tardes!* and *¡Buenas noches!*

In the United States we would ask "How are you?" of both close friends and more distant acquaintances. There are two ways of asking this question in Spanish, depending on the relationship between the speakers. Hispanic teenagers will say *¿Cómo estás?* to a friend or a member of the family. They will use the more formal *¿Cómo está usted?* with all other persons.

Hispanic formality is a mark of respect and a way of life.

VOCABULARIO PRÁCTICO   **Saludos y respuestas** *(Greetings and responses)*

To greet someone . . .	*saludos*	*respuestas*
informally:	¡Hola!	¡Hola!
	¿Cómo estás?	¡Muy bien! ¿Y tú?
	¿Qué tal?	¡Bien, gracias!
formally:		
(in the morning)	¡Buenos días, señor!	¡Buenos días!
(in the afternoon)	¡Buenas tardes, señorita!	¡Buenas tardes!
(in the evening)	¡Buenas noches, señora!	¡Buenas noches!
	¿Cómo está usted?	¡Muy bien, gracias! ¿Y usted?
To say goodby. . .		
formally and informally:	¡Adiós!	¡Adiós!
	¡Hasta luego!	¡Hasta luego!
	¡Hasta la vista!	¡Hasta la vista!

NOTA: In written Spanish, the following abbreviations, which are always capitalized, are commonly used:

Sr. señor   **Sra.** señora   **Srta.** señorita   **Ud.** (or **Vd.**) usted

- Supply English equivalents for these common phrases as students need them.
- The division between **tarde** and **noche** is at approximately 7:00 p.m. in Latin America, at approximately 9:00 p.m. in Spain.

ACTIVIDAD 1   En el restaurante

Imagine that you are eating lunch in a Spanish restaurant. You notice the following friends who are arriving with their parents. Greet each person, using **¡Hola!** or **¡Buenas tardes!** as appropriate.

Carlos   ¡Hola, Carlos!
Señor Sánchez   ¡Buenas tardes, señor Sánchez!

1. Carmen
2. Miguel
3. Felipe
4. Manuel
5. Luisa
6. Teresa
7. Señor Pérez
8. Señora de Vilar
9. Señora de López
10. Señor Ortiz
11. Señorita Fonseca
12. Señorita Velázquez

- The **de** of a married woman's name is explained in the **Nota cultural,** p. 416.
- "Mr. and Mrs. Vilar" would be **los señores Vilar.**

ACTIVIDAD 2   En la calle

Imagine you meet the following people in the street at the time of day indicated. Greet them appropriately.

VARIATION: Greet the people on pp. 46–47.

Señor Alonso   ¡Buenas noches, señor Alonso!

1. ☀ Señor Morales
2. 🌙 Señora de Santana
3. 🌅 Señorita León
4. ☀ Señor Ortiz
5. 🌅 Señora de Sera
6. 🌙 Señorita Montero

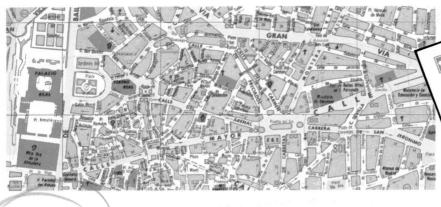

ACTIVIDAD 3 **De paseo** *(Walking down the street)* OPTIONAL

Imagine that you are spending your vacation in Spain. After supper, you engage in one of the favorite Spanish activities which consists of strolling down the street. As you walk, you meet the following people and ask them how they are. Use **¿Cómo estás?** and **¿Cómo está Ud.?** as appropriate.

⟩⟩ Carlos ¿Cómo estás, Carlos?
Señor Sánchez ¿Cómo está Ud., señor Sánchez?

1. Dolores
2. Señor García
3. Inés
4. Señora de Pascual
5. Roberto

6. Señor Guitarte
7. Paco
8. Señora de Iturbe
9. Luis
10. Señorita Meléndez

ACTIVIDAD 4 **Adiós** OPTIONAL

Say goodby to the following people, using the expression suggested.

⟩⟩ Manuel (Adiós) ¡Adiós, Manuel!

(Adiós)
1. Felipe
2. Ramón
3. Tomás

(Hasta luego)
4. Luisa
5. Sr. Martí
6. Sra. de Fonseca

(Hasta la vista)
7. Catalina
8. Sra. de Machado
9. Sr. Pacheco

Act. 6

Pronunciación El sonido de la vocal *a*

Model word: <u>A</u>n<u>a</u>
Practice words: h<u>a</u>st<u>a</u> <u>A</u>nit<u>a</u> C<u>a</u>t<u>a</u>lin<u>a</u> P<u>a</u>n<u>a</u>má
Practice sentences: ¡H<u>a</u>st<u>a</u> l<u>a</u> vist<u>a</u>, <u>A</u>nit<u>a</u>!
¡Hol<u>a</u>, <u>A</u>n<u>a</u>! ¿Qué t<u>a</u>l?

The sound of the Spanish vowel **a** is similar to but shorter and more precise than the sound of the English vowel **a** of "father."

Be sure that the students avoid the English **a** of "Ann."

Para la comunicación

Expresiones para la conversación   ¿Cómo estás?   ¿Cómo está Ud.?

¡Muy bien!   ¡Regular!   ¡Así, así!   ¡Mal!   ¡Muy mal!

Mini-diálogos

Use the suggestions in the pictures to create new dialogs. Remember to
use the appropriate level of formality.

Anita y Sr. Chávez

Anita: ¡<u>Buenos días</u>, señor Chávez!
Sr. Chávez: ¡<u>Buenos días</u>, Anita!
Anita: ¿Cómo <u>está Ud.</u>?
Sr. Chávez: ¡Muy bien, gracias!

Pilar y Luisa

Sra. de Martí y Sr. Sánchez

Sra. de Iturbe y Sra. de Vilar

Roberto y Tomás

WB
2, 3

SCRIPT
Act. 5

MASTERS
p. 2

TRB

QUIZ
pp. 2–3

13

Lección 3 ¿Cuánto es?

A. MÉXICO — EN UN CAFÉ

Act. 1

Claudia, Inés, Esteban, Pablo

Esteban:	¡Camarero!
Camarero:	¡Sí, señor!
Esteban:	Una Coca-Cola, por favor.
Claudia:	Y uno . . . dos . . . tres cafés.
Camarero:	Con mucho gusto.

. . . . . .

Inés:	¿Cuánto es?
Pablo:	No, no, Inés . . . Aquí tiene, camarero.
Camarero:	Gracias, señor. Y aquí tiene el vuelto. Diez pesos.
Claudia, Inés y Esteban:	¡Gracias, Pablo!
Pablo:	De nada.

A. MEXICO — IN A CAFE

Waiter!
Yes, sir!
A Coca-Cola, please.
And one . . . two . . . three coffees.
With pleasure.

. . . . . .

How much is that?
No, no, Inés . . . Here you are,
waiter.
Thank you, sir. And here's
your change. Ten pesos.

Thanks, Pablo!
Don't mention it.

Point out that Spanish speakers use titles (such as **señor**) much more often than English speakers do.

Monedas de los países hispánicos
(Hispanic currency)

Although they share a common language, the various Hispanic countries are far from similar. Their people are different and so are their traditions, their customs, their forms of government, their economic systems . . . and their national currencies. Here are the monetary units of some of these countries.

la Argentina: el austral
Bolivia: el peso
el Ecuador: el sucre
España: la peseta

Guatemala: el quetzal
el Perú: el sol, el inti
México: el peso
Venezuela: el bolívar

The value of the peso varies from country to country.

• Venezuela and Ecuador have named their monetary units in honor of the heroes of their independence. Simón Bolívar and Antonio José de Sucre.
• Guatemala has given its currency the name of a beautiful Central American bird, the quetzal.
• Peru's currency since 1985 has been **el inti**. Prior to 1985, Peru used **el sol**, which is still in circulation.

Act. 2

VOCABULARIO PRÁCTICO   Los números de 0 a 10

0	**cero**	3	**tres**	6	**seis**	9	**nueve**
1	**uno**	4	**cuatro**	7	**siete**	10	**diez**
2	**dos**	5	**cinco**	8	**ocho**		

This symbol designates ACTIVIDADES suitable for writing.

• You may point out that **uno** shortens to **un** before a masculine noun and changes to **una** before a feminine noun.

ACTIVIDAD 1   Números de teléfono

Imagine that the following Mexican teenagers are exchange students in your school. Give each person's phone number, according to the model.

VARIATION: Have the students give their own phone numbers.

　　Felipe 324-5278　　El número de Felipe es tres-dos-cuatro-cinco-dos-siete-ocho.

1. Ramón 527-9031
2. Luisa 442-6839
3. Isabel 964-8701
4. Dolores 862-0483

5. Pilar 782-3942
6. Carmen 681-0357
7. Pedro 456-9801
8. Paco 612-3794

ACTIVIDAD 2   En un café

WB
AV1

SCRIPT

Act. 3

MASTERS
p. 2

Together with a classmate, play the roles of a customer and a waiter or waitress in a café. Use the menu which appears below. **¿Cuánto cuesta ___?** means *How much does ___ cost?* Follow the model.

　　el café　　Cliente: ¡Camarero! (¡Camarera!)
　　　　　　Camarero(a): Sí, señor (señorita).
　　　　　　Cliente: ¿Cuánto cuesta el café?
　　　　　　Camarero(a): Cuatro pesos, señor (señorita).

Both masculine and feminine forms will be given in the dialogs until gender is explained on p. 84.

(el) café	4 pesos	(el) sándwich	10 pesos
(el) té	4 pesos	(la) hamburguesa	10 pesos
(el) chocolate	5 pesos	(la) pizza	9 pesos
(la) Coca-Cola	3 pesos	(el) taco	6 pesos

Note: Currency mentioned in this text does not correspond to present prices.

B. EN UN MERCADO

B. IN A MARKETPLACE

Pedro: ¡Perdón, señor! ¿Cuánto cuesta el sombrero?	Excuse me, sir! How much is the hat?
El vendedor: ¿El sombrero? ¡Treinta pesos, señor!	The hat? Thirty pesos, sir.
Pedro: ¡Veinte!	Twenty!
El vendedor: ¡No, señor! ¡Veinte y ocho pesos! ¡Menos, no!	No, sir. Twenty-eight pesos. No less!
Pedro: ¡Veinte y tres!	Twenty-three!
El vendedor: ¡No, veinte y seis!	No, twenty-six.
Pedro: ¡Veinte y cinco!	Twenty-five!
El vendedor: Bueno . . . ¡pero es un regalo!	OK . . . but it's a gift (a giveaway)!!

NOTA CULTURAL   OPTIONAL

La artesanía
(Handicrafts)

In shops and outdoor markets throughout the Spanish-speaking world, you will find many beautiful handcrafted articles. There is colorful pottery, woven and embroidered textiles, fine leather articles, straw hats, wooden figurines. Each country has its own specialty. Bolivia is known for its embroidered dance costumes, Mexico for its variety of ceramic objects, Venezuela for its glass figurines, Spain for its painted tiles. Created by skilled and imaginative craftsmen, these superb handicrafts combine traditional folk art with new techniques and ideas.

Handicrafts of other Hispanic countries:

Panamá: **mola** — colorful reverse appliqué for blouses
Costa Rica: brightly painted wooden oxcarts
Guatemala: weaving of the **huipil** (blouse)
Puerto Rico: **santos** — small wooden religious figurines
El Salvador: "surprise" chickens — chicken with scene of daily life inside

Chile: the **huaso** — cowboy costume
Honduras: woven hats
Nicaragua: embossed leather
Paraguay: **pichai** — lucky hens (clay pottery)
Ecuador: large red clay pots
Perú: religious figurines

Lección tres
17

VOCABULARIO PRÁCTICO   Los números de 11 a 100

11	once	20	veinte	29	veinte y nueve
12	doce	21	veinte y uno	30	treinta
13	trece	22	veinte y dos	40	cuarenta
14	catorce	23	veinte y tres	50	cincuenta
15	quince	24	veinte y cuatro	60	sesenta
16	diez y seis	25	veinte y cinco	70	setenta
17	diez y siete	26	veinte y seis	80	ochenta
18	diez y ocho	27	veinte y siete	90	noventa
19	diez y nueve	28	veinte y ocho	100	cien (ciento)

The numbers 16–19 and 21–29 are often written as one word. The **y** becomes **i**, **z** becomes **c**, and **veinte** drops its **e**: **dieciséis, diecisiete, veintiuno, veintidós**, etc. The three-word form is used in this text since it is easier for the students to learn.

ACTIVIDAD 3   En el puesto de periódicos *(At the newsstand)*

Imagine that you are earning money selling papers at a newsstand. Newspapers (**periódicos**) are five pesos each, and magazines (**revistas**) are seven pesos. Say how much the following cost.

➢ 2 periódicos   Dos periódicos cuestan *(cost)* diez pesos.

1. 3 periódicos	6. 2 revistas	11. 2 periódicos y 2 revistas
2. 4 periódicos	7. 4 revistas	12. 2 periódicos y 4 revistas
3. 5 periódicos	8. 5 revistas	13. 4 periódicos y 6 revistas
4. 10 periódicos	9. 6 revistas	14. 8 periódicos
5. 12 periódicos	10. 7 revistas	15. 10 periódicos

ACTIVIDAD 4   En el mercado

Imagine that you are in a marketplace. Bargain for a lower price on the following items. A classmate will play the part of the merchant. Use dialog B as a model.

1. el sombrero: 30 pesos	4. el poncho: 80 pesos
2. el sombrero: 20 pesos	5. el poncho: 100 pesos
3. el sombrero: 40 pesos	6. el poncho: 90 pesos

Pronunciación   El sonido de la vocal e

Model word: P<u>e</u>pe
Practice words: p<u>e</u>so p<u>e</u>s<u>e</u>ta c<u>e</u>ro tr<u>e</u>s <u>e</u>s café tr<u>e</u>c<u>e</u>
Practice sentences: ¿Cuánto <u>e</u>s? ¿Tr<u>e</u>c<u>e</u> p<u>e</u>s<u>e</u>tas?
                        ¡Camar<u>e</u>ro! Tr<u>e</u>s cafés, por favor.

The sound of the Spanish vowel **e** is similar to but shorter and more precise than the sound of the English vowel **a** in "tape."

Be sure that the students avoid the "uh" sound when pronouncing **peseta**. For simplicity, the two sounds of the Spanish vocal **e**, as heard in the **e**'s of **peseta**, are not differentiated here.

Act. 5

WB
AV2, BV1;
El
animal...
SCRIPT

Act. 6

MASTERS
p. 3

Act. 7

Unidad uno
18

Para la comunicación

Expresiones para la conversación

Here are some expressions of politeness used by Spanish speakers:

¡Por favor!	*Please*	—Un café, **por favor.**
¡Con mucho gusto!	*With pleasure!*	—**Con mucho gusto,** señor.
¡Gracias! **¡Muchas gracias!**	*Thank you*	—**Gracias.**
¡De nada! **¡No hay de qué!**	*You're welcome*	—**De nada.**

Mini-diálogos

Imagine you are in a stationery store in Madrid. Create new dialogs by replacing the underlined words with the expressions suggested in the pictures.

el mapa

Cliente: Por favor, ¿cuánto cuesta el mapa?
Vendedor(a): Ochenta pesetas.
Cliente: Aquí tiene cien pesetas.
Vendedor(a): *(making change)* Noventa, y cien.
Cliente: Muchas gracias.
Vendedor(a): De nada.

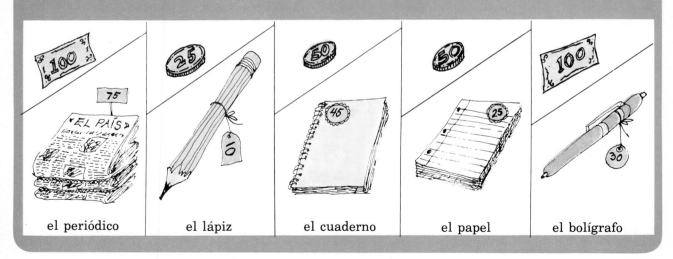

| el periódico | el lápiz | el cuaderno | el papel | el bolígrafo |

Lección 4 Una cita

Act. 1

A. A LAS DOS

Anita: ¿Qué hora es, Clara?
Clara: Son las dos.
Anita: ¿Las dos? ¡Caramba!
Clara: ¿Qué pasa?
Anita: Tengo una cita con Antonio.
Clara: ¿A qué hora?
Anita: ¡A las dos! ¡Adiós, Clara!
Clara: ¡Hasta luego!

A. AT TWO O'CLOCK

What time is it, Clara?
It's two o'clock.
Two? Oh, no!
What's wrong?
I have a date with Antonio.
At what time?
Two o'clock! 'Bye, Clara!
See you later!

VOCABULARIO PRÁCTICO — La hora

¿Qué hora es?

| Es la una. | Son las dos. | Son las tres. | Son las diez. |

¿A qué hora?

| A la una. | A las cinco. | A las ocho. | A las doce. |

NOTA: To distinguish between *a.m.* and *p.m.*, Spanish speakers say:

☀ Tengo **una cita** *(date)* con Isabel a las diez **de la mañana.**

🌅 Tengo una cita con Antonio a las dos **de la tarde.**

🌙 Tengo una cita con Anita a las ocho **de la noche.**

🌙 Son las doce **de la noche.**

ACTIVIDAD 1 Citas

Say at what time you have an appointment with the people mentioned below.

VARIATION: The students give the time of day, along with the hour: **Tengo una cita con Luisa a la una de la tarde.**

📢 Luisa 1:00   Tengo una cita con Luisa a la una.

1. Roberto 2:00
2. Clara 5:00
3. Paco 6:00
4. Enrique 8:00
5. Isabel 9:00
6. Pablo 7:00

ACTIVIDAD 2   ¿A qué hora?

Elena is well-informed and can tell Antonio at what hour these activities begin. Play the two roles according to the model.

⮕ el concierto: 2:00   Antonio: ¿A qué hora es el concierto, Elena?
Elena: A las dos.

1. la clase de español: 10:00
2. la clase de matemáticas: 11:00
3. el programa de televisión: 7:00
4. la comedia musical: 4:00
5. el partido de fútbol *(soccer game):* 3:00
6. el partido de béisbol: 5:00
7. el partido de tenis: 1:00
8. la fiesta *(party):* 9:00

You may introduce the notion of cognates and false cognates. The former have a similar spelling and meaning in both Spanish and English (**concierto, clase, matemáticas**); the latter have a similar spelling but a different meaning (**fútbol** = not *football* but *soccer*). Ask the students to guess the meanings of the cognates on pp. 38–39 and p. 43.

NOTA CULTURAL   OPTIONAL

La hora hispánica
(Hispanic attitudes towards time)

For many Americans, "time is money." This attitude is not shared by most Hispanic people. For them, life is to be fully enjoyed, not hurried through. Friends may be an hour late to a date and no one will be upset. Guests may arrive half an hour late at a dinner party and no one will expect an apology.

Obviously, this attitude does not characterize *all* aspects of Hispanic life. Shops, banks, and government offices open and close at fixed hours, and in most instances buses, trains and planes follow regular timetables.

Desde Bogotá
El mayor número de vuelos.

DÍA	SALE	LLEGA	VUELO
Diario	11:15 A.M.	2:30 P.M.	908
sin escalas	10:35 A.M.	3:20 P.M.	976
Lunes	10:35 A.M.	3:20 P.M.	976
Martes	10:35 A.M.	3:20 P.M.	976
Sábados	10:35 A.M.	3:20 P.M.	976
Domingos			

B. A LAS DOS Y DIEZ

Antonio:	¿Qué hora es, Carlos? ¿Las dos menos cuarto?
Carlos:	No, Antonio. Son las dos y diez.
Antonio:	¡Las dos y diez! ¡Caramba!
Carlos:	¿Qué pasa?
Antonio:	¡Tengo una cita con Anita!
Carlos:	¿A qué hora?
Antonio:	¡A las dos!
Carlos:	¿Es Anita muy puntual?
Antonio:	Sí, es muy puntual . . . ¡pero no es muy paciente!

A LAS DOS Y MEDIA

¡Hola, Anita!   ¿Qué tal, Antonio?

B. AT TWO-TEN

What time is it, Carlos? Quarter
to two?
No, Antonio . . . it's two-ten.
Two-ten! Oh, no!
What's the matter?
I have a date with Anita!
At what time?
At two o'clock!
Is Anita very punctual?
Yes, she's punctual. . . but not very
patient!

AT TWO-THIRTY

Hi, Anita!   How's it going, Antonio?

Lección cuatro

VOCABULARIO PRÁCTICO   La hora

Son las diez
y cinco.

Son las diez
y cuarto.

Son las diez
y veinte.

Son las diez
y media.

Son las dos
menos cinco.

Son las dos
menos cuarto.

Son las dos
menos veinte.

Es la una
y media.

ACTIVIDAD 3   La hora exacta

Pedro wants to make sure his watch is right, and he checks with Anita.
Play both roles according to the model.

> 10:00   Pedro: ¿Son las diez?
>   Anita: ¡Sí, son las diez!

1. 11:00   4. 10:00   7. 2:30   10. 4:45   13. 8:05
2. 1:00   5. 10:15   8. 3:30   11. 6:50   14. 9:24
3. 2:00   6. 2:15   9. 4:05   12. 7:55   15. 9:40

Pronunciación   El sonido de la vocal *i*

Model word: sí
Practice words: Lima Anita Cádiz cita Isabel
Practice sentences: Tengo una cita con Anita.
                     Sí, señorita.

The sound of the Spanish vowel **i** is similar to but shorter and more precise
than the sound of the English vowels **ea** in "meat."

Para la comunicación

> **Expresión para la conversación**
>
> When someone looks worried, you may ask:
>
> **¿Qué pasa?**   *What's wrong? What's the matter?*

Mini-diálogos

Use the train schedule to create new dialogs. Replace the underlined words with the information in the schedule, making the necessary changes.

En la estación de Madrid *(In the Madrid train station)*

You can explain to the students that in Spanish-speaking countries time is often given by the twenty-four hour clock. The U.S. style is given here for simplicity.

LLEGADAS — ARRIVALS		SALIDAS — DEPARTURES	
Barcelona	1:05	Córdoba	3:10
Sevilla	2:30	Valencia	4:25
Salamanca	2:45	Málaga	7:20
Toledo	3:00	Bilbao	8:50
Granada	4:10	Pamplona	9:40
Cádiz	6:30	San Sebastián	10:55

(a)   Josefina: ¡Por favor! ¿A qué hora llega *(arrives)* el tren de <u>Barcelona</u>?

Taquillera: <u>A la una y cinco</u>.

Josefina: Muchas gracias.

Taquillera: No hay de qué.

(b) Taquillera: El tren de <u>Córdoba</u> sale *(leaves)* a <u>las tres y diez</u>.

Salvador: ¡Caramba!

Taquillera: ¿Qué pasa?

Salvador: <u>¡Son las tres y veinte!</u>

• In dialog (b) the time in the last line is always ten minutes *after* the departure time of the train.
• Use the departure and arrival times on p. 38.

WB
¿Eres...?

SCRIPT
Act. 11

MASTERS
p. 6

TRB

QUIZ
p. 5

25

Fechas importantes

Act. 1

Hay fechas muy importantes en el diario de María. ¡Mira!

There are very important dates in María's diary. Look!

el cumpleaños de mamá — el 20 de agosto

el cumpleaños de papá — el 13 de marzo

el cumpleaños de Maricarmen — el 21 de febrero

el cumpleaños de Isabel — el 2 de octubre

el cumpleaños de Ricardo — el 7 de mayo

el cumpleaños de Juan — el primero de septiembre

mi cumpleaños — el 8 de abril

el día de mi santo — el 15 de agosto

el primer día de clase — el 14 de septiembre

el primer día de vacaciones — el primero de julio

Mom's birthday — August 20

Dad's birthday — March 13

Maricarmen's birthday — February 21

Isabel's birthday — October 2

Ricardo's birthday — May 7

Juan's birthday — September 1

my birthday — April 8

my saint's day — August 15

first day of class — September 14

first day of vacation — July 1

María:	¿Qué día es hoy? ¿El treinta de septiembre?	What day is today? The thirtieth of September?
Juan:	No. Hoy es el primero de octubre.	No. Today is the first of October.
María:	¡Y mañana es el dos de octubre! ¡Es el cumpleaños de Isabel y no tengo regalo!	And tomorrow's the second of October! It's Isabel's birthday and I don't have a gift!
Juan:	¡Ay!	Oh, no!

NOTA CULTURAL OPTIONAL

El cumpleaños y el día del santo
(Birthdays and saint's days)

Since the family means a great deal to most Spanish-speaking people, birthdays are occasions for large celebrations and family gatherings. First there is a meal to which family (parents, brothers, sisters, aunts, uncles, cousins, grandparents), godparents (los padrinos) and friends are invited. Then the party continues with stories, music and dancing, and a lot of fun.

In addition to their birthdays, many Hispanic people also celebrate their saint's day. This is the day on which the Catholic Church honors a particular saint. For example, a person named Juan would celebrate his día del santo on June 24, el día de San Juan.

Some Hispanic people are named after the saint who was being honored on the day of their birth, and as a result their saint's day coincides with their birthday.

VOCABULARIO PRÁCTICO La fecha *(The date)*

los días de la semana *(days of the week)*

lunes   martes   miércoles   jueves   viernes   sábado   domingo

el fin de semana *(weekend)*

los meses del año *(months of the year)*

enero	abril	julio	octubre
febrero	mayo	agosto	noviembre
marzo	junio	septiembre	diciembre

¿Qué día es hoy (mañana)?   *What day is it today (tomorrow)?*
  Es sábado.   *It's Saturday.*
¿Cuál es la fecha de hoy (mañana)?   *What is today's (tomorrow's) date?*
  Es el 12 de octubre.   *It's October 12.*

NOTA: To give the date, Spanish speakers use the following construction:

> **el** + number + **de** + month

Hoy es **el dos de mayo.** Mañana es **el tres de mayo.**

Exception: The first day of the month is **el primero.**
  El cumpleaños de Pedro es **el primero de agosto.**

SUGGESTED REALIA: a Spanish (or U.S.) calendar.

ACTIVIDAD 1   Un día atrasado *(A day late)*

Roberto has trouble keeping up with his calendar. He is always a day late when thinking of the date. Anita corrects him. Play both roles.

➪ domingo   Roberto: Hoy es domingo.
                     Anita: No, es lunes.

1. martes	3. sábado	5. lunes
2. viernes	4. jueves	6. miércoles

¡Viva el Cinco de Mayo!

ACTIVIDAD 2   Un día adelantado *(A day early)*   OPTIONAL

Felipe has just the opposite problem. He is always a day early. Anita corrects him. Play both roles. (The expression **¿verdad?** means *isn't it?*)

➪ 12 octubre   Felipe: Hoy es el doce de octubre, ¿verdad?
                        Anita: No, es el once.

1. 5 diciembre	4. 2 enero	7. 5 agosto
2. 10 noviembre	5. 14 febrero	8. 29 marzo
3. 15 abril	6. 2 julio	9. 20 junio

VARIATION: You can use a large calendar. Point to one date while announcing another one. The students provide the correct date.

ACTIVIDAD 3   Información personal

Complete the following calendar.

1. Mi cumpleaños es el . . .
2. El cumpleaños de mi papá es el . . .
3. El cumpleaños de mi mamá es el . . .
4. El cumpleaños de mi mejor amigo
   (*best friend: boy*) es el . . .
5. El cumpleaños de mi mejor amiga
   (*best friend: girl*) es el . . .
6. Hoy es el . . .
7. Mañana es el . . .
8. El primer día de vacaciones es el . . .

El día del santo

Si (*If*) te llamas:	el día de tu (*your*) santo es:	Si te llamas:	el día de tu santo es:
Antonio	el 13 de junio	Ana	el 26 de julio
Carlos	el 4 de noviembre	Bárbara	el 4 de diciembre
Eduardo	el 5 de enero	Carmen	el 16 de julio
Enrique	el 13 de julio	Catalina	el 25 de noviembre
Esteban	el 26 de diciembre	Cecilia	el 22 de noviembre
Francisco	el 24 de enero	Clara	el 11 de agosto
Guillermo	el 10 de enero	Dolores	el 15 de septiembre
Jaime	el 25 de julio	Elena	el 18 de agosto
José	el 19 de marzo	Guadalupe	el 12 de diciembre
Juan	el 24 de junio	Lucía	el 13 de diciembre
Luis	el 25 de agosto	Luisa	el 15 de marzo
Martín	el 3 de noviembre	María	el 15 de agosto
Miguel	el 29 de septiembre	Marta	el 29 de julio
Pablo	el 29 de junio	Mónica	el 27 de agosto
Pedro	el 29 de junio	Rosa	el 13 de agosto
Ricardo	el 3 de abril	Teresa	el 15 de octubre
Vicente	el 27 de septiembre	Verónica	el 12 de julio

ACTIVIDAD 4   El día del santo

Isabel is very familiar with the Catholic calendar and can identify everyone's saint's day. Perform the dialogs according to the model. (**Entonces** means *so* or *then*.)

VARIATION: You may continue with other names from the calendar.

> Ricardo   Ricardo: Me llamo Ricardo.
>   Isabel: Entonces, tu santo es el tres de abril.

1. Teresa
2. Lucía
3. Dolores
4. Miguel
5. Luis
6. María
7. Pedro
8. Esteban

WB
V1, V2

SCRIPT
Act. 3

MASTERS
p. 7

WB
V3

SCRIPT
Act. 4, 5, 6

MASTERS
pp. 7–8

Accents will be missing from much of the realia in this text. Explain to the students that accents are often dropped in journalistic usage, especially on capital letters.

Act. 7

Pronunciación El sonido de la vocal *u*

Model word: t<u>ú</u>

Practice words: l<u>u</u>nes   j<u>u</u>nio   j<u>u</u>lio   oct<u>u</u>bre   m<u>u</u>cho   <u>u</u>sted

Practice sentences: El c<u>u</u>mpleaños de S<u>u</u>sana es en oct<u>u</u>bre.
                      Con m<u>u</u>cho g<u>u</u>sto, L<u>u</u>cía.

The sound of the Spanish vowel **u** is similar to but shorter and more precise than the sound of the English vowels **oo** in "food."

Para la comunicación

Expresión para la conversación

To express surprise, you may say:

¿De veras?   *Really?*   — Mañana es el diez y nueve de marzo.
Es mi cumpleaños.
— **¿De veras?** ¡Es el día de mi santo!

Mini-diálogos

Use the suggestions in the pictures to replace the underlined words. (The
word **¿cuándo?** means *when?*)

María

(a) Carmenza: Tengo una cita con <u>María</u>.
Carolina: ¿De veras? ¿Cuándo?
Carmenza: <u>El diez de octubre</u>.

(b) Felicia: ¿Cuándo es el cumpleaños de
<u>María</u>?
Beatriz: Es en <u>octubre</u>.
Felicia: ¿Qué día?
Beatriz: El <u>diez</u>.

Pablo

Luisa

Juan

Concepción

¿QUÉ TIEMPO HACE?

Buenos Aires, el veinte y seis de diciembre

Paula: ¡Hola, Mariana! ¡Feliz Navidad!
Mariana: ¡Feliz Navidad, Paula! ¿Qué tal?
Paula: ¡Muy bien! Hace buen tiempo hoy.
Mariana: ¡Sí! Hace sol y hace mucho calor.
Paula: ¡Vamos a la playa!
Mariana: ¡Qué bueno!

Another common way to wish someone a Merry Christmas is **¡Felices Pascuas!**

WHAT'S THE WEATHER LIKE?

Buenos Aires, December twenty-sixth

Hi, Mariana! Merry Christmas!
Merry Christmas, Paula! How are you?
Fine! The weather's great today.
Right. It's sunny and hot.
Let's go to the beach!
Great!

Act. 1

NOTA CULTURAL   OPTIONAL

Las estaciones *(Seasons)*

Does it seem strange to you to be going to the beach at Christmastime? Look at the globe and you will see that much of South America is in the Southern Hemisphere. The seasons in Argentina are the opposite of seasons in the United States: December is summertime, March is fall, July is winter, and October is spring. If young people in Buenos Aires go skiing at Christmas, it is likely to be waterskiing.

VOCABULARIO PRÁCTICO   El tiempo *(Weather)*

¿Qué tiempo hace?

Hace buen tiempo.   **Hace mal tiempo.**

Hace calor.   **Hace mucho calor.**    **Hace viento.**    **Hace frío.**

Hace sol.   **Está nublado.**   **Llueve.**   **Nieva.**

Give English equivalents, if needed.

ACTIVIDAD 1   En el teléfono

Imagine that you are phoning friends in different cities. Talk about the weather, according to the model.

hace calor / hace frío   Estudiante 1: ¿Qué tiempo hace?
                       Estudiante 2: Hace calor.
                       Estudiante 1: Aquí hace frío.

1. hace sol / hace viento
2. nieva / hace mucho calor
3. llueve / está nublado

4. hace viento / hace frío
5. está nublado / hace calor
6. hace viento / nieva

VOCABULARIO PRÁCTICO   La temperatura

¿Cuál es la temperatura?

—Treinta grados.

—Diez grados bajo cero.

Las estaciones:

el invierno

la primavera

el verano

el otoño

ACTIVIDAD 2   ¿Qué tiempo hace?

1. ¿Qué tiempo hace hoy?
2. ¿Cuál es la temperatura?
3. ¿Qué tiempo hace en el invierno? Y ¿cuál es la temperatura?
4. ¿Qué tiempo hace en la primavera? Y ¿cuál es la temperatura?
5. ¿Qué tiempo hace en el verano? Y ¿cuál es la temperatura?
6. ¿Qué tiempo hace en el otoño? Y ¿cuál es la temperatura?
7. Aquí, ¿cuáles son (which are) los meses del invierno? ¿de la primavera? ¿del verano? ¿del otoño?
8. En la Argentina, ¿cuáles son los meses del invierno? ¿de la primavera? ¿del verano? ¿del otoño?

Unidad uno

34

El tiempo en el mundo (world) hispánico: El quince de enero

	TIEMPO	TEMPERATURA mínima	máxima
San Antonio, Texas		5°	17°
Nueva York		−3°	4°
San Juan, Puerto Rico		20°	27°
México, D.F.		7°	17°
Panamá, Panamá		21°	31°
La Paz, Bolivia		6°	13°
Santiago, Chile		16°	26°
Buenos Aires, Argentina		25°	37°
Madrid, España		2°	6°

NOTA CULTURAL   OPTIONAL

El sistema métrico (The metric system)

Do the temperatures on the weather chart seem on the chilly side? If so, you are still thinking of degrees Fahrenheit rather than degrees Celsius. Although we are still in the process of adopting the metric system, the Spanish-speaking world — Latin America as well as Spain — has used this system of measurement for a long time. Gasoline is sold in liters, distances are measured in kilometers, and temperatures are given in degrees Celsius.

MILLAS EN KILÓMETROS

1 milla = 1.609 kilómetros

millas	10	20	30	40	50
km	16	32	48	64	80
millas	60	70	80	90	100
km	97	113	129	145	161

KILÓMETROS EN MILLAS

1 kilómetro = 0.62 milla

km	10	20	30	40	50	60	70
millas	6	12	19	25	31	37	44
km	80	90	100	110	120	130	
millas	50	56	62	68	75	81	

The students will encounter the metric system again on p. 125.

ACTIVIDAD 3   El quince de enero   OPTIONAL

1. ¿Qué tiempo hace hoy en San Juan? ¿en México? ¿en Madrid?
2. ¿Llueve en Panamá? ¿Nieva en Nueva York?
3. ¿Dónde (where) está nublado? ¿Dónde hace viento?
4. ¿Cuál es la temperatura en Santiago? ¿en San Antonio? ¿en La Paz?
5. En España, ¿es invierno o verano? ¿y en la Argentina?

Perhaps some students will be able to formulate similar questions about other cities.

Pronunciación   El sonido de la vocal o

Act. 5

Model word: ag<u>o</u>st<u>o</u>

Practice words: <u>o</u>t<u>o</u>ño h<u>o</u>la s<u>o</u>l frí<u>o</u>

Practice sentences: Hace much<u>o</u> cal<u>o</u>r en ag<u>o</u>st<u>o</u>.
¡H<u>o</u>la, Al<u>o</u>ns<u>o</u>! ¿C<u>ó</u>m<u>o</u> estás?

The sound of the Spanish vowel **o** is similar to but shorter and more precise than the sound of the English vowel **o** of "noble."

Act. 6   Be sure that the students avoid the sound of the English o of "on."

OPTIONAL

Para la comunicación

Expresiones para la conversación

If you want to express your feelings about a situation, you can say:

¡Qué bueno!   *Great!*

¡Qué malo!   *That's bad!*

Mini-diálogos

Use the suggestions to create new dialogs. Replace the underlined words with the expressions suggested in the pictures. Conclude with **¡Qué bueno!** or **¡Qué malo!,** as appropriate.

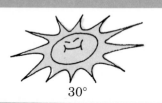

30°

Felipe: ¡Hola! ¿Qué tiempo hace?

Rafael: <u>Hace sol.</u>

Felipe: Y ¿cuál es la temperatura?

Rafael: <u>Treinta grados</u>.

Felipe: <u>¡Qué bueno!</u>

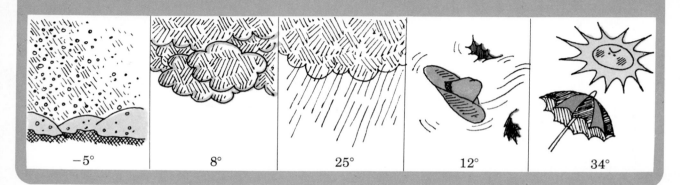

−5°   8°   25°   12°   34°

TRB

QUIZ   TEST
pp. 8–9   pp. 10–13

VISTA
El mundo hispánico

1

¡BIENVENIDOS AL MUNDO HISPÁNICO!

Aeropuerto Internacional de la Ciudad de México

oficina de turismo

aeropuerto

pasaportes y visas

CONSEJO NACIONAL DE TURISMO

MEXICO

VUELO FLIGHT VUELO	SALIDA DEPARTURE DEPART	ABORDAR BOARDING EMBARQ	SALA LOUNGE SALLE	PUERTA GATE PORTE	SALIDAS DEPARTURES DEPARTS
MX 940	9:10	8:40	B	5	PUERTO VALLARTA-MAZATLAN
					LOS ANGELES
AM 474	9:15	8:45	B	1F	CANCUN-HOUSTON
MX 615	9:15	8:45	B	4	CANCUN
AM 212	9:20	8:50	B	1F	CHIHUAHUA
EA 908	9:25	8:55	D	12	ATLANTA-BOSTON
AA 058	9:30	9:00	D	14	DALLAS-FT. WORTH
RL 527	9:30	9:00	D	12	SAN-STA-BOSTON
AA 058	9:30	9:00	D	14	DALLAS-FT. WORTH
RL 527	9:30	9:00	D	12	SAN SALVADOR-MANAGUA
AM 468	9:30	9:00	D	17	LOS ANGELES
MX 633	9:40	9:10	B	6	MINATITLAN
MX 756	9:45	9:15	B	7	TAMPICO
MX 211	9:45	9:15	B		TUXTLA GUTIERREZ
AM 209	9:50	9:20	B		OAXACA
AM 150	9:50	9:20	B	1B	DURANGO-MAZATLAN-LA PAZ
AM 303	10:00	9:30	B		ACAPULCO
AM 412	10:00	9:30	B		MERIDA-MIAMI
AM 900	10:00	9:30	D	9	LOS ANGELES
AM 140	10:05	9:35	B		LA PAZ-GUAYMAS

LLEGADAS ARRIVALS ARRIVEES	HORARIO SCHEDULED HORAIRE	LLEGADA ARRIVES ARRIVERA	SALA LOUNGE SALLE	PROCEDENCIA FROM VENANT DE	OBSERVACIONES REMARKS RENSEIGNEMENTS
MX 510	8:30	9:03	C	ZIHUATANEJO	ARRIBO
AM 131	8:40	8:57	A	LEON	ARRIBO
MX 951	8:50	8:58	C	GUADALAJARA	ARRIBO
MX 624	8:55	9:05	C	VILLAHERMOSA	
AM 400	9:00	9:30	A	ACAPULCO	DEMORADO
MX 352	9:10	9:10	A	ZIHUATANEJO	
	9:15			MONTERREY	CANCELADO
	9:15			VERACRUZ	CANCELADO
	9:30	9:30	C	MERIDA	
				GUADALAJARA	CANCELADO
	9:55		E	MOSCU-SHANN	
	11:10		D	PUERTO VALL	

REPUBLICA DE COLOMBIA

PASAPORTE

CONSTANZA REY SANGUES

con	AM Aeromexico	AR Argentinas	BA British	CU Cubana	EA Eastern	GU Avianca
ce	AL Aeroleón	AV Avianca	BN Braniff	EU Ecuatoriana	IA Interestatal	

autobús

taxi

garaje

teléfono

banco

museo

hotel

restaurante

cafetería

farmacia

39

MÉXICO

¡Hola! ¿Qué tal?
Me llamo María Teresa Vargas Lira.
Pero° para° mis amigos,° me llamo Tere.
Soy de Santo Domingo de la República
Dominicana.

¡Hola!
Me llamo Ricardo Fernández.
Soy mexicano, de Oaxaca.

¿Qué tal?
Yo soy Ila Montalvo.
Soy peruana, del Cuzco, la
ciudad° imperial de los incas.

¡Hola!
Yo soy colombiano.
Me llamo Santiago Torres Castillo.
Soy de Cartagena, un puerto°
espléndido en el Caribe.

40   **pero** *but*   **para** *for*   **amigos** *friends*   **ciudad** *city*   **puerto** *port*

Hispanoamérica y España

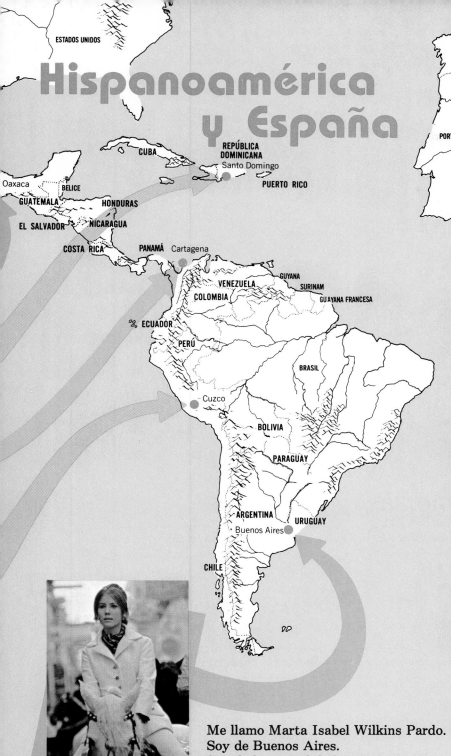

ESTADOS UNIDOS

CUBA

REPÚBLICA
DOMINICANA
Santo Domingo

PUERTO RICO

Oaxaca

BELICE

GUATEMALA

HONDURAS

EL SALVADOR

NICARAGUA

COSTA RICA

PANAMÁ Cartagena

VENEZUELA

GUYANA

SURINAM

COLOMBIA

GUAYANA FRANCESA

ECUADOR

PERÚ

BRASIL

Cuzco

BOLIVIA

PARAGUAY

ARGENTINA

URUGUAY

Buenos Aires

CHILE

ESPAÑA

PORTUGAL

FRANCIA

Sevilla

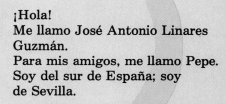

¡Hola!
Me llamo José Antonio Linares
Guzmán.
Para mis amigos, me llamo Pepe.
Soy del sur de España; soy
de Sevilla.

Me llamo Marta Isabel Wilkins Pardo.
Soy de Buenos Aires.
Soy de la capital de la Argentina.

Yo hablo° español.

Los animales y el español

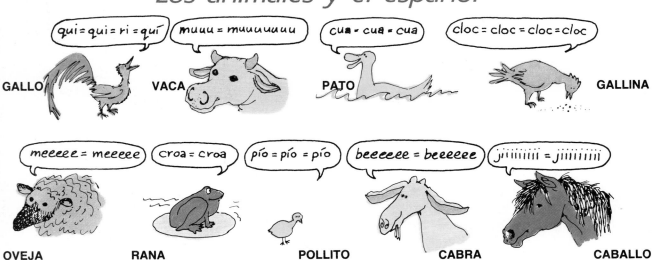

¿Hablas tú° español?

¿Sabes que° el español y el inglés tienen° muchas palabras° en común? Aquí tienes° varias palabras familiares.

ALIMENTOS°

banana ensalada
melón chocolate
tomate café

DIVERSIONES°

cine radio
teatro televisión
discoteca estéreo

CIENCIAS Y TÉCNICAS

biología átomo
matemáticas computadora
satélite

DEPORTES°

fútbol ping pong
béisbol esquí
básquetbol boxeo
volíbol
tenis

ANIMALES

bronco tigre
jaguar cocodrilo
elefante
jirafa

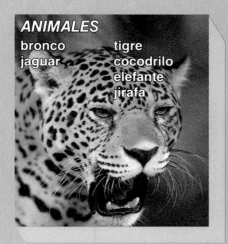

MÚSICA

piano
banjo
clarinete
guitarra
melodía
orquesta
sinfonía

Hablas tú *Do you speak* **Sabes que** *Do you know that* **tienen** *have* **palabras** *words*
Aquí tienes *Here are* **Alimentos** *Food* **Diversiones** *Entertainment* **Deportes** *Sports*

Felipe Santos
Nueva York,
Nueva York

**Ana María
Quiroga**
Orlando, Florida

LOS HISPANOHABLANTES
ENTRE NOSOTROS

La población de habla española° es muy
importante en el territorio de los Estados
Unidos. El mapa representa los estados
donde° se concentra la mayoría° de personas de habla española.

de habla española *Spanish-speaking* **donde**
where **mayoría** *majority*

Eduardo Gómez
Amarillo,
Texas

Teresa Herrera
Los Ángeles,
California

Los Alamos 9
San Luis Obispo 58
San Francisco 289

Public Library
← Biblioteca Pública

700 LOMA VERDE

Influencia española en el origen de los nombres

ARIZONA Zona árida° o *arizonac*, palabra° india

COLORADO Tierra° roja°

FLORIDA Tierra descubierta° en el día de Pascua Florida°

MONTANA Montaña°

NEVADA Nevada; tierra cubierta° de nieve

NEW MEXICO O *Meshica*, otro nombre° de los indios aztecas

TEXAS Tejas,° o *techas,* palabra india

árida *dry*   **palabra** *word*   **tierra** *earth*   **roja** *red*
descubierta *discovered*   **Pascua Florida** *Easter*
Montaña *Mountain*   **cubierta** *covered*   **nombre** *name*
tejas *tiles*

45

Hispanoamericanos notables

Bob Martínez: *gobernador*

Nativo de Tampa, es gobernador° del estado° de la Florida desde° 1987. Es el primer gobernador hispano de este° estado.° Dedica° mucho tiempo° a su° trabajo.° Él y su esposa° luchan contra° el abuso de drogas en la comunidad. Sus pasatiempos° favoritos incluyen° el básquetbol y la pesca.°

Graciela Daniele: *coreógrafa*

Graciela Daniele, de la Argentina, es coreógrafa de fama internacional. Sus creaciones demuestran° humor y energía. Es coreógrafa del gran éxito° de Broadway «Los piratas de Penzance». Presenta «Tango Apasionado», su propia° creación, en Nueva York en 1987. Graciela se siente° muy orgullosa° de interpretar obras latinoamericanas para públicos° norteamericanos.

Katherine Davalos Ortega:
Tesorera de los Estados Unidos

Saca° un billete° y míralo° bien. ¡Sí! En los billetes americanos aparece° la firma° de esta exitosa° mujer de Nuevo México. Ella es la Tesorera° del Gobierno° de los Estados Unidos. También tiene el honor de ser ¡la primera mujer presidenta de un banco en California! ¡Una mujer de negocios° de primera clase!°

Dra. María Cristina Penagos
Profesora de Historia

Dr. Juan José Herrera
Optometrista

Perico González
Farmacéutico

Carlos Alberto Cuadros
Arquitecto

Carmen María Aparicio
Programadora I.B.M.

Donoso Díaz
Fotógrafo

Dra. Ana María Ortiz Vilar
Pediatra

Francisca Orejuela Rey
Ingeniera

---

gobernador *governor* **estado** *state* **desde** *from* **este** *this* **Dedica** *He devotes* **tiempo** *time* **su** *his* **trabajo** *work* **esposa** *wife* **luchan contra** *fight against* **pasatiempos** *pastimes* **incluyen** *include* **la pesca** *fishing* **demuestran** *demonstrate* **gran éxito** *big hit* **propia** *own* **se siente** *feels* **orgullosa** *proud* **públicos** *audiences* **Saca** *Take out* **billete** *bill* **míralo** *look at it* **aparece** *appears* **firma** *signature* **exitosa** *successful* **Tesorera** *Treasurer* **Gobierno** *Government* **mujer de negocios** *businesswoman* **primera clase** *first-class*

Henry Cisneros:
político

Henry Cisneros, de origen mexi-
cano-norteamericano, es el alcalde°
de San Antonio, Texas. Joven° y
dinámico, trabaja° mucho por° los
habitantes de San Antonio. Cisneros es muy bien conocido° en la
comunidad hispana. Quizás° un día,
él será° el primer° candidato hispano para la presidencia de los
Estados Unidos. ¿Quién sabe?°

Lucy Pereda:
estrella de televisión

De origen cubano, Lucy Pereda es
una de las personalidades más bri-
llantes de la televisión hispana.
Empieza° su carrera como° modelo
profesional en La Habana, Cuba.
Luego,° en los Estados Unidos, su
fama crece° como comentarista°
del canal° 51 en Miami. Su contri-
bución al programa «Mundo Latino» de Univisión (la cadena° de
televisión hispana de Latinoamérica) le trae° mucha popularidad
en Latinoamérica.

   ¿Qué sigue° para la artista cubana? Conquistar° a Hollywood,
¡por supuesto!°

Gloria Molina:
política

Gloria Molina, de origen mexicano,
fue° la primera mujer° hispana en
la legislatura de California. Ahora°
es concejal° de la ciudad° de Los
Ángeles. Inteligente, simpática° y
activa, es muy° popular en su° distrito. La revista° *Ms.* la nombró°
«Mujer del Año°». Sus pasatiem-
pos° favoritos son° el esquí,° la
jardinería° y el teatro.

Actividades culturales

Actividades para cada estudiante

1. *Select a Spanish-speaking country or area
   and make a poster advertising it. (Sources
   of pictures: travel brochures, travel magazines, the travel section of the Sunday
   paper)*
2. *Prepare a chart listing eight countries in
   which Spanish is the official language.
   For each country, give the following information: population, size, capital, unit of
   currency, principal products. (Source:
   almanac)*

Actividades para la clase

1. *Imagine that your class is going to six
   Latin American countries. Draw the
   route you will take. For each stop, prepare
   a display of travel brochures and list the
   things you want to do there. (Sources:
   travel agencies, travel magazines)*
2. *Prepare a display of stamps from Spanish-speaking countries. For each, select
   stamps representing famous people and
   places, typical animals, flowers, etc.
   (Sources: stamp catalogs and magazines)*

alcalde *mayor* **Joven** *Young* **trabaja** *he works* **por** *for* **bien conocido** *well-known*
Quizás *Perhaps* **será** *will be* **primer** *first* **¿Quién sabe?** *Who knows?* **Empieza** *She begins*
como *as* **Luego** *Later* **crece** *grows* **comentarista** *news commentator* **canal** *channel* **cadena**
network **le trae** *brings her* **sigue** *follows* **Conquistar** *Conquer* **¡por supuesto!** *of course!* **fue**
was **mujer** *woman* **Ahora** *Now* **concejal** *councilwoman* **ciudad** *city* **simpática** *likeable* **muy**
very **su** *her* **revista** *magazine* **la nombró** *named her* **Año** *Year* **pasatiempos** *pastimes* **son**
are **esquí** *skiing* **jardinería** *gardening*

Unidad 2

Nosotros los hispanoamericanos

2.1   En San Antonio y en Nueva York

2.2   En el suroeste

2.3   En Los Ángeles

2.4   En Miami

VARIEDADES   ¿Quién soy yo?

OBJECTIVES
Communication
By the end of this unit, students will be able to use Spanish:
- To talk about what they do in and outside of class
- To say what they like and do not like to do
- To express what they hope and wish to do (in school, with friends, later in life)
- To ask questions about the above topics

Language
The primary objective of this unit is to have students express themselves in simple affirmative, negative and interrogative sentences. The grammatical focus is on:
- The present tense of **-ar** verbs
- Subject-verb agreement

Culture
This unit introduces the students to the number and diversity of Hispanic communities in the United States and calls their attention to the importance of Spanish in this country.

   Unit Two   Modules 5, 6

49

Act. 1

EN SAN ANTONIO

¡Hola!
Me llamo Anita Sánchez.

Soy de San Antonio.
Soy de origen mexicano.
Hablo inglés.
Hablo español también.
¿Y tú?
¿Un poco?
¡Ah! ¡Fantástico!

Hablo inglés: *I speak English*

¿Un poco?: *A little?*

EN NUEVA YORK

¡Hola!
Me llamo Antonio García.

No soy de origen mexicano.
Soy de Puerto Rico.
Yo también hablo español.
Pero no estudio español como tú.
Estudio mecánica en Nueva York.
Estudio mucho.
¿Y tú?

también: *also*
estudio: *I study,*
como: *like*

mucho: *a lot*

Antonio is talking to you about himself. Enter into a conversation with him by selecting the appropriate reply.

	(a)	**(b)**
1. **Hablo** inglés.	Yo también **hablo** inglés.	Yo no **hablo** inglés.
2. **Hablo** español.	Yo también **hablo** español.	Yo no **hablo** español.
3. **Estudio** mecánica.	Yo también **estudio** mecánica.	Yo no **estudio** mecánica.
4. **Estudio** mucho.	Yo también **estudio** mucho.	Yo no **estudio** mucho.

OBSERVACIÓN   Est. B, C

Reread Antonio's statements and the *positive* replies in column (a). The words in heavy print are the *verbs*. These words tell you what action is going on. The form of the verb indicates who the subject is. The *subject* tells you who or what is doing the action. When you speak about yourself, you use the **yo** *(I)* form of the verb.

- In what letter does the **yo** form of the verbs end?   -o

Look at the suggested *negative* answers in column (b).

- In a negative sentence, what word comes directly before the verb?   no

Nuestra herencia hispánica
(Our Hispanic heritage)

San Francisco, El Paso, Santa Fe, Los Angeles. . . These familiar names reflect the importance of the Hispanic heritage in the United States. This Hispanic heritage is very much alive and flourishing today.

In our daily vocabulary we use many Spanish words such as *patio, vista, canyon, poncho, cargo, guitar, mosquito* and *barbecue*. In our diet we have beef, pork, sugar, oranges, bananas and coffee, all of which were introduced to the American continents by the Spaniards.

Above all, the vitality of our Hispanic heritage is due to the presence in the United States of many millions of citizens of Hispanic origin who are maintaining their traditions, culture and language.

You may ask the students to name other cities which bear Spanish names, e.g. San Diego, San Jose, Toledo, Albuquerque, Sacramento, Santa Ana, Las Vegas, Amarillo, Orlando, Pueblo. Ask students to locate these cities on a map.

Estructuras

A. Los verbos que terminan en –ar

The *infinitive* (**hablar** = *to speak*) is the basic form of the verb. When you look up a verb in the vocabulary listing at the back of this book, you will find it listed in the infinitive form. Spanish verbs are grouped according to their infinitive endings. The most common infinitive ending is **–ar**:

> **hablar** *to speak*   **estudiar** *to study*

Verbs with infinitives ending in **–ar** are called **–ar** *verbs*.

B. El presente: la forma *yo*

hablar	*to speak*	**(Yo) Hablo** inglés.	*I speak English.*
			I am speaking English.
estudiar	*to study*	**(Yo) Estudio** español.	*I study Spanish.*
			I am studying Spanish.
trabajar	*to work*	**(Yo) Trabajo** mucho.	*I work a lot.*
			I am working a lot.

> In the present tense, the **yo** form (first person singular) of the verb is formed by replacing the **–ar** ending of the infinitive with the ending **-o**.

> It is not necessary to use the pronoun **yo** (*I*) because the ending **-o** indicates who the subject is. Spanish speakers use **yo** mainly for emphasis.

VOCABULARIO PRÁCTICO   Actividades

tocar (el piano)   cantar   escuchar (discos)   estudiar

trabajar

hablar (inglés)

EXTRA VOCAB.: estudiar **música, geografía, historia, ciencias, matemáticas;** hablar **español, francés, italiano, ruso, chino, japonés, alemán** (*German*); tocar **la guitarra, el violín, el banjo.**

ACTIVIDAD 1 Antonio y José

Antonio and José do the same things. Give José's replies to Antonio's statements. The word **también** means *also*.

⊃◊ Antonio: Estudio inglés.   José: Estudio inglés también.

1. Hablo inglés.
2. Estudio mucho.
3. Trabajo aquí.
4. Estudio español.
5. Hablo siempre.

6. Toco el piano.
7. Canto bien.
8. Escucho discos.
9. Escucho la radio.
10. Canto siempre.

C. La negación

Compare the following sentences:

Anita:	Elena:	
Soy de San Antonio.	**No** soy de San Antonio.	*I am **not** from San Antonio.*
Estudio mucho.	**No** estudio mucho.	*I do **not** study a lot.*
Toco la guitarra.	**No** toco la guitarra.	*I **don't** play the guitar.*

To make a Spanish sentence negative, the word **no** is placed before the verb.

ACTIVIDAD 2   ¡No!

Anita and Linda are not doing the same things. Give Linda's replies to Anita's statements.

⊃◊ Anita: Estudio mucho.   Linda: No estudio mucho.

1. Estudio música.
2. Toco el piano.
3. Toco la guitarra.
4. Trabajo mucho.

5. Canto bien.
6. Escucho discos.
7. Escucho la radio.
8. Hablo inglés bien.

ACTIVIDAD 3   ¿Sí o no?

Say whether or not you do the following things.

⊃◊ hablar italiano   Sí, hablo italiano.
                      (No, no hablo italiano.)

1. hablar francés
2. hablar español bien
3. estudiar español
4. estudiar inglés
5. estudiar francés
6. trabajar

7. trabajar mucho
8. escuchar discos
9. escuchar la radio
10. cantar bien
11. tocar el piano
12. tocar la guitarra

Act. 6

VOCABULARIO PRÁCTICO   Palabras útiles *(Useful words)*

Note: Several of these were already introduced in Unit 1.

bien	well	Hablo español **bien.**
muy	very	Hablo inglés **muy** bien.
mal	badly, poorly	Hablo italiano **mal.**
mucho	a lot	Trabajo **mucho.**
un poco	a little	Toco el piano **un poco.**
también	also, too	Toco la guitarra **también.**
ahora	now	**Ahora** escucho discos.
siempre	always	**Siempre** escucho la radio.
aquí	here	No trabajo **aquí.**
pero	but	Hablo español **pero** no soy de Puerto Rico.
con	with	Canto **con** Antonio.
como	like, as	Soy de Texas, **como** Luis.
de	from, of	Soy **de** San Antonio.
en	in	**En** clase hablo español.
a	to, at	Elena trabaja **a** las nueve.
y	and	Estudio inglés **y** español.
o	or	Siempre estudio con Arturo **o** Marta.

NOTA: **y** becomes **e** before **i** or **hi**   Luis **y** Carmen, *but* Luis **e** Inés
　　　　o becomes **u** before **o** or **ho**   Luis **o** José, *but* Luis **u** Orlando

This point is presented for recognition only.

WB
C1, C2

SCRIPT

Act. 4

MASTERS
p. 10

ACTIVIDAD 4   Presentación   This activity may be done in small groups.

Introduce yourself to your classmates. Use the following suggestions as a
guide.

1. Me llamo . . .
2. Hablo . . .
3. Soy de . . .
4. En clase, trabajo (mucho, un poco).
5. Hablo español (bien, muy bien, mal).
6. Ahora no (canto, escucho discos, trabajo).
7. Trabajo siempre con . . .
8. Estudio con . . . también.

Act. 7

Pronunciación

a) La consonante *h*

The letter **h** is always silent.

Model word: ḥablo
Practice words: ḥace ḥora la Ḥabana ḥoy
Practice sentences: ¿Qué ḥora es?
　　　　　　　　　¿Qué tiempo ḥace ḥoy?

b) La «jota»

Model word: <u>J</u>osé

Practice words: <u>J</u>uan <u>j</u>unio <u>j</u>ulio Mé<u>x</u>ico me<u>x</u>icano ori<u>g</u>en traba<u>j</u>o

Practice sentence: <u>J</u>uan es de ori<u>g</u>en me<u>x</u>icano.

The "jota" is the sound you make when you blow on glasses before cleaning them. The letter **j** (or "jota") is always pronounced this way in Spanish. The letter **g**, when followed by **e** or **i**, represents the "jota" sound.

In place names like **México,** the letter **x** represents the "**jota**" sound.

OPTIONAL

Para la comunicación

Expresiones para la conversación

¡Fantástico!	*Great!*	Hace sol hoy. **¡Fantástico!**
¡Qué lástima!	*Too bad!*	Hace mal tiempo. **¡Qué lástima!**

español

¡Hola!

muy bien

Mini-diálogos

Create new dialogs by replacing the underlined words with the words suggested in the pictures.

Pablo: <u>Hablo español.</u>

Linda: ¡Fantástico!

Pablo: Pero no <u>hablo muy bien.</u>

Linda: ¡Qué lástima!

siempre

bien

la guitarra

el piano

francés

español

mucho

aquí

Tú tienes la palabra

With a classmate, prepare a short dialog of your own. Use the conversation between Linda and Pablo as a model.

WB
Yo

SCRIPT

Act. 9

MASTERS
p. 10

TRB

QUIZ
pp. 14–15

55

Lección 2 En el suroeste

Act. 1

13, 14

Con Lorenzo en Santa Fe, Nuevo México

Lorenzo estudia.
Estudia mucho.
¿Estudia español Lorenzo?
¿Él? ¡No! No estudia español.
Estudia historia.
Mañana hay un examen.
¡Qué lástima!

hay: *there is*

Con María en Tucson, Arizona

María estudia música.
Toca la guitarra.
Toca el piano también.
¿Toca bien María?
¿Ella? ¡Sí! Toca muy bien.

Con Carlos y Pedro en Pueblo, Colorado

¿Estudian Carlos y Pedro?
¿Ellos? ¡No! ¡Trabajan en un rancho!
¿Trabajan mucho Carlos y Pedro?
¡Sí! Ellos trabajan mucho, pero . . .
¡no ganan mucho dinero!

ganan mucho dinero:
earn much money

Con Luisa y Sara en Merced, California

Hoy Luisa y Sara bailan.
Ellas cantan.
Escuchan discos.
¿No trabajan ellas?
¡No! . . . Hoy es domingo.

CONVERSACIÓN

Indicate whether the following statements are true (**¡Es verdad!**) or false
(**¡Es falso!**).

1. Lorenzo estudia mucho.   V
2. **Él** estudia español.   F
3. María toca la guitarra.   V
4. **Ella** toca el piano.   V

5. Carlos y Pedro trabaj**an** mucho.   V
6. **Ellos** gan**an** mucho dinero.   F
7. Luisa y Sara escuch**an** discos.   V
8. **Ellas** bail**an**.   V

OBSERVACIÓN   Est. A

Look at the even-numbered sentences. The
names of the young people have been replaced
by *pronouns*.
- Which pronoun is used to replace the
following names:
Lorenzo? María? Carlos y Pedro? Luisa y
Sara?   él/ella/ellos/ellas

Sentences 1 to 4 tell what one person is doing.
The verb is in the **él/ella** (*he/she*) form.
- In what letter does each verb end?   -a

Sentences 5 to 8 tell what two people are
doing. The verbs are in the **ellos/ellas** (*they*)
form.
- In what two letters does each verb end?   -an

NOTA CULTURAL

Un poco de historia
(A little bit of history)

Our Hispanic heritage in the continental United
States can be traced back to the year 1513 — more
than one hundred years before the Pilgrim landing
at Plymouth — when a Spanish expedition led by
Juan Ponce de León landed in Florida. Many other
expeditions followed this one, bringing explorers to
this new land in search of gold and high adventure.
Spanish priests accompanied the expeditions,
establishing missions and spreading the Catholic
faith.

Hernando de Soto discovered the Mississippi
River in 1541. In 1565 Pedro Menéndez de Avilés
founded Saint Augustine (Florida), which is the
oldest permanent city of European origin in the
United States. Santa Fe (New Mexico), the oldest
seat of government, was founded in 1610 by Pedro
de Peralta.

ADDITIONAL INFORMATION: Landing of Pilgrims
(1620), Foundation of a string of Spanish missions (1769–
1823) in California along "**El Camino Real**" (The King's
Highway). Texas was part of Mexico until 1836, as were
New Mexico and Arizona until 1848.

Estructuras

A. El presente: las formas *él/ella* y *ellos/ellas*

Carlos	**(Él)** Trabaj**a** en Puerto Rico.	*He works in Puerto Rico.*
Anita	**(Ella)** No trabaj**a** en México.	*She doesn't work in Mexico.*
Juan y Luis	**(Ellos)** Habl**an** francés.	*They speak French.*
Sara y Ana	**(Ellas)** No habl**an** inglés.	*They don't speak English.*

OTHER EQUIVALENTS: He is visiting... She is not speaking...

The **él/ella** form (third person singular) of the **–ar** verbs ends in **-a**.

The **ellos/ellas** form (third person plural) of the **–ar** verbs ends in **-an**.

↪ As in the case of **yo**, Spanish speakers use the subject pronouns **él, ella, ellos** and **ellas** for emphasis, or in situations where the meaning is not clear.

↪ In Spanish, two pronouns correspond to the English *they:*

Ellos refers to a group of boys or to a mixed group.
Ellas refers to a group composed only of girls.

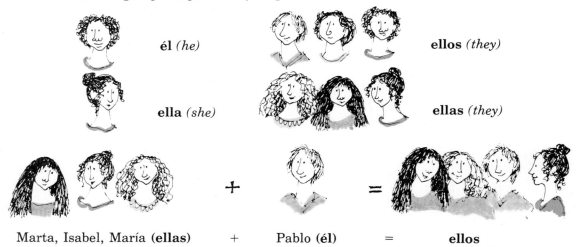

| **él** *(he)* | **ellos** *(they)* |
| **ella** *(she)* | **ellas** *(they)* |

Marta, Isabel, María **(ellas)**   +   Pablo **(él)**   =   **ellos**

In Spanish the masculine form predominates. It is used to refer to groups of people with one or more males.

ACTIVIDAD 1   Trabajos *(Jobs)*

These students have summer jobs abroad. Say which cities they are working in and which languages they are speaking.

↪   Tomás (París / francés)   Tomás trabaja en París. Él habla francés.

1. Ramón (Nueva York / inglés)
2. Isabel (Roma / italiano)
3. Marisol y Carmen (Buenos Aires / español)
4. Jaime y Pedro (Berlín / alemán)
5. Carlos y Juanita (Moscú / ruso)
6. Pilar y María (Tokio / japonés)

• You may model the pronunciation of these cities and languages for students.

• ADDITIONAL CUES: Rafael (Boston/**inglés**), Carmenza (Quito/**español**), Ana y Clara (Monte Carlo/
francés).

VOCABULARIO PRÁCTICO Actividades

visitar (San Francisco)

viajar

nadar

mirar (la televisión)

ganar (dinero)

bailar

ACTIVIDAD 2   María también

Lorenzo is saying what he does. Reply that María does the same things.

🔊 Lorenzo: Escucho la radio.   María escucha la radio también.

VARIATION: María does not do the same things. **María no escucha la radio.**

1. Estudio mucho.
2. Canto bien.
3. Bailo muy bien.
4. Miro la televisión.
5. Gano dinero.
6. Nado bien.
7. Viajo en julio.
8. Visito Los Álamos.

ACTIVIDAD 3   ¡Ellos no!

Now tell Lorenzo that Roberto and Carlos do not do the things he does.

🔊 Lorenzo: Escucho la radio.   Roberto y Carlos no escuchan la radio.

B. Preguntas con respuestas afirmativas y negativas

The following questions can be answered by **sí** or **no**.
Compare the position of the subject in the questions and the answers.

*Is **Juan** studying?*	¿Estudia **Juan**? Sí, **Juan** estudia.
*Does **Carmen** earn money?*	¿Gana dinero **Carmen**? Sí, **Carmen** gana dinero.

*Do **Luis and José** study a lot?*   ¿Estudian mucho **Luis y José?**
                                       Sí, **Luis y José** estudian mucho.

Questions which request a simple yes or no answer are called *yes/no questions*.
In Spanish, these questions are formed in either of two ways:

| ¿ | verb | + | subject (if expressed) | + | rest of sentence | ? |

or often: | ¿ | verb | + | rest of sentence | + | subject (if expressed) | ? |

 In yes/no questions, the voice rises at the end of the sentence.

 Informal yes/no questions may be formed by adding **¿verdad?**
(right?) at the end of a statement.

María habla español, **¿verdad?**   *María speaks Spanish, **right?***
                                      *María speaks Spanish, **doesn't she?***

 An inverted question mark (¿) signals the beginning of a question.

ACTIVIDAD 4   ¿Quién habla inglés? *(Who speaks English?)*

Imagine that you are traveling in Mexico. You need to know who speaks
English and can help you out. Ask the appropriate questions.

VARIATION: Do they speak French? **¿Habla francés Elena?**

 Elena   ¿Habla inglés Elena?

1. Pedro   3. Felipe y Miguel   5. Paco y Teresa
2. Carmen   4. Luisa y Susana   6. Alberto y Luis

Be sure students use plural verbs with plural subjects.

ACTIVIDAD 5   Carmen y Pepe

Imagine that Carmen and Pepe are visiting from Mexico. You know what
Carmen does. Ask whether Pepe does the same things.

VARIATION: Ask whether Julia and Juan do the things in Act. 5, using **¿verdad?**.
Julia y Juan hablan inglés, ¿verdad?

WB
B1, B2

 Carmen habla inglés.   ¿Habla Pepe inglés también?

SCRIPT

Act. 6, 7

1. Carmen canta siempre.   5. Carmen baila mal.
2. Carmen viaja mucho.   6. Carmen mira la televisión.
3. Carmen visita Nueva York.   7. Carmen escucha la radio.

MASTERS
p. 11

4. Carmen toca la guitarra.   8. Carmen estudia inglés.

Act. 8

Pronunciación   El sonido de la consonante *ll*

Model word: e*ll*a
Practice words: e*ll*os   e*ll*as   Gui*ll*ermo   *ll*ueve   torti*ll*a
Practice sentences: Me *ll*amo Pepi*ll*o Vi*ll*as.
                     E*ll*a es de Sevi*ll*a.

The letters **ll** represent a sound which is like the **y** of the English "yes."

In Castilian Spanish, the letters **ll** represent the sound /lj/ as in the English "million." In parts of Latin
America, **ll** is pronounced like the /ž/ in the English "measure," or even like the /dž/ in the English "juice."

Para la comunicación

Expresiones para la conversación

Spanish speakers have different ways of answering yes/no questions.

¡Cómo no!
¡Claro!   *Of course*   — ¿Baila María bien?
¡Por supuesto!   — **¡Por supuesto!** Baila muy bien.

¡Tal vez!   *Maybe*   — ¿Trabaja Luisa mañana?
                                       — **¡Tal vez!**

¡Claro que no! *Of course not*   — ¿Mira Sara la televisión?
                                       — **¡Claro que no!** Estudia.

Mini-diálogos

Create new dialogs by replacing the underlined words with the information
in the pictures.

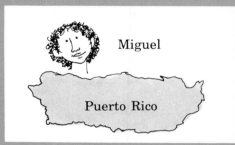

Miguel

Puerto Rico

Lorenzo: ¿Canta Miguel en inglés?
  Anita: ¡Claro que no! Canta en español.
Lorenzo: ¿En español?
  Anita: ¡Cómo no! Él es de Puerto Rico.

Isabel

México

Carlos

Ecuador

Panamá

Dolores

Colombia

Luisa

Tú tienes la palabra

With a classmate, prepare a short dialog in which you talk about a
student from a Spanish-speaking country. Use the conversation between
Lorenzo and Anita as a model.

SCRIPT
Act. 10

MASTERS
p. 11

TRB

QUIZ
p. 16

Lección dos
61

Act. 1

Miguel y Teresa estudian en un colegio de Los Ángeles.
Ahora hablan de un asunto muy serio: los estudios.

Miguel: ¿Estudias mucho, Teresa?
Teresa: ¡Sí!
Miguel: ¿Qué estudias tú ahora?
Teresa: Estudio inglés, matemáticas, física . . .
Miguel: ¿Física? . . . ¿Por qué estudias física?
Teresa: Deseo trabajar como ingeniera. ¿Y tú?
Miguel: Deseo trabajar en un estudio de televisión.

colegio: *high school*
asunto: *topic,*
estudios: *studies*

Deseo: *I want*
estudio de televisión:
TV studio

La señora Vargas es la consejera vocacional del colegio. Ella y
Teresa también hablan de los estudios.

consejera vocacional:
Vocational Counselor

Sra. Vargas: ¡Buenos días, Teresa!
Teresa: ¡Buenos días, Señora Vargas!
Sra. Vargas: ¿Qué estudia usted ahora?
Teresa: Estudio inglés, matemáticas, física . . .
Sra. Vargas: ¿Por qué estudia usted física?
Teresa: Deseo trabajar como ingeniera.
Sra. Vargas: ¿Y dónde desea usted trabajar?
Teresa: En México o en Venezuela, para una compañía
internacional.
Sra. Vargas: Usted necesita estudiar idiomas . . .
Teresa: Pero hablo inglés y español.
Sra. Vargas: ¡Ah! ¡Claro!

dónde: *where*
para: *for*

necesita: *you need,*
idiomas: *languages*

CONVERSACIÓN

Imagine that María Inés, an exchange student from Mexico, is talking to you. Answer her.

1. ¿**Hablas** español? Sí, hablo español.
   (No, no hablo español.)
2. ¿**Estudias** francés?
3. ¿**Estudias** mucho?
4. ¿**Trabajas** mucho en clase?

Now imagine that el señor Portillo, a teacher from Mexico, is talking to you. Answer him.

5. ¿**Habla** usted español? Sí, hablo español.
   (No, no hablo español.)
6. ¿**Estudia** usted francés?
7. ¿**Estudia** usted mucho?
8. ¿**Trabaja** usted mucho en clase?

OBSERVACIÓN Est. A

María Inés, the student, and el señor Portillo, the teacher, ask you the same questions, but in different ways.
María Inés, like you, is a student. She talks to you in an informal way, using the **tú** *(you: familiar)* form of the verb.

- In which two letters do the verbs she uses end? -as

El señor Portillo talks to you in a more formal way, using the **usted** *(you: formal)* form of the verb.

- In which letter do the verbs he uses end? -a
- Which word comes directly after the verb?
  usted

NOTA CULTURAL OPTIONAL

Los hispanos en los Estados Unidos

Do you think of Spanish as a foreign language? Think again! Today about nineteen million American citizens claim Hispanic ancestry. Many of them speak Spanish in the course of their daily life—at home, at work, at school. Spanish is therefore an important language of communication in our own country.

Who are the Hispanic Americans? It is impossible to generalize. Hispanic Americans live in nearly every region of the United States and come from a great variety of backgrounds. Many are recent arrivals to this country. Some can trace their ancestry to the Indians who have been living on this continent for many centuries, others to the early Spanish settlers of the sixteenth century, and still others to Africa, Asia or Europe.

Whatever their origins, the Hispanic Americans share the same language, as well as many of the same customs and values.

New York City's Puerto Rican population is second to San Juan's; Miami's Cuban population is second to Havana's; Los Angeles' Mexican population is second to Mexico City's.

Estructuras

A. El presente: las formas *tú* y *usted*

When Spanish speakers talk to one another, they use either **tú** or **usted**.

Tú is used to address a child, a member of the family, a close friend or a classmate. **Tú** is the *familiar* or *informal* form of address.

Act. 2

Carlos, ¡**tú** trabaja**s** mucho!	*Carlos, **you** work a lot!*
Anita, ¿habla**s** (**tú**) inglés?	*Anita, do **you** speak English?*

The **tú** form (second person singular) of the **–ar** verbs ends in **-as**.

    As with the other subject pronouns you have learned, the pronoun **tú** is often omitted. It is used for emphasis or clarity.

Usted (abbreviated **Ud.**) is used to address everyone else. **Ud.** is the *polite* or *formal* form of address.

Act. 2

Sr. Vargas, **Ud.** habl**a** inglés muy bien.	*Mr. Vargas, **you** speak English very well.*
¿**Habla Ud.** italiano, Sra. de Molina?	*Do **you** speak Italian, Mrs. Molina?*

The **Ud.** form of the **-ar** verbs ends in **-a**.

    In contrast to other pronouns, **Ud.** is usually *not* omitted.

    Ud. is used with the third person singular form of the verb:

Ud. **trabaja** mucho.	*You work a lot.*
María **trabaja** mucho.	*María works a lot.*

You should use the **tú** form when talking to your classmates and the **Ud.** form when talking to your teacher. You will be addressed in the **tú** form in this book.

You may explain that **usted** is the contraction of an older form of address, **"vuestra merced"** — "your grace". ("Your grace" studies Spanish. **Ud. estudia español.**)

ACTIVIDAD 1   Preguntas personales

1. ¿Estudias matemáticas?
2. ¿Estudias historia?
3. ¿Estudias mucho?
4. ¿Estudias mucho en la clase de español?

5. ¿Tocas la guitarra?
6. ¿Tocas el piano?
7. ¿Cantas bien o mal?
8. ¿Miras la televisión en casa?

The **Preguntas personales** may be answered in complete sentences by better students.

ACTIVIDAD 2   Diálogo: El fin de semana

Ask a classmate whether he or she does the following things during the weekend (**durante el fin de semana**).

ADDITIONAL CUES: **tocar el piano/nadar/viajar/visitar** (a nearby city).

☞ hablar español   Estudiante 1: ¿Hablas español durante el fin de semana?
                    Estudiante 2: Sí, hablo español. (No, no hablo español.)

1. estudiar
2. trabajar
3. mirar la televisión
4. ganar mucho dinero

5. bailar
6. cantar
7. escuchar discos
8. tocar la guitarra

WB
A1

SCRIPT
Act. 3, 4

MASTERS
p. 12

ACTIVIDAD 3   Diálogo: ¿Y el profesor (la profesora)?

Ask your teacher the questions of Actividad 2, using **Ud.**

☞ hablar español   ¿Habla Ud. español durante el fin de semana?

B. El infinitivo

The infinitive is used after certain verbs:

desear	**Deseo trabajar** como ingeniero.	*I wish to work* as an engineer.
esperar	**Espero trabajar** en Venezuela.	*I hope to work* in Venezuela.
necesitar	**Necesito hablar** bien el español.	*I need to speak* Spanish well.

☞ Note that where English uses two words *(to work, to speak)*, Spanish uses only one (**trabajar, hablar**).

You may want to teach globally the two forms **¿quieres...?** (do you want) and **quiero** (I want)
—¿Quieres trabajar en Francia?
—Sí, pero no quiero estudiar francés.

ACTIVIDAD 4   Preguntas personales

1. ¿Deseas trabajar como ingeniero (ingeniera)?
2. ¿Deseas trabajar en un estudio de televisión?
3. ¿Deseas hablar bien el español?
4. ¿Esperas ganar mucho dinero?
5. ¿Esperas estudiar en una universidad?
6. ¿Esperas viajar a México?
7. ¿Necesitas trabajar mucho en la clase de español?
8. ¿Necesitas estudiar mucho en la clase de matemáticas?

C. Preguntas para obtener información

Questions which ask for specific information rather than a simple yes or no are called *information questions*.

¿Cómo está Ud., señor López?	*How are you, Mr. López?*
¿Dónde estudian Manuel y Teresa?	*Where do Manuel and Teresa study?*
¿Qué estudias ahora?	*What are you studying now?*

In Spanish, information questions follow this pattern:

¿   Question word(s)   +   verb   +   subject (if used)   +   rest of sentence   ?

☞   Question words such as **¿cómo?** *(how?)*, **¿dónde?** *(where?)* and **¿qué?** *(what?)* indicate the type of information which is being requested.

☞   The voice is high at the beginning of an information question and often falls or levels off at the end.

ACTIVIDAD 5   Trabajos de verano *(Summer jobs)*

Gonzalo's friends have summer jobs. María wants to know where. Gonzalo answers. Play the roles of María and Gonzalo.

☞   Carlos: en San Diego   María: ¿Dónde trabaja Carlos?
                                   Gonzalo: Trabaja en San Diego.

1. Miguel: en San Francisco
2. Luisa: en Nueva York
3. Raúl y Clara: en Boston
4. Pablo y Paco: en Chicago
5. Lucía y Cristina: en Los Ángeles
6. Tomás y Silvia: en Miami.

Act. 5

VOCABULARIO PRÁCTICO   Palabras interrogativas y palabras de respuesta

¿cómo?	how?	**¿Cómo** está Ud.?
¿cuándo?	when?	**¿Cuándo** estudian Felipe y Raúl?
cuando	when	**Cuando** es posible, estudian.
¿dónde?	where?	**¿Dónde** estudian ellos?
donde	where	Estudian **donde** trabajan.

• Students have already practiced other interrogative expressions: **¿Cuánto cuesta el sombrero? ¿Qué día es hoy? ¿Qué hora es?**
• Ask **¿Qué estudia María Luisa?** with the **horario**, p. 122.

ACTIVIDAD 6   Curiosidad

Teresa's friends are doing certain things. Manuel wants more information.
Play the two roles according to the model.

> Pedro canta. (¿cómo?)   Teresa: Pedro canta.
> Manuel: ¿Cómo canta?

1. María estudia francés. (¿por qué?)
2. Anita canta. (¿cuándo?)
3. Raúl trabaja. (¿dónde?)
4. Juanita y Carlos bailan. (¿cómo?)
5. Luis y Laura hablan inglés. (¿por qué?)
6. Alberto y Paco estudian. (¿cuándo?)

ACTIVIDAD 7   Más curiosidad *(More curiosity)*

WB
C1, C2

SCRIPT

Act. 6

Ana overhears part of Manuel and Teresa's conversation. She wants to
know whom they are talking about. Use the cues of Actividad 6 to ask
questions.

> Pedro canta.   Ana: ¿Quién canta?

¿qué?	what?	**¿Qué** estudia Teresa?
¿por qué?	why?	**¿Por qué** estudia física?
porque	because	**Porque** desea trabajar como ingeniera.
¿quién?	who (singular)?	**¿Quién** desea hablar español?
¿quiénes?	who (plural)?	**¿Quiénes** esperan trabajar en México?

NOTAS:
1. Note the written accents on question words.
2. **¿Quiénes?** is the plural form of **¿quién?.** It is used when the expected answer concerns more than one person. It is followed by the **ellos** form of the verb.

Pronunciación El sonido de la consonante *v*

a) *v* inicial

In some countries, the initial **v** is pronounced more like our English **v**.

Model word: <u>v</u>einte

Practice words: <u>v</u>erano <u>v</u>iernes <u>v</u>endedor <u>V</u>argas <u>V</u>enezuela

Practice sentence: Señor <u>V</u>argas, hoy es <u>v</u>iernes, el <u>v</u>einte de mayo.

At the beginning of a word, the letter **v** represents the sound / **b** /, as in the English **b** of "boy."

Act. 8   OPTIONAL

Para la comunicación

Expresión para la conversación

To tell someone that you cannot do something, you can say:

No puedo.   *I can't.*   Deseo mirar la televisión, pero **no puedo.** Necesito trabajar.

Mini-diálogos

Look at the illustration and the sample conversation. Create similar conversations, replacing the underlined words with the expressions suggested in the pictures.

Ramón: ¡Hola, Clara! ¿Deseas <u>bailar</u>?

Clara: Sí, pero no puedo.

Ramón: ¿Por qué?

Clara: Porque necesito <u>trabajar</u>.

b) *v* medial

Model word: prima<u>v</u>era
Practice words: nie<u>v</u>a   llue<u>v</u>e   hace <u>v</u>iento   no<u>v</u>iembre   jue<u>v</u>es
Practice sentence: Nie<u>v</u>a y hace <u>v</u>iento en no<u>v</u>iembre.

Between two vowels, the letter **v** represents the sound / ƀ /. To produce this sound, try to make a **b**-like sound without letting your lips come together.

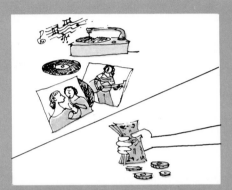

Tú tienes la palabra

With a classmate, prepare a short dialog of your own.
Use the conversation between Ramón and Clara as a model.

WB
Una
carta

SCRIPT
Act. 9

MASTERS
p. 12

TRB

QUIZ
pp. 17–18

Lección 4 · En Miami

Act. 1

Me llamo Isabel Pérez.

16

Mi familia es de Cuba.
En casa hablamos español.
Mi papá y mi mamá no hablan mucho inglés.
Por eso siempre hablo español con ellos.

En casa: *At home*

Por eso: *That's why*

Me gusta nadar.
¡Nado bien!
Me gusta tocar la guitarra . . .
Me gusta escuchar discos . . .
Me gusta bailar . . .
También me gusta viajar.
Un día espero visitar México.
¿Y tú? ¿Deseas visitar México?
¿Te gusta viajar?

Me gusta: *I like*

¿De dónde es Isabel? ¿Habla español o inglés en casa? ¿Desea visitar Cuba o México?

These questions are addressed to you and your friends.

1. ¿Habl**an** ustedes español en clase?
   Sí, habl**amos** español en clase.
   (No, no habl**amos** español en clase.)

2. ¿Estudi**an** ustedes mucho en clase?
3. ¿Habl**an** ustedes español en casa?
4. ¿Mir**an** ustedes la televisión en casa?

OBSERVACIÓN   Est. A

Reread the questions above. They use the **ustedes** *(you:* plural) form of the verb.
- In which two letters do the verbs end?   -an
- Which word comes directly after the verb?   ustedes

Now read the model answer. When you answer for yourself and your friends you use the **nosotros** *(we)* form of the verb.
- In which four letters does the verb end?   -amos

Más sobre los hispanos
(More on the Hispanic people)

In the United States there are not one but several Spanish-speaking groups whose cultural characteristics are quite distinct.

The *Mexican Americans* are the oldest and the largest group of Spanish speakers in this country, totaling about twelve million people. Their history and culture are intimately linked to the development of the Southwest, where many families of Spanish and Indian origin have lived for generations. Today the Mexican Americans represent a significant percentage of the population in Texas, Arizona, New Mexico, California, Colorado and Michigan.

The *Puerto Ricans* became United States citizens in 1917. Since then, and especially since 1945, many have left the island of Puerto Rico for the large metropolitan areas of the Atlantic seaboard: New York, Boston, Newark and New Haven.

The *Cubans* are one of the more recent groups of Spanish-speaking immigrants. In the early 1960's they settled in Florida, where they now represent ten percent of the population. In Miami alone they number approximately 200,000 people. Other recent Spanish-speaking immigrants come from the Dominican Republic, Nicaragua, Guatemala, El Salvador and Honduras.

The Spanish-speaking community of the United States includes many smaller groups which come from every corner of the Hispanic world, especially the Dominican Republic, Central America, Venezuela and Chile.

Estructuras

A. El presente: las formas *nosotros* **y** *ustedes*

Nosotros is used when you are talking about yourself and others.

Pedro y yo [Antonio]	**(Nosotros)** Traba**jamos** en un rancho.	*We work on a ranch.*
María y yo [Carlos]	**(Nosotros)** Habl**amos** español.	*We speak Spanish.*
Isabel y yo [Carmen]	**(Nosotras)** Necesit**amos** estudiar.	*We need to study.*

The **nosotros** form (first person plural) of the **–ar** verbs ends in **–amos.**

➣ The pronoun **nosotros** has a feminine form, **nosotras**. This form is used with groups composed only of females.

➣ The pronouns **nosotros** and **nosotras** are used only for emphasis or clarity.

Ustedes (abbreviated **Uds.**) is used by most Spanish speakers to address two or more people. **Uds.** is used with any group of people, whether they are addressed individually as **tú** or **Ud.**

tú	+	tú	=	Uds.
tú	+	Ud.	=	Uds.

Isabel y Ana, ¿dese**an** Uds. bailar?	*Do you wish to dance?*
Señores Pérez, ¿habl**an** Uds. inglés?	*Do you speak English?*

The **Uds.** form (third person plural) of the **–ar** verbs ends in **-an.**

➣ The pronoun **Uds.** is usually not omitted.

➣ **Uds.** is used with the third person plural form of the verb:

Uds. visitan México.	*You are visiting Mexico.*
Carlos y Ana visitan México también.	*Carlos and Ana are visiting Mexico too.*

You should emphasize that **ustedes** (from **vuestras mercedes:** your graces) is a third-person pronoun and is always used with the **ellos/ellas** form of the verb.

Nota: *vosotros*

In Spain, **vosotros** is used to address two or more people with whom one uses **tú**.

> Carlos y Felipe, **¿habláis** inglés (**vosotros**)?   *Do **you speak** English?*
> Isabel y Conchita, **¿trabajáis** mucho (**vosotras**)?   *Do **you work** hard?*

The **vosotros** form (second person plural) of the **–ar** verbs ends in **-áis**.

> Vosotros has a feminine form, **vosotras**.
> Though you will not practice the **vosotros** form, you should be able to recognize it. **Vosotros** forms will be given in all verb charts.

Although Spanish is one language, it has regional variations. Just as English is spoken differently in London, New York and Houston, so Spanish is spoken somewhat differently in Spain, Argentina and Mexico.

ACTIVIDAD 1   Diálogo

Dolores, an exchange student from Mexico, is spending the year in your school. She asks what students do in and out of class. Jim, one of your classmates, answers her. Play both roles.

> hablar español   Dolores: ¿Hablan Uds. español?
> Jim: Sí, hablamos español.
> (No, no hablamos español.)

1. hablar español en clase
2. cantar en español
3. estudiar física

4. estudiar mucho
5. viajar durante *(during)* las vacaciones
6. bailar durante el fin de semana

B. Repaso: el presente de verbos que terminan en –ar

Most –ar verbs form the present tense like **hablar:**

				FORMATION OF PRESENT TENSE	
INFINITIVE:			**hablar**		
NUMBER	SUBJECT PRONOUN			STEM: INFINITIVE MINUS -ar	ENDINGS
SINGULAR	*I* yo *you (informal)* tú *he* él *she* ella *you (formal)* Ud.		hablo hablas habla	habl-	-o -as -a
PLURAL	*we* nosotros(as) *you (informal)* vosotros(as) *they* ellos *they (feminine)* ellas *you (formal)* Uds.		hablamos habláis hablan		-amos -áis -an

▷ Verbs that follow the same pattern of endings as **hablar** are called *regular –ar verbs.*

▷ The form of such verbs in Spanish has two parts:
- the *stem*, or part which does not change. (For verbs like **hablar** the stem is the infinitive minus the ending **–ar.)**
- the *ending*, or part which changes to show the subject.

Have students identify the stems and the endings of various verb forms: e.g., **cantamos, nadas, miran, viajo, trabaja.** They can also pick out verbs, identifying stems and endings, in the **Variedades,** p. 78.

ACTIVIDAD 2 España

Read the following story which tells of a trip being taken by two Mexican students, Jorge and Cristina.

1. Jorge y Cristina viajan a España.
2. Hablan español.
3. Visitan Barcelona.
4. Nadan en la playa *(beach).*
5. Escuchan música española.
6. Bailan en una discoteca.
7. No visitan Francia.
8. No hablan francés.

Now retell the story from the viewpoint of:
— Jorge and Cristina (Viajamos a . . .)
— Jorge alone (Viajo a . . .)
— a friend talking to Cristina (Viajas a . . .)
— a friend talking about Jorge (Viaja a . . .)
— a friend talking to Jorge and Cristina (Uds. viajan a . . .)

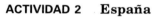

WB
B1

C. Me gusta

Me gusta/te gusta is presented here only as a global expression. Forms and uses of **gustar** are presented on p. 229.

There is no Spanish verb which corresponds directly to the English "to like." Instead, Spanish speakers use the expressions:

me gusta *(it pleases me to . . .)*	**Me gusta** bailar. *I like to dance.*
¿te gusta? *(does it please you to . . .?)*	**¿Te gusta** nadar? *Do you like to swim?*

Note the negative forms:

¿No te gusta hablar español?	***Don't you like** to speak Spanish?*
No me gusta hablar francés.	***I don't like** to speak French.*

ACTIVIDAD 3   Diálogo: ¿Sí o no?

ADDITIONAL CUES: **tocar el piano/mirar la televisión/escuchar discos.**

Ask a classmate if he or she likes to do the following things.

viajar   Estudiante 1:   ¿Te gusta viajar?
              Estudiante 2:   Sí, me gusta viajar.
                           (No, no me gusta viajar.)

1. trabajar	4. cantar	7. visitar museos
2. estudiar	5. nadar	8. escuchar música popular
3. bailar	6. hablar español en clase	9. escuchar música clásica

WB
C1

SCRIPT
Act. 7

D. Pronombres con la preposición   This may be presented for recognition only.

In the answers to the questions below, the pronouns in heavy print replace the underlined nouns. Note these pronouns.

¿Estudias con <u>Miguel y Julio</u>?	Sí, estudio con **ellos.**
¿Baila Juan con <u>Elena</u>?	Sí, baila con **ella.**
¿Trabaja Jaime para <u>el Sr. Ruiz</u>?	Sí, trabaja para **él.**

The pronouns which are used after *prepositions* like **con** *(with)* and **para** *(for)* are the same as the subject pronouns.

There are two exceptions:

mí is used instead of **yo**	— ¿Deseas trabajar para **mí?**
ti is used instead of **tú**	— ¿Para **ti?** ¡Claro!

The pronouns **mí** and **ti** combine with **con** to form:

conmigo *(with me)*	— ¿Deseas estudiar **conmigo?**
contigo *(with you)*	— ¿**Contigo?** ¡Ah, no!

• **Mí** bears an accent (distinguishing it from **mi** = *my*, which they will learn later), whereas **ti** does not (since there is no other word **ti** with which it might be confused).
• Tell students that **para** is not the only word meaning *for*. **Por** and **para** are formally contrasted on pp. 358 and 369.

ACTIVIDAD 4   Carlos

Carlos does a lot of things with his friends. His cousin Susana wants to know precisely with whom. Answer her questions affirmatively or negatively, as indicated.

¿Estudia Carlos con Elena? (sí)   Sí, estudia con ella.

1. ¿Trabaja Carlos con Pedro? (no)
2. ¿Baila Carlos con Emilia? (sí)
3. ¿Nada Carlos con Enrique y José? (sí)
4. ¿Habla Carlos con Susana y Luisa? (no)
5. ¿Viaja Carlos con Silvia y Roberto? (no)
6. ¿Estudia Carlos con Carmen y Felipe? (sí)

ACTIVIDAD 5   ¿Conmigo?   OPTIONAL

Ask a classmate if he or she wants to do the following things with you.

estudiar   Estudiante 1: ¿Deseas estudiar conmigo?
             Estudiante 2: ¿Contigo? ¡Claro!
                            (¿Contigo? ¡No!)

ALTERNATE: ¿Quieres estudiar conmigo?

1. hablar español
2. trabajar
3. mirar la televisión
4. bailar
5. escuchar discos
6. viajar
7. visitar México
8. cantar

ACTIVIDAD 6   La serenata

Juan Pablo is singing a traditional serenade. María Luisa wonders whether he is singing for the people below. Play both roles according to the model.

Paco: no   María Luisa: ¿Cantas para Paco?
           Juan Pablo: No, no canto para él.

1. Elena: no
2. Cristina y Luisa: no
3. Carlos y Felipe: no
4. Carmen y Rodolfo: no
5. nosotros: no
6. mí: sí

WB
D1

Pronunciación   El sonido de la *r* medial

Act. 9

Model word: pa**r**a
Practice words: pe**r**o   ene**r**o   Cla**r**a   ce**r**o   el Pe**r**ú   Ma**r**ía
Practice sentences: María y Clara visitan el Perú.
                     El dinero es para Teresa.

The sound of the Spanish **r** in mid-word is very similar to the American pronunciation of the **t**'s in "better" or the **d**'s in "ladder." Pronounce "pot o' tea" rapidly: you will be close to producing the Spanish **"para ti."**

This introduction to **r** includes only the intervocalic **r**, which is the easiest to produce. If students learn the single **r** quickly, you might wish to contrast it with the double **r** of **guitarra.** The **rr** is introduced formally in Unit 5, p. 182.

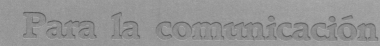
Para la comunicación

Expresión para la conversación

To introduce a conclusion, you may use:

por eso   *therefore, that's why*   — Me gusta estudiar con Isabel.
— ¡Ah! **Por eso** estudias siempre con ella.

Mini-diálogos

Look at the illustration and the sample conversations. Create similar
conversations, replacing the underlined words with the expressions
suggested in the pictures.

Elena

a)   Pedro: ¡Hola, Carmen!
Carmen: ¡Hola, Pedro!
Pedro: ¿Te gusta trabajar?
Carmen: No, no me gusta trabajar.
Pedro: ¡Ah! Por eso no trabajas ahora.

b)   Pedro: ¿Trabajas con Elena?
Carmen: ¡No, no trabajo con ella!
Pedro: ¿Deseas trabajar conmigo?
Carmen: ¿Contigo? ¡Por supuesto!

Luis

Ana

Juan
y
Carlos

Linda
y
Teresa

Tú tienes la palabra

With a classmate, prepare a short dialog in which you talk about things
you do or don't like to do. Use one of the conversations between Pedro and
Carmen as a model.

Variedades   ¿Quién soy yo?

The following young people are our "mystery guests." They will each describe themselves, without giving their names. Read carefully what they say, looking for clues to their identities. Then match each person with his or her portrait.

A. ¿Cómo me llamo? Bueno . . . es un secreto . . . Soy norteamericana como Uds. . . . pero con una diferencia: hablo español. Soy de origen mexicano-americano. En casa,° hablamos siempre el español . . . Me gusta tocar la guitarra y me gusta nadar. ¿Nado bien? Sí, nado muy bien . . . y nado todos los días° del año.° ¿Dónde? En el Océano Pacífico, ¡por supuesto!
   ¿Quién soy?

B. ¡Hola! ¡Me llamo Superman! . . . ¡Claro que no! Me llamo _____ y vivo° en _____. Dos secretos para Uds., amigos. Yo también soy de origen mexicano-americano y también hablo español en casa . . . Estudio en una escuela° bilingüe . . . Estudiamos mucho. Me gusta estudiar idiomas° (¡Espero trabajar como intérprete en las Naciones Unidas en Nueva York!). No, no soy de Nueva York . . . Soy de _____, una ciudad° donde hace mucho frío en el invierno y hace mucho calor en el verano.
   ¿Quién soy?

C. Soy norteamericana, ¡ciento por ciento!° Pero soy también hispanohablante° . . . Soy una persona de dos culturas. Mis° padres° no hablan mucho inglés pero no importa° . . . Mi mamá trabaja en casa y mi papá trabaja en un restaurante cubano en la Pequeña° Habana . . . ¿Dónde está° la Pequeña Habana? Ah . . . ah . . . La Pequeña Habana está situada en una ciudad muy grande de los Estados Unidos: una ciudad donde tal vez un millón de personas hablan español . . . una ciudad donde hace calor en el verano y en el invierno . . . una ciudad en la costa del° Océano Atlántico . . . una ciudad extraordinaria . . . ¡una ciudad fantástica . . .!
   ¿Quién soy?

D. ¿Qué tal, amigos? ¿Desean Uds. hablar conmigo? ¡Bueno! Yo también soy de origen hispánico pero no soy cubano ni° mexicano-americano. Soy de Puerto Rico. Pero ahora no vivo en Puerto Rico . . . Vivo en una ciudad del este de los Estados Unidos. Me gusta tocar el piano. Toco el piano en una orquesta de música latina . . . Me gusta también nadar . . . pero no nado mucho. En la ciudad donde vivo, hace mucho frío en el invierno. ¡Qué lástima!
   ¿Quién soy yo?

En casa: *At home*

todos los días: *every day,*
año: *year*

vivo: *I live*

escuela: *school*
idiomas: *foreign languages*
ciudad: *city*

ciento por ciento: *100%*
hispanohablante: *Spanish-speaking,*
Mis: *My,*
padres: *parents*
no importa: *it doesn't matter*
Pequeña: *Little*
está: *is*

del: *of the*

ni: *nor*

Some Spanish-speakers in Miami refer to **la Pequeña Habana** as "Little Havana."

Delia Sánchez
San Diego

Rubén Ávila
Chicago

Carlos Gómez
Nueva York

Rosita Hurtado
Miami

El arte de la lectura *(The art of reading)* OPTIONAL

Cognates

When you read a new selection in Spanish, you should first read it through to get the general meaning. Then you can go back and work out the meanings of new words and expressions. Some of these new words may be so unfamiliar that you will have to look them up in a dictionary. In the passage you have just read, you would probably not be able to guess the meanings of the words glossed in the margin.

Sometimes, though, you will not need a dictionary to find out the meanings of unfamiliar Spanish words. You will be able to guess them because many look like English words and have the same meanings. For instance, you probably understood the phrase **es un secreto** even though you had never before seen the Spanish word **secreto.** Words which look alike and have similar meanings in two languages are called "cognates."

Cognates present certain problems:

- They are never pronounced the same in Spanish and English.
- They are often spelled differently in the two languages.
- They may not have quite the same meaning in the two languages.

Ejercicio de lectura

Make a list of ten cognates which you came across for the first time in this reading.

a. Are there any words on your list that are spelled exactly the same way in Spanish and English?

b. Which words are spelled differently? Describe the differences.

Cognates from the **Variedades:**
diferencia
océano
Pacífico
costa
bilingüe
intérprete
Naciones Unidas
guitarra
piano
culturas
no importa
orquesta
secreto
origen
música latina
restaurante
situado
millón
personas
Atlántico
extraordinaria
este
Estados Unidos

Amigos ... y amigas

3.1 En un café

3.2 Los amigos ideales

3.3 En la fiesta

3.4 Un club internacional

VARIEDADES Los secretos de la cara

OBJECTIVES
Communication
By the end of this unit, students will be able to use Spanish:
  • To talk about their immediate personal world (their possessions and their peer group)
  • To describe people (appearance, personality, national origin)
  • To describe everyday objects (appearance, origin, cost)
Language
The main grammatical focus of this unit is on the noun group:
  • The noun (gender and number)
  • Definite and indefinite articles
  • Descriptive adjectives (form, position, and agreement)
The concept of irregular verbs is presented with **ser** and **tener.**
Culture
This unit focuses on interpersonal relationships, especially on Hispanic dating habits and the concept of friendship.

 Unit Three   Modules 7, 8

Act. 1

Sevilla, España.
Pedro y Miguel entran en un café.
El café se llama «La Florida».
En el café, hay música de guitarra.
¿Quién toca?

Sevilla is located in Andalucía in southern Spain and is famous for its flamenco music.

se llama: *is called*
hay: *there is*

Miguel: ¡Eh, Pedro! ¿Quién toca la
          guitarra?
 Pedro: Es . . . un guitarrista.

Miguel: Claro, claro . . . pero ¿quién es el
          guitarrista?
 Pedro: Es . . . un muchacho.

muchacho: *boy*

Miguel: Bueno . . . pero ¿sabes quién es el
          muchacho?
 Pedro: Es . . . un estudiante.

sabes: *do you know*

Miguel: ¡Por supuesto! . . . pero ¿quién es?
 Pedro: Es el amigo de . . .

amigo: *friend*

Miguel: ¡Eh, Pedro! ¡El muchacho no es
          un muchacho!
 Pedro: Es . . . una muchacha.
Miguel: ¡Sí! Es Alicia, la amiga de Ramón.

muchacha: *girl*

Alicia: ¡Hola, muchachos!
 Pedro: ¡Hola, Alicia!
Miguel: ¡Hola!

Let's talk about people.

1. ¿Quién es Miguel? ¿Un **muchacho** o una **muchacha?**
2. ¿Quién es Alicia? ¿Un **muchacho** o una **muchacha?**
3. ¿Quién eres tú? ¿Un **muchacho** o una **muchacha?**

4. ¿Quién enseña *(teaches)* la clase de español? ¿Un **señor,** una **señora** o una **señorita?**
5. ¿Quién enseña la clase de inglés? ¿Un **profesor** o una **profesora?**
6. ¿Quién enseña la clase de matemáticas? ¿Un **profesor** o una **profesora?**

OBSERVACIÓN   Est. A

The words in heavy print are *nouns*.

- Does the noun **muchacho** represent a male or a female person? What about **señor? profesor?**   male
- Does the noun **muchacha** represent a male or a female person? What about **señora? señorita? profesora?**   female

Nouns are often introduced by *articles*. In the above sentences, the words which come directly before the nouns are *indefinite articles,* like the English *a, an.*

- Which indefinite article is used before **muchacho? señor? profesor?**   un
- Which indefinite article is used before **muchacha? señora? señorita? profesora?**   una

---

Los amigos *(Friends)*

For young Hispanic people, *un amigo* or *una amiga* is not just an acquaintance or a casual friend. *Un amigo* or *una amiga* is a close friend, a person with whom you share your joys and troubles, a person who is always there when you need someone to talk to.

El novio or *la novia* is more than a boyfriend or a girlfriend. The relationship between *novios* implies exclusive dating. In fact, *el novio* or *la novia* is usually the person whom you intend to marry. In Hispanic society, individual dating is not encouraged by the family. A boy and a girl will go out together alone only if they have been *novios* for some time and are over seventeen years old.

The official fiancé(e) is **el (la) prometido(a).** An acquaintance is **el (la) conocido(a).**

Estructuras

A. El sustantivo y el artículo indefinido: masculino y femenino

Nouns are used to designate people, animals or things. Nouns have *gender* in Spanish; that is, all nouns are either *masculine* or *feminine*.
Note the forms of the *indefinite article* (in heavy print) in the chart below.

MASCULINE NOUNS		FEMININE NOUNS	
un señor	*a gentleman*	**una** señora	*a lady*
un gato	*a (male) cat*	**una** gata	*a (female) cat*
un auto	*an automobile*	**una** orquesta	*an orchestra*

Un is used before masculine nouns. **Una** is used before feminine nouns.

How can you tell whether a Spanish noun is masculine or feminine?

Usually you can tell the gender of nouns designating people.

- Nouns designating male persons are generally masculine: Exceptions: **una persona** and **una víctima**.
    un muchacho, **un** señor, **un** profesor, **un** amigo.
- Nouns designating female persons are generally feminine:
    una muchacha, **una** señora, **una** profesora, **una** amiga.

Sometimes you can tell the gender of other nouns from their endings.

- Most nouns ending in **-o** are masculine:
    un piano, **un** disco (but **una** mano, *a hand)*. Exceptions: words ending in -ama, -ema: **un programa, un problema**.
- Most nouns ending in **-a** are feminine:
    una guitarra, **una** discoteca, (but **un** día).

Since the gender of nouns is not always predictable and since many nouns do not end in **-o** or **-a,** it is a good idea to learn new nouns together with their *articles*. For example, think of **un disco** instead of just **disco.**

VOCABULARIO PRÁCTICO

La gente *(People)*

un amigo	friend	**una amiga**	friend
un chico	boy	**una chica**	girl
un muchacho	boy	**una muchacha**	girl
un joven	young man	**una joven**	young woman
un novio	boyfriend	**una novia**	girlfriend
un hombre	man	**una mujer**	woman
un señor	man, gentleman	**una señora**	lady
un profesor	professor, teacher	**una profesora**	professor
un estudiante	student	**una estudiante**	student
un maestro	teacher	**una maestra**	teacher
un alumno	student, pupil	**una alumna**	student, pupil

hay	there is / are	**Hay** un chico y una chica.	
¿Cómo se llama?	*What is he (she) called? (What's his/her name?)*		
¿Cómo se llaman?	*What are they called? (What are their names?)*		

NOTA: Often the terms **profesor** and **estudiante** are used at the university level,
while the terms **maestro** and **alumno** are used at the secondary school level.

· The word **gente** is usually singular.
· Have students observe that some nouns are the same in the masculine and the feminine: e.g., **joven,
estudiante.** The gender is indicated by the article.

Lección uno
85

ACTIVIDAD 1   ¿Quién es?

Luis shows school pictures to Anita. She asks him to identify each person.
Play the two roles according to the model.

 Carlos   Anita: ¿Quién es?
               Luis: ¡Es Carlos, un amigo!

(amigo/amiga)	(muchacho/muchacha)	(profesor/profesora)
1. José	4. Lucía	7. el Sr. Gómez
2. Felipe	5. Roberto	8. la Sra. de Miranda
3. Carmen	6. Inés	9. la Srta. Hernández

ACTIVIDAD 2   Otras preguntas (Other questions)

Now Luis is showing the pictures to Ramón. Play the two roles according
to the model. Use the cues of Actividad 1 and the following expressions:

1-3 chico/chica   4-6 alumno/alumna   7-9 hombre/mujer

 Carlos   Ramón: Hay un chico. ¿Quién es?
               Luis: ¡Es Carlos!

B. Los artículos definidos: *el, la*

Read the sentences below, paying attention to the words in heavy print.

El Sr. Vargas habla con **un** muchacho.   ¿Cómo se llama **el** muchacho?
El Sr. Vargas habla con **una** muchacha.   ¿Cómo se llama **la** muchacha?

The *definite article* **el** is used before masculine nouns:
el muchacho (*the boy*), **el** piano (*the piano*).

The *definite article* **la** is used before feminine nouns:
la muchacha (*the girl*), **la** clase (*the class*).

The definite articles **el** and **la** are like the English article *the*.

 When talking about a person, Spanish speakers use **el** or **la** in front
of titles.
El Sr. Miranda es de México, ¿verdad?
Sí, pero **la** Sra. de Miranda es de Puerto Rico.

ACTIVIDAD 3   En el café

There are many people in the café where Alicia and Miguel are sitting.
Alicia asks who they are. Miguel answers. Play both roles according to the
model.

WB
B1

SCRIPT

Act. 3, 4, 5

MASTERS
p. 14

 un muchacho: José   Alicia: ¿Cómo se llama el muchacho?
                        Miguel: ¿El muchacho? Se llama José.

ADDITIONAL CUES: **un chico:**
Rafael, una chica: Ana María,
un profesor: Juan Morales.

1. una muchacha: Luisa	4. un novio: Jaime Rivera
2. un estudiante: Roberto	5. una maestra: Silvia María
3. una joven: Susana	6. un guitarrista: Salvador Ruiz

C. Ser

Here are the present tense forms of the important verb **ser** *(to be)*. Some of these forms will be familiar to you.

Act. 6

(yo)	**Soy** de California.	(nosotros)	**Somos** de Texas.
(tú)	**Eres** de Panamá.	(vosotros)	**Sois** de Madrid.
(él, ella, Ud.)	**Es** de Sevilla.	(ellos, ellas, Uds.)	**Son** de San Juan.

Ser is an *irregular* verb. It does not follow a predictable pattern the way the regular **–ar** verbs do.

↪ After **ser,** the indefinite article **(un, una)** is usually omitted before nouns designating professions.

Soy profesor.   *I am a teacher.*
Felipe es estudiante.   *Felipe is a student.*

Un/una are used when the noun is modified by an adjective: **El Sr. Montero es un profesor inteligente.**

ACTIVIDAD 4   El club de español

The following students belong to the Spanish club. Say which country each one is from.

↪ Silvia (Costa Rica)   Silvia es de Costa Rica.

VARIATION: They all play the guitar. Use **guitarrista** and **guitarristas. Silvia es guitarrista.**

1. Pablo (España)
2. Isabel (México)
3. Luisa (Chile)
4. Carmen y Diego (Cuba)
5. nosotros (Puerto Rico)
6. Uds. (Colombia)
7. yo (Venezuela)
8. tú (Guatemala)
9. Ud. (Bolivia)
10. Miguel y Federico (Honduras)

WB
C1

SCRIPT

Act. 7

Pronunciación   Unión de las vocales *a a*

Act. 8

Model word: la‿amiga
Practice words: la‿alumna   la‿adulta   la‿americana   la‿Argentina
Practice sentences: María habla con la‿amiga de Juan.
               La‿alumna‿argentina se llama‿Alicia.

In rapid conversational Spanish, words are often linked together. When a word ending in **-a** is followed by a word beginning with **a-**, you hear only one **a.**

Students should learn to recognize words linked together in speech. Do not artificially separate words as you address the class.

Para la comunicación

Expresiones para la conversación

An expression which frequently occurs in Spanish conversations is:

¡Bueno!   *All right!*   —Hace calor. Deseo nadar.
—**¡Bueno!** ¡Vamos a la playa! *(Let's go to the beach.)*

Bueno . . . *Well . . .*   —No deseo estudiar ahora.
—**Bueno . . .** ¿deseas escuchar discos?

Mini-diálogos

Look at the illustration and the sample conversation. Create similar conversations, replacing the underlined words with the expressions in the pictures.

muchacho muchacha

Ramón
María

José: Hay <u>un muchacho</u> y <u>una muchacha</u>.
Inés: Bueno . . . ¿Quién es <u>el muchacho</u>?
José: ¡Es <u>Ramón</u>!
Inés: ¿Y <u>la muchacha</u>?
José: ¡Es <u>María</u>!

chico chica

Pedro
Luisa

maestro alumno

el Sr. Vargas
Miguel

profesora estudiante

la Srta. Vilar
Anita

hombre mujer

el Sr. Arias
la Srta. Colón

Tú tienes la palabra

With a classmate, prepare a short dialog in which you talk about two other people you notice at school. Use the conversation between José and Inés as a model.

WB
¿Eres...?

SCRIPT
Act. 10

MASTERS
p. 15

TRB

QUIZ
pp. 27–28

89

Lección 2 — Los amigos ideales

Act. 1

Un amigo es un amigo . . .
No siempre es perfecto, claro.
Sólo el amigo ideal es perfecto, ¿verdad?
Y la amiga ideal también.
Para Uds., ¿cómo es el amigo ideal? ¿Y la amiga ideal?

Sólo: *Only*

cómo es: *what is . . .
like?*

el amigo ideal

	sí	no
¿Es romántico?	▪	▪
¿Es tímido?	▪	▪
¿Es generoso?	▪	▪
¿Es paciente?	▪	▪
¿Es inteligente?	▪	▪
¿Es un muchacho sincero?	▪	▪
¿Es un muchacho interesante?	▪	▪

la amiga ideal

	sí	no
¿Es romántica?	▪	▪
¿Es tímida?	▪	▪
¿Es generosa?	▪	▪
¿Es paciente?	▪	▪
¿Es inteligente?	▪	▪
¿Es una muchacha sincera?	▪	▪
¿Es una muchacha interesante?	▪	▪

Unidad tres   Have the class vote on the three most important qualities for boys and girls. Tabulate the answers.

CONVERSACIÓN   OPTIONAL

Now let's talk about your real friends, rather than the ideal model.

¿Cómo es tu mejor *(best)* amigo?

1. ¿Es **generoso**? Sí, es **generoso**.
   (No, no es **generoso**.)
2. ¿Es **simpático** *(nice)*?
3. ¿Es un muchacho **tímido**?
4. ¿Es un muchacho **sincero**?

¿Cómo es tu mejor amiga?

5. ¿Es **generosa**?
6. ¿Es **simpática**?
7. ¿Es una muchacha **tímida**?
8. ¿Es una muchacha **sincera**?

OBSERVACIÓN   Est. A, B

Words used to describe people and things are called *adjectives*. In the Conversación, the words in heavy print are adjectives.

Questions 1-4 contain adjectives which describe a masculine noun (**amigo**).
- In what letter do these adjectives end?   -o

Questions 5-8 contain adjectives which describe a feminine noun (**amiga**).
- In what letter do these adjectives end?   -a

Re-read questions 3, 4, 7 and 8.
- Do the adjectives come *before* or *after* the nouns **muchacho** and **muchacha**?   after

NOTA CULTURAL   OPTIONAL

El grupo de amigos

Young people in Spanish-speaking countries prefer doing things together rather than individually. Thus the social life of a Hispanic teenager often revolves around a special group of friends, usually from the same school and social background.

El grupo de amigos (known as *la pandilla* in Spain) meets regularly, perhaps at a café, a park, or at the home of one of the members to listen to music, watch television or do homework. Other common activities include going to the beach, to the movies, or to a soccer game.

Taking walks is a popular activity in all Hispanic countries, especially since it is not common for teenagers to have cars. Groups of young people often walk arm in arm through the streets, singing, joking, and having a good time.

Estructuras

A. Los adjetivos: formas del singular

Compare the *adjectives* in heavy print in the following sentences.

Pablo es ... **romántico,**	Luisa es ... **romántica,**
simpático *(nice),*	**simpática,**
inteligente	**inteligente**
y muy **popular.**	y **popular** también.

The masculine form of an adjective is used to describe a masculine noun or pronoun. The feminine form of an adjective is used to describe a feminine noun or pronoun. This is called *noun-adjective agreement.* How do we form the feminine of Spanish adjectives? It depends on the masculine form.

▷ Adjectives which end in **-o** in the masculine end in **-a** in the feminine.

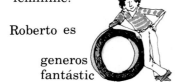

Roberto es   Carolina es

        generos   generos
        fantástic   fantástic

Act. 2

16

SCRIPT

Act. 3

MASTERS
p. 15

VOCABULARIO PRÁCTICO   La descripción de una persona

⟫ Adjectives which end in **-e** or **-a** in the masculine do not change in the feminine.

Carlos es **independiente**   Marta es **independiente**
e **individualista.**   e **individualista.**

⟫ Most, but not all, adjectives which end in a consonant in the masculine do not change in the feminine.

Rubén es muy **popular.**   Beatriz es muy **popular.**

⟫ The feminine form of adjectives that do not follow the above patterns will be given in the vocabulary lists.

ACTIVIDAD 1   Los gemelos *(Twins)*

The following sets of twins look alike. Read the brother's description and then describe the sister.

⟫   Juan es guapo / Juanita   Juanita es guapa también.

1. Roberto es alto / Roberta
2. Carlos es delgado / Carla
3. Antonio es bajo / Antonia
4. Emilio es gordo / Emilia
5. Enrique es rubio / Enriqueta

6. Felipe es moreno / Felipa
7. Francisco es serio / Francisca
8. José es aburrido / Josefa
9. Julio es antipático / Julia
10. Luis es divertido / Luisa

características físicas

alto(a)	tall	≠	**bajo(a)**	short
bonito(a)	pretty	≠	**feo(a)**	plain, ugly
guapo(a)	handsome, good-looking			
delgado(a)	thin	≠	**gordo(a)**	chubby, fat
moreno(a)	dark-haired, brunette	≠	**rubio(a)**	blond

características psicológicas

bueno(a)	good	≠	**malo(a)**	bad
divertido(a)	amusing, fun	≠	**serio(a)**	serious
inteligente	intelligent	≠	**tonto(a)**	foolish, stupid
interesante	interesting	≠	**aburrido(a)**	boring
simpático(a)	nice	≠	**antipático(a)**	unpleasant

bastante	rather, quite, enough	Linda es **bastante** simpática.
demasiado	too	Jaime es **demasiado** serio.
muy	very	Javier es **muy** inteligente.

• These adjectives are usually used with **ser.**
• Some cognate adjectives: **ambicioso, dinámico, generoso, imaginativo, intelectual, irresponsable, lógico, responsable, sentimental, sincero.**

ACTIVIDAD 2   Los opuestos se atraen *(Opposites attract)*

The following people have friends who are their opposites. Describe
the friends.

> Carlos es moreno / Carmen   Carmen no es morena.
> Es rubia.

1. Juan es alto / Isabel
2. Pedro es rubio / Luisa
3. Paco es gordo / Juanita
4. Emilio es divertido / Dolores
5. Roberto es interesante / Ana

6. Pablo es simpático / Clara
7. Tomás es tonto / Lucía
8. Felipe es bajo / Susana
9. Pilar es inteligente / Miguel
10. Anita es guapa / Raúl

VARIATION: Complete
similar sentences about the
following: **Un gigante** (giant),
un monstruo (monster), **un
marciano**(Martian), **una bruja**
(witch).

ACTIVIDAD 3   Tipos ideales

Everyone has a personal view of the ideal people. Give your own opinions
by completing the following sentences.

1. Un amigo ideal es . . .   No es . . .
2. Una amiga ideal es . . .   No es . .
3. Un estudiante ideal es . . .   No es . . .
4. Una estudiante ideal es . . .   No es . . .

5. Un novio ideal es . . .   No es . . .
6. Una novia ideal es . . .   No es . . .
7. Un profesor ideal es . . .   No es . . .
8. Una profesora ideal es . . .   No es . . .

ACTIVIDAD 4   Retratos *(Portraits)*   OPTIONAL

This may be assigned
as homework.

Complete the following portraits of yourself and your worst enemy.

a)
1. Yo soy . . .
2. Soy muy . . .
3. Soy bastante . . .
4. No soy demasiado . . .
5. ¿Soy . . . ? ¡Claro!
6. ¿Soy . . . ? ¡Claro que no!

b)
1. Mi peor enemigo(a) es . . .
2. Es muy . . .
3. Es bastante . . .
4. No es demasiado . . .
5. ¿Es . . . ? ¡Por supuesto!
6. ¿Es . . . ? ¡No, no, no!

SCRIPT
Act. 4, 6

MASTERS
p. 16

B. La posición de los adjetivos

Note the position of the adjectives in the answers below.

¿Es Roberto simpático?	Sí, es un muchacho **simpático.**
¿Es Emilia inteligente?	Sí, es una alumna **inteligente.**
¿Es el Sr. Ruiz muy serio?	Sí, es un profesor muy **serio.**

In Spanish, descriptive adjectives generally come *after* the noun they modify.

⟫ The adjectives **bueno** *(good)* and **malo** *(bad)* usually come before the noun, but may follow if the adjective is emphasized.

⟫ **Bueno** and **malo** become **buen** and **mal** before a masculine singular noun.

Roberto es un **buen** amigo, pero un **mal** estudiante.

ACTIVIDAD 5   Las opiniones de Consuelo

ADDITIONAL CUES:
(estudiante) **Raquel:** seria /
Bárbara: buena / **Miguel:**
inteligente / **Ramón:** malo

Consuelo gives her opinion of people she knows. Play her role according to the model.

⟫   Pedro: interesante   Pedro es un chico interesante.

(chico/chica)

1. Carlos: simpático
2. Alicia: bonita
3. Anita: muy seria
4. Rafael: fantástico
5. Marina: antipática

(profesor/profesora)

11. el Sr. Alonso: divertido
12. la Sra. de Vilar: buena
13. el Sr. Gómez: demasiado serio
14. la Srta. Ruiz: bastante aburrida
15. el Sr. Molina: inteligente

(alumno/alumna)

6. Alfonso: inteligente
7. Raúl: bueno
8. Conchita: mala
9. Victoria: buena
10. Francisco: malo

ACTIVIDAD 6   Diálogo: Preferencias personales

Ask a classmate whom he or she prefers. (Note: **¿Qué te gusta más . . . ?** means *Whom do you prefer?)*

⟫   un amigo: ¿tímido o divertido?

Estudiante 1: ¿Qué te gusta más, un amigo tímido o divertido?

Estudiante 2: Me gusta más un amigo tímido.
(Me gusta más un amigo divertido.)

WB
B1, B2

SCRIPT
Act. 5

1. un amigo: ¿generoso o interesante?
2. un amigo: ¿inteligente o simpático?
3. una amiga: ¿divertida o seria?

4. una amiga: ¿bonita o popular?
5. un profesor: ¿interesante o aburrido?
6. un jefe *(boss):* ¿simpático o antipático?

Act. 7

Pronunciación **Los diptongos**

When the **u** or **i** has an accent mark, it is stressed. In such cases, there is no diphthong. E.g., **María, Raúl.**

Model word: bueno
Practice words: rubio serio demasiado guapo Luisa Manuel
Practice sentences: Eduardo es un estudiante muy serio.
El novio de Mariana viaja siempre.

When **i** or **u** (without an accent mark) comes next to another vowel, the two vowels are pronounced rapidly to form one *diphthong* or glided sound. However, when **a, e** or **o** come together they are pronounced separately and distinctly: **Rafael** y **Beatriz, Bilbao** y **Montevideo.**

National Cathedral, Mexico City

Para la comunicación

Expresiones para la conversación

Hispanic people like to communicate their feelings about others. To express their feelings about a person, Spanish speakers use:

¡qué + adjective!	**¡Qué guapo!**	*How handsome (he is)!*
	¡Qué bonita!	*How pretty (she is)!*

To ask what someone is like, they may say:

¿Cómo es?	—**¿Cómo es** el chico?	*What's the boy like?*
	—Es muy divertido.	*He's a lot of fun.*

Mini-diálogos

Comment on the following street scenes, using the sample exchange as a model.

Marta

Miguel: ¡Qué <u>bonita</u>! ¿Quién es?

Alicia: Es <u>Marta</u>.

Miguel: ¿Cómo es? ¿Es <u>simpática</u>?

Alicia: Sí, es muy <u>simpática</u>.

Alberto

Esteban

Rosa

Carolina

Tú tienes la palabra

With a classmate, prepare a short dialog in which you comment on another person. Use the conversation between Miguel and Alicia as a model.

WB
Críticas

SCRIPT
Act. 9

MASTERS
p. 16

TRB

QUIZ
pp. 29–30

Mini-diálogo cues: **alto, gordo, delgada, rubia.**

97

Bogotá, the capital of Colombia, is one of the largest Spanish-speaking cities in the world. It was founded in 1538, on the site of an ancient Indian city.

Act. 1

17

En Bogotá, Colombia.
Aquí en la fiesta, el ambiente es muy divertido.
Hay muchos chicos y muchas chicas.
No hay orquesta, pero hay discos.

ambiente: *atmosphere*

María: Pablo, aquí tengo los discos.
    ¿Tú tienes el tocadiscos?
Pablo: ¡Sí! Tengo un tocadiscos nuevo.
María: ¡Fantástico!

tengo: *I have*
tocadiscos: *record player*

Roberto: ¿Quién es la chica rubia?
Ricardo: Se llama Olga.
Roberto: Es muy guapa . . .
Ricardo: . . . y muy interesante
    también. ¡Es mi novia!
Roberto: ¡Ah! . . . bueno . . . bueno . . .
    ¡Adiós!

Rosa: ¿Quiénes son los dos muchachos altos?
Olga: Se llaman Pietro y Alberto.
Rosa: No son colombianos, ¿verdad?
Olga: ¡No! Son italianos.
Rosa: Son muy guapos.
Olga: Y son simpáticos.
Rosa: ¡Qué bueno!

Se llaman: *Their names are*

Diego: ¿Son españolas las chicas?
Carolina: ¿Qué chicas?
Diego: Las chicas morenas.
Carolina: ¡No! Son mexicanas.
Diego: ¡Qué guapas!
Carolina: ¡Sí! Son muy divertidas también.
    Pero . . .
Diego: ¿Pero qué?
Carolina: ¡Tienen novio!
Diego: ¡Caramba!

CONVERSACIÓN

Do you have many books? many records? many friends? Answer the following questions.

1. ¿Tienes muchos **discos**? Sí, tengo muchos discos. (No, no tengo muchos discos.)
2. ¿Tienes muchos **discos** buenos?
3. ¿Tienes muchas **cintas** *(tapes)?*
4. ¿Tienes muchas **cintas** interesantes?

5. ¿Tienes muchos **amigos** simpáticos?
6. ¿Tienes muchas **amigas** simpáticas?
7. ¿Hay muchos **chicos** en la clase de español? ¿Cuántos *(How many)?*
8. ¿Hay muchas **chicas** en la clase de español? ¿Cuántas?

OBSERVACIÓN   Est. B

In the above questions, the nouns in heavy print refer to several objects or several people. These are *plural nouns*.
• In what letter do Spanish plural nouns end? -s

In questions 2, 4, 5 and 6, the plural nouns are followed by *plural adjectives*.
• In what letter do these plural adjectives end? -s

NOTAS CULTURALES

Las fiestas

Hispanic teenagers love parties—they love giving them and going to them. Parties *(fiestas* or *reuniones)* are given to celebrate a birthday, a holiday, the end of the school year, or any special occasion such as the departure or arrival of a friend. They often start around nine in the evening, or even later, and are characterized by lots of music and dancing. There is usually a buffet with snacks, sandwiches, juice and soft drinks. Dress is often more formal than in the United States, for Hispanic people tend to dress up for such occasions. Frequently parties cut across generations with parents and even grandparents mingling with the young people.

Las citas (Dates)

On the whole, relationships between boys and girls are more formal in Hispanic countries than in the United States. Traditionally, individual dating has been discouraged, and young people go out in mixed groups. When a boy and girl do have a date, they usually meet at a prearranged time and place. Most often, parents know the families of the young people with whom their children are going out.

Estructuras

A. *Tener*

Act. 2

Tener *(to have)* is an irregular verb. Note the present tense forms of this verb in the following affirmative and negative sentences.

(yo)	**Tengo** una guitarra.	**No tengo** banjo.
(tú)	**Tienes** una bicicleta.	**No tienes** coche.
(él, ella, Ud.)	**Tiene** un disco.	**No tiene** tocadiscos.
(nosotros)	**Tenemos** un amigo en España.	**No tenemos** amigos aquí.
(vosotros)	**Tenéis** un televisor.	**No tenéis** radio.
(ellos, ellas, Uds.)	**Tienen** una cinta.	**No tienen** grabadora.

Act. 4

The use or omission of the indefinite article after **tener** depends on the context and the intent of the speaker. Students should be able to recognize the fact that the indefinite article is sometimes omitted, but they are not actively responsible for determining whether or not to use it.

VOCABULARIO PRÁCTICO   Unos objetos

18, 19

un objeto   object   **una cosa**   thing

un coche   **una bicicleta**   **una moto**

un disco   **una cinta**

un tocadiscos   **una grabadora**

un radio

un televisor   **una cámara**

                                                          una foto

un bolígrafo   **un lápiz**   **un cuaderno**   **un libro**

SCRIPT
Act. 5

MASTERS
p. 17

• Have students bring a magazine picture of one of these objects: e.g., **Hay una cámara nueva.**
• EXTRA VOCAB.: **una tocacintas** (cassette player); **una video grabadora** (VCR); **un «compact disc»**; **un «walkman»**.

> After the verb **tener,** the indefinite article is omitted when the speaker is not emphasizing a specific object.

No tengo coche.	*I don't have **a** car.*
No tengo tocadiscos pero tengo **una** grabadora buena.	*I don't have **a** record player, but I have **a** good tape recorder.*

ACTIVIDAD 1   ¿Quién tiene un tocadiscos?

Rosa María bought a new record, but she does not have a record player to play it on. Tell her who has one.

VARIATION: Rosa María needs a tape recorder.

> Rafael   Rafael tiene un tocadiscos.

1. Elena
2. nosotros
3. Pablo y Fernando
4. El profesor

5. Marta y yo
6. Carolina
7. yo
8. Felipe y Eva

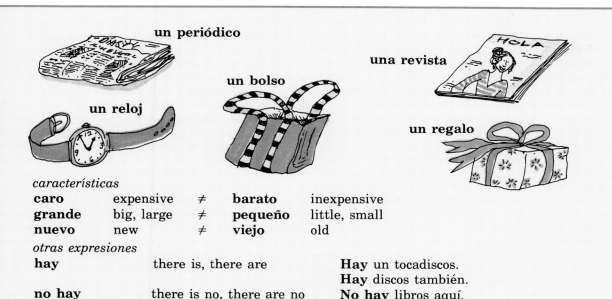

un periódico

una revista

un bolso

un reloj

un regalo

características

caro	expensive	≠	**barato**	inexpensive
grande	big, large	≠	**pequeño**	little, small
nuevo	new	≠	**viejo**	old

otras expresiones

hay	there is, there are	**Hay** un tocadiscos.
		Hay discos también.
no hay	there is no, there are no	**No hay** libros aquí.
¿qué hay ...?	what is there?	**¿Qué hay** en el bolso?

NOTA: **Grande** may come before or after the noun.
When it comes *before* the noun, it is shortened to **gran** and means *great.*
When it comes *after* the noun, it is *not* shortened, and means *large* or *big.*

Tengo un **gran** amigo. Tiene un coche **grande.**

· To introduce regional differences in vocabulary usage: Spain (**el bolígrafo**); Latin America (**la pluma**).
· Note: The changes in meaning with **nuevo** and **viejo** are not presented at this time.

ACTIVIDAD 2   Diálogo: Mis cosas

VARIATION: Ask 2 or more people:
—¿Tienen Uds. ...?
—Sí, tenemos ...

Ask your classmates if they have the following things. If they answer affirmatively, ask a second question using the adjective in parentheses according to the model.

  un tocadiscos (nuevo)   Estudiante 1: ¿Tienes un tocadiscos?
Estudiante 2: Sí, tengo un tocadiscos.
(No, no tengo tocadiscos.)
Estudiante 1: ¿Es nuevo?
Estudiante 2: Sí, es un tocadiscos nuevo.
(No, no es un tocadiscos nuevo.)

1. una guitarra (eléctrica)
2. un coche (nuevo)
3. una bicicleta (vieja)
4. un televisor (bueno)
5. una grabadora (pequeña)

6. un reloj (barato)
7. una cámara (cara)
8. un bolso (grande)
9. un radio (viejo)
10. un disco (español)

ACTIVIDAD 3   El regalo ideal   OPTIONAL

The ideal gift is different for different people. Complete the sentences below according to the model. Use nouns and adjectives you have learned.

  Para un chico de diez años *(ten years old)* . . .
Para un chico de diez años, el regalo ideal es una bicicleta.

1. Para una chica de diez años . . .
2. Para un muchacho de quince años . . .
3. Para una muchacha de quince años . . .
4. Para un joven de veinte años . . .
5. Para una joven de veinte años . . .

6. Para una persona que *(that)* no es puntual . . .
7. Para una persona que estudia mucho . . .
8. Para una persona que viaja mucho . . .
9. Para una persona enferma *(sick)* . . .
10. Para mí . . .

SCRIPT
Act. 3

el
regalo para mamá

CASA VIVANCO   VIVANCO HNOS.
..y siempre de buen gusto!

B. Sustantivos y artículos: formas del plural

Compare the *singular* nouns and articles in the questions on the left with the *plural* nouns and articles in the questions on the right.

Act. 6

> ¿Cómo se llama **el** muchacho? ¿Cómo se llaman **los** muchachos?
> ¿Cómo se llama **la** muchacha? ¿Cómo se llaman **las** muchachas?
> ¿Cómo se llama **el** profesor? ¿Cómo se llaman **los** profesor**es**?

The plural of **lápiz** is **lápices**. An accent is needed to maintain the stress in the plural of **joven: jóvenes.**

Plural nouns are generally formed as follows:

> by adding **-s** to singular nouns ending in a vowel: chico, chicos;
> by adding **-es** to singular nouns ending in a consonant: reloj, reloj**es**.

> The plurals of feminine nouns such as **chicas, amigas** and **alumnas** refer to groups containing only girls.

> The plurals of masculine nouns such as **chicos, amigos** and **alumnos** may refer to groups containing only boys or to mixed groups.

Pedro y Carlos

Isabel y María

Silvia, Dolores, Luisa y Miguel

son amigos

son amigas

son amigos

The plural forms of the definite article are: **los, las.**

The plural forms of the indefinite article are: **unos, unas.**

> These forms mean *some, a few* (or *any,* in negative and interrogative sentences). They are often omitted. Compare the sentences:

> Tengo **discos** buenos.   *I have good **records.***
> Tengo **unos discos** de música latina.   *I have **a few records** of Latin American music.*

ACTIVIDAD 4 En la tienda *(At the store)*

A customer is looking for the following items. The salesperson says that they do not have any. Play both roles according to the model.

 una guitarra   el (la) cliente: Necesito una guitarra.
                                    el (la) vendedor(a): ¡Qué lástima! No tenemos guitarras.

1. un libro
2. un disco
3. una bicicleta
4. una grabadora
5. un reloj
6. un televisor
7. un bolso
8. un radio
9. una cinta
10. un bolígrafo
11. una cámara
12. un periódico

ACTIVIDAD 5 La tienda internacional *(The international boutique)*

Imagine that you are working in the international boutique at the Mexico City airport. In this shop, everything comes from abroad. Explain the origins of the following objects to the customers.

WB
B1, B2

SCRIPT

Act. 9

 cámara: Alemania *(Germany)*   Las cámaras son de Alemania.

1. bolso: Italia
2. reloj: Suiza *(Switzerland)*
3. bicicleta: Francia
4. periódico: España
5. libro: Chile
6. grabadora: Panamá
7. revista: Inglaterra *(England)*
8. televisor: los Estados Unidos

C. Adjetivos: formas del plural

Plural forms of adjectives are used to describe plural nouns and pronouns. Note the singular and plural forms of adjectives in the sentences below.

Act. 7

SINGULAR	PLURAL
Pablo es **simpático, inteligente** y **popular.**	Pablo y Paco son **simpáticos, inteligentes** y **populares.**
Isabel es **simpática, inteligente** y **popular.**	Isabel y Luisa son **simpáticas, inteligentes** y **populares.**

Plural adjectives are generally formed as follows:

by adding **-s** to singular adjectives ending in a vowel: buenos, buenas;
by adding **-es** to singular adjectives ending in a consonant: ideales, populares.

 Masculine plural adjectives are used to describe groups containing both masculine and feminine nouns.

Pedro y José	Elena y Amalia	Mauricio, Linda, Delia y Consuelo

son simpáticos	son simpáticas	son simpáticos

ACTIVIDAD 6   **En otra tienda** (*At another store*)

The customer of Actividad 4 is now in another store looking for the items that were not available before. Play both roles according to the model.

⮑   una guitarra: buena   el (la) cliente: Deseo una guitarra.
                        el (la) vendedor(a): Tenemos unas guitarras buenas.

1. un libro: divertido
2. un disco: popular
3. una bicicleta: buena
4. una grabadora: pequeña
5. un reloj: barato
6. un televisor: grande

7. un bolso: caro
8. un radio: viejo
9. una cinta: interesante
10. un bolígrafo: barato
11. una cámara: nueva
12. un periódico: español

ACTIVIDAD 7   **Orgullo nacional** (*National pride*)

Ramón, who is from Argentina, boasts about the people of his country. Elena, from Mexico, tries to outdo him. Play both roles according to the model. (Note: **más** means *more.*)

⮑   chico: simpático   Ramón: Los chicos argentinos son simpáticos.
                    Elena: Los chicos mexicanos son más simpáticos.

1. muchacho: guapo
2. muchacha: simpática
3. estudiante: inteligente
4. profesor: serio

5. mujer: bonita
6. chica: divertida
7. hombre: interesante
8. alumno: perseverante

VOCABULARIO PRÁCTICO

Unos adjetivos

¿cuánto?, ¿cuánta?	how much	¿**Cuánto** dinero tienes?
¿cuántos?, ¿cuántas?	how many	¿**Cuántos** discos y **cuántas** cintas tienes?
otro, otra	other, another	¿Tienes **otro** libro?
otros, otras	other, others	Hay **otras** personas aquí.
mucho, mucha	much, a lot of	No gano **mucho** dinero.
muchos, muchas	many, a lot of	Tengo **muchos** discos, pero no tengo **muchas** cintas.
todo (el), toda (la)	all, the whole	Trabajo **todo** el verano.
todos (los), todas (las)	all	**Todos** los alumnos y **todas** las alumnas estudian español.

NOTAS: 1. The adjectives ¿**cuánto?**, **otro, mucho,** and **todo** agree with the noun they introduce.
2. The article **un, una** is *not* used before **otro, otra.**

ACTIVIDAD 8   Preguntas personales

1. ¿Tienes muchos amigos?
2. ¿Tienes muchas amigas?
3. ¿Cuántos chicos hay en la clase de español?
4. ¿Cuántas chicas hay en la clase?
5. ¿Cuántos profesores tienes?
6. ¿Cuántos radios tienes en casa *(at home)*? ¿Cuántos televisores?
7. ¿Tienes discos? ¿Cuántos?
8. ¿Tienes cintas? ¿Cuántas?

ACTIVITY: Ask students whether they want objects you are offering. They reply that they want another one:
—¿Deseas el libro? (holding out a book)
—No, deseo otro libro.

9. ¿Trabajas todo el día? ¿toda la semana?
10. ¿Son serios todos los profesores?
11. ¿Son interesantes todas las clases?
12. ¿Son inteligentes todos los estudiantes?
13. ¿Deseas hablar otros idiomas *(languages)*?
14. ¿Estudias con otro estudiante?

Pronunciación   Unión de las palabras

Model words: los␣amigos
Practice words: las␣alumnas   unos␣estudiantes   el␣lápiz   unas␣cintas
Practice sentences: Los␣alumnos escuchan␣unas␣cintas de␣español.
                        Felipe␣estudia con␣Nora.

Spanish speakers tend to link words together so that a group of words sounds like a long series of syllables. Often the last consonant of one word is pronounced with the next word. If the last sound of one word is the same as the first sound of the next word, the two are pronounced as one sound.

Para la comunicación

Expresiones para la conversación

To attract someone's attention, Spanish speakers say:

| ¡**Oye!** | *Listen!* | ¡**Oye,** Pepe! |
| ¡**Mira!** | *Look!* | ¡**Mira,** Anita! |

Mini-diálogos

In this dialog, two customs officers are talking. Create new dialogs, replacing the underlined words with the expressions suggested in the illustrations.

Primer aduanero: ¡Oye! ¿Qué hay en <u>el bolso</u>?

Segundo aduanero: ¡Mira! ¡Hay <u>discos</u>!

Primer aduanero: ¿Cuánt<u>os</u> <u>discos</u>?

Segundo aduanero: ¡Hay <u>cuatro discos</u>!

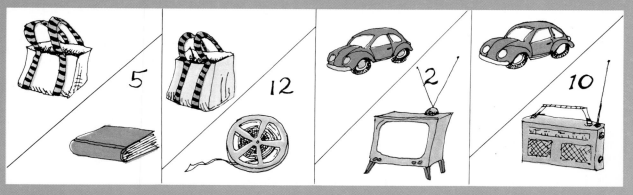

Tú tienes la palabra

With a classmate, prepare a short dialog in which the two of you comment on something you see in a car. Use the conversation between the customs officers as a model.

WB
Tus…

SCRIPT

Act. 13

MASTERS
p. 17

TRB

QUIZ
pp. 31–32

Lección tres
107

Act. 1

Lección 4 Un club internacional

Soy española. Tengo diez y seis años.
Tengo una colección muy grande de discos
de música española. Deseo intercambiar
discos con un muchacho mexicano o argentino
de diez y seis a diez y ocho años.
    Mari – Carmen Suárez
    Santa Susana, 823
    Madrid, España

Tengo diez y seis
  años: *I'm sixteen*

intercambiar:
  exchange

Tengo diez y siete años. Soy argentina.
Me gusta bailar, escuchar discos y
viajar. Deseo tener correspondencia
con una chica francesa o inglesa.
    Consuelo Ortega
    Avenida Santa Fe, 603
    Buenos Aires, Argentina

CONVERSACIÓN   OPTIONAL

Let's talk about your age and the age of other people you know.

1. **¿Tienes** doce (12) años? Sí, **tengo**
   doce años. (No, no **tengo** doce años.)
2. **¿Tienes** catorce (14) años?
3. **¿Tienes** diez y seis (16) años?
4. ¿Cuántos años **tienes?**

5. ¿Cuántos años **tiene** tu mejor amigo
   (your best friend)?
6. ¿Cuántos años **tiene** tu mejor amiga?
7. **¿Tiene** cuarenta (40) años tu papá?
8. **¿Tiene** cuarenta años tu mamá?

OBSERVACIÓN   Est. A

In the above questions, you are asked *how old* certain people *are.*
- Which verb is used?   tener

Soy mexicano. Tengo diez y seis años. Deseo intercambiar cartas con amigos norteamericanos de quince a diez y siete años. Deseo hablar de música y de béisbol con ellos. Tienen que contestar en español porque no hablo inglés.

Pedro Borges
Paseo de las Palmas, 472
México 11, D. F., México

cartas: *letters*

Tienen que contestar:
They must answer

Tengo ganas de: *I want to*

Soy un chico norteamericano que estudia español. Tengo ganas de visitar México. Deseo tener correspondencia con chicas mexicanas. Tienen que contestar en español porque tengo que practicar mucho. Deseo intercambiar periódicos y revistas con ellas.

Eric Brown
32 Ward Street
Newton, Massachusetts 02159
U.S.A.

NOTAS CULTURALES

OPTIONAL

Los americanos

To the Spanish Americans, the word *americano* refers to any person who lives in North or South America. Thus all Latin Americans are *americanos*. To identify a person who lives in the United States, Spanish speakers use the word *norteamericano*.

Tres ciudades hispánicas

If you were asked to name three large Spanish-speaking cities, you would probably say Madrid, Buenos Aires and Mexico City. Which one do you think is largest? Madrid? No! The population of greater Mexico City is over sixteen million. The population of greater Buenos Aires is over ten million. And Madrid? It has about four million inhabitants.

4th: Santiago, (Chile), 5th: Bogotá
(Colombia), 6th: Lima (Perú)

Estructuras

Act. 2

A. Expresiones con *tener*

Note the use of **tener** in the following expressions.

tener [trece] años	*to be [13] years old*	—¿Cuántos años tienes? —**Tengo trece años.**
tener ganas de + infinitive	*to feel like*	—**¿Tienes ganas de** visitar México? —¡Por supuesto!
tener que + infinitive	*to have to*	—**¿Tienen que** estudiar mucho en clase? —Sí. Y también **tenemos que** hablar español.

There are many Spanish expressions in which **tener** does not mean *to have*.

ACTIVIDAD 1   Diálogo: ¿Cuántos años?

Ask a classmate how old certain people are.

⟩⟩   tu mejor amigo   Estudiante 1: ¿Cuántos años tiene tu mejor amigo?
                            Estudiante 2: Tiene [trece] años.

1. tu mejor amiga
2. tu papá
3. tu mamá

4. tú
5. el (la) profesor(a)
6. yo

ACTIVIDAD 2   Pretextos *(Excuses)*

Carlos asked his friends to help him paint his room. Everyone found an excuse not to come. Give each person's reasons, using **tener que.**

⟩⟩   Anita: estudiar   Anita tiene que estudiar.

1. yo: estudiar también
2. nosotros: trabajar
3. Pablo: hablar con el profesor

4. tú: tocar el piano
5. Uds.: escuchar cintas
6. Carmen y Elena: visitar un museo

ACTIVIDAD 3   Diálogo: Deseos *(Wishes)*

Ask your classmates if they feel like doing the following things. Create dialogs according to the model.

⟩⟩   estudiar   Estudiante 1: ¿Tienes ganas de estudiar?
                    Estudiante 2: Sí, tengo ganas de estudiar.
                                 (No, no tengo ganas de estudiar.)

ADDITIONAL CUES: **bailar/trabajar/visitar un museo/escuchar una ópera.**

1. hablar español
2. viajar
3. visitar México
4. ganar mucho dinero

5. tener una moto
6. tener un coche
7. mirar la televisión ahora
8. cantar ahora

ACTIVIDAD 4 Diálogo: Obligaciones

Ask a classmate if he or she has to do the following things.

↯ estudiar mucho   Estudiante 1: ¿Tienes que estudiar mucho?

Estudiante 2: Sí, tengo que estudiar mucho.

(No, no tengo que estudiar mucho.)

1. hablar español en clase
2. escuchar las cintas de español
3. trabajar en casa *(at home)*
4. ser paciente
5. ser buen(a) estudiante
6. ser sincero(a) con los amigos

7. ser generoso(a)
8. ganar mucho dinero
9. estudiar todo el año
10. trabajar toda la semana
11. practicar el piano
12. practicar la guitarra

B. *Venir*

Venir *(to come)* is an irregular verb. Note the present tense forms of this verb in the sentences below.

(yo)	**Vengo** en bicicleta.
(tú)	**¿Vienes** con nosotros?
(él, ella, Ud.)	**¿Viene** Carlos a la fiesta?
(nosotros)	**Venimos** en coche.
(vosotros)	**¿Venís** a la fiesta conmigo?
(ellos, ellas, Uds.)	**¿Vienen** con Anita?

The present tense of **venir** is like that of **tener,** except in the **nosotros** and **vosotros** forms.

↯ Note the use of the interrogative expression **¿de dónde?** *(from where?):*

¿De dónde vienes?   Vengo **de** la cafetería.
¿De dónde es Juan?   Es **de** Puerto Rico.

ACTIVIDAD 5 Unos alumnos serios

Many students are not coming to the party tonight because there is a math exam tomorrow and they have to study. Explain this according to the model.

↯ Ricardo   Ricardo no viene a la fiesta. Tiene que estudiar.

1. Eva
2. Francisco
3. Marta y Cecilia
4. ellos

5. yo
6. tú
7. nosotros
8. Uds.

Act. 8

VOCABULARIO PRÁCTICO — El país y la nacionalidad —

Cuba
cubano, cubana

España
español, española

México
mexicano, mexicana

los Estados Unidos
norteamericano, norteamericana

Puerto Rico
puertorriqueño, puertorriqueña

NOTAS: 1. Adjectives of nationality are not capitalized in Spanish.
2. Adjectives of nationality that end in a consonant in the masculine, add an **-a** in the feminine.

SCRIPT
Act. 9

MASTERS
p. 19

Luis es **español.**	Juanita es **española.**
Jim es **inglés.**	Jane es **inglesa.**
Robert es **francés.**	Caroline es **francesa.**

ACTIVIDAD 6   En el aeropuerto de Montreal

Say where each of the following travelers is coming from and give his or her nationality, according to the model.

> Felipe: España   Felipe viene de España. Es español.

1. Luisa: Cuba
2. Isabel: Puerto Rico
3. Pedro: México
4. Linda: los Estados Unidos
5. Inés y Ana: México

6. nosotros: Cuba
7. Federico: los Estados Unidos
8. Uds.: Puerto Rico
9. Juana: España
10. yo: los Estados Unidos

• The written accent is not necessary in the feminine form because the stress falls naturally on the next-to-last syllable.
• EXTRA VOCAB.: see Unit 5, p. 202.

ACTIVIDAD 7   Las compras de Teresa

Teresa has won a three-week vacation trip. In each country she visits she buys local products. Describe her purchases. (Note: **comprar** means *to buy*.)

> España: un libro   En España, Teresa compra un libro español.

1. España: dos discos
2. España: una guitarra
3. España: un bolso
4. México: un sombrero
5. México: una grabadora

6. México: cintas
7. Puerto Rico: libros
8. Puerto Rico: un disco
9. Puerto Rico: una cinta
10. Puerto Rico: unos periódicos

WB
B1

C. El pronombre relativo: *que*

Note the uses of **que** in the following sentences.

The relative pronoun **que** never has an accent. The interrogative expression **¿qué?** has an accent. Compare: —**Me gusta el disco.**
—**¿Qué disco te gusta?**
—**El disco que escuchamos.**

> ¿Cómo se llama el chico **que** baila con María?
> *What is the name of the boy **who** is dancing with Maria?*

> ¿Quién es la muchacha **que** miras?
> *Who is the girl **(whom)** you're looking at?*

> Los muchachos **que** escuchan vienen conmigo.
> *The boys **who** are listening are coming with me.*

> Necesito el bolígrafo **que** tú tienes.
> *I need the pen **(that)** you have.*

> Me gusta la cinta **que** tú escuchas.
> *I like the tape **(that, which)** you are listening to.*

The pronoun **que** *(who, whom, that, which)* comes *after* a noun. It can refer to people or things.

🖐 Although the pronouns *that, which* and *whom* are often omitted in English, **que** must always be used in Spanish.

ACTIVIDAD 8   En la librería *(In the bookstore)*

Manuel and Anita are in a bookstore. Anita asks Manuel what he is looking at. Play the role of Anita.

> el libro   ¿Cómo se llama el libro que miras?

1. el libro español
2. el disco
3. la cinta
4. el periódico
5. la revista
6. la novela

ACTIVIDAD 9   En la fiesta internacional

Now Manuel and Anita are at an international party. Manuel asks where some of the guests are from. Play his role.

🖐 Un chico habla francés.   ¿De dónde es el chico que habla francés?

1. Una chica habla inglés.
2. Un muchacho tiene una cámara.
3. Una muchacha baila muy bien.
4. Dos chicos tocan la guitarra.
5. Dos chicas cantan.

6. Una señorita habla con Miguel.
7. Un joven escucha a Carlos.
8. Un señor tiene barba *(beard)*.
9. Una profesora habla francés.
10. Tres amigas tienen revistas españolas.

ACTIVIDAD 10   Las hermanas *(Sisters)*

Alicia asks her sister Teresa if she likes various things that she has or does. Teresa answers affirmatively. Play both roles.

Escucho un disco.   Alicia: ¿Te gusta el disco que escucho?
　　　　　　　　　　　Teresa: Sí, me gusta mucho.

1. Escucho una cinta.
2. Miro un libro.
3. Canto una canción *(song)*.

4. Miro una foto.
5. Tengo un reloj.
6. Tengo una bicicleta.

WB
C1

Act. 12   OPTIONAL

Para la comunicación

Expresión para la conversación

To introduce a conclusion, you may say:

Entonces . . .   *Well, then* . . .   —No tengo discos.
　　　　　　　　　　　　　　　　　　　　　—**Entonces** . . . tienes que escuchar la radio.

Mini-diálogos

Create new dialogs by replacing the underlined words with the words in the pictures.

Pedro   viernes

estudiar

Alfonso: ¿<u>Viene</u> <u>Pedro</u> a la fiesta?

　Anita: ¿Cuándo es la fiesta?

Alfonso: El <u>viernes</u>.

　Anita: El <u>viernes</u> <u>Pedro</u> <u>tiene</u> que <u>estudiar</u>.

Alfonso: Entonces, no <u>viene</u>.

　Anita: ¡Claro que no!

Alfonso: ¡Qué lástima!

Unidad tres
114

Pronunciación

El sonido de la consonante ñ

Model word: espa<u>ñ</u>ol
Practice words: a<u>ñ</u>os se<u>ñ</u>or se<u>ñ</u>ora se<u>ñ</u>orita compa<u>ñ</u>ero
Practice sentences: El se<u>ñ</u>or Nú<u>ñ</u>ez viene ma<u>ñ</u>ana.
La se<u>ñ</u>ora Mu<u>ñ</u>oz tiene treinta a<u>ñ</u>os.

The sound of the Spanish consonant **ñ** is similar to the sound of the **ni** in the English word "companion."

Luisa — martes — trabajar

Roberto y Jaime — miércoles — visitar el museo

nosotros — sábado — viajar

Carmen — jueves — estudiar para el examen

Tú tienes la palabra

With a classmate, prepare a short dialog in which you talk about a friend who cannot come to a party you have planned. Use the conversation between Alfonso and Anita as a model.

MASTERS
p. 19

TRB

QUIZ
pp. 33–34

WB
Test / Repaso

TEST
pp. 35–38

. 10, 13

Variedades   Los secretos de la cara

Hay personas idealistas y románticas. Hay también personas realistas y muy prácticas ... Todos somos un poco diferentes. Todos tenemos nuestra° personalidad, nuestra individualidad.

¿Cómo explicar las diferencias que hay entre° nosotros? Para algunas° personas, estas° diferencias son determinadas por° el aspecto físico de cada° uno, especialmente por la forma de la cara.° Así es que° una persona que tiene la cara ovalada no tiene las mismas° cualidades (ni° por supuesto los mismos defectos) que una persona que tiene la cara rectangular.

¿Es posible? ... Tal vez ... ¡Tú tienes que decidir!

nuestra: *our*
entre: *among*
algunas: *some,*
 estas: *these,*
 por: *by*
cada: *each,*
 cara: *face,*
 Así es que: *Thus*
mismas: *same*
ni: *nor*

¿Tienes la cara ovalada?

Tienes muchos amigos porque eres una persona muy simpática y generosa. Eres romántico(a) también. Te gusta escuchar música. Te gusta bailar. Te gusta viajar.

Tienes muchas ideas interesantes y originales. Tienes un temperamento artístico. Eres un poco tímido(a) y, a veces°, eres un poco ... perezoso(a),° ¿verdad? En clase, estudias bien, pero en casa° ... ¡no tienes muchas ganas de estudiar!

¡Tienes que ser más dinámico(a)!

a veces: *sometimes,*
 perezoso: *lazy*
en casa: *at home*

¿Tienes la cara rectangular?

Eres una persona muy dinámica. Tienes la personalidad de un líder.° Por eso eres muy respetado(a) por tus profesores y amigos. Te gusta organizar, dominar ... y, a veces, criticar también.

Tienes muchas ambiciones y aspiraciones. Tienes ganas de ser una persona muy importante en el futuro, tal vez el presidente de una gran compañía internacional.

¡Tienes que ser más sociable en tus relaciones personales y menos° serio(a) en la vida!°

líder: *leader*

menos: *less*
vida: *life*

¿Tienes la cara cuadrada?°

Eres realista y práctico(a) . . . Tienes también una gran curiosidad intelectual. Te gusta estudiar en clase y trabajar en casa. Eres muy ambicioso(a). Tienes mucho talento para las cosas mecánicas. Te gusta reparar relojes, televisores, bicicletas y otras cosas.

No eres muy generoso(a). ¡Tienes que mejorar° las relaciones con los amigos!

cuadrada: *square*

mejorar: *improve*

¿Tienes la cara redonda?°

Eres muy realista. Tienes mucho sentido° común, pero los sentimientos° no tienen gran valor° para ti.

Eres muy serio(a) y trabajas mucho. Eres un estudiante muy bueno, y también eres deportista.° Te gusta nadar. Te gusta jugar° al tenis, al volibol, al básquetbol. Te gusta organizar fiestas. Eres activo(a) en todos los aspectos de la vida. Te gusta criticar, pero no te gusta ser criticado(a). ¡No eres muy tolerante!

¡Tienes que ser más generoso(a) y paciente con tus amigos!

redonda: *round*

sentido: *sense,*
  sentimientos: *feelings*
valor: *value*

deportista: *active in*
  sports
jugar: *to play*

¿Tienes la cara triangular?

Eres una persona muy intelectual. Te gusta mucho intercambiar° ideas. Siempre tienes ganas de expresar tu opinión y de escuchar la opinión de otras personas. Te gusta hablar de música, arte, política y especialmente de los problemas importantes de la vida. Tienes también una gran sensibilidad° y una gran imaginación. Pero eres un poco supersticioso(a), ¿verdad? Y cambias° de opinión muchas veces.°

¡Tienes que ser más disciplinado(a) y más estable en tus ideas y tus sentimientos!

intercambiar: *to*
  exchange

sensibilidad:
  sensitivity

cambias: *you change*
veces: *times*

ACTIVITY: Have students select pictures of well-known people and describe the shape of their faces and their personalities. How many seem to correspond to **Los secretos de la cara?**

Variedades
117

Enriching your vocabulary: cognate patterns

Many Spanish adjectives ending in **-oso** correspond to English adjectives ending in *-ous*.

ambici**oso**	ambiti**ous**
curi**oso**	curi**ous**
gener**oso**	gener**ous**
superstici**oso**	superstiti**ous**

Ambicioso is a partial cognate. It means *ambitious* but also *greedy*.

Ejercicio

Give the English equivalents of the following Spanish adjectives. Then complete the sentences below with the appropriate Spanish forms of the adjectives.

delicioso   famoso   religioso   vigoroso

1. Julio Iglesias es un cantante *(singer)* ___.
2. En general, los atletas son personas ___.
3. La Nochebuena *(Christmas Eve)* es una fiesta ___.
4. ¡Qué hamburguesa tan ___!

VISTA

El mundo de los estudios

2

LA EDUCACIÓN SECUNDARIA

En la mayoría de los países hispánicos, cuando un joven termina la escuela° primaria tiene en general tres posibilidades de estudios: el bachillerato clásico,* la escuela normal y la escuela comercial o técnica.

Mira° el diagrama comparativo:

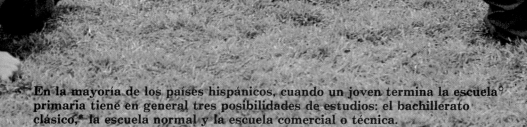

TIPO DE ESTUDIOS	TIEMPO° DE ESTUDIOS	TÍTULO	ACTIVIDAD FUTURA
Bachillerato clásico	5–6 años	Bachiller	Aprender° y practicar una profesión
Escuela normal	4–5 años	Maestro(a)	Enseñar° en la escuela primaria
Escuela comercial o técnica	2–3 años	Técnico(a) o secretaria(o)	Trabajar como técnico(a) o secretaria(o)

*El bachillerato clásico es un sistema de educación aproximado° al sistema de educación «high school» de los Estados Unidos.

escuela *school*　**Mira** *Look at*　**tiempo** *length of time*　**Aprender** *To learn*　**Enseñar** *To teach*
aproximado *close*

LA VIDA ESCOLAR°

Me llamo Carlos Arturo López y soy de Guatemala. Tengo quince años y soy estudiante del tercer° año de bachillerato en el colegio° San Sebastián. Espero ser un buen médico, como mi papá. En las vacaciones espero visitar los Estados Unidos con unos amigos norteamericanos. En mi colegio hay un programa de intercambio° de estudiantes.

Me llamo Carmen García y soy peruana. Estudio en El Sagrado Corazón. Es un colegio de monjas° y la disciplina es muy importante. Aquí el uniforme es obligatorio.° ¡En mi clase somos veinte chicas idénticas! Aquí, muchos colegios son sólo° para chicas o sólo para chicos. Por eso no hablo con mis amigos en el colegio. Sólo hablo con chicas. ¡Qué aburrido!

Yo soy Lupita Rodríguez, mexicana de Guadalajara. Estudio en una escuela normal. ¡En mi clase somos cincuenta y dos estudiantes! Es muy difícil estudiar así,° pero me gusta más que° trabajar siempre en casa, como mi mamá. Es muy importante estudiar para ser mejor.° Yo espero ser maestra y enseñar a otros chicos como yo, aquí en México.

Me llamo Rolando Santana y soy de Colombia. Tengo diez y siete años y espero ser mecánico. Es mi primer° año de estudios en el SENA (Servicio Nacional de Aprendizaje).° El SENA es una institución pública dedicada a la educación técnica y vocacional. Aquí los estudios no son sólo teoría.° La práctica también es muy importante. Por eso, parte de mis estudios es el trabajo.

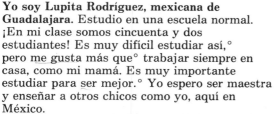

---

la vida escolar *school life*	**tercer** *third*	**colegio** *school*	**intercambio** *exchange*
monjas *nuns*	**obligatorio** *required*	**sólo** *only*	**así** *like that*	**más que** *more than*
mejor *better*	**primer** *first*	**Aprendizaje** *Apprenticeship*	**teoría** *theory*

UN DÍA DE CLASES

El horario° de clases de María Lucía Palomo, alumna del Colegio Santa Teresita

Año Escolar: 1988

Grado: 4°año   HORARIO

HORARIO

María Lucía Palomo — Colegio Santa Teresita

No.	Período	Lunes	Martes	Miércoles	Jueves	Viernes
1	8:05–9:00	Castellano*	Castellano	Castellano	Castellano	Castellano
2	9:05–10:00	Matemáticas	Matemáticas	Matemáticas	Matemáticas	
3	10:05–11:00	Ciencias Físico-Químicas	Ciencias Físico-Químicas	Físico-Químicas	Ciencias Físico-Químicas	
4	11:05–12:00	Economía	Arte y Dibujo	Economía	Economía	Arte y Dibujo
5	2:05–3:00	Inglés	Inglés	Inglés	Inglés	Período de estudio
6	3:05–4:00	Educación Física	Psicología	Psicología	Educación Física	Psicología
7	4:05–5:00	Biología	Período de estudio	Biología	Biología	Biología

*Castellano = la lengua española

horario schedule

SECRETARIA DE EDUCACION PUBLICA
DIRECCION GENERAL DE EDUCACION MEDIA

PARA ....SRITAS.....   La Subdirección de la Escuela Secundaria ...."CIVILIZACION"...., A.C.

CERTIFICA: Clave: ...ES4–170...,   perteneciente al Sistema Educativo Nacional MATUTINA

alumn a ...ANITA RAMOS...   que según constancias que obran en el archivo de este Plantel, ...la...........

cursó las materias del CICLO DE EDUCACION SECUNDARIA que a continuación se expresan con las calificaciones finales que se anotan:

PRIMER GRADO ASIGNATURAS:	Núm. de Clases Semanarias	Período Lectivo	Calificación Final Cifra	Letra	OBSERVACIONES
Español					
Matemáticas	4	1983–84			
Biología	4	"	7	SIETE	ESC. SEC. DNA. NO. 25,
Geografía Física y Humana	4	"	6	SEIS	CLAVE: ES1-25, de
Historia Universal	3	"	7	SIETE	México, D. F.
Lengua Extranjera INGLES	3	"	6	SEIS	
ACTIVIDADES:	3	"	6	SEIS	
Educación Cívica					
Educación Artística	2	"	6	SEIS	
Tecnológicas TALAB.	2	"	6	SEIS	
Educación Física	2	"	8	OCHO	
SEGUNDO GRADO ASIGNATURAS:	2	"	7	SIETE	
Español			10	DIEZ	
			7	SIETE	
	4	1984–85	8	OCHO	ESC. SEC. DNA. NO. 25, CLAVE: ES1-25, de México, D. F.

122

MENÚ DE LA SEMANA
Colegio Cristóbal Colón

LUNES
hamburguesa
ensalada de tomate
pastel° de limón y merengue
leche°

MARTES
espaguetis a la italiana con salsa°
vegetales mixtos
melón
leche

MIÉRCOLES
tacos a la mexicana con tomate y lechuga°
ensalada de frutas
torta° de chocolate
leche

JUEVES
pizza
ensalada de vegetales
banana
leche

VIERNES
sopa de vegetales
sándwich de atún°
pera
leche

pastel *pie*   **leche** *milk*   **salsa** *sauce*   **lechuga** *lettuce*   **torta** *cake*   **atún** *tuna*

¿Quién enseña° qué?

Cuando estás en clase, siempre escuchas al profesor o a la profesora, ¿verdad?

Aquí tienes varios profesores que enseñan diferentes asignaturas.° ¿Sabes° de qué° asignatura habla cada° profesor?

1. Simón Bolívar liberó° a cinco países de la dominación española: Colombia, Venezuela, Ecuador, Perú y Bolivia.

2. Hoy estudiamos la estructura de una molécula de agua.° En una molécula de agua hay un átomo de oxígeno y dos átomos de hidrógeno. La fórmula química° es H_2O.

3. Para° multiplicar dos fracciones, Uds. tienen que multiplicar los numeradores para obtener° el numerador del producto, y multiplicar los denominadores para obtener el denominador del producto. Por ejemplo: $2/3 \times 2/3 = 4/9$.

4. «The cat is black.» En esta° frase,° «is» es el verbo, «black» es el adjetivo.

5. En algunas° plantas y animales hay solamente° una célula. Pero en otros hay millones de células. En todas las células hay proteínas.

6. Bolivia es un país que está° en el centro de Sudamérica. La capital es La Paz. Tiene muchos recursos° naturales, como el estaño.°

7. El volibol es un excelente deporte° para las chicas y los chicos. Es muy popular. Requiere disciplina y precisión.

8. Hay tres clases de instrumentos: de cuerdas° (el piano, la guitarra); de viento° (el oboe, la flauta); y de percusión (el triángulo, el tambor°).

Asignatura	Número
Geografía	
Inglés	
Música	
Biología	
Matemáticas	
Historia	
Química°	
Educación física	

RESPUESTAS: Geografía 6, Inglés 4, Música 8, Biología 5, Matemáticas 3, Historia 1, Química 2, Educación física 7

---

enseña *teaches*   asignaturas *subjects*   Sabes *Do you know*   de qué *about which*   cada *each*
liberó *liberated*   agua *water*   química *chemical*   Para *In order to*   obtener *obtain*   esta *this*
frase *sentence*   algunas *some*   solamente *only*   está *is located*   recursos *resources*
estaño *tin*   deporte *sport*   cuerdas *string*   viento *wind*   tambor *drum*   Química *Chemistry*

100 km/h
MAXIMA

MIS LIBROS

Problema 1

El señor Ramírez tiene un terreno° de 200 metros de largo por 100 metros de ancho.° ¿Cuál° es el área del terreno?

a. 200 metros cuadrados° b. 300 metros cuadrados
c. 20.000 metros cuadrados

Problema 2

María Teresa viaja de San Francisco a Chicago en coche. La distancia entre San Francisco y Chicago es de 4.492 kilómetros. Ella viaja cada° día 6 horas a 90 kilómetros por hora. ¿En cuánto tiempo (aproximado) llega° María Teresa a Chicago?

a. 10 días b. 8.5 días c. 7 días

Problema 3

Una rana° salta° 30 centímetros; más tarde° salta 70 centímetros. ¿Cuánto salta en total?

a. 1 metro b. 90 centímetros c. 2 metros

Problema 4

Tomás pesa° 65 kilogramos; José pesa 70 kilogramos. ¿Cuánto pesan los dos chicos?

a. 125 kilogramos b. 135 kilogramos c. 145 kilogramos

RESPUESTAS: 1:c, 2:b, 3:a, 4:b.

MI LIBRO DE MATEMÁTICAS

MI LIBRO DE GEOGRAFÍA

Población de algunos países de Sudamérica

PAÍS	CAPITAL	POBLACIÓN
la Argentina	Buenos Aires	31.000.000
Bolivia	La Paz	6.000.000
Chile	Santiago	12.000.000
Colombia	Bogotá	30.000.000
el Ecuador	Quito	9.000.000
el Paraguay	Asunción	4.000.000
el Perú	Lima	20.000.000
el Uruguay	Montevideo	3.000.000
Venezuela	Caracas	18.000.000

terreno field   **ancho** width   **Cuál** What   **cuadrados** square   **cada** each   **llega** arrives
rana frog   **salta** jumps   **más tarde** later   **pesa** weighs

LOS ANIMALES
DEL MUNDO HISPÁNICO

quetzal

cocodrilo

papagayo

piraña

chinchilla

perezoso

iguana

llama

armadillo

boa

cóndor

jaguar

flamenco

alpaca

puma

pingüino

TABLA DE MATERIAS

Página

La energía química y la energía nuclear   1

Las fuerzas que cambian la Tierra   19

La luz del sol y la vida   45

La vida prehistórica   73

Las ondas del sonido   99

El sonido y la comunicación   129

Las ondas de luz   151

Los instrumentos ópticos   185

La radio y la televisión   209

El sistema nervioso   227

Teorías astrónomicas   269

Oceanografía   301

Tu desarrollo personal   319

Glosario   339

Índice alfabético de materias   349

Eclipse lunar

Total

Parcial

Rayos solares

MI LIBRO
DE CIENCIAS NATURALES

Plutón

Neptuno

Saturno

Tierra

Venus

Mercurio

Sol

Marte

Júpiter

Urano

126

ALGUNOS ELEMENTOS

Nombre	Símbolo	Protones	Electrones	Neutrones
Oxígeno	O	8	8	8
Silicio	Si	14	14	14
Aluminio	Al	13	13	14
Hierro	Fe	26	26	30
Calcio	Ca	20	20	20
Sodio	Na	11	11	12
Potasio	K	19	19	20
Magnesio	Mg	12	12	12
Hidrógeno	H	1	1	0

MI LIBRO
DE QUÍMICA

Una molécula de agua: H_2O

Una molécula de oxígeno: O_2

Una molécula de bióxido de carbono: CO_2

¿EN QUÉ TRABAJAS DESPUÉS DE° LA ESCUELA TÉCNICA?

SU FUTURO está en la MECANICA DE MOTO-CICLETAS

BAJO LICENCIA DEL ESTADO DE LA FLORIDA (USA)

OTROS CURSOS DE EXITO QUE PUEDE ESTUDIAR CON LOS ESPECIALISTAS

- RADIO - TV COLOR
- SECRETARIADO COMERCIAL Y BILINGÜE
- INGLES (Incluye cassettes)
- ENFERMERIA (Curso completo)
- MECANICA DENTAL
- MECANICA AUTOMOTRIZ
- DETECTIVISMO INVESTIGADOR PRIVADO
- ELECTRICIDAD (INSTALADOR Y TECNICO)
- MAESTRA DE KINDER
- ELECTRONICA - RADIO - TV COLOR
- CERAMICA (Industrial - artesanal artística)
- FOTOGRAFIA (BLANCO Y NEGRO Y COLOR)

CURSOS
PROGRAMACION DE COMPUTADORAS

CENTRO DE ENTRENAMIENTO DE COMPUTACION OFRECE

Al estudiantado y público en general la oportunidad de tecnificarse en programación

RPG II - COBOL - BASIC

Cine Aguerri 2c. Abajo y 2½ c. al Lago. Managua.
Telfs: 24170 y 26685 Apdo. No. 1591

¿QUÉ ESTUDIAS DESPUÉS DEL BACHILLERATO?

¿DESEA ESTUDIAR CIENCIAS DE LA COMUNICACION?

**ESTUDIE EN
LA UNIVERSIDAD RAFAEL LANDIVAR**

INFORMACION EN EL CAMPUS CENTRAL
(VISTA HERMOSA III, ZONA 16)
O EN LOS TELEFONOS: 692151 - 692621 - 692751.

UNIVERSIDAD LEONARDO DA VINCI
AVISA
QUE LA MATRICULA ESTA ABIERTA
Para los alumnos de nuevo ingreso y reingreso,
las clases del nuevo ciclo se inician el

LUNES 11 DE ABRIL

CARRERAS

LICENCIATURA EN ADMINISTRACION DE EMPRESAS
LICENCIATURA EN RELACIONES PUBLICAS Y PUBLICIDAD
TECNICO UNIVERSITARIO EN COMERCIALIZACION
TECNICO UNIVERSITARIO EN ADMINISTRACION DE EMPRESAS
TECNICO UNIVERSITARIO EN RELACIONES PUBLICAS Y PUBLICIDAD.

Solicite mayor información en:
ADMINISTRACION ACADEMICA
De 8:00 a.m. a 12:00 m. y de 2:30 p.m. a 6:30 p.m.

TELEFONOS: 23-6034 y 23-6421

Actividades culturales

Actividades para cada estudiante

1. Get a Hispanic pen pal and exchange letters. Share your letters with the class.
2. Find out more about the educational system in a particular Hispanic country and prepare a report. (Source: encyclopedia) In your report, point out the major similarities and the major differences between the Hispanic country's system and the U.S. system.

Actividades para la clase

1. Choose several employment ads from Hispanic newspapers and prepare a bulletin board exhibit. Note under each ad what type of school one would attend in order to qualify for the job.
2. Prepare a class calendar that shows Hispanic holidays, birthdays of Hispanic historical figures, and important Hispanic historical events.

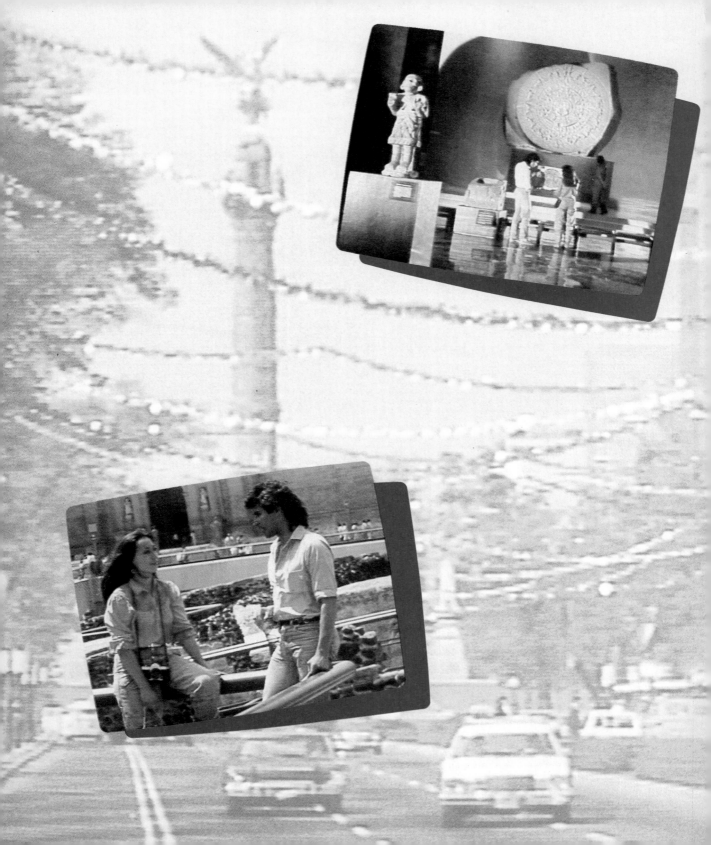

Unidad 4

Y ahora . . . ¡México!

4.1 Un día de clases

4.2 Un fin de semana

4.3 Correspondencia

4.4 ¿Eres un(a) buen(a) turista?

VARIEDADES   Otros países . . . otras lenguas

OBJECTIVES

Communication

By the end of this unit, students will be able to use Spanish:
- To describe their in-school and out-of-school activities
- To talk about where they live
- To describe how they feel
- To discuss future plans (especially weekend and vacation activities)
- To describe ongoing actions and activities
- To write a postcard or short letter

Language

At this point the students have mastered the basic elements of a simple sentence (verb forms, subject-verb agreement, the noun group). This unit expands on that base by introducing:
- The personal **a**
- **Ir**, and the immediate future expressed with **ir a** + infinitive
- **Estar**, and an introduction to the **ser/estar** contrast
- The present progressive
- Third-person direct object pronouns: forms and position

Culture

This unit introduces the students to Mexico, the country with the largest Spanish-speaking population in the world and our closest Hispanic neighbor.

 Unit Four   Modules 9, 10

Lección 1   Un día de clases

Act. 1

Carlos, Anita, Felipe y otros amigos estudian en el Colegio Americano de Puebla, México. Es un colegio bilingüe.

Have the students locate Puebla on the map of Mexico, p. iv.

En la clase
Carlos mira un libro.
Anita mira una revista norteamericana.
Felipe mira a Anita . . . y a otras chicas que estudian.

¿Qué mira Carlos?
¿Qué mira Anita?
¿A quién mira Felipe?

En el laboratorio de lenguas
Ramón escucha una cinta.
Manuel escucha a la profesora de inglés.
¿Y Luisa?
¿A quién escucha?
¿A Manuel? ¿A la profesora de inglés?
¡No! Ella escucha al nuevo estudiante norteamericano.

¿Qué escucha Ramón?
¿A quién escucha Manuel?
¿A quién escucha Luisa?

A quién: *To whom*

En la cafetería
Juanita habla con Inés y Gloria.
¿De qué hablan ellas?
¿De la clase de matemáticas?
¿Del examen de inglés?
¿Del fin de semana?
¿De las próximas vacaciones?
¿De los chicos?
¡No! Ellas hablan de un asunto más importante . . .
Hablan del nuevo profesor de español.
Es muy estricto, pero interesante . . . y muy guapo también.

¿Con quiénes habla Juanita?
¿Hablan las chicas de los chicos?
¿De quién hablan ellas?

próximas: *next*

asunto: *topic*, más: *more*

Now Carlos is asking you about things you do.

1. En casa, ¿escuchas discos?
   Sí, escucho discos.
   (No, no escucho discos.)
2. En casa, ¿miras la televisión?
3. Con la clase, ¿visitas museos?

4. En clase, ¿escuchas **a** los profesores?
5. En la cafetería, ¿miras **a** los chicos?
   ¿**a** las chicas?
6. Para una fiesta, ¿invitas **a** los chicos de la clase?

OBSERVACIÓN   Est. A

Reread questions 1-3.

• Do the questions concern *people* or *things*?   things

Reread questions 4-6.

• Do the questions concern *people* or *things*?   people
• What word comes right after the verb and before the noun?   a

NOTAS CULTURALES

Las escuelas   OPTIONAL

Un colegio is not a college, but a high school. Depending on the country and the type of institution, secondary schools have different names: *el colegio, el instituto, el liceo,* etc.

In Mexico, as in most Hispanic countries, there are many private high schools, most of which are Catholic. In these private schools students generally wear uniforms: boys are expected to wear ties, while girls often wear white blouses and dark skirts. Typically these schools are not coeducational.

Puebla

Puebla, the fifth largest city in Mexico, is situated in the Sierra Madre foothills between Mexico City and the port of Veracruz. On May 5, 1862, the Mexican Army defeated the French in a battle at Puebla. Today, *el cinco de mayo* is a national holiday, and it is also celebrated by many Mexican Americans in the United States. Cities like Austin and Los Angeles host large *cinco de mayo* celebrations that include music, lectures, poetry and dancing.

The Mexicans were led by Benito Juárez, a full-blooded Indian, who is now considered one of Mexico's greatest heroes.

Estructuras

Act. 2

A. La *a* personal

Compare the sentences on the left with those on the right.

Pedro visita un monumento.	María visita **a** un amigo.
Ricardo mira los coches.	Luisa mira **a** los chicos.
Isabel escucha un disco.	Juan escucha **a** un guitarrista.

After most verbs, nouns designating persons are preceded by the personal **a**.

▷ Note the use of the interrogative forms **¿a quién?** and **¿a quiénes?**

—**¿A quién** invitas a la fiesta? *Whom are you inviting to the party?*
—Invito a Pedro.

—**¿A quiénes** miras? *Whom are you looking at?*
—Miro a las chicas.

You may want to contrast **¿quién?** and **¿a quién?**:
— ¿Quién llama?
— Carlos llama.
— ¿A quién llamas?
— Llamo a Carlos.

▷ **Ser** and **tener** are two verbs that do not take the personal **a.**

Nosotros somos estudiantes.
Manuel tiene amigos en México.

WB
V1

VOCABULARIO PRÁCTICO   Verbos en -ar

buscar

to look for

comprar

to buy

esperar

to wait for

invitar

to invite

enseñar

to teach

enseñar

to point out, to show

llegar

to arrive

llevar

to take, to carry (something)

ACTIVIDAD 1 Unos turistas en México

Elena and Luis are visiting Mexico. Elena points out various people and things to Luis. Play the role of Elena.

los monumentos   Mira los monumentos.
las muchachas   Mira a las muchachas.

1. los cafés
2. las mujeres
3. los chicos
4. los turistas norteamericanos

5. las bicicletas
6. los hombres
7. los estudiantes
8. los coches

• The familiar command ¡mira! was introduced as a conversational expression in Unit 3. Familiar commands are not formally presented until Unit 10.
• ADDITIONAL CUES: **los taxis/los periódicos/las motos/las chicas.**

ACTIVIDAD 2 La llegada a Puebla *(Arrival in Puebla)*

Upon their arrival in Puebla, each of the following people has something to do. Report on these activities, using the personal **a** when necessary.

VARIATION: Use **nosotros:**
Buscamos a un amigo.

Alberto: buscar (una amiga)   Alberto busca a una amiga.

1. Miguel: buscar (un amigo)
2. Maura: buscar (un restaurante)
3. Felipe: esperar (un amigo)
4. Antonio: esperar (una amiga)

5. Manuel: esperar (un taxi)
6. José: comprar (un mapa)
7. Silvia: tomar (un autobús)
8. Luisa: sacar (fotos)

llevar	**tomar**	**tomar**	**sacar** fotos
to take (someone)	to take (a taxi)	to have (something to eat or drink)	to take pictures

NOTAS:
1. In English, many verbs are used with prepositions: *to look for, to point out, to wait for, to look at, to listen to.* In Spanish, the corresponding verbs usually consist of one word: **buscar, enseñar, esperar, mirar, escuchar.**

2. Spanish has many verbs which mean *to take:*

   Llevar means *to take* in the sense of to take along or carry.
      Llevo a un amigo a la fiesta. *I am taking a friend (along) to the party.*

   Tomar means *to take* in the sense of taking a taxi.
      Tomo el autobús a las cinco. *I am taking the bus at five.*

   Sacar is used in the expression **sacar fotos,** *to take pictures.*
      Saco fotos en la fiesta. *I am taking pictures at the party.*

ACTIVIDAD 3   De viaje *(On a trip)*

Say whether or not you like to do the following things when you are
traveling.

🔊   sacar fotos   Cuando viajo, (no) me gusta sacar fotos.

1. tomar taxis
2. tomar el autobús
3. llevar maletas *(suitcases)*
4. llevar una cámara

5. comprar postales *(postcards)*
6. comprar recuerdos *(souvenirs)*
7. esperar un autobús
8. esperar un taxi

B. Contracciones: *al* **y** *del*

Note the contraction of the definite article **el** with the prepositions **a** *(at, to)*
and **de** *(of, from, about)*.

Act. 6

	a + el = **al**	de + el = **del**
el restaurante	Juan llega **al** restaurante.	Isabel viene **del** restaurante.
el muchacho	Maribel escucha **al** muchacho.	Felipe habla **del** muchacho.
el profesor	Invitamos **al** profesor.	Busco el libro **del** profesor.

The definite article **el** contracts with **a** to form **al,** and with **de** to form **del.**

🔊   **Los, la** and **las** do not contract with **a** or **de.**
Invito **a la** chica mexicana, **a los** amigos de Pedro y **a las** amigas de Eva.
Busco las fotos **de la** muchacha, **de los** chicos y **de las** chicas.

ACTIVIDAD 4   Citas

These persons have appointments at various places. Say that they are
arriving at these places.

🔊   Pedro: el restaurante   Pedro llega al restaurante.

1. Isabel: el club
2. el Sr. Vargas: el hotel
3. nosotros: el museo
4. tú: el aeropuerto *(airport)*

5. Consuelo y Victoria: el café
6. Roberto: el colegio
7. Uds.: el laboratorio
8. Ud.: el hospital

ACTIVIDAD 5   Invitaciones

Manuela invites many people to her birthday party. Say whom.

🔊   el amigo de Andrés   Invita al amigo de Andrés.

1. la amiga de Roberto
2. el profesor de piano
3. el novio de Carmen
4. la novia de Felipe

5. los chicos de la clase
6. las chicas de la clase
7. el director de la escuela
8. la profesora de español

ACTIVIDAD 6   Las fotos de Carmen

Carmen has a new camera and is taking pictures of everyone and everything. Say what the subject of each picture is, according to the model.

☞   el museo   Carmen saca una foto del museo.

1. el hotel «San Miguel»
2. el restaurante «El Patio»
3. el colegio
4. los chicos de la clase
5. la profesora de francés
6. el Sr. Estrada
7. el amigo de Carlota
8. la amiga de Luis
9. la Sra. de Ortiz
10. las chicas francesas
11. la bicicleta de Rolando
12. el coche de Paco

Pronunciación   El sonido de la consonante *d*

a) *d* inicial

Model word: <u>d</u>isco

Practice words: <u>d</u>ía <u>d</u>ón<u>d</u>e <u>d</u>e <u>d</u>inero <u>D</u>iana <u>D</u>aniel

Practice sentence: ¿<u>D</u>ón<u>d</u>e está el <u>d</u>inero?

At the beginning of a word, and after **l** and **n**, the letter **d** represents a sound similar to the English **d** sound of "day." The difference is that in pronouncing the Spanish **d**, your tongue should touch the back of your upper front teeth.

Act. 10   OPTIONAL

Para la comunicación

Expresión para la conversación

When you don't quite understand something that was said, you may use the following expression to ask the other person to repeat the phrase:

¿Cómo?   *What?*   —El señor López llega el cuatro de julio
a las diez menos cuarto . . .
—¿**Cómo?**

Mini-diálogos

Create new dialogs, replacing the underlined words with the words in the illustrations.

el cine

María

Alejandro: ¿A quién invitas <u>al cine</u>?

Esteban: Invito a <u>María</u>.

Alejandro: ¿Cómo?

Esteban: Invito a <u>María</u>.

Alejandro: ¿A <u>María</u>? ¿Quién es <u>María</u>?

Esteban: Es un<u>a</u> amig<u>a</u>.

b) *d* **medial**

Model word: to_d_o

Practice words: ra_d_io graba_d_ora na_d_ar sába_d_o

Practice sentences: A_d_ela y Alfre_d_o son de los Esta_d_os Uni_d_os.

Eduar_d_o es un estu_d_iante muy _d_iverti_d_o.

Between vowels and after consonants other than **l** and **n**, the sound of the letter **d** is close to the **th** of the English word "that."

el teatro — Luisa

el club — Paco

el restaurante — Pablo

el café — Juan

el concierto — Silvia

la fiesta — Mónica

Tú tienes la palabra

With a classmate, prepare a short dialog in which you talk about someone you are inviting out. Use the conversation between Alejandro and Esteban as a model.

SCRIPT
Act. 11

MÁSTERS
p. 20

TRB

QUIZ
pp. 39–40

139

Lección 2 — Un fin de semana

Act. 1

21

Estamos en Cuernavaca, México . . .
Rebeca y sus amigos estudian mucho en la escuela. Pero hoy no.
Es sábado y no están en clase.
¿Adónde van los chicos?

Rebeca va a la piscina.
Va a nadar.

Cristóbal va al centro.
Va a comprar discos.

Federico y Mariana van a una fiesta.
Van a escuchar música mexicana.
También van a bailar.

Y ¿dónde está Alberto?
¿Está en la piscina?
¿Está en el centro?
¿Está en la fiesta?
¡No! Está en casa.
Está en casa porque está enfermo.
¡Pobre Alberto! ¡Qué lástima!

Unidad cuatro
140

Point out Cuernavaca on the map
of Mexico, p. iv.

sus: *her*
están: *they are*
Adónde van: *Where
are they going to*

la piscina: *swimming
pool*
Va a nadar: *She's
going to swim*

al centro: *downtown*

¿Adónde va Rebeca?
¿Adónde va Cristóbal?
¿Qué va a comprar?
¿Adónde van Federico y
Mariana?
¿Qué van a escuchar?
¿Dónde está Alberto?
¿Por qué no está en la
piscina?

en casa: *at home*
enfermo: *sick*
Pobre: *Poor*

Now let's talk about you.

A. Ahora . . .

   1. **¿Estás** en clase?   Sí, **estoy** en clase.
      (No, no **estoy** en clase.)
   2. **¿Estás** en el laboratorio de lenguas?
   3. **¿Estás** en la cafetería?

B. Durante la semana *(During the week)* . . .

   4. **¿Vas** a la escuela?   Sí, **voy** . . .
      (No, no **voy** . . .)
   5. **¿Vas** al cine?
   6. **¿Vas** al teatro?

C. El próximo fin de semana *(Next weekend)* . . .

   7. **¿Vas a** estudiar?   Sí, **voy a** . . .
      (No, no **voy a** . . .)
   8. **¿Vas a** nadar?
   9. **¿Vas a** bailar?

OBSERVACIÓN   Est. A, B, C

Reread the questions under A. In them, you are asked where you *are presently located*.

- Which verb is used?   estar

In the questions under B, you are asked if *you go to* certain places during the week.

- Which verb do you use to say *I go*?
  ir; voy

In the questions under C, you are asked about future plans.

- Which expression do you use to say *I am going to* do something?   voy a
- Which verb form follows **voy a**?
  the infinitive

OPTIONAL

La música

Hispanic people, especially the young, have a deep love for music. Not only do they enjoy listening to records and cassettes, but they often participate actively—singing along and dancing.

The Mexicans trace their great feeling for music to the Indian cultures that existed centuries before the Spanish conquest. The Indians believed that music was a divine gift from the god Quetzalcóatl, the plumed serpent.

Cuernavaca

Cuernavaca, a former Aztec city, was the winter residence of the conqueror of Mexico, Hernán Cortes, as well as of later Mexican rulers. Located in the foothills south of Mexico City, it is known for its beautiful gardens and fine murals by Diego Rivera, one of the best-known Mexican artists.

SUGGESTED REALIA: records of
Mexican music; pictures of Mexican
murals.

Estructuras

A. *Estar*

Note the irregularities of **estar**: the **yo**-ending **estoy**; the accent on the **á** of the **tú**, **él** and **ellos** forms.

Estar *(to be, to be located)* is an irregular verb. Note the present tense forms of this verb in the following sentences.

(yo)	**Estoy** en Veracruz.	(nosotros)	**Estamos** en la piscina.
(tú)	**Estás** en México.	(vosotros)	**Estáis** en la fiesta.
(él, ella, Ud.)	**Está** en Cuernavaca.	(ellos, ellas, Uds.)	**Están** en el centro.

  Estar and **ser** both mean *to be,* but they are used differently.
Estar indicates *location:* where someone or something is.
Ser indicates *origin:* where someone or something is from.

WB
A1

Rafael **está** en México.	*Rafael **is** in Mexico.*
Pero no **es** de México.	*But he **is** not from Mexico.*
Es de Arizona.	*He **is** from Arizona.*

22

VOCABULARIO PRÁCTICO   Lugares

una escuela · la ciudad · una iglesia · una piscina · un museo · un cine · un hotel · una tienda · un café · un restaurante · una plaza · una calle

EXTRA VOCAB.: **el parque, el teatro, el hospital, la avenida, la montaña, la oficina.**

ACTIVIDAD 1   Vacaciones

The following people are studying languages and have gone abroad for
their vacations to learn to speak better. Express this according to the model.

Anita: español, en México   Anita estudia español.
                              Está en México.

1. Bob: español, en España
2. Teresa: español, en México
3. Nancy y Jim: italiano, en Italia
4. Uds.: francés, en Francia

5. nosotros: inglés, en el Canadá
6. tú: español, en Panamá
7. Ud.: inglés, en los Estados Unidos
8. los amigos de Raúl: español, en Puerto Rico

ACTIVIDAD 2   ¿Cerca o lejos?

Say whether your school is near or far from the following places.

ADDITIONAL CUES: el hospital/
un parque/un café/el mar/la montaña.

el centro   La escuela está cerca (lejos) del centro.

1. la playa
2. una piscina pública
3. una iglesia
4. la ciudad
5. un cine

6. el teatro
7. unas tiendas
8. un museo
9. un hotel
10. un restaurante mexicano

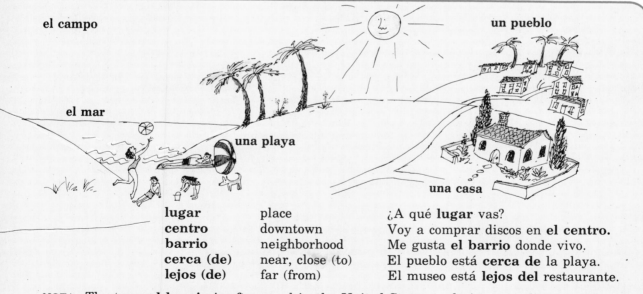

lugar	place	¿A qué **lugar** vas?
centro	downtown	Voy a comprar discos en **el centro.**
barrio	neighborhood	Me gusta **el barrio** donde vivo.
cerca (de)	near, close (to)	El pueblo está **cerca de** la playa.
lejos (de)	far (from)	El museo está **lejos del** restaurante.

NOTA: The term **el barrio** is often used in the United States to designate a district with a
large Spanish-speaking population, such as in New York, Los Angeles, Chicago
and San Antonio.

Turn to p. 126 and ask: ¿Qué planetas están cerca del sol? ¿lejos del sol?

Lección dos

B. *Ir*

Ir *(to go)* is an irregular verb. Note the present tense forms of this verb in the following sentences.

(yo)	**Voy** a Cuernavaca.	(nosotros)	**Vamos** al centro.
(tú)	**Vas** a la piscina.	(vosotros)	**Vais** al campo.
(él, ella, Ud.)	**Va** al cine.	(ellos, ellas, Uds.)	**Van** a la plaza.

Note: **ir** has regular **-ar** endings, except in the **yo** form (no accent in the **vosotros** form)

ACTIVIDAD 3   De vuelta a casa *(Going back home)*

You are among a group of exchange students from Latin America who are going home for Christmas vacation. Say where each is going.

VARIATION: They are not going to these places. **Teresa no va a Puerto Rico.**

☞ Teresa: a Puerto Rico   Teresa va a Puerto Rico.

1. Elena: a Panamá
2. Lucía: a Costa Rica
3. Luis y Felipe: a Chile
4. yo: a Colombia
5. nosotros: a Nicaragua
6. tú: a Guatemala
7. Ud.: a Venezuela
8. Uds.: a la República Dominicana

¡FELIZ NAVIDAD!

ACTIVIDAD 4   Diálogo: Los fines de semana

Ask your classmates whether they go to the following places a lot on the weekends.

VARIATION with **ahora**: **¿Vas al teatro ahora?**

☞ el teatro   Estudiante 1: ¿Vas mucho al teatro?
                Estudiante 2: Sí, voy mucho al teatro.
                    (No, no voy mucho al teatro.)

1. el cine
2. la playa
3. la piscina
4. el campo
5. el centro
6. los restaurantes
7. la casa de un amigo
8. la casa de una amiga
9. el mar

ACTIVIDAD 5   La ciudad natal *(The hometown)*

The following Mexican people live in the United States. When they are in Mexico, they go to their hometowns. Express this according to the model.

☞ Pedro: Monterrey   Cuando está en México, Pedro va a Monterrey.

1. Marisela: Veracruz
2. yo: Puebla
3. el Sr. Hurtado: Guadalajara
4. Ud.: Cuernavaca
5. Pablo y César: Chihuahua
6. tú: San Luis Potosí
7. Eva y Sofía: Oaxaca
8. nosotros: Mérida

Monterrey: important industrial center and third-largest city in Mexico; Veracruz: port on the Gulf of Mexico where Hernán Cortés landed in 1519; Guadalajara: second-largest city in Mexico; Chihuahua: capital of the largest Mexican state; San Luis Potosí: city in the region of gold and silver mines; Oaxaca: city famous for its pottery and jewelry; Mérida: capital of Yucatán, an area known for its Mayan ruins.

VOCABULARIO PRÁCTICO Expresiones de lugar

¿dónde?	where	¿Dónde estás?	*Where are you?*
¿adónde?	where (to)	¿Adónde vas?	*Where are you going?*
¿de dónde?	where (from)	¿De dónde vienes?	*Where are you coming from?*
en	in, at	Estamos en México.	*We are in Mexico.*
a	in, to	Vamos a Acapulco.	*We are going to Acapulco.*
de	from, of, about	Venimos de Puebla.	*We are coming from Puebla.*
en casa	at home	María está en casa.	*Maria is at home.*
en casa de	at . . .'s house	Estoy en casa de María.	*I am at Maria's (house).*
a casa	home	Voy a casa.	*I am going home.*
a la casa de	to . . .'s house	Van a la casa de Olga.	*They are going to Olga's (house).*
allí	there	Olga está allí ahora.	*Olga is there now.*

Make sure that the students understand the distinctions between ¿dónde?, ¿adónde? and ¿de dónde?

ACTIVIDAD 6 ¿Y tú?

Luis talks about himself to Teresa and would like some information about her. Play the role of Luis, using ¿dónde?, ¿adónde?, and ¿de dónde?, as appropriate.

Soy de Puerto Rico.   Luis: Soy de Puerto Rico. ¿Y tú? ¿De dónde eres?

1. Trabajo en un hospital.
2. Vengo de un pueblo pequeño.
3. El sábado, voy al campo.
4. El verano próximo *(next)*, voy a España.
5. Estudio inglés en una escuela bilingüe.
6. Por la tarde *(In the afternoon)*, voy a casa.
7. El domingo, voy a la casa de un amigo.

C. El futuro próximo con *ir*

> Mañana **voy a visitar** un museo.   *Tomorrow I **am going to visit** a museum.*
> Carlos **va a viajar** en junio.   *Carlos **is going to travel** in June.*

To express an action which is going to happen in the near future you may use the construction:

$$\boxed{\textbf{ir a } + \text{ infinitive}}$$

 The construction **ir a** + infinitive corresponds to the English construction *to be going to* + infinitive.

ACTIVIDAD 7   Diálogo: Planes para las vacaciones

Ask your friends whether they are going to do any of these things during the summer vacation.

   trabajar   Estudiante 1: ¿Vas a trabajar?
                       Estudiante 2: Sí, voy a trabajar.
                                (No, no voy a trabajar.)

1. viajar
2. visitar España
3. hablar español
4. sacar fotos
5. estudiar matemáticas
6. ir al campo
7. ir al mar
8. trabajar en un restaurante
9. trabajar en una tienda
10. ganar dinero
11. visitar México
12. comprar una bicicleta

Pronunciación El sonido de las consonantes *s, c, z*

Model words: ca**s**a   pla**z**a   **c**inta
Practice words: televi**s**or   **s**erio   die**z**   tre**c**e   Jo**s**é   Ro**s**a
Practice sentences: Do**c**e y tre**s** **s**on quin**c**e.
                     José y Lui**s**a **s**on **s**impático**s**.
                     Ro**s**ita Lópe**z** e**s** de **Z**arago**z**a.
                     El die**z** de mar**z**o, voy a vi**s**itar el mu**s**eo.

In Spanish, the letter **s** usually represents the sound /s/ in the English "sing."
The letter **z** also represents the sound /s/ (and never /z/).
The letter **c** before **e** and **i** also represents the /s/ sound.

* In Castilian Spanish the letters **z** and **c** (before **e** and **i**) represent the /th/ sound of "thin."
* Before voiced consonants like **m** and **d**, the letter **s** is pronounced /z/: **mismo, desde, buenos días.**
* Some Spanish-speakers tend not to pronounce a final **s.**

Para la comunicación

Expresiones para la conversación

When inviting others to do something with you, you may use the following constructions:

Vamos a + place   **¡Vamos a** la playa!   *Let's go to the beach.*
Vamos a + infinitive   **¡Vamos a** nadar!   *Let's swim.*
¡Vamos!   *Let's go!*

Mini-diálogos

Create new dialogs, replacing the underlined words with the words in the illustrations.

PLAYA

nadar

Enrique: ¡Vamos a <u>la playa</u>!
Jaime: ¡Qué buena idea!
Enrique: ¡Vamos a <u>nadar</u>!
Jaime: ¡Vamos!

PISCINA

mirar a las chicas

TEATRO

escuchar un concierto

CAFÉ

tomar un chocolate

CAMPO

sacar fotos

Tú tienes la palabra

With a classmate, prepare a short dialog about something you plan to do. Use the conversation between Enrique and Jaime as a model.

Lección 3   Correspondencia

Act. 1

Laura y Lucía son mexicanas. Lucía es de Guadalajara. Laura es de Chicago. Las dos chicas son primas. Intercambian correspondencia con mucha frecuencia.

Point out Guadalajara and Puerto Vallarta on the map of Mexico, p. iv.

primas: *cousins*
Intercambian: *They exchange*

Querida: *Dear*

Sabes: *Do you know*

---

30 de diciembre

Querida Laura:

¿Sabes dónde estoy? Hoy estoy en Puerto Vallarta con una amiga. Se llama Felicia. Es de Guadalajara también. Es una chica muy simpática.

Estamos en la playa. Felicia está nadando ahora. Yo no. No estoy nadando. Estoy tomando el sol. Hace muy buen tiempo, por supuesto. ¡Estoy muy contenta aquí en la playa!

Abrazos de tu prima,
Lucía

Srta. Laura Rosales

1107 North Avenue

Chicago, Illinois
60622

U.S.A.

está nadando: *is swimming*

tomando el sol: *sunbathing*

Abrazos: *Hugs*
tu: *your*

¿De dónde es Lucía?
¿Dónde está hoy?
¿Con quién está?
¿Qué tiempo hace en Manzanillo?

---

6 de enero

Querida Lucía:

¡Qué suerte tienes! Cuando tú estás en la playa, yo estoy en clase. Tú, muy contenta, tomando el sol, y yo aquí, estudiando. ¡No es justo! Ahora estoy estudiando para un examen de francés. Estoy muy nerviosa porque el profesor es muy estricto.

¿Dices que en Puerto Vallarta hace muy buen tiempo? Aquí en Chicago hace muy mal tiempo.

Un abrazo de tu triste prima,
Laura

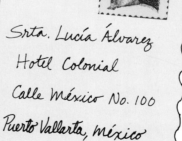

Srta. Lucía Álvarez

Hotel Colonial

Calle México No. 100

Puerto Vallarta, México

¡Qué suerte tienes!: *How lucky you are!*

justo: *fair*

Dices: *Do you say*
¿De dónde es Laura?
¿Dónde está?
¿Por qué está nerviosa?
¿Qué tiempo hace en Chicago?
triste: *sad*

Let's talk about you.

1. **¿Eres** moreno(a)?   Sí, soy . . .
    (No, no soy . . .)
2. **¿Eres** alto(a)?
3. **¿Eres** inteligente?

4. **¿Estás** contento(a) ahora?   Sí, estoy . . .
    (No, no estoy . . .)
5. **¿Estás** enfermo(a) *(sick)* ahora?
6. **¿Estás** nervioso(a) ahora?

7. **¿Estás hablando** español?   Sí, estoy
    hablando . . . (No, no estoy hablando. . .)
8. **¿Estás mirando** la televisión?
9. **¿Estás estudiando** matemáticas?

OBSERVACIÓN   Est. A, B

Questions 1-3 ask about your general
characteristics: what type of person *you are*.
• Which verb is used: **ser** or **estar?**   ser

Questions 4-6 ask how *you are feeling now*.
• Which verb is used: **ser** or **estar?**   estar

Questions 7-9 ask about what *you are doing*
right now. The verbs in these questions are
made up of two words.
• Is the first word a form of **ser** or a form of
  estar?   estar
• In what four letters does the second word
  end?   -ando

Las relaciones mexicano-norteamericanas

Mexico is the only Spanish-speaking country
which shares a common border with the United
States. In the course of this century, many
Mexicans have immigrated to the United States.
For the most part, they have settled in southern
California, Texas and the Southwest, but many
have moved further north as far as Chicago.

A large proportion of the Mexican Americans
have kept their culture, their traditions and their
language. They have also maintained very close
ties to Mexico where they may still have friends
and relatives.

Guadalajara y Puerto Vallarta

Guadalajara, the second-largest city in Mexico,
is located in a rich agricultural and mining area in
the western part of the country. The university and
many public buildings are decorated with the work
of José Clemente Orozco, a famous Mexican artist
who was born in that region.

Puerto Vallarta is a seaport over three hundred miles west of Guadalajara. Its Pacific Ocean
beaches make it a popular winter resort area.

Orozco (1883–1949) lost his left hand in a childhood accident. His murals portray the heroic figures of
Mexican history, and the elements: air, water, fire and earth.

Estructuras

A. Ser y estar

Although **ser** and **estar** both correspond to the English verb *to be*, their meanings and uses are quite different. They cannot be substituted for each other.

Ser is used to tell *who* the subject is or *what* the subject is really like. It can be used with nouns, adjectives, and expressions indicating:

1) origin:	Luisa **es** de Manzanillo.
	Pablo **es** mexicano.
2) profession:	Carlos **es** mecánico.
	La Srta. Ortiz **es** profesora.
3) basic characteristics:	José **es** inteligente.
	Lucía **es** una chica muy bonita.

Reminder: The indefinite article is not used after **ser** with nouns designating professions.

Estar is used to tell *where* the subject is and *how* the subject feels. It is used to indicate:

1) location:	Luisa no **está** aquí.
	Guadalajara **está** en México.
2) conditions which may change:	
(physical)	¿Cómo **está** Ud.? **Estoy** bien.
(emotional)	**Estamos** contentos hoy.

ACTIVIDAD 1   La convención internacional de la juventud
(The International Youth Convention)

The following teenagers are attending this year's convention in Puebla, Mexico. Say where they are and where they come from.

VARIATIONS: Have the students tell where they now are and where they are from: **Estoy en** (Seattle). **Soy de** (Atlanta).

၄ၪ Felipe: Panamá   Felipe está en Puebla. Él es de Panamá.

1. June: Nueva York
2. Albert: Montreal
3. Antonio: Sevilla
4. Lidia y Telma: Buenos Aires
5. yo: Londres
6. tú: Berlín
7. nosotros: San Antonio
8. Uds.: Rio de Janeiro

ACTIVIDAD 2   La gripe *(The flu)*

Several students are not in class today. They are sick. Explain this according to the model.

၄ၪ Teresa   Teresa no está en clase. Está enferma.

1. Pablo
2. yo
3. Luisa y Carmen
4. Uds.
5. nosotros
6. ellas
7. Conchita
8. Isabel y Manuel
9. tú

Note: These adjectives describe temporary conditions and are therefore used with **estar**.

VOCABULARIO PRÁCTICO   Otros adjetivos

Tell students that after **estar** predicate adjectives must agree with the nouns they modify in gender and number.

ACTIVIDAD 3   ¿Alegre o triste?

Say whether you are happy or sad in the following situations.

⬥ Cuando voy a una fiesta . . .   Cuando voy a una fiesta, estoy alegre (triste).

1. Cuando estoy con mis amigos . . .
2. Cuando estoy de vacaciones . . .
3. Cuando estoy en la clase de español . . .
4. Cuando estoy enfermo(a) . . .
5. Cuando hay un examen . . .
6. Cuando el profesor está enfermo . . .
7. Cuando mis amigos están enfermos . . .
8. Cuando saco una buena nota *(When I get a good grade)* . . .
9. Cuando saco una mala nota . . .
10. Cuando escucho música latina . . .

ACTIVIDAD 4   Diálogo: ¿Cómo estás?

Ask your classmates how they feel right now.

⬥ alegre   Estudiante 1: ¿Estás alegre ahora?
             Estudiante 2: Sí, estoy alegre.
                          (No, no estoy alegre.)

1. triste
2. enfermo(a)
3. cansado(a)
4. contento(a)
5. nervioso(a)
6. muy alegre
7. de buen humor *(in a good mood)*
8. de mal humor

B. *Estar* + el participio presente OPTIONAL

To emphasize that an action is in progress, you may use the *present progressive* form. Note the forms of the verb in the sentences below:

The present progressive is taught at this level mainly for recognition.

Ahora Pedro **está sacando** fotos.   *Pedro **is taking** pictures now.*
Isabel y Carlos **están visitando** un museo.   *Isabel and Carlos **are visiting** a museum.*

The present progressive is formed as follows:

> present tense of **estar** + present participle

The present participle of **–ar** verbs is formed by replacing the ending **–ar** with **–ando.**

tom**ar**	tom**ando**	mir**ar**	mir**ando**
visit**ar**	visit**ando**	estudi**ar**	estudi**ando**
escuch**ar**	escuch**ando**	habl**ar**	habl**ando**

In the present progressive construction, **estar** changes to agree with the subject. The present participle does not change.

The Spanish construction **estar** + present participle corresponds to the English construction *to be doing (something) right now*, but is much less frequently used.

Contrast:
Carlos trabaja en una oficina.   Carlos works in an office.
Ahora, está trabajando con el Sr. Sánchez.   Right now he is working with Mr. Sánchez.

ACTIVIDAD 5 En Guadalajara

The following tourists are not in their hotel. Say whom or what they are visiting.

ADDITIONAL CUES:
tú: escuchar discos /
Teresa: visitar un museo.

Paquita: el museo   Paquita no está en el hotel.
Está visitando el museo.

1. Guillermo: la catedral
2. Alicia: el teatro
3. nosotros: la universidad
4. yo: las tiendas
5. Carmen: el Hospicio Cabañas
6. Uds.: a un artista
7. Ud.: a unos amigos
8. tú: a Lucía

ACTIVIDAD 6 Diversiones *(Leisure activities)*

The following people are engaging in their favorite activities. Say what each one is doing.

Pablo: sacar fotos   Pablo está sacando fotos.

1. Laura: nadar
2. yo: tocar la guitarra
3. Inés: escuchar discos
4. nosotros: mirar la televisión
5. Ud.: hablar con amigos
6. Rafael y Luisa: bailar
7. Uds.: visitar un museo
8. Pedro: comprar unos libros
9. tú: tocar el piano
10. Ricardo y Ana: cantar

ACTIVIDAD 7   Preguntas personales

1. ¿Está trabajando tu padre *(your father)* ahora? ¿Está mirando la televisión? ¿Está tomando café?

2. ¿Está trabajando tu mamá ahora? ¿Está mirando la televisión? ¿Está visitando a unas amigas?

3. ¿Estás estudiando ahora? ¿Estás escuchando al (a la) profesor(a)? ¿Estás tomando notas?

4. ¿Está hablando español el (la) profesor(a) ahora? ¿Está hablando con los alumnos?

5. ¿Están estudiando los estudiantes ahora? ¿Están escuchando la radio? ¿Están organizando una fiesta?

Pronunciación

La acentuación de las sílabas

Be sure that the students pronounce the unstressed vowels distinctly, avoiding the "uh" sound of English.

In Spanish, as in English, some syllables are stressed more than others. Here are three simple rules to let you know which syllable to stress:

a) If a word ends in a vowel, or in the letters **n** or **s**, the stress falls on the *next to last* syllable.

Practice words: c<u>a</u>mpo c<u>i</u>ne pu<u>e</u>blo c<u>a</u>sa c<u>a</u>lle
pl<u>a</u>ya h<u>a</u>blan b<u>u</u>scan c<u>o</u>mpras l<u>e</u>jos al<u>e</u>gre
cans<u>a</u>do enf<u>e</u>rmo restaur<u>a</u>nte

Act. 10   OPTIONAL

Para la comunicación

Expresiones para la conversación

To express amazement or doubt, you may use the expressions:

¡No me digas!   *You don't say!*   —¡Pedro está viajando en África!
                                          —**¡No me digas!**

¿Cierto?   *Really? Are you sure?*   —¡El examen es para hoy!
                                          —**¿Cierto?**

Mini-diálogos

Create new dialogs, replacing the underlined words with the words in the illustrations. Make the necessary changes.

Felipe   Puerto Rico

nadar en el mar

Yolanda: ¿Dónde <u>está</u> <u>Felipe</u>?

Rodolfo: No <u>está</u> aquí. <u>Está</u> en <u>Puerto</u> <u>Rico</u>.

Yolanda: ¿Cierto? ¿En <u>Puerto</u> <u>Rico</u>? ¡No me digas!

Rodolfo: ¡Sí! ¡<u>Está</u> <u>nadando</u> <u>en</u> <u>el</u> <u>mar</u>!

b) If a word ends in a consonant (except **n** or **s**), the stress falls on the *last* syllable.

Practice words: ho<u>tel</u>   ciu<u>dad</u>   invi<u>tar</u>   ense<u>ñar</u>   profe<u>sor</u>
televi<u>sor</u>   mu<u>jer</u>   us<u>ted</u>   ver<u>dad</u>

c) If a word contains an accent mark, the syllable with the accented vowel is stressed.

Practice words: ca<u>fé</u>   televi<u>sión</u>   auto<u>bús</u>   per<u>dón</u>
me<u>cá</u>nica   <u>mú</u>sica   sim<u>pá</u>tica   anti<u>pá</u>ticos   <u>Mé</u>xico

Clara — México
visitar a unos amigos

Carlos y Luis — Chile
visitar a un amigo

Elena y Susana — España
visitar museos

Pedro — Guatemala
sacar fotos

Tú tienes la palabra

With a classmate, prepare a short dialog about someone who is away on a trip. Use the conversation between Yolanda and Rodolfo as a model.

WB
¿Quién...?

SCRIPT

Act. 9, 11

MASTERS
p. 22

TRB

QUIZ
p. 43

Lección tres
155

Lección 4   ¿Eres un(a) buen(a) turista?

Te gusta viajar, ¿verdad?
Un día, tal vez, vas a visitar México . . . o Guatemala, Bolivia,
España u otros países hispánicos. ¿Qué tipo de turista eres? ¿Eres
un(a) turista bien preparado(a)?

Remember: **o** → **u** before
words beginning with **o** or **ho.**
preparado: *prepared*

Bueno. Vamos a ver. Aquí hay cinco preguntas. Tienes que contestar
cada pregunta con una de las tres respuestas posibles: A, B o C.

Vamos a ver: *Let's see*
contestar cada
  pregunta: *answer*
each question,
respuestas: *answers*

1. Cuando viajas, ¿llevas tu cámara?
   A. Sí, la llevo siempre.
   B. Sí, generalmente la llevo.
   C. No, no la llevo.

2. Cuando visitas una ciudad, ¿compras el mapa de la ciudad?
   A. Sí, lo compro siempre.
   B. Sí, lo compro si es muy barato.
   C. No, no lo compro.

3. Cuando visitas una ciudad, ¿visitas los monumentos principales?
   A. Sí, los visito siempre.
   B. Sí, los visito, pero sólo si tengo bastante tiempo.
   C. No, no los visito.

sólo: *only,*   tiempo:
  time

4. Cuando visitas un museo o un lugar histórico, ¿escuchas las
   explicaciones del guía?
   A. Sí, las escucho siempre.
   B. Sí, las escucho, pero sólo si el guía es simpático.
   C. No, no las escucho.

guía: *guide*

5. Si un amigo tiene un libro sobre un país que deseas visitar, ¿vas a
   mirarlo?
   A. Sí, voy a mirarlo.
   B. Sí, voy a mirarlo si tengo tiempo.
   C. No, no voy a mirarlo.

sobre: *about*

You may use this text for a class survey and tabulate the results.

Ahora analiza tus respuestas. Cada respuesta A representa dos puntos, cada respuesta B, un punto, y cada respuesta C, cero puntos. Suma los puntos. ¿Cuántos tienes?

7-10 puntos: Eres un(a) turista bien preparado(a). Pero eres muy serio(a). No tienes que ser tan serio(a) cuando viajas.

3-6 puntos: Eres un(a) turista muy bueno(a). Te gusta viajar.

0-2 puntos: Eres una persona que no aprecia los viajes. ¡No tienes que gastar dinero en viajes! ¿Para qué? ¡Quédate en casa y mira la televisión!

Suma: *Add*

tan: *so*

gastar: *spend,* ¿Para qué? *What for?*
Quédate: *Stay*

CONVERSACIÓN   OPTIONAL

What do you take along when you go on a trip?

Cuando viajas . . .

1.	¿llevas **el radio**?	Sí, **lo** llevo.	No, no **lo** llevo.
2.	¿llevas **la cámara**?	Sí, **la** llevo.	No, no **la** llevo.
3.	¿llevas **los discos**?	Sí, **los** llevo.	No, no **los** llevo.
4.	¿llevas **las cintas**?	Sí, **las** llevo.	No, no **las** llevo.

OBSERVACIÓN   Est. A

In the above questions, the nouns in heavy print are *directly* acted upon by the verb. These nouns are the *direct objects* of the verb. In the answers, the nouns are replaced by *direct object pronouns*.

- Which direct object pronoun replaces a masculine singular noun? a feminine singular noun? a masculine plural noun?
- a feminine plural noun?   lo/la/los/las
- Do these direct object pronouns come *before* or *after* the verb?   before

Mayan ruins in Chichén Itzá.

Three great Indian civilizations flourished in Mexico before the arrival of the Spaniards: the Mayans, the Toltecs and the Aztecs.

NOTA CULTURAL   OPTIONAL

El turismo en México

Mexico has an endless variety of natural and cultural attractions to offer the millions of American tourists who cross its borders every year. It also has a long history which dates back many centuries before the arrival of the Spaniards in 1519.

Mexican history is inscribed in many monuments, such as the pyramids of San Juan Teotihuacán. These are probably the most spectacular ruins in Mexico, located about thirty-five miles north of Mexico City. There you can admire the Pyramids of the Sun and the Moon, and the temple of the god Quetzalcóatl. On the Yucatán peninsula you can visit the Mayan temples at Chichén Itzá and Uxmal.

Lección cuatro

Estructuras

The use of object pronouns corresponding to **Ud.** and **Uds.** is presented in Unit 6.

A. Los pronombres *lo, la, los, las*

Act. 2

Note the form and the position of the pronouns in heavy print.

¿El museo?	**Lo** visito mañana.
¿La playa?	No **la** visito.
¿Los amigos de Luis?	**Los** invitamos a la fiesta.
¿Las amigas de Luis?	No **las** invitamos.

Los refers to groups containing at least one masculine element.

In Spanish, the *direct object pronoun* usually comes right *before* the verb.

The pronouns **lo, la, los** and **las** may refer to *people or things.*

¿Buscas **el museo?**	Sí, **lo** busco.	*Yes, I am looking for it.*
¿Buscas a **Miguel?**	Sí, **lo** busco.	*Yes, I am looking for him.*

In Spain the distinction is made between **le, les** (referring to people) and **lo, la, los, las** (referring to things).

ACTIVIDAD 1   La maleta *(The suitcase)*

Roberto is packing his suitcase for a trip. His mother asks whether he is taking certain things. Play both roles according to the model.

ADDITIONAL CUES: **los lápices, el cuaderno, los bolígrafos.**

VARIATIONS:
— **¿Necesitas la cámara?**
— **Sí, la necesito.**

— **¿Buscas la cámara?**
— **Sí, la busco.**

la cámara   la mamá: ¿Llevas la cámara?
　　　　　　　Roberto: Sí, la llevo.

1. el radio
2. el mapa
3. la raqueta de tenis
4. la grabadora

5. los discos
6. los libros
7. las fotos
8. el reloj

ACTIVIDAD 2   Invitaciones

María Mercedes is drawing up a guest list for a party. Juan Carlos asks her whom she is inviting. Play both roles.

VARIATION:
—**¿Esperas a Miguel?**
—**Sí, lo espero.**

Miguel: sí   Juan Carlos: ¿Invitas a Miguel?
　　　　　　　María Mercedes: Sí, lo invito.

Raquel: no   Juan Carlos: ¿Invitas a Raquel?
　　　　　　　María Mercedes: No, no la invito.

1. Elena: sí
2. Carmen: no
3. el profesor de francés: sí
4. la profesora de español: sí
5. Jaime y Felipe: sí
6. Isabel y Teresa: no
7. Carlos y Antonio: no
8. Ángela, Estela y Roberto: sí

ACTIVIDAD 3   El viaje a la ciudad de México

A group of tourists is visting Mexico City. A tourist asks the guide whether they will visit certain places. Play both roles according to the model.

• Mexico City, the capital of Mexico, is given in addresses as México, D.F. (**Distrito Federal**).
• SUGGESTED REALIA: pictures of these places.

la catedral: sí   un(a) turista: ¿Visitamos la catedral?
                       el guía *(guide)*: Sí, la visitamos.

la universidad: no   un(a) turista: ¿Visitamos la universidad?
                       el guía: No, no la visitamos.

1. el Palacio Nacional: sí
2. el Paseo de la Reforma: sí
3. las ruinas aztecas: no
4. la plaza Garibaldi: sí

5. el Museo Nacional de Antropología: sí
6. los murales de Orozco: no
7. el mercado de la Merced: no
8. el parque Chapultepec: sí

VOCABULARIO PRÁCTICO   Transportes

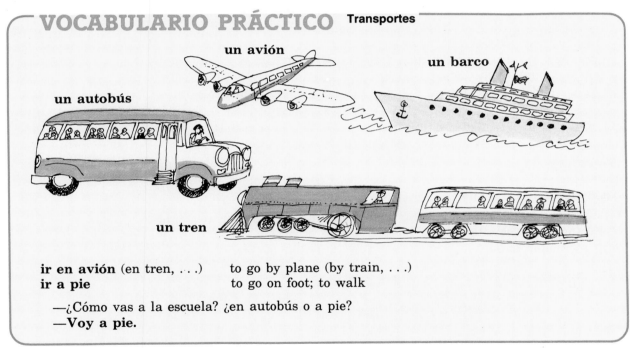

un avión

un barco

un autobús

un tren

ir en avión (en tren, . . .)   to go by plane (by train, . . .)
ir a pie   to go on foot; to walk

—¿Cómo vas a la escuela? ¿en autobús o a pie?
—**Voy a pie.**

WORD ASSOCIATIONS: **un avión** (aviation); **un barco** (to embark or leave by ship); **a pie** (pedestrian).

ACTIVIDAD 4   Preguntas personales

1. ¿Cómo vas a la escuela? ¿en auto? ¿en autobús? ¿en bicicleta? ¿a pie?
2. ¿Cómo vas a la casa de tu mejor amigo?
3. ¿Cómo vas a la casa de tu mejor amiga?
4. Cuando vas a España, ¿tomas el avión? ¿el barco? ¿el tren?
5. Cuando vas a México, ¿tomas el avión? ¿el autobús? ¿el tren?

Lección cuatro
159

B. Los pronombres con el infinitivo OPTIONAL

Compare the position of the direct object pronouns in the answers to the questions below:

¿Vas a visitar a Carmen?   Sí, voy a visitar**la.**
(Sí, **la** voy a visitar.)

¿Desean ellas invitar a Mario?   Sí, desean invitar**lo.**
(Sí, **lo** desean invitar.)

¿Tienes que comprar los periódicos?   Sí, tengo que comprar**los.**
(Sí, **los** tengo que comprar.)

In infinitive constructions, the direct object pronoun may come
—after the infinitive, and attached to it, or
—before the first verb.

The above pattern is also used with the present progressive:

¿Estás escuchando al profesor?   Sí, estoy escuchánd**olo.**
(Sí, **lo** estoy escuchando.)

This construction is presented primarily for recognition. Note: The accent mark on **escuchándolo** is used to retain the original stress pattern of the present participle.

ACTIVIDAD 5   En la tienda

Juan is going to buy all the things the salesperson suggests. Play the two roles according to the model.

el cuaderno   el (la) vendedor(a): ¿Desea Ud. el cuaderno?
                 Juan: Sí, voy a comprarlo.

VARIATIONS: a) **Lo voy a comprar.** b) **No, no voy a comprarlo.**

1. el bolígrafo
2. el mapa
3. los libros
4. los discos
5. la cámara
6. las cintas
7. la revista
8. el lápiz
9. el reloj

ACTIVIDAD 6   Mañana

Luisa asks Roberto if he is doing certain things today. He answers that he is going to do them tomorrow. Play both roles according to the model.

VARIATION: **La voy a estudiar mañana.**

estudiar la lección   Luisa: ¿Vas a estudiar la lección?
           Roberto: Hoy no. Voy a estudiarla mañana.

1. invitar a David
2. visitar a Manuela
3. buscar el tocadiscos
4. comprar la bicicleta
5. escuchar el disco nuevo
6. escuchar las cintas de inglés
7. sacar fotos
8. tocar la guitarra

ACTIVIDAD 7   Preguntas personales

1. ¿Te gusta mirar la televisión? ¿escuchar discos?
2. ¿Te gusta visitar a los amigos? ¿a las amigas?
3. ¿Te gusta visitar los museos? ¿las tiendas?
4. ¿Te gusta tomar el avión? ¿el barco?
5. ¿Te gusta escuchar al (a la) profesor(a)? ¿estudiar las lecciones del libro de español?

When an infinitive and object pronoun follow **me gusta, te gusta,** etc., the object pronoun is attached to the infinitive.
—¿Te gusta tomar el café?
—Sí, me gusta tomarlo.

WB
B1

Unidad cuatro
160

VOCABULARIO PRÁCTICO   Palabras frecuentes

10.	**si**	if	Miro la televisión **si** hace mal tiempo.
11.	**casi**	almost	**Casi** todos van a estar aquí.
12.	**más**	more, most	¡Necesito ganar **más** dinero!
13.	**cada**	each, every	**Cada** verano nadamos en el mar.
14.	**sólo**	only	Alfredo tiene **sólo** quince años.
15.	**solo(a)**	alone, single	¿Quién es la muchacha que está **sola**?
16.	**todos(as)**	all, everybody	¿Vienen **todos** conmigo?
17.	**mismo(a)**	same	¿Compras el **mismo** periódico todos los días?

ACTIVIDAD 8   Más preguntas personales

• The singular **todo el/toda la** (all, the whole) was introduced in Unit 3, Lesson 3.

1. ¿Viajas cada verano si tienes dinero? ¿adónde?
2. ¿Viajas solo(a) o con tu familia? ¿Te gusta más viajar solo(a)?
3. ¿Compras regalos para tus amigos en tu viaje? ¿Compras el mismo regalo para todos?
4. Cuando organizas una fiesta, ¿invitas a todos tus amigos?
5. ¿Vas al cine sólo los sábados? ¿Vas siempre con los mismos amigos?
6. ¿Vas casi siempre al mismo cine? ¿a la misma heladería *(ice cream parlor)?*

Pronunciación   Los acentos

Accent marks in Spanish have three functions.

a) The accent mark indicates that a syllable is stressed as an exception to the regular pattern.

Practice words: joven jóvenes; francés francesa; inglés ingleses; expresión expresiones

b) When a strong vowel (**a, e, o**) is found before or after a weak vowel (**i, u**), an accent mark over the **i** or the **u** indicates that the two vowels are pronounced separately.

Practice words: día María Raúl frío país

c) The accent mark is used to distinguish between words which have the same pronunciation but different meanings.

Practice words: el *(the)* él *(he);* cuando *(when)* ¿cuándo? *(when?);* que *(that; who, which)* ¿qué? *(what?)*

mi (my), mí (me); tu (your), tú (you); si (if), sí (yes)

Para la comunicación

Expresión para la conversación

To express uncertainty, you can say:

Creo que . . .   *I think that* . . .

—¿Compras el disco o el libro?

—**Creo que** . . . voy a comprar el libro.

Mini-diálogos

Create new dialogs, replacing the underlined words with the expressions
suggested in the illustrations, and making the necessary changes.

a) Ramón: ¿Tienes <u>el libro</u>?

   Isabel: Creo que no <u>lo</u> tengo.

   Ramón: Entonces, tienes que buscar<u>lo</u>.

   Isabel: ¿Por qué? No <u>lo</u> necesito.

b) Ramón: ¡Mira <u>el libro</u>! ¡Qué bueno!

   Isabel: ¿<u>Lo</u> compras?

   Ramón: Creo que no voy a comprar<u>lo</u>.

Tú tienes la palabra

With a classmate, prepare a short dialog about some common object. Use
one of the conversations between Ramón and Isabel as a model.

SCRIPT
Act. 11

MASTERS
p. 24

TRB

QUIZ
pp. 44–45

WB Test / Repaso

TEST pp. 46–50

Variedades   Otros países . . . otras lenguas

Hablas inglés, ¿verdad?
Pero ¿hablas como los ingleses?
¡Claro que no! Hablas como los norteamericanos.

Los norteamericanos, los canadienses, los ingleses, los irlandeses, los australianos, los habitantes de Sudáfrica, todos hablan inglés . . . con un acento diferente.

Es lo mismo° para los hispanos. Todos hablan español, pero de una manera un poco diferente. Un mexicano no habla exactamente como un puertorriqueño, ni° como un argentino, ni como un panameño, ni como un español. . . . Pronuncia con un acento mexicano y de vez en cuando° usa una palabra o una expresión típicamente° mexicana.

Afortunadamente,° las diferencias no son muy importantes. Aquí están algunas° diferencias.

lo mismo: *the same*

ni: *nor*

de vez en cuando:
  from time to time
típicamente: *typically*
Afortunadamente:
  Fortunately
algunas: *some*

generalmente:	el auto
en España:	el coche
en Puerto Rico:	el carro
en México:	el coche o el carro

generalmente:	el autobús
en Puerto Rico y en Cuba:	la guagua
en México:	el camión
en la Argentina:	el ómnibus
en Colombia:	el bus

generalmente:	la estación de servicio
en México y en España:	la gasolinera

generalmente:	la finca
en la Argentina:	la chacra

Juego:° ¿De qué país son?

Juego: *Game*

Unos chicos van a hablar de los planes del fin de semana. Los chicos son de países diferentes. Puedes adivinar° la nacionalidad de cada uno. No es muy difícil. Cada chico usa una palabra° especial que revela su° origen. ¡Escucha!

Puedes adivinar: *You can guess*
palabra: *word,* su: *his*

Carlos

El sábado, voy a ir a la playa con mis amigos. Voy a nadar y a jugar° al volibol. ¿Y el domingo? Voy a ir al campo con la familia. Vamos a visitar al tío° Esteban. Tiene una chacra donde pasamos todos los domingos. ¡Qué aburrido!

jugar: *play*

tío: *uncle*

Carlos es de
■ España
■ Puerto Rico
■ la Argentina

Isabel

Yo también, voy a ir a la playa. Pero no voy a nadar. Me gusta más tomar el sol, hablar con mis amigas . . . y mirar a los chicos. ¿Y después? Voy a tomar la guagua e ir de compras para comprar discos.

Isabel es de
■ México
■ la Argentina
■ Puerto Rico

Ramón

No voy a pasar el fin de semana en la playa ni en el campo. ¡No! Yo tengo que trabajar para ganar un poco de dinero. Trabajo como mecánico en una gasolinera. Reparo los carros y las motos.

Ramón es de
■ México
■ España
■ Chile

Enrique

Voy a ir al cine, pero, ¿con quién? Con Manuel o con Francisco. Manuel es un chico simpático pero no tiene máquina. Francisco no es muy simpático pero tiene carro. ¡Qué problema!

Enrique es de
■ la Argentina
■ España
■ Puerto Rico

Mónica

Voy a pasar el sábado con mis amigas en las tiendas. ¿Cómo vamos a ir al centro? ¡En ómnibus, por supuesto!

Mónica es de
■ España
■ la Argentina
■ Puerto Rico

Enriching your vocabulary: recognizing _-ar_ verbs

Many Spanish verbs ending in **–ar** closely resemble English verbs. Some have the same stem:

usar	_to use_
visitar	_to visit_

Others have a slightly different stem:

reparar	_to repair_
revelar	_to reveal_
pronunciar	_to pronounce_

Ejercicio

Determine which of the following Spanish verbs have the same stems as their English cognates and which have slightly different stems.

aceptar   comparar   comunicar
observar   practicar   preparar   Also: **admirar, criticar, crear**

Mi familia y yo

5.1 Olivia Ortiz, puertorriqueña de Nueva York

5.2 Las fotos de Amalia

5.3 El edificio de apartamentos

5.4 ¿Eres servicial?

VARIEDADES La historia de las cosas que comemos

OBJECTIVES
Communication
By the end of this unit, students will be able to use Spanish:
- To describe their homes
- To talk about their families and others in their lives
- To talk about their belongings and those of others
- To discuss actions and activities involving other people, using direct and indirect object pronouns

Language
This unit increases the students' flexibility in handling simple sentences. The following elements are presented:
- The concept of possession (as expressed by **de** and by possessive adjectives)
- The present tense of regular **-er** and **-ir** verbs
- The irregular verbs **decir, ver, hacer, dar**
- Third-person indirect object pronouns: forms and position

Culture
This unit focuses on Hispanic family life. It also presents Caracas (Venezuela) and the Spanish-speaking people of New York.

 Unit Five   Modules 11, 12

Lección 1

Olivia Ortiz, puertorriqueña de Nueva York

¡Hola amigos!

Me llamo Olivia Ortiz.

Soy de Puerto Rico, pero ahora no vivo en Puerto Rico. Vivo con mi familia en Nueva York. Tengo una hermana, Claudia, dos hermanos, José y Rubén . . . y un perro, Atila. Todos vivimos en un apartamento muy pequeño, pero bastante confortable. ¿Me gusta vivir en Nueva York?

Depende: hay días buenos y hay días malos.

vivo: I live

hermana: sister,
 hermanos: brothers
perro: dog
vivir: to live

Depende: That
 depends

Lo que no me gusta:

* Asistir a la clase de francés. . .
  El profesor se llama Sr. Moreau. Es francés y es muy simpático . . . pero no comprendo cuando él habla francés . . . ¡o inglés!

* Comer en la cafetería de la escuela. . .
  Cada día como en la cafetería, y cada día comemos las mismas cosas: papas o espaguetis. ¡Qué horror!

* Leer el periódico. . .
  . . . cuando el periódico habla de accidentes o de crímenes. ¡Me disgusta la violencia! ¡Qué terrible!

* Vivir en Nueva York en el invierno. . .
  Me gusta vivir en Nueva York, pero en el invierno, ¡no! Hace frío, y llueve. Y cuando no llueve, nieva.

¿Por qué no vivimos en Puerto Rico en el invierno y en Nueva York en el verano?

Lo que: What

Asistir a: To attend
se llama: is called
comprendo: I
 understand
Comer: To eat

papas: potatoes

Leer: To read

Me disgusta: I really
 dislike

You may review weather
expressions: Unit 1, Lesson 6.

¿De dónde es Olivia Ortiz? ¿En qué ciudad vive ahora? ¿Dónde come Olivia cada día? ¿Qué come ella? ¿Qué tiempo hace en Nueva York en el invierno? ¿Con quién va Olivia a los conciertos? ¿Dónde come Olivia los domingos? ¿Qué lee Olivia?

168

Lo que me gusta:

- Asistir a los conciertos. . .
  Soy aficionada a la música clásica. Los sábados, asisto a menudo a los conciertos con Anita, mi mejor amiga.
- Comer en los restaurantes puertorriqueños. . .
  Hay un restaurante puertorriqueño muy bueno en el barrio donde vivimos. Los domingos, siempre comemos allí.
- Leer. . .
  Leo mucho: poesía, literatura inglesa, literatura española, dramas, novelas . . . ¡y por supuesto todas las mañanas leo el horóscopo!
- Vivir en Puerto Rico. . .
  Me gusta nadar y tomar el sol. En Puerto Rico, es posible ir a la playa todos los días. Es magnífico, ¿no?

aficionada a: *fond of*
Los sábados: *On Saturdays*, a menudo: *often*
mi mejor: *my best*

todas las mañanas: *every morning*
tomar el sol: *sunbathe*
todos los días: *every day*

CONVERSACIÓN OPTIONAL

Vamos a hablar de las personas en la vida *(life)* de Olivia.

1. ¿Cómo se llama la hermana *(sister)* **de** Olivia?
2. ¿Cómo se llaman los hermanos *(brothers)* **de** Olivia?
3. ¿Cómo se llama el profesor de francés **de** Olivia?
4. ¿Cómo se llama la mejor amiga **de** Olivia?

OBSERVACIÓN Est. C

Reread the first question. la hermana de Olivia
- How do you say *Olivia's sister* in Spanish?
- Which word comes first, **Olivia** or **hermana?**
- Which word links these two words? hermana de

Act. 2

NOTA CULTURAL OPTIONAL

Nueva York y los hispanohablantes°

¿Sabes° que la población° hispanohablante de Nueva York es una de las más grandes° del mundo°?

Entre° los grupos que hablan español, los puertorriqueños son la mayoría.° Tal vez un millón de puertorriqueños—¡o tal vez más!—viven en Nueva York. Muchos de los puertorriqueños que viven allá° tienen parientes° en Puerto Rico y mantienen contacto con ellos. Por eso muchos jóvenes visitan Puerto Rico, la «Isla Encantada,»° durante° las vacaciones.

También hay otras personas que hablan español en Nueva York, como los cubanos, los panameños, los dominicanos, los venezolanos . . .

Si visitas Nueva York, ¡vas a tener la oportunidad de oír°—y hasta° de hablar—español!

hispanohablantes *Spanish speakers* **Sabes** *Do you know* **población** *population* **más grandes** *largest* **mundo** *world* **Entre** *Among* **mayoría** *majority* **allá** *there* **parientes** *relatives* **Isla Encantada** *Enchanted Isle* **durante** *during* **oír** *to hear* **hasta** *even*

Lección uno

169

Puerto Rico is a tropical island of about 4 million people, whose capital is San Juan. It became a U.S. territory after the Spanish-American War (1898). It is now an "Estado Libre Asociado" or Commonwealth. Puerto Ricans are U.S. citizens.

Estructuras

A. Verbos regulares que terminan en –er y en –ir

Many of the verbs you have been using have infinitives ending in **–ar**. There are also verbs with infinitives ending in **–er** and **–ir**. Many (but not all) **–er** and **–ir** verbs are conjugated like **aprender** *(to learn)* or like **vivir** *(to live)*. Such verbs are called *regular –er and –ir verbs*.

Act. 3

INFINITIVE	**aprend**er	**viv**ir
PRESENT TENSE		
(yo)	Aprend**o** español.	Viv**o** en Buenos Aires.
(tú)	Aprend**es** español también.	Viv**es** en Lima.
(él, ella, Ud.)	Aprend**e** inglés.	Viv**e** en Nueva York.
(nosotros)	Aprend**emos** portugués.	Viv**imos** en Lisboa.
(vosotros)	Aprend**éis** francés.	Viv**ís** en París.
(ellos, ellas, Uds.)	Aprend**en** italiano.	Viv**en** en Roma.

The endings of **–er** and **–ir** verbs are the same, except in the **nosotros** and **vosotros** forms:

–er verb				**-emos**	**-éis**		
	}	**-o** **-es** **-e**	{			}	**-en**
–ir verb				**-imos**	**-ís**		

The present participle of most regular **–er** and **–ir** verbs is formed by replacing **–er** and **–ir** with **-iendo**.

aprend**er** *(to learn)*   ¿Qué estás aprend**iendo** hoy en clase?
escrib**ir** *(to write)*   ¿A quién está escrib**iendo** ahora Luisa?

Verbs in **-eer** have present participles in **-yendo: leer →** **leyendo.**

VOCABULARIO PRÁCTICO   Verbos que terminan en *-er* y en *-ir*

Act. 4

verbos en –er

aprender	to learn	**¿Aprendes** francés o español?
beber	to drink	**¿Qué bebe** Carlos? ¿Una Coca-Cola?
comer	to eat	**Comemos** mucho.
comprender	to understand	**¿Comprenden** Uds. cuando el profesor habla español?
creer	to believe, to think	**Creo** que Amalia es de la Argentina.
leer	to read	**¿Qué leen** Uds.?
vender	to sell	**Vendo** mi tocadiscos porque necesito dinero.

TODOS LEEN LOS
CLASIFICADOS
DIARIO LAS AMERICAS

• WORD ASSOCIATIONS: **beber** (a *beverage* is a drink), **comprender** (to *comprehend*), **vender** (a *vending* machine sells items), **escribir** (a *scribe* is one who writes), **vivir** (to *revive* is to bring back to life).
• EXTRA VOCAB.: **decidir, recibir.**

ACTIVIDAD 1 Los hábitos (Habits)

Guillermo and his friends always eat at the same place or with the same
people. Each one also has the habit of drinking the same thing. Express
this according to the model.

⟩⟩ Guillermo: en la cafetería / Coca-Cola   Guillermo siempre come en la cafetería.
                                     Siempre bebe Coca-Cola.

1. María: en un restaurante / café
2. nosotros: en casa / chocolate
3. tú: en la casa de Arturo / Pepsi-Cola
4. Juanito: en McDonald's / Coca-Cola

5. Uds.: en la cafetería / café
6. el Sr. García: en la oficina / té *(tea)*
7. Paco y Delia: conmigo / Pepsi-Cola
8. yo: con mis amigos / limonada

ACTIVIDAD 2 Correspondencia

For Christmas, the following people write many letters (**cartas**). Express
this according to the model.

⟩⟩ Amparo   Amparo escribe muchas cartas para Navidad.

VARIATION: The people
receive letters (introduce
recibir: to receive).

1. Alicia
2. nosotros

3. tú
4. mis amigos

5. ellas
6. Uds.

7. yo
8. mi mamá

ACTIVIDAD 3 Diálogo

Ask your classmates whether they do any of these things.

⟩⟩ aprender francés   Estudiante 1: ¿Aprendes francés?
                            Estudiante 2: ¡Claro! Aprendo francés.
                                        (¡No! No aprendo francés.)

1. aprender español
2. aprender italiano
3. beber café
4. leer revistas en español
5. comer en la cafetería

6. escribir cartas en español
7. vivir en una gran ciudad
8. vivir cerca del mar
9. creer en el horóscopo
10. comprender portugués

verbos en –ir

asistir a	to attend, to go to	No **asistimos a** la universidad.
escribir	to write	**¿Escribes** poesía?
vivir	to live	¿Dónde **vive** Miguel? ¿En Sevilla o en Toledo?

Act. 7

VOCABULARIO PRÁCTICO

La lectura (Reading)

un cuento story

una carta letter

una novela novel

una tarjeta
card, postcard

ACTIVIDAD 4 Preguntas personales

1. ¿Te gusta leer? ¿Lees mucho? ¿Lees novelas? ¿Lees novelas policíacas *(detective)*? ¿Lees cuentos de ciencia-ficción?
2. ¿Lees el periódico? ¿Lees la página de los deportes *(sports)*? ¿las noticias *(news)*? ¿el horóscopo? ¿las historietas cómicas *(comics)*?
3. ¿Qué revista lee tu papá? ¿tu mamá?
4. ¿Comes a menudo *(often)* con tus amigos?
5. ¿Comen Uds. a menudo en la cafetería? ¿Comen Uds. a veces *(sometimes)* en un restaurante mexicano? ¿en un restaurante chino?
6. ¿Te gusta escribir? ¿Escribes cartas a veces? ¿Escribes composiciones para la clase de español? ¿para otras clases?
7. ¿Vives en una ciudad o en un pueblo? ¿en una casa o en un apartamento? ¿Vives cerca de la escuela o lejos de la escuela?
8. ¿Escribes muchas tarjetas de Navidad?

Have the students answer Questions 3 and 4 with **él, ella** and **ellos** (subject pronouns/prepositional object pronouns).

Act. 8

VOCABULARIO PRÁCTICO

Expresiones de tiempo *(Expressions of time)*

ahora	now	**Ahora** estoy en clase.
después	later	**Después** voy a visitar a un amigo.
antes	before	**Antes** voy a llamarlo por teléfono.
a veces	sometimes	En el verano, voy a la playa **a veces**.
a menudo	often	No miro la televisión **a menudo**.
siempre	always	**Siempre** hablamos español en clase.
de vez en cuando	once in a while	Voy al cine **de vez en cuando**.

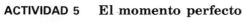

ACTIVIDAD 5 El momento perfecto

WB
A1, A2

SCRIPT

Act. 5, 6

Speak about yourself, completing each sentence with an expression of time.

1. ―― estoy en clase.
2. ―― estoy hablando español.
3. ―― voy a comer en la cafetería.
4. ―― hablamos español en clase.
5. Voy al restaurante ――.
6. Leo el periódico ――.
7. Asisto a los conciertos ――.
8. Bebo Coca-Cola ――.

B. *Ver*

Note the present tense forms of the verb **ver** *(to see)* below.

(yo)	**Veo** la calle.	(nosotros)	**Vemos** el mar.
(tú)	**Ves** la iglesia.	(vosotros)	**Veis** el pueblo.
(él, ella, Ud.)	**Ve** la plaza.	(ellos, ellas, Uds.)	**Ven** el museo.

Practice the forms of **ver** with the animal pictures on p. 126: **¿Ves la chinchilla?**

The present tense of **ver** is like that of the regular **–er** verbs, with the exception of the **yo** form: **veo.**

Note the use of **ver** with the expressions **¡A ver!, ¡Vamos a ver!** *(Let's see!).*

REFRÁN

Ver para creer.

Seeing is believing.

ACTIVIDAD 6 Turistas en San Juan

The following people are visiting Old San Juan, founded in 1521. Say what each one sees.

Josefina: la Plaza Colón   Josefina ve la Plaza Colón.

1. yo: El Morro
2. nosotros: El Morro también
3. Alberto: la iglesia de San José
4. tú: la Fortaleza
5. Jaime y Beatriz: la Casa Blanca
6. Ud.: la Catedral de San Juan Bautista

La Plaza Colón is named in honor of Columbus. El Morro is the great fortress of the 16th century which protected the city from attack by sea. San José church (begun in 1523) is the oldest Christian place of worship in the Western Hemisphere. La Fortaleza (begun in 1533), the governor's mansion, is the oldest executive mansion in the Western Hemisphere. La Casa Blanca (begun in 1521) was built for Ponce de León, who is buried in the Cathedral of San Juan Bautista.

C. El uso de *de* para indicar posesión

Note the use of **de** in these questions.

¿Dónde está la casa **de Olivia?**	*Where is **Olivia's** house?*
¿Quién es la hermana **de Paco?**	*Who is **Paco's** sister?*
¿Es el coche **del profesor?**	*Is that the **teacher's** car?*

REMINDER: **de** + **el profesor** → **del profesor.**

To indicate possession or relationship, Spanish speakers use the construction:

$$\text{noun} + \textbf{de} + \text{noun}$$

To remember the word order, think of **de** as meaning *of* or *which belongs to.*

Note also the use of **de** in the expressions **¿De quién?** and **¿De quiénes?**

¿De quién es?	*Whose is it?*
¿De quién es la guitarra?	*Whose guitar is it?*
Es la guitarra **de Carlos.**	*It's **Carlos'** guitar.*
¿De quiénes son las bicicletas?	*Whose bicycles are those?*
Son las bicicletas **de las chicas.**	*They're **the girls'** bicycles.*

ACTIVIDAD 7   ¿De quién es?

Roberto has the bad habit of borrowing things all the time. Identify the owners of the various objects Roberto has.

 el radio: Carlos   Tiene el radio de Carlos.

1. el reloj: Inés
2. el tocadiscos: Ramón
3. la guitarra: Luis
4. los discos: la profesora
5. la grabadora: Pepe
6. la cámara: el novio de Sara

7. las cintas: los amigos de Luis
8. los libros: las amigas de Pilar
9. el coche: el señor Gómez

VARIATION: The students make original sentences with the pattern: **A veces uso el (la) _____ de _____ .**

Pronunciación   El sonido de la consonante b

a) *b* inicial

Model word: <u>b</u>ueno
Practice words: <u>b</u>usco <u>b</u>olso <u>b</u>arco <u>b</u>onito <u>b</u>arato <u>b</u>olígrafo
Practice sentences: Las <u>b</u>ananas son <u>b</u>uenas, pero no son <u>b</u>aratas.
            <u>B</u>eatriz y Al<u>b</u>erto están en <u>B</u>il<u>b</u>ao.

At the beginning of a word, and after **l** and **n,** the letter **b** is pronounced like the **b** of the English word "boy."

b) *b* medial

Model word: escri<u>b</u>e
Practice words: auto<u>b</u>ús tra<u>b</u>ajar cu<u>b</u>ano gra<u>b</u>adora Este<u>b</u>an
Practice sentences: Isa<u>b</u>el tra<u>b</u>aja y escri<u>b</u>e.
            Ro<u>b</u>erto <u>b</u>usca una gra<u>b</u>adora muy <u>b</u>arata.
            Este<u>b</u>an le escri<u>b</u>e a su a<u>b</u>uelo.

Between vowels and after consonants other than **l** and **n,** the letter **b** represents the sound /ƀ/. You have already practiced this sound in words like **primavera** and **noviembre.**

Note that the two pronunciations of **b** are the same as the two pronunciations of **v: bien, viene; escribe, vive.** For the /ƀ/ sound the lips do not come together.

Since words are often not separated in spoken Spanish, an initial **b** is treated as a medial **b** in the middle of a breath group.

Para la comunicación

Expresiones para la conversación

To wish someone good luck you can say:
¡Buena suerte!   *Good luck!*

To comment on someone's good fortune, you can say:
¡Qué suerte!   *What luck! How lucky!*

You can also use the expression **tener suerte** (to be lucky):
¡Qué suerte tienes!   *How lucky you are!*

Mini-diálogos

Create new dialogs by replacing the underlined expressions with the words in the pictures. Make any other needed changes.

Alicia

estudiante   (Madrid)

Martín: ¿Qué lees?

Rosa: Leo una carta de <u>Alicia</u>.

Martín: ¿No viv<u>e</u> aquí?

Rosa: No. <u>Es estudiante</u> en <u>Madrid</u>.

Martín: ¡Qué suerte tien<u>e</u>!

Ask the students to identify the countries in which these cities are located.

la Srta. Baudillo	el Sr. López	Juan y Carlos	Ana y Carmen

arquitecta (Bogotá)	profesor (México)	fotógrafos (Lima)	periodistas (Santiago)

Tú tienes la palabra

With a classmate, prepare a short dialog in which you talk about someone who lives in another city. Use the conversation between Martín and Rosa as a model.

Lección 2 — Las fotos de Amalia

¡Hola!
Me llamo Amalia Santana.
Tengo diez y seis años.
Soy de España.
Tengo una familia muy simpática.
Aquí tengo fotos de mi familia.

Mi padre

Mi padre trabaja para una compañía
de textiles.
Es vendedor viajero.
Tiene que hacer muchos viajes.
En la foto está preparando el café.
Es un esposo muy moderno: él hace
muchas cosas cuando está en casa.

padre: *father*

vendedor viajero:
*traveling sales-
person*
hacer viajes: *to take
trips*
esposo: *husband*,
hace cosas: *does
things*

Another term
for *traveling
salesperson* is
**viajante
comercial.**

Mi mamá

Mi mamá es una persona muy activa.
Trabaja en un salón de belleza.
También trabaja mucho en casa.
¡Las mujeres hispánicas tienen mucho
que hacer!

belleza: *beauty*

mucho que hacer: *a
lot to do*

Mis hermanos

Tengo dos hermanos.
Mi hermano mayor se llama Juan Carlos
y tiene veinte y tres años.
Trabaja en una agencia de viajes.
Mi hermano menor se llama Miguel y
tiene catorce años. Hace muchas cosas:
toca la guitarra, saca fotos, va al cine,
organiza fiestas . . . pero no hace sus
tareas.
¡Mi hermano no es un alumno serio!

hermanos: *brothers*
mayor: *older*

menor: *younger*

no hace sus tareas:
*doesn't do his
homework*

Mis abuelos

Mis abuelos viven con nosotros.
Son muy simpáticos.

abuelos: *grandparents*

Mi perro

Se llama Pluto.
Claro, no es una persona . . .
pero es mi perro . . . ¡y mi mejor amigo!

perro: *dog*

¿Para quién trabaja el padre de Amalia? ¿Por qué es un esposo moderno? ¿Dónde trabaja la madre de
Amalia? ¿Cuántos hermanos tiene Amalia? ¿Cómo se llama el hermano menor? ¿Cuántos años tiene?
¿Qué cosas hace? ¿Por qué no es un alumno serio? ¿Cómo se llama el perro de Amalia?

et. 2

CONVERSACIÓN OPTIONAL

Ahora, vamos a hablar de tu familia.

1. ¿Es simpática **tu** familia?
   Sí, **mi** familia . . . (No, **mi** familia . . .)
2. ¿Trabaja mucho **tu** padre?
3. ¿Trabaja mucho **tu** madre?
4. ¿Habla español **tu** mejor amigo?
5. ¿Habla español **tu** mejor amiga?
6. ¿Hablan español **tus** padres *(parents)*?
   Sí, **mis** padres . . . (No, **mis** padres . . .)
7. ¿Son simpáticos **tus** amigos?
8. ¿Son generosos **tus** padres?
9. ¿Son estrictos **tus** profesores?
10. ¿Son muy viejos **tus** abuelos
    (grandparents)?

OBSERVACIÓN Est. A

Another way of indicating *relationship* (and *possession*) is to use possessive adjectives. In the questions and answers to the left, the words in heavy print are *possessive adjectives*. The questions concern your friends and your family.

- Which Spanish possessive adjective corresponds to *your* before a singular noun (questions 1-5)? before a plural noun (questions 6-10)?   tu/tus

- In the answers, which Spanish possessive adjective corresponds to *my* before a singular noun? before a plural noun?   mi/mis

---

NOTA CULTURAL OPTIONAL

La familia hispánica

Cuando un joven hispánico habla de su familia, no habla solamente° de sus padres° y de sus hermanos.° Habla también de sus abuelos,° de sus tíos,° de sus primos° y de otros parientes° . . . Incluye° a todas las personas emparentadas° por la sangre° o por el matrimonio. Todos son parientes. Todos son miembros de la misma familia.

En muchas familias, los abuelos viven con sus hijos° y sus nietos° en la misma casa, o si no, en otra casa que está cerca. Las familias hispanas casi siempre son muy grandes . . . ¡y también muy unidas!°

solamente *only*   **sus padres** *his parents*   **hermanos** *brothers and sisters*   **abuelos** *grandparents*   **tíos** *aunts and uncles*   **primos** *cousins*   **parientes** *relatives* **Incluye** *He includes*   **emparentadas** *related*   **sangre** *blood* **hijos** *children*   **nietos** *grandchildren*   **unidas** *united*

Godparents (**los padrinos**) are also part of the extended family.

¿De quiénes habla un joven cuando habla de su familia? ¿Son grandes las familias hispanas? ¿Son unidas?

Estructuras

A. Los adjetivos posesivos: *mi* y *tu*

The *possessive adjectives* **mi** *(my)* and **tu** *(your)* correspond to the subject pronouns **yo** and **tú** and have the following forms:

Act. 3

	BEFORE A SINGULAR NOUN		BEFORE A PLURAL NOUN	
(yo)	**mi**	**mi** mamá	**mis**	**mis** hermanos
(tú)	**tu**	**tu** padre	**tus**	**tus** hermanas

SCRIPT

Act. 4

The form to use depends on whether the noun that follows is singular or plural.

> Vivo con **mi** padre, **mi** madre y **mis** hermanos.
> ¿Dónde están **tus** amigas y **tu** amigo?

Reminder: Accent marks help to differentiate between **mí** (me) and **mi** (my), **tú** (you) and **tu** (your).

ACTIVIDAD 1   La maleta de Luisa

Luisa is packing for a trip. Roberto asks her where some of her belongings are. Luisa answers that they are already in the suitcase. Play both roles according to the model.

> el bolso   Roberto: ¿Dónde está tu bolso?
> Luisa: ¿Mi bolso? Está en la maleta.

1. los discos
2. el libro de español
3. el diccionario
4. las revistas
5. la cámara
6. los periódicos
7. las fotos
8. el pasaporte

VARIATION: Roberto is looking for his belongings. Luisa tells him that they are in the suitcase:
—**Busco mi bolso.**
—**¿Tu bolso? Está en la maleta.**

VOCABULARIO PRÁCTICO La familia

el hermano	brother	la hermana	sister
el hijo	son	la hija	daughter
el padre ⎫	father	la madre ⎫	mother
el papá ⎭		la mamá ⎭	
el esposo	husband	la esposa	wife
los padres	parents		
el abuelo	grandfather	la abuela	grandmother
el primo	cousin	la prima	cousin
el tío	uncle	la tía	aunt
los parientes	relatives		

| mayor | older | Tengo una hermana **mayor** . . . |
| menor | younger | y tres hermanas **menores**. |

WORD ASSOCIATIONS: **padre** (*paternal*), **madre** (*maternity*), **esposo** (*spouse*), **mayor** (*majority*), **menor** (*minority*).
EXTRA VOCAB.: **sobrino** (*nephew*), **sobrina** (*niece*), **padrastro** (*stepfather*), **madrastra** (*stepmother*)

ACTIVIDAD 2   Preguntas personales

1. ¿Es grande tu familia? ¿Es pequeña?
2. ¿Cuántos hermanos tienes? ¿Son mayores o menores? ¿Cómo se llaman?
3. ¿Cuántas hermanas tienes? ¿Son mayores o menores? ¿Cómo se llaman?
4. ¿Tienes muchas fotos de tu familia?
5. ¿Tienes primos? ¿Son simpáticos? ¿Los visitas a menudo?
6. ¿Tienes abuelos? ¿Los visitas? ¿Cuándo?
7. ¿Tienes parientes en otros países? ¿Dónde?

ACTIVIDAD 3   Diálogo: Los nombres, por favor

Ask your classmates the names of the persons below.

≫   el padre   Estudiante 1: ¿Cómo se llama tu padre?
                    Estudiante 2: Mi padre se llama . . .

1. la madre
2. el mejor amigo *(best friend)*
3. la mejor amiga
4. los hermanos
5. las hermanas
6. los primos
7. las primas
8. el (la) profesor(a) de inglés
9. el (la) dentista
10. el (la) doctor(a)

B. Sustantivo + *de* + sustantivo

Compare the word order in the Spanish expressions in heavy print and their English equivalents.

Act. 7

Estamos en clase.	Es una **clase de español.**
	It's a Spanish class.
Mi mamá es profesora.	Es **profesora de música.**
	She is a music teacher.
Mi papá trabaja en una agencia.	Es una **agencia de viajes.**
	It is a travel agency.
Voy a un partido.	Es un **partido de béisbol.**
	It's a baseball game.

Expressions like **profesora de música** consist of two nouns: **profesora** and **música.** The main noun (**profesora**) comes *first.* The noun that describes the type of **profesora** (**música**) plays the role of an adjective: it comes *second* and is preceded by **de.**

ACTIVIDAD 4   Preferencias

People in the left column like music. Say what type of records they listen to. People in the right column like sports. Say what type of games **(partidos)** they go to.

Fernando: jazz   Inés: fútbol
  Fernando escucha un disco de jazz.   Inés va a un partido de fútbol.

1. Amalia: música clásica
2. Roberto: rock
3. Antonio: Beethoven
4. Ana: música popular
5. Mario: música latina

  6. Silvia: básquetbol
  7. Ricardo: tenis
  8. Laura: béisbol
  9. Dolores: volibol
 10. Miguel: hockey

ACTIVIDAD 5   Preguntas personales

1. ¿Tienes una raqueta de tenis? ¿una raqueta de ping pong? ¿un libro de español?
2. ¿Tienes discos de música clásica? ¿de música popular? ¿de jazz? ¿de rock?
3. ¿Te gusta ir a los partidos de fútbol? ¿a los partidos de béisbol?
4. ¿Qué programas escuchas en la radio? ¿Escuchas programas de música clásica? ¿de música popular?

SCRIPT

Act. 8

C. *Hacer*

Note the present tense forms of **hacer** *(to do, to make)* in the following sentences.

(yo)	**Hago** mucho en clase.	(nosotros)	**Hacemos** mucho en casa.
(tú)	**Haces** poco.	(vosotros)	**Hacéis** planes.
(él, ella, Ud.)	**Hace** la tarea.	(ellos, ellas, Uds.)	**Hacen** un viaje.

≫ **Hacer** has regular **–er** endings. The **yo** form is irregular: **hago.**

≫ The present participle is regular: ¿Qué estás **haciendo?**

≫ **Hacer** is used in many expressions:

hacer las tareas,	*to do homework,*
la tarea	*the assignment*
hacer un viaje	*to go on a trip*
hacer la maleta	*to pack a suitcase*

Also: **hacer un papel**   *to play a role* or *part*

REFRÁN

La práctica hace al maestro.

Practice makes the master (makes perfect).

ACTIVIDAD 6   Viajeros *(Travelers)*

These people have decided to spend the summer abroad. Say where each one is going.

≫   Natalia: México   Natalia hace un viaje a México.

1. Pablo: Francia
2. Rebeca: Portugal
3. Paulina: Bolivia
4. nosotros: la Argentina
5. tú: Colombia
6. Ud.: Costa Rica
7. Uds.: Puerto Rico
8. mis amigos: Guatemala

VARIATION: Why are they packing? Because they are going on a trip.
—¿Por qué hace la maleta Natalia?
—Porque hace un viaje a México.

ACTIVIDAD 7   Preguntas personales

1. ¿Haces muchos viajes?
2. ¿Vas a hacer un viaje a España el verano próximo *(next)*?
3. ¿Haces siempre las tareas?
4. ¿Haces muchos errores en tus tareas?
5. ¿Haces muchos planes?

Act. 10

26

VOCABULARIO PRÁCTICO   Los animales domésticos

un gato

un papagayo

un mono

un perro

un pájaro

un pez

• The plural of **pez** is **peces**. A fish caught to be eaten is **un pescado**.
• Other words for **parrot**: **una cotorra, un loro**.

ACTIVIDAD 8   Diálogo: ¿Tienes animales?

Ask your classmates whether they have any of the following pets. If so, ask their names.

⟡   un gato   Estudiante 1: ¿Tienes un gato?
                Estudiante 2: Sí, tengo un gato.
                Estudiante 1: ¿Cómo se llama tu gato?
                Estudiante 2: Mi gato se llama ____.

WB
C1

1. un perro
2. un pájaro
3. un canario

4. un papagayo
5. un hámster
6. un pez

7. un pez de color *(goldfish)*
8. un mono
9. un armadillo

Act. 11

Pronunciación   El sonido «erre»

Model word: pe<u>rr</u>o
Practice words: guita<u>rr</u>a te<u>rr</u>ible ho<u>rr</u>ible ho<u>rr</u>or abu<u>rr</u>ido
                <u>r</u>adio <u>r</u>estaurante <u>r</u>eloj <u>R</u>amón <u>R</u>aúl <u>R</u>ita
Practice sentences: <u>R</u>oberto <u>r</u>epara la guita<u>rr</u>a.

Erre con erre cigarro,
Erre con erre barril,
Rápido corren los carros,
Por la línea del ferrocarril.

R + R = cigar.
R + R = barrel.
The railroad cars run rapidly
Along the train tracks.

The trilled "erre" sound is written **rr** in the middle of a word and **r** at the beginning of a word. The Spanish "erre" sound is produced by tapping or "trilling" the tongue two or more times against the gum ridge behind your teeth. Say the English nonsense word "petter-o" as quickly as you can: you will be very close to producing the Spanish word **"perro."**

Unidad cinco
182

Para la comunicación

Expresión para la conversación

To apologize, you can say:
¡Perdón!   *Excuse me!   Pardon me!*

Mini-diálogos

Create new conversations, replacing the underlined words with words
suggested by the pictures.

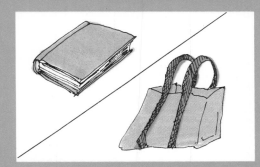

a)   Julia: ¿Dónde está <u>mi</u> <u>libro</u>?
     Rodrigo: ¿<u>Tu</u> <u>libro</u>? Está en tu <u>bolso</u>.
     Julia: ¡Claro!

b)   Rodrigo: ¿Dónde está <u>mi</u> <u>libro</u>?
     Julia: ¿<u>Tu</u> <u>libro</u>?
     Rodrigo: ¡Sí! ¡<u>Mi</u> <u>libro</u>!
     Julia: ¡Perdón! Está en mi <u>bolso</u>.

Tú tienes la palabra

With a classmate, prepare a short dialog in which you talk about some
object you are looking for. Use one of the conversations between Julia and
Rodrigo as a model.

familia   SCRIPT MASTERS p. 26   TRB   QUIZ pp. 53–54   To ask permisson (to interrupt, to walk in front of someone, etc.) you say: **¡Con permiso!**   Lección dos **183**

Act. 13

Lección 3   El edificio de apartamentos

Mira el edificio de apartamentos. Act. 1   27

Está en la Castellana, un barrio elegante
de Caracas.

Tiene siete pisos.

edificio: *building*

pisos: *floors*

En el primer piso vive la familia Vargas.

primer: *first*

En el segundo piso, vive la familia
Martínez: el señor Martínez, su señora y
sus dos hijos.

segundo: *second*

En el tercer piso, vive la Srta. López. La
Srta. López no está casada pero tiene una
familia muy grande. En su apartamento
viven su perro, sus tres gatos, sus dos
papagayos y su mono, Coco. Mi padre dice
que la Srta. López está un poco loca. Yo
digo que es una señorita muy original.

tercer: *third*
casada: *married*

dice: *says*
loca: *crazy*
digo: *say*

En el cuarto piso, vive la familia Miranda.
El señor Miranda y su esposa no tienen
niños.

cuarto: *fourth*

En el quinto piso, vive mi amigo Pedro
Gómez con su hermana Patricia, sus
padres y su abuela.

quinto: *fifth*

En el sexto piso, vive un muchacho
extraordinario, muy inteligente y muy
simpático. Este muchacho alegre y
simpático soy yo, José Antonio del Río.
Nuestro apartamento no es grandísimo.
No es muy moderno. Pero es confortable
. . . ¡y es nuestro apartamento!

sexto: *sixth*

¿Quién vive en el primer piso? ¿Quién vive en el segundo piso? ¿Quién vive en el tercer
piso? ¿Por qué tiene una familia muy grande la Srta. López? ¿Cuántas personas viven
en el cuarto piso? ¿Cuántas personas viven en el quinto piso? ¿Cómo se llama el
muchacho alegre?

CONVERSACIÓN OPTIONAL

Vamos a hablar de tu mejor amigo.
1. ¿Cómo se llama **su** padre?
   Su padre se llama . . .
2. ¿Cómo se llama **su** madre?
3. ¿Cómo se llaman **sus** hermanos?
4. ¿Cómo se llaman **sus** hermanas?

Ahora, vamos a hablar de tu mejor amiga.
5. ¿Cómo se llama **su** padre?
   Su padre se llama . . .
6. ¿Cómo se llama **su** madre?
7. ¿Cómo se llaman **sus** hermanos?
8. ¿Cómo se llaman **sus** hermanas?

OBSERVACIÓN Est. B

These questions ask about your friends' families.
Reread the questions about your best male friend.
- What is the Spanish word that means *his* when the noun that follows is singular (questions 1, 2)? when the noun is plural (questions 3, 4)? su/sus

Now reread the questions about your best female friend.
- What is the Spanish word that means *her* when the noun that follows is singular (questions 5, 6)? when the noun is plural (questions 7, 8)? su/sus

OPTIONAL

NOTAS CULTURALES

Viviendo° en apartamentos

No hay muchas casas individuales en las ciudades hispánicas. La mayoría° de la gente vive en apartamentos. En España los edificios de apartamentos generalmente no son muy altos. Pero en Latinoamérica los edificios modernos tienen diez, veinte o treinta pisos . . . como en los Estados Unidos.

En los países hispánicos, los pisos no están numerados° como en los países norteamericanos. El primer piso hispánico corresponde al segundo piso norteamericano. En español, el primer piso norteamericano se llama la *planta baja*.

Viviendo *Living* **mayoría** *majority* **numerados** *numbered*

Caracas

Caracas es la capital de Venezuela. Tiene una población de cuatro millones de habitantes, y por eso es una de las ciudades más grandes° de Latinoamérica. Es una ciudad muy moderna, pero tiene barrios viejos muy pintorescos.° Es también una ciudad importante en la historia: la independencia de Venezuela fue proclamada° allí en 1811 (mil ochocientos once).

más grandes *biggest* **pintorescos** *picturesque* **fue proclamada** *was proclaimed*

En las ciudades, ¿dónde vive la mayoría de la gente? ¿Cómo se llama el primer piso en español? ¿Cómo se llama la capital de Venezuela? ¿Cuántos habitantes tiene Caracas? ¿Por qué es una ciudad importante en la historia de Venezuela?

Estructuras

A. Decir

Decir *(to say, to tell)* is an irregular verb. Note the present tense forms of this verb in the following sentences.

Act. 3

(yo)	**Digo** que soy simpático.	(nosotros)	**Decimos** que él es guapo.
(tú)	**Dices** que estudias mucho.	(vosotros)	**Decís** que Ana estudia.
(él)		(ellos)	
(ella)	**Dice** la verdad *(truth)*.	(ellas)	**Dicen** la verdad.
(Ud.)		(Uds.)	

The present participle of **decir** is irregular: **diciendo.**

Note irregularities: irregular **yo** ending; stem vowel change (e → i) in the **yo, tú, él** and **ellos** forms.

Decir is often followed by the construction: **que** + clause.

Dicen **que** hablas español muy bien.   *They say **(that)** you speak Spanish very well.*
Jaime dice **que** estás loco.   *Jaime says **(that)** you are crazy.*

Note also the construction: **Dice que sí (no).**   *He says yes (no).*

ACTIVIDAD 1   ¿Son las chicas más inteligentes que los chicos?

Are girls more intelligent than boys? Everyone has a different opinion on that topic. Express these opinions using **decir que.**

VARIATION: They all express their beliefs. **Carmen cree que sí.**

Carmen: sí   Carmen dice que sí.

1. Ricardo: no
2. Teresa: es la verdad *(truth)*
3. Irene y Pilar: es obvio
4. Paco y Roberto: es una idea tonta
5. nosotros: no es la verdad
6. tú: es imposible
7. Ud.: no es posible
8. ellos: es una observación justa

ACTIVIDAD 2   Preguntas personales

1. ¿Dices siempre la verdad *(truth)*?
2. ¿Dices mentiras *(lies)* a veces?
3. ¿Dicen tus amigos que eres simpático(a)?
4. ¿Dice el (la) profesor(a) que hablas bien el español?

OPTIONAL

VOCABULARIO PRÁCTICO   Adjetivos

adjetivos numerales ordinales

primero	first	**cuarto**	fourth	**séptimo**	seventh	**décimo**	tenth
segundo	second	**quinto**	fifth	**octavo**	eighth		
tercero	third	**sexto**	sixth	**noveno**	ninth		

otros adjetivos

próximo	next	¿Cuándo llega el **próximo** autobús?
último	last	Diciembre es el **último** mes del año.

NOTAS: 1. Ordinal numbers are used to rank persons or objects and to put them in a given order. They are adjectives and agree in gender and number with the nouns they describe.

Vivo en la **tercera** casa.   *I live in the **third** house.*

Enero y febrero son los   *January and February are the*
  primeros meses del año.   ***first** months of the year.*

2. Before a masculine singular noun, the final **-o** of **primero** and **tercero** is dropped.

Marzo es el **tercer** mes del año.   *March is the **third** month of the year.*

WORD ASSOCIATIONS: *primary, secondary, tertiary, quartet, quintet, sextet; proximity, ultimatum.*

ACTIVIDAD 3   **La carrera de bicicletas** *(The bicycle race)*   OPTIONAL

Several friends are having a bicycle race. Give their order of arrival at the finishing line.

↪ Elena: 7   Elena es la séptima.

1. Raúl: 10
2. Luisa: 5
3. Dolores: 2
4. Federico: 9
5. Alfredo: 1

6. Anita: 3
7. Susana: 6
8. Pablo: 4
9. Claudia: 7
10. Ricardo: 8

B. El adjetivo posesivo: *su*

Like **mi** and **tu,** the possessive adjective **su** has two forms.

	BEFORE A SINGULAR NOUN	BEFORE A PLURAL NOUN	
(él, ella, Ud.) (ellos, ellas, Uds.) }	**su**	**sus**	Pedro vive con **su** hermana y **sus** padres. Mis amigos están con **su** tío y **sus** primos.

∑ The form to use depends on whether the noun that follows is singular or plural.

∑ Since **su** and **sus** may refer to all third person subjects and subject pronouns, they have several different English meanings.

la casa de Carlos	**su** casa	*his* house
la casa de María	**su** casa	*her* house
la casa de Ana y Paco	**su** casa	*their* house
la casa de Ud.	**su** casa	*your* house
los discos de Carlos	**sus** discos	*his* records
los discos de María	**sus** discos	*her* records
los discos de Ana y Paco	**sus** discos	*their* records
los discos de Uds.	**sus** discos	*your* records

∑ Because **su** and **sus** have several meanings, you may substitute the following construction for clarification:

			él	ellos
noun	+ de +	{	ella or	ellas
			Ud.	Uds.

¿Vamos en el coche de Carlos?   Sí, vamos en **su** coche.
                                 Sí, vamos en **el coche de él.**

¿Vamos en el coche de las chicas?   Sí, vamos en **su** coche.
                                     Sí, vamos en **el coche de ellas.**

REFRÁN

Mi casa es su casa.

My house is your house. (Make yourself at home.)

ACTIVIDAD 4 Una venta en el garaje de Luisa (Luisa's garage sale)

Luisa is selling several things that belong to her friends. Paco wants to know what things she is selling. Play both roles according to the model.

VARIATION (for direct object pronouns): Are people selling their belongings?
  —¿Vende su bicicleta Ricardo?
  —Sí, la vende.

∑ la bicicleta: Ricardo   Paco: ¿Vendes la bicicleta de Ricardo?
                           Luisa: Sí, vendo su bicicleta.

1. la bicicleta: Isabel
2. los discos: Enrique
3. los discos: Silvia
4. el tocadiscos: Rafael

5. el coche: Pedro y Felipe
6. el piano: Elena y Carmen
7. la guitarra: Federico
8. los libros: Ana y Eduardo

ACTIVIDAD 5 En el restaurante

The following people are eating with friends or family. Express this according to the model.

∑ Arturo: los amigos   Arturo come con sus amigos.

1. Ricardo: el padre
2. Elena: la madre
3. Eduardo: los primos
4. Benjamín: las primas

5. el Sr. Gómez: la esposa
6. la Srta. Martínez: la mejor amiga
7. el Sr. Ortega y su esposa: los hijos
8. la Sra. de Díaz: el esposo y las hijas

C. El adjetivo posesivo: *nuestro*

The possessive adjective **nuestro** (our) has four forms:

		SINGULAR	PLURAL	
(nosotros)	masculine	**nuestro**	**nuestros**	**Nuestro** profesor y **nuestros** amigos están aquí.
	feminine	**nuestra**	**nuestras**	**Nuestra** profesora y **nuestras** amigas están aquí.

∑ The form to use depends not only on the *number* (singular or plural) of the noun that follows, but also on its *gender* (masculine or feminine).

ACTIVIDAD 6 Bienvenida

Carmen and Federico are at the airport welcoming June, an exchange student from San Francisco. On the way home they point out various things. Play the role of Carmen and Federico according to the model.

∑ el coche   Aquí está nuestro coche.

1. el barrio
2. la escuela
3. el restaurante favorito
4. las tiendas favoritas

5. la casa
6. el perro
7. los amigos
8. las amigas

Act. 9   28

VOCABULARIO PRÁCTICO   La casa

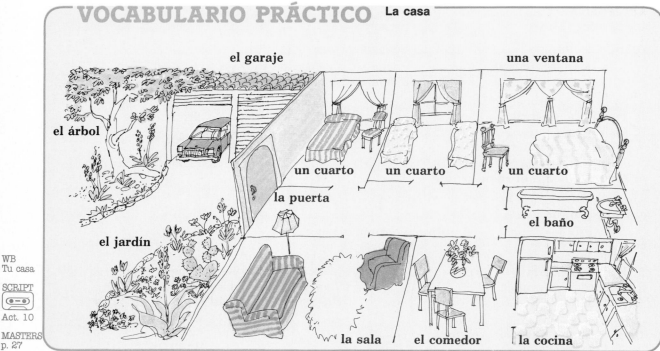

el garaje   una ventana

el árbol

un cuarto   un cuarto   un cuarto

la puerta

el baño

el jardín

WB
Tu casa

SCRIPT
Act. 10

MASTERS
p. 27

la sala   el comedor   la cocina

Other words for "apartment": (most of Latin America) **un apartamento**; (Chile, Argentina, Peru) **un departamento**; (Spain) **un piso.**
For "bedroom": (Latin America) **un dormitorio**; (Spain) **una alcoba.**
Also: **una recámara, una pieza.**

ACTIVIDAD 7   Preguntas personales

1. ¿Vives en una casa o en un apartamento?
2. Si vives en un apartamento, ¿en qué piso está?
3. ¿Cuántos pisos tiene tu casa (tu apartamento)?
4. ¿Cuántos cuartos tiene tu casa (tu apartamento)?
5. ¿Cuántos baños tiene tu casa (tu apartamento)?
6. ¿Cuántas ventanas tiene tu cuarto?
7. ¿Hay un jardín? ¿Hay árboles? ¿Cuántos?
8. ¿Hay un garaje?

Pronunciación   El sonido de la consonante *g* antes de *a, o, u*

Act. 11

a) *g* **inicial**
Model word: gato
Practice words: garaje gordo guapo grande ganas Guillermo
Practice sentences: Guillermo es guapo.
                    El domingo, Gabriela va al cine con el grupo.

At the beginning of a word, and after **l** and **n**, the letter **g** (before **a, o,** or **u**)
is pronounced like the **g** of the English word "go."

b) *g* medial

Model word: ami*g*o

Practice words: ha*g*o di*g*o lle*g*o me *g*usta conmi*g*o

Practice sentences: Me *g*usta *g*anar dinero.

Mis ami*g*os lle*g*an al cine conmi*g*o.

Between vowels and after consonants other than **l** and **n**, the letter **g** (before **a, o,** or **u**) represents the sound /**g**/ which is similar to the **g** of the English "sugar" when spoken quickly.

OPTIONAL

Para la comunicación

Expresiones para la conversación

To express surprise or astonishment, you can say:

¡Caramba!   *Wow! Hey! What!*

¡Dios mío!   *Gosh!*

Mini-diálogos

Create new dialogs, replacing the underlined words with the expressions suggested in the pictures.

Miguel

Vicente: ¿Qué busca <u>Miguel</u>?

Teresa: Creo que está buscando <u>sus libros</u>. <u>Los</u> tienes, ¿verdad?

Vicente: ¡Caramba! ¡Yo no <u>los</u> tengo!

Jaime

Linda

Aurelio

Maribel

Tú tienes la palabra

With a classmate, prepare a short dialog about some missing object. Use the conversation between Teresa and Vicente as a model.

SCRIPT
Act. 13

MASTERS
p. 28

TRB

QUIZ
pp. 55–56

191

Lección 4   ¿Eres servicial?

Act. 1

Eres una persona simpática, ¿verdad? Pero . . . ¿eres servicial también?
Una persona servicial es una persona que ayuda a otros. Es generosa y
amable con todos. ¿Eres este tipo de persona? ¿Qué haces tú en los
siguientes casos?

servicial: *helpful*
ayuda: *helps*
amable: *kind,*
 este: *this*
siguientes: *following,*
 casos: *cases*

1. Tu padre está trabajando en el jardín. ¿Lo ayudas?
   - Sí, lo ayudo.
   - No, no lo ayudo.

2. Tu mamá está preparando una gran comida para una reunión
   familiar. ¿La ayudas?
   - Sí, la ayudo.
   - No, no la ayudo.

comida: *meal*
familiar: *family*

3. Tus hermanitas están haciendo una tarea muy difícil. ¿Las
   ayudas?
   - Sí, las ayudo.
   - No, no las ayudo.

4. Unos amigos están en casa enfermos. ¿Los vas a visitar?
   - Sí, los voy a visitar.
   - No, no los voy a visitar.

5. Tu abuelo está enfermo en el hospital. ¿Le mandas una tarjeta?
   - Sí, le mando una tarjeta.
   - No, no le mando una tarjeta.

mandas: *send*

6. En el autobús no hay asiento para una señora mayor. ¿Le das tu
   asiento?
   - Sí, le doy mi asiento.
   - No, no le doy mi asiento.

asiento: *seat,*
 das: *you give*

7. Tus compañeros de clase están organizando una fiesta. No tienen
   tocadiscos. ¿Les prestas tu tocadiscos?
   - Sí, les presto mi tocadiscos.
   - No, no les presto mi tocadiscos.

prestas: *you loan*

8. Unas amigas tienen problemas con sus padres. ¿Les das buenos
   consejos?
   - Sí, les doy buenos consejos.
   - No, no les doy buenos consejos.

consejos: *advice*

You may want to review the notion of direct and indirect objects in English.
Direct object: I help *my parents* (them).
Indirect object: I speak *to the teacher* (to him/her).
Direct and indirect objects: I give *the book to Mary* (it to her).

INTERPRETACIÓN

Cada respuesta afirmativa vale un punto y cada respuesta negativa vale cero. Suma todos tus puntos. ¿Cuántos tienes?

7-8 puntos:	Eres realmente excepcional. ¡Eres un(a) santo(a)!
5-6 puntos:	Eres muy servicial y muy generoso(a). Probablemente tienes muchos amigos.
3-4 puntos:	En general eres generoso(a). A veces eres un poco egoísta. ¡Eres como la mayoría de la gente!
1-2 puntos:	La generosidad no es tu cualidad principal. ¡Tienes que ser más servicial con la familia y los amigos!
0 puntos:	¿Eres realmente tan indiferente y egoísta?

respuesta: *answer*,
vale: *is worth*,
punto: *point*
Suma: *Add*
realmente: *really*

mayoría: *majority*
cualidad: *quality*

tan: *so*

CONVERSACIÓN   OPTIONAL

Vamos a hablar de tu mejor amigo . . .

1. ¿**Lo** invitas a tu casa?
   Sí, lo . . . (No, no lo . . .)
2. ¿**Le** hablas de tus problemas personales?
   Sí, le . . . (No, no le . . .)

Vamos a hablar de tu mejor amiga . . .

3. ¿**La** invitas a tu casa?
   Sí, la . . . (No, no la . . .)
4. ¿**Le** hablas de tus problemas personales?
   Sí, le . . . (No, no le . . .)

Ahora vamos a hablar de tus primos . . .

5. ¿**Los** visitas a menudo?
   Sí, los . . . (No, no los . . .)
6. ¿**Les** escribes a menudo?
   Sí, les . . . (No, no les . . .)

Finalmente, vamos a hablar de tus primas . . .

7. ¿**Las** visitas a menudo?
   Sí, las . . . (No, no las . . .)
8. ¿**Les** escribes a menudo?
   Sí, les . . . (No, no les . . .)

OBSERVACIÓN   Est. B, D

When you say *I invite Jane* or *I visit Jane,* Jane is the *direct* object of the verb. On the other hand, when you say *I speak to Jane* (about my problems) or *I write* (letters) *to Jane,* Jane is the *indirect* object of the verb.

Reread questions 1, 3, 5 and 7. The pronouns in heavy print replace *direct objects.*

• What is the masculine singular form of the direct object pronoun? the feminine singular form? the masculine plural form? the feminine plural form?   lo/la/los/las

Now reread questions 2, 4, 6 and 8. The pronouns in heavy print replace *indirect objects.*

• What is the masculine singular form of the indirect object pronoun? Is it the same as the feminine singular form?   le/yes

• What is the plural form of the indirect object pronoun?   les

Act. 2

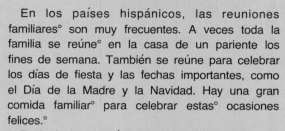

La familia unida

En los países hispánicos, las reuniones familiares° son muy frecuentes. A veces toda la familia se reúne° en la casa de un pariente los fines de semana. También se reúne para celebrar los días de fiesta y las fechas importantes, como el Día de la Madre y la Navidad. Hay una gran comida familiar° para celebrar estas° ocasiones felices.°

En la familia hispánica las diversiones incluyen° a todos. A menudo hijos y padres van juntos° al cine, al teatro, al museo, al campo, a la playa. Cuando hacen un viaje, lo hacen juntos. Así,° ¡la familia hispánica permanece° muy unida!°

familiares *family*   **se reúne** *gets together*   **comida familiar** *family meal*   **estas** *these*   **felices** *happy*   **incluyen** *include* **juntos** *together*   **Así** *Thus*   **permanece** *stays*   **unida** *united*

Estructuras

A. Repaso: los adjetivos posesivos

The chart below contains all the forms of the possessive adjectives:

	SINGULAR	PLURAL	
(yo)	**mi**	**mis**	¿Dónde están **mis** discos y **mi** cámara?
(tú)	**tu**	**tus**	**Tu** amiga es muy simpática.
(él) (ella) (Ud.)	**su**	**sus**	Miguel llega con **sus** amigos.
(nosotros)	**nuestro, nuestra**	**nuestros, nuestras**	**Nuestra** abuela vive con nosotros.
(vosotros)	**vuestro, vuestra**	**vuestros, vuestras**	¿Dónde están **vuestros** amigos?
(ellos) (ellas) (Uds.)	**su**	**sus**	Mis primos no tienen **sus** discos.

ACTIVIDAD 1   ¡Hasta luego!

The following persons are taking a trip to South America, and various people are seeing them off. Say with whom each one is arriving at the airport.

> Marina: el novio, las amigas   Marina llega al aeropuerto con su novio y sus amigas.

ADDITIONAL CUES:
Ud.: el hermano, la novia, los primos
Uds.: los padres, el tío, la tía

1. Roberto: los amigos
2. Anita: el padre
3. Rita: los hermanos
4. el Sr. Gómez: la esposa
5. la Sra. de Argías: el esposo
6. Miguel y Felipe: el primo
7. Teresa y María: las primas
8. tú: el padre, la madre, las hermanas
9. nosotros: el tío, las primas
10. yo: los amigos, la abuela
11. los hermanos de Carmen: los amigos
12. la hija del Sr. Vargas: el novio, el padre

B. Repaso: los pronombres *lo, la, los, las*

Review the direct object pronouns in the chart below:

	SINGULAR			PLURAL		
masculine	**lo**	¿Miguel?	No **lo** invito.	**los**	¿Mis amigos?	Sí, **los** invito.
feminine	**la**	¿María?	No **la** busco.	**las**	¿Mis cintas?	Sí, **las** busco.

 When the verb is followed by an infinitive, the direct object pronoun is usually attached to that infinitive. (It may come before the first verb.)

¿Vas a invitar a María?   Sí, voy a invitar**la**.
                                (Sí, **la** voy a invitar.)

¿Tienes que hacer las tareas?   Sí, tengo que hacer**las**.
                                (Sí, **las** tengo que hacer.)

Act. 5

VOCABULARIO PRÁCTICO   Verbos que usan objetos directos

ayudar	to help	¿**Ayudas** a tus amigos? Sí, los **ayudo**.
buscar	to look for	¿**Buscas** a Pepe? No, no lo **busco**.
esperar	to wait for	¿**Esperas** a Juana? Sí, la **espero**.
llamar	to call	¿**Llamas** por teléfono a tus primas?
(por teléfono)	(on the phone)	Sí, las **llamo**.
necesitar	to need	¿**Necesitas** tu cámara? Sí, la **necesito**.

Review other verbs that take direct objects: escuchar, llevar, mirar, leer, recibir, tener, ver, hacer.

ACTIVIDAD 2   Un viaje

Imagine you are going on a trip to South America. Here are some items. Which ones do you need to take along?

¿tu tocadiscos?   Sí, lo necesito.
                        (No, no lo necesito.)

1. ¿tu cámara?   3. ¿tu bolso?   5. ¿tus discos?   7. ¿tus libros de español?
2. ¿tu grabadora?   4. ¿tu bicicleta?   6. ¿tus cintas?   8. ¿tu bolígrafo y tu lápiz?

ACTIVIDAD 3   El teléfono

Ask your classmates whether they often call the following people.

tu mejor amigo   Estudiante 1: ¿Llamas por teléfono a tu mejor amigo a menudo?
                        Estudiante 2: Sí, lo llamo a menudo.
                                     (No, no lo llamo a menudo.)

1. tu profesor   3. tus amigos   5. tus abuelos   7. tu papá
2. tus primos   4. tu mamá   6. tu doctor   8. tus tíos

ACTIVIDAD 4   El cumpleaños de Carolina

Enrique wants to know whom Carolina is going to invite to her birthday party. She answers him. Play both roles according to the model.

VARIATION: Carolina is not inviting any of these people.
No, no voy a invitarlos.

> tus primos   Enrique: ¿Vas a invitar a tus primos?
> Carolina: Sí, voy a invitarlos. Siempre los invito.

1. María
2. Roberto
3. tus abuelos
4. Paco y Marina
5. el profesor de matemáticas
6. las primas de Eduardo

ACTIVIDAD 5   Una buena razón (A good reason)

Federico asks Claudia if she does the following things, but Claudia doesn't like to do anything. Play both roles according to the model.

> visitar el museo   Federico: ¿Visitas el museo?
> Claudia: No, no lo visito.
> Federico: ¿Por qué no?
> Claudia: Porque no me gusta visitarlo.

1. hacer las tareas
2. llevar a tu hermana menor al cine
3. leer la revista
4. escuchar las cintas de inglés
5. organizar una fiesta
6. preparar el café
7. ayudar a tu mamá
8. llamar a tus primos

C. Dar

Note the present tense forms of the verb **dar** (to give) in the following sentences.

(yo)	**Doy** muchas fiestas en mi casa.	(nosotros)	**Damos** muchos consejos (advice).
(tú)	¿**Das** muchas fiestas?	(vosotros)	¿**Dais** buenos consejos?
(él) (ella) (Ud.)	¿**Da** Paco fiestas en su casa?	(ellos) (ellas) (Uds.)	**Dan** malos consejos.

> **Dar** has regular **–ar** endings except in the **yo** form: **doy.**
> The present participle is regular: ¿Qué están **dando** Uds.?

Note: There is no accent on the **vosotros** form: **dais.**

ACTIVIDAD 6   Consejos (Advice)

Say what type of advice the following people give.

> Pedro: buenos   Pedro da buenos consejos.

1. yo: magníficos
2. Esteban: tontos
3. nosotros: buenos
4. Ud.: malos
5. tú: excelentes
6. mis padres: útiles (useful)
7. Uds.: serios
8. la profesora: importantes

D. Los pronombres *le, les*

Act. 9

Note the form and the position of the pronouns in heavy print.

Tengo un amigo en Chile.	**Le** escribo a veces.	*I sometimes write **(to) him.***
Tengo una amiga aquí.	No **le** escribo.	*I don't write **(to) her.***
Tengo dos hermanos.	**Les** presto mis discos.	*I lend **them** my records.*
		*(I lend my records **to them.**)*
Tengo dos primas.	No **les** presto mi radio.	*I don't lend **them** my radio.*
		*(I don't lend my radio **to them.**)*

The pronouns **le** and **les** may refer to either males or females.

The position of the *indirect object pronouns* is the same as that of the direct object pronouns.

Usually the indirect object pronoun comes directly *before* the verb.

When used with an infinitive, the indirect object pronoun usually comes *after* the infinitive and is attached to it. (It may come *before* the first verb.)

SCRIPT
Act. 8

¿A Manuel? ¡Claro! Ahora voy a escribir**le.**
(¿A Manuel? ¡Claro! Ahora **le** voy a escribir.)

Le and **les** are used even when the indirect object noun is expressed.

MASTERS
p. 29

Le presto mi guitarra **a María.**	*I am lending my guitar **to María.***
Les escribo **a mis primos.**	*I am writing **to my cousins.***

Review other verbs that take indirect objects: **hablar, enseñar, escribir, decir, dar.**

Act. 10

VOCABULARIO PRÁCTICO   Verbos que usan objetos indirectos

comprar (algo) a (alguien)
to buy (something) for (someone)

Le **compramos** una cinta a José.

mandar (algo) a (alguien)
to send (something) to (someone)

Les **mando** una carta a mis padres.

prestar (algo) a (alguien)
to lend (something) to (someone)

Le **presto** mi radio a Juanita.

Practice these verbs by handing pictures of objects to various students: —**¿A quién le presto la cámara?**
—**Ud. le presta la cámara a Ricardo.**

ACTIVIDAD 7   Diálogo: Los problemas

Everyone has little problems. Ask your classmates whether they talk about them with the following people.

  tu mejor amigo   Estudiante 1: ¿Le hablas de tus problemas a tu mejor amigo?
    Estudiante 2: Sí, le hablo de mis problemas.
      (No, no le hablo de mis problemas.)

1. tu mejor amiga
2. tu papá
3. tu mamá
4. tus hermanos
5. tus profesores
6. tus primos
7. tu abuela
8. tu familia

ACTIVIDAD 8   Diálogo: La correspondencia

Ask your classmates to whom they write when they are away on summer vacation.

VARIATION: Do your classmates send postcards to the same people? **¿Le mandas tarjetas postales a tu mejor amigo?**

⮂   tu mejor amigo

Estudiante 1: ¿Le escribes a tu mejor amigo?
Estudiante 2: Sí, le escribo.
(No, no le escribo.)

1. tus padres
2. tus abuelos
3. tus hermanos

4. tus tíos
5. tus amigos favoritos
6. tu profesor(a) de español

7. tu primo(a) favorito(a)
8. tu perro

ACTIVIDAD 9   Regalos de Navidad

Paco is thinking about what to get the following people for Christmas. Express his thoughts, according to the model.

VARIATION: Paco and his sister are wondering what to buy.
—¿Qué le compramos a María?
—Vamos a comprarle una cinta.

⮂   María: una cinta   ¿Qué le doy a María? . . . Voy a darle una cinta.

1. mamá: un bolso
2. papá: un libro
3. Pedro: un libro también

4. sus abuelos: unas fotos
5. su hermana menor: un sombrero
6. sus primas: un disco

ACTIVIDAD 10   Preguntas personales

1. ¿Le prestas tu bicicleta a tu hermano? ¿a tu hermana? ¿a tu papá?
2. ¿Les prestas tus discos a tus hermanos? ¿a tus amigos?
3. ¿Qué le vas a dar a tu papá para su cumpleaños? ¿una cámara? ¿un reloj? ¿un radio?
4. ¿Te gusta mandar tarjetas de Navidad?
5. ¿Les mandas tarjetas de Navidad a tus amigos? ¿a tus primos? ¿a tus abuelos? ¿a tus profesores?

WB
D1, D2

Pronunciación   El sonido de la consonante l

Act. 11

The Spanish l never represents the sound of the "dark l" in the English word "lake," in which much of the tongue touches the roof of the mouth.

Model word: Felipe
Practice words: le les lo las leo lápiz lunes
                abuela sala maleta bailo miércoles
                árbol sol español hotel abril Isabel
Practice sentences: El lunes, Manuel va al Hotel Plaza.
                    El alumno habla español.
                    Le doy a Luisa la maleta.
                    Leo el libro de Isabel.

The sound of the Spanish l is similar to the sound of the l in the English word "leaf." In pronouncing the Spanish l, only the tip of the tongue touches the upper gum ridge.

Act. 12   OPTIONAL

Para la comunicación

Expresiones para la conversación

To express admiration, you can use one of the following adjectives with a noun and **tan**:

estupendo	¡Qué chico **tan estupendo**!
fabuloso	¡Qué chica **tan fabulosa**!
magnífico	¡Qué regalo **tan magnífico**!
fantástico	¡Qué profesor **tan fantástico**!

The **tan** is sometimes omitted in conversation.

Mini-diálogos

Create new dialogs by replacing the underlined words with the words suggested by the pictures.

Miguel

Marta: ¿Qué compras?
Tomás: Compro un tocadiscos.
Marta: ¿Para quién?
Tomás: Para Miguel.
Marta: ¿Y por qué le compras un tocadiscos?
Tomás: Porque mañana es su cumpleaños.
Marta: ¡Qué regalo tan fabuloso!

| tu primo | tu prima | tus hermanas | tu hermano | Manuela |

Tú tienes la palabra

With a classmate, prepare a short dialog about a present you are buying for a friend. Use the conversation between Marta and Tomás as a model.

Variedades

La historia de las cosas que comemos

En 1492 (mil cuatrocientos noventa y dos), cuando Cristóbal Colón llega a América, los españoles descubren° no sólo un continente nuevo. También descubren otros pueblos,° otras civilizaciones y ... otros productos. Al mismo tiempo, los españoles introducen en América cosas que se usan° en España.

Los siguientes productos tal vez no son tus favoritos. Pero los comes a veces, ¿verdad?

Ahora, adivina° su origen. ¿De dónde crees que son originalmente:

1. la piña? ¿De Hawai? ¿de Florida?

2. el maní? ¿De Georgia? ¿de África?

3. la papa? ¿De Irlanda? ¿de Francia?

4. el tomate? ¿De Italia? ¿de California?

5. la banana? ¿Del Ecuador? ¿de Panamá?

6. el café? ¿Del Brasil? ¿de Colombia?

Éstas° son las respuestas° correctas:

1. Es cierto que casi todas las piñas que venden los supermercados° son de Hawai, pero los cultivadores° originales de las piñas son los indios de Cuba y Puerto Rico.
2. Es cierto que hay una variedad de maní que viene de Georgia, pero los cultivadores originales del maní son los indios de Bolivia, Perú y Ecuador.
3. Es cierto que las papas son muy populares en Irlanda, pero los cultivadores originales de las papas también son los indios de Bolivia, Perú y Ecuador.
4. Es cierto que los italianos preparan una deliciosa salsa° de tomate, pero los cultivadores originales del tomate son los indios de México.
5. Es cierto que el Ecuador es el mayor° productor° de bananas del mundo,° pero las bananas son de origen africano. Llegaron° a América porque los españoles las introdujeron.°
6. Es cierto que el Brasil es el mayor productor de café del mundo, pero el café también es de origen africano. Y también llegó° a América porque los españoles lo introdujeron.

---

descubren: *discover*
pueblos: *people*

se usan: *are used*

adivina: *guess*

Éstas: *These,*
respuestas: *answers*

supermercados: *supermarkets,*
cultivadores: *cultivators*

salsa: *sauce*

mayor: *largest,*
productor: *producer,*
mundo: *world*
Llegaron: *They came,*
introdujeron: *introduced*

llegó: *it came*

El arte de la lectura   OPTIONAL

Adjetivos de nacionalidad

Adjectives of nationality are derived from the names of countries. These adjectives, however, do not all have the same endings.

The following list of adjectives of nationality covers all the Spanish-speaking countries. Can you match these adjectives with the corresponding countries?

7	argentino	(la) Argentina		mexicano	México
3	boliviano	Bolivia	8	nicaragüense	Nicaragua
	colombiano	Colombia		norteamericano	(los) Estados Unidos
	costarricense	Costa Rica	4	panameño	Panamá
	cubano	Cuba		paraguayo	(el) Paraguay
5	chileno	Chile	1	peruano	(el) Perú
	dominicano	la República Dominicana		puertorriqueño	Puerto Rico
9	ecuatoriano	(el) Ecuador	12	salvadoreño	El Salvador
2	español	España	11	uruguayo	(el) Uruguay
10	guatemalteco	Guatemala		venezolano	Venezuela
6	hondureño	Honduras			

Now can you match the following adjectives of nationality with their countries?

	alemán	Alemania		indio	(la) India
	australiano	Australia	15	irlandés	Irlanda
	belga	Bélgica		israelí	Israel
	brasileño	(el) Brasil		neozelandés	Nueva Zelanda
	canadiense	(el) Canadá	14	ruso	Rusia
13	chino	(la) China		senegalés	Senegal
	egipcio	Egipto		sueco	Suecia
	griego	Grecia		turco	Turquía
	húngaro	Hungría			

Have the students find these countries on a map of the world: **¿Dónde está la Argentina? ¡Aquí está!**

3

DEPORTES DE VERANO

 tenis

 natación

 windsurf

 esquí acuático

 vela

DEPORTES DE INVIERNO

 esquí

 patinaje

 hockey

EL BÉISBOL
es más popular en: México, Puerto Rico, Cuba, Venezuela, La República Dominicana, Nicaragua

Si el fútbol es número uno en Sudamérica y España, el béisbol es rey° en los países del Caribe; el deporte tiene equipos muy populares, especialmente en Venezuela y en la República Dominicana. Hay muchos jugadores° de origen hispánico en las grandes ligas de béisbol en los Estados Unidos.

El mundo° hispánico

mundo *world*   deportes *sports*   tan *as*   rey *king*
jugadores *players*

EL VOLIBOL
es más popular en: México, Cuba, Colombia, Bolivia

Este deporte y pasatiempo° cada día es más y más popular por todas partes.° Muchos profesores de educación física dicen que es excelente para los jóvenes, especialmente para las chicas. Hay varios grupos profesionales de chicas, pero en muchos barrios y parques, grupos mixtos de muchachos y muchachas lo juegan° simplemente como un pasatiempo.

EL ESQUÍ
es más popular en: Chile, Argentina, España

Cuando la gente en los Estados Unidos habla del esquí, habla de Colorado, de Vermont, de los Alpes y del Japón. Pero en Sudamérica, las montañas de los Andes son fantásticas para este deporte. Los grandes centros de esquí como Las Leñas (Argentina) y Portillo (Chile) atraen° a miles° de esquiadores° cada año. En España, los Pirineos y la Sierra Nevada son regiones muy populares para el esquí.

y los deportes°

En los países hispánicos los deportes son tan populares como° en los Estados Unidos, pero hay una gran variedad de deportes en diferentes países.

EL CICLISMO
es más popular en: Venezuela, México, Uruguay, Colombia, Chile, Costa Rica, Guatemala, Cuba

Éste es un deporte que tiene millones de aficionados en España y en América Latina. En España el evento principal es la «Vuelta». Es una carrera° de ciclismo que dura° dos o tres semanas durante el verano. Los competidores cruzan° ríos° y montañas con buen tiempo o con mal tiempo. La llegada° de los ciclistas es un evento nacional. También hay una «Vuelta» muy famosa en Colombia.

pasatiempo *pastime* **por todas partes** *everywhere* **juegan** *play* **atraen** *attract* **miles** *thousands* **esquiadores** *skiers* **tan ... como** *as . . . as* **carrera** *race* **dura** *lasts* **cruzan** *cross* **ríos** *rivers* **llegada** *arrival*

EL FÚTBOL°
es más popular en: España, México, Chile, Uruguay, Argentina

Es el deporte° número uno en Sudamérica. En muchas ciudades grandes y pequeñas hay equipos° de fútbol y cada equipo tiene muchísimos aficionados.° Los partidos° nacionales tienen gran importancia en cada país, pero el gran evento es la Copa Mundial,° cada cuatro años. En 1986 unos quinientos millones de personas vieron° por televisión el partido final de la Copa Mundial. Este° partido se jugó° en México.

EL JAI ALAI
es más popular en: España, México, Cuba, Venezuela

Es un juego° de origen vasco° que quiere decir° «fiesta alegre». Es uno de los deportes más peligrosos° y rápidos; la pelota° viaja a velocidades de más de doscientos kilómetros por hora; por eso las canchas° tienen tres paredes° de catorce metros de altura° y son de cemento sólido. Hoy los mejores° jugadores de jai alai vienen a los Estados Unidos a jugar en las canchas de Florida y de Connecticut.

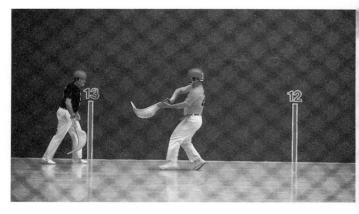

fútbol *soccer* **deporte** *sport* **equipos** *teams* **aficionados** *fans* **partidos** *matches*
Copa Mundial *World Cup* **vieron** *saw* **Este** *This* **se jugó** *was played* **juego** *game* **vasco** *Basque*
quiere decir *means* **peligrosos** *dangerous* **pelota** *ball* **canchas** *courts* **paredes** *walls*
altura *height* **mejores** *best*

LA CORRIDA DE TOROS
es más popular en: España, México, Colombia, Perú

Unos dicen que es un arte y otros dicen que es un deporte. Unos dicen que es un acto de barbarie° y otros que es un acto simbólico en que se oponen° la fuerza° bruta de un animal con la valentía° y la gracia del hombre. Se practica esta actividad en España, México, Colombia y a veces en el Perú y Guatemala.

EL TENIS
es más popular en: Argentina, México, Perú, Chile

El tenis se juega° hoy más que antes en el mundo hispánico. La popularidad de este° deporte es debida° en gran parte al notable éxito° de tenistas hispánicos. Todos conocen a jugadores° como Martín Jaite y Gabriela Sabatini (Argentina), Andrés Gómez (Ecuador) y Emilio Sánchez (España). Hoy estos campeones° se distinguen° en los principales torneos° internacionales, siguiendo las huellas° de tenistas como Pancho González (México) y Pancho Segura (Ecuador), campeones de la generación anterior.°

barbarie *savagery*   **se oponen** *are opposed*   **fuerza** *force*   **valentía** *courage*   **se juega** *is played*
este *this*   **debida** *due*   **éxito** *success*   **jugadores** *players*   **campeones** *champions*
se distinguen *distinguish themselves*   **torneos** *tournaments*
siguiendo las huellas *following in the footsteps*   **anterior** *previous*

¿QUÉ SABES DEL FÚTBOL?

¿Cuál es el deporte que llena° más estadios en el mundo, que tiene más jugadores profesionales y aficionados y que paga° más dinero a los equipos profesionales?

¡El fútbol! . . . y el fútbol es rey en los países hispánicos. En los Estados Unidos este deporte es cada día más popular. ¿Qué sabes tú del fútbol? Vamos a ver . . .

sí no

1. Un equipo de fútbol tiene once jugadores.
2. La duración de un partido es de dos partes de cuarenta y cinco minutos cada una.
3. Para° ser buen jugador es necesario ser alto.
4. El juego consiste en hacer entrar° la pelota en la portería° del equipo contrario.
5. Los jugadores toman la pelota con las manos.°
6. El fútbol es un deporte de origen hispánico.
7. Un gol vale° dos puntos.
8. En el fútbol los jugadores usan cascos.°
9. En general, un campo de fútbol es más grande que° un campo de fútbol americano.
10. En los Estados Unidos hay equipos profesionales de fútbol.

llena *fills* **paga** *pays* **Para** *In order* **hacer entrar** *making enter* **portería** *goal area*
manos *hands* **vale** *is worth* **cascos** *helmets* **más grande que** *bigger than*

EL FÚTBOL

EL VOCABULARIO

campo	field
línea	line
puerta, portería	goal

camiseta

pelota, balón

botines

calzoneta

rodilleras

medias

canilleras

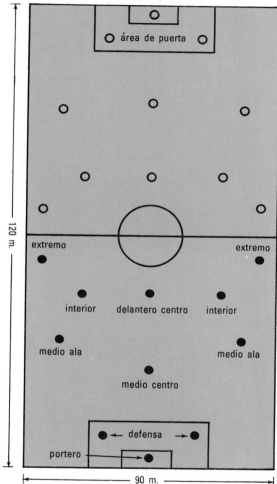

campo de fútbol

línea de puerta

área de puerta

120 m.

extremo

extremo

interior

delantero centro

interior

medio ala

medio ala

medio centro

← defensa →

portero

90 m.

las posiciones

GOLF
Severiano Ballesteros
España

Severiano Ballesteros, de origen español, es uno de los mejores° jugadores de golf en el mundo. ¿Cómo empezó° su interés en el golf? Cuando era° niño, Seve aprendió° como jugar al golf con palos° y piedritas° que encontraba° en la playa de Pedreña, su pueblo natal.°

A los dieciséis años, Seve se hizo° profesional. Ahora Seve ha obtenido° el título de campeón por todo el mundo.° ¡Y todo empezó con los juegos de un niño!

NATACIÓN

Gabriela Gaja
México

Gabriela Gaja es una nadadora° mexicana. A la edad° de quince años, ella participó° en los Juegos Panamericanos de Indianápolis. Desde entonces,° Gaby ha participado en muchas competencias internacionales y ha ganado° muchas medallas. Ella nada aproximadamente 14 kilómetros todos los días. Su pasatiempo° favorito es coleccionar° billetes y monedas° de diferentes países. Su deseo:° ¡ganar una medalla en los próximos° Juegos Olímpicos!

JUEGOS SOBRE SILLAS DE RUEDAS

Cecilia Vázquez
México

Cecilia es una niña minusválida° que depende de una silla de ruedas.° Su esfuerzo°, dedicación, energía y actitud positiva le traen° la admiración y respeto de muchísimas personas. A la edad de ocho años, ella participó° en los XIV (catorce) Juegos Sobre Sillas de Ruedas en la Ciudad de México. Cecilia fue° la estrella° de los Juegos: ¡ganó° ocho medallas!

mejores *best* **empezó** *did . . .begin* **era** *was* **aprendió** *learned* **palos** *sticks* **piedritas** *small stones* **que encontraba** *that he found* **pueblo natal** *hometown* **se hizo** *became* **ha obtenido** *has obtained* **por todo el mundo** *throughout the world* **nadadora** *swimmer* **edad** *age* **participó** *participated* **Desde entonces** *Since then* **ha participado** *has participated* **ha ganado** *has won* **pasatiempo** *pastime* **coleccionar** *collect* **monedas** *coins* **deseo** *wish* **próximos** *next* **minusválida** *handicapped* **silla de ruedas** *wheelchair* **esfuerzo** *effort* **le traen** *bring her* **participó** *participated* **fue** *was* **estrella** *star* **ganó** *she won*

FÚTBOL
Diego Maradona
Argentina

En el mundo de fútbol,° Diego Armando Maradona es «El Rey».° En 1986, él fue la superestrella° del campeonato Mundial de Fútbol en México, en que su equipo, el equipo nacional argentino, ganó la copa.

Diego es de tamaño° pequeño. Sin embargo,° cuando está en el campo° de fútbol, es un jugador° formidable. ¿Por qué? Porque es un jugador sumamente° rápido.° ¡Es el jugador más rápido del mundo! ¡Y también es el más famoso!

TENIS
Gabriela Sabatini
Argentina

A los seis años, Gabriela empezó° a jugar al tenis. A los dieciséis años fue° la participante más joven en los juegos semifinales de Wimbledon. Hoy ha competido° con éxito° contra las mejores jugadoras de tenis en el mundo, como Martina Navratilova. Gabriela se dedica únicamente° a este deporte y piensa que algún día° ella será° la campeona mundial de tenis. Trabaja mucho para mantenerse en forma y le pone mucha atención a su dieta, pero admite que tiene una pequeña debilidad:° ¡le encanta el helado!° También le gusta mucho jugar juegos electrónicos y escuchar música moderna.

BÉISBOL
George Bell
República Dominicana

El talentoso beisbolista juega con el equipo Blue Jays de Toronto. En 1987, la Asociación de Escritores de Béisbol en América lo nombró° el Jugador Más Valioso° de la Liga° Americana. Es el primer dominicano en recibir° este premio.° Bell, en solamente° cinco temporadas° con los Blue Jays, bateó 139 jonrones. También fue elegido° para jugar en el Juego de las Estrellas° y recibió el premio «Silver Slugger». En la República Dominicana, es más que una estrella de béisbol. ¡Es un héroe nacional!

empezó *began* fue *she was* ha competido *has competed* con éxito *successfully* únicamente *solely* algún día *some day* será *will be* debilidad *weakness* helado *ice cream* fútbol *soccer* El Rey *The King* superestrella *superstar* tamaño *size* Sin embargo *Nonetheless* campo *field* jugador *player* sumamente *extremely* rápido *fast* lo nombró *named him* Jugador Más Valioso *Most Valuable Player* Liga *League* recibir *to receive* premio *award* solamente *only* temporadas *seasons* bateó *hit* jonrones *homeruns* elegido *elected* Juego de las Estrellas *All-Star Game*

211

Los deportes y tu personalidad

Nuestra preferencia por cierto° deporte dice mucho de nuestra personalidad.
Por ejemplo, un deporte de equipo°—el fútbol, el básquetbol, el volibol—atrae°
a personas que prefieren formar parte de un grupo. Un deporte individual—el
correr,° el tenis, el esquí—atrae a personas que prefieren realizar° un objetivo
personal. ¿Qué deportes practicas tú? ¿Cuál es tu deporte favorito? . . .
Primero decide qué tipo de persona eres; después ve° cuál es tu deporte.

SI TÚ ERES . . .	TU DEPORTE ES . . .	PORQUE . . .
• independiente y enérgico(a)	el correr	En las carreras tú compites contigo mismo.°
• inteligente y perseverante	el tenis	Juegas al tenis para ganar, y para ganar necesitas tener buenas tácticas.
• sociable	el ciclismo, la natación,° el esquí	El objetivo de estos deportes no es sólo ganar° sino° también hacer ejercicio con otra gente.
• agresivo(a)	el fútbol	Tienes que pegarle° a la pelota, pero ¡primero tienes que llegar a ella!
• seguro(a) de ti mismo°	el básquetbol	No puedes esperar; tienes que saber° qué hacer con la pelota.
• perfeccionista	el volibol	Éste es un deporte que requiere disciplina y precisión.

cierto *a certain* **equipo** *team* **atrae** *appeals* **correr** *running* **realizar** *to attain* **ve** *see*
contigo mismo *with yourself* **natación** *swimming* **ganar** *to win* **sino** *but* **pegarle** *kick*
seguro de ti mismo *sure of yourself* **saber** *know*

El radio deportivo°

Tú estás solo en un desierto . . .
Tienes sólo un radio transistor.
Enciendes° el radio y . . . ¡caramba! ¡Una transmisión en español! ¡El radio está completamente loco!° En cada estación sólo habla de deportes. Tu única° posibilidad de pasar el tiempo es adivinar° qué deporte corresponde a las siguientes palabras:

1. Y ahora Gutiérrez toma la pelota, corre° en zig-zag y . . . Goooooooooooooool, Goooooooooooooool de la Argentina . . . Dos del Uruguay, tres de la Argentina . . .

2. Santos lanza° . . . González conecta° una línea que se va . . . se va . . . se va . . . ¡y se fue!° ¡Jonrón para los Piratas!

3. Estamos en el último juego° del torneo° de dobles femeninos. Juanita Torres sirve una pelota° rapidísima . . . ¡Otro incojible!° ¡Cuarenta / quince!

4. Corona se aproxima° al final de las veinte y seis millas. Sólo le restan unas veinte yardas . . . ¡Llega el primero en dos horas ocho minutos y diez segundos! ¡Un nuevo record mundial!

5. El piloto Carlos Perea toma mal la curva: sólo hay humo° en la pista° . . . ¡Accidente en la pista! . . . ¡Una ambulancia, una ambulancia! . . .

6. Carmen Rey está a ocho bajo par, pero tiene un put difícil a quince pies del hoyo° diez y ocho. Prepara el golpe.° La pelota rueda° . . . se acerca° . . . ¡cae° en el hoyo! ¡Rey es la campeona!

RESPUESTAS: 1. fútbol 2. béisbol 3. tenis 4. maratón 5. carrera° de autos 6. golf

Actividades culturales

Actividades para cada estudiante

1. Make a list of ten baseball players with Hispanic names in the American and the National League. (Sources: newspapers, sports magazines)
2. List the Hispanic medal winners in the last four Summer Olympic Games. (Source: almanac)

Actividades para la clase

1. Look in newspapers and magazines for articles about Hispanic sports figures, and prepare a display.
2. Prepare a display that compares el fútbol and el fútbol americano. Indicate field size, team size, equipment, and scoring.

deportivo *of sports*　**Enciendes** *You turn on*　**loco** *crazy*　**única** *only*　**adivinar** *guess*　**corre** *runs*
lanza *pitches*　**conecta** *hits*　**¡y se fue!** *and it's gone!*　**juego** *game*　**torneo** *tournament*
pelota *ball*　**incojible** *ace*　**se aproxima** *nears*　**humo** *smoke*　**pista** *track*　**hoyo** *hole*　**golpe** *shot*
rueda *rolls*　**se acerca** *approaches*　**cae** *falls*　**carrera** *race*

213

Nuestras diversiones

6.1 **El problema del dinero**

6.2 **Los deportes**

6.3 **Las diversiones y tú**

6.4 **Los sábados por la noche**

VARIEDADES **El correo del corazón**

OBJECTIVES

Communication

By the end of this unit, students will be able to use Spanish:
- To discuss what they earn and spend
- To talk about sports
- To discuss leisure activities such as movies, TV, and reading

Language

This unit completes the initial presentation of the simple sentence. (The next units will introduce the reflexives, the preterite and the commands.) The grammatical focus here is on:
- The object pronouns **me, te, nos**
- The use of the definite article in a general sense
- Affirmative and negative expressions
- Stem-changing verbs
- Verbs in **-cer** and **-cir**

Culture

This unit presents the Hispanic view of money and leisure activities such as sports, movies and dating.

 Unit Six   Modules 13, 14

Lección 1 El problema del dinero

Due to currency fluctuations, the allowances mentioned here may not be accurate.

Act. 1

¿Cuánto dinero te dan tus padres? ¿Te dan mucho? ¿Te dan poco? ¿Qué haces con tu dinero?

El problema del dinero es un problema universal. Todos los jóvenes del mundo tienen este problema. Hoy, cinco jóvenes hispanos nos van a hablar de este importante problema.

mundo: *world,*
  este: *this*

Carlos (Es del Uruguay y tiene quince años.)

Mis padres me dan cincuenta pesos cada semana. Con eso compro discos y revistas, y voy al cine de vez en cuando.

eso: *that*

María Victoria (Es la hermana de Carlos y tiene trece años.)

A mi hermano mis padres le dan cincuenta pesos cada semana. Pero a mí me dan sólo treinta. No es mucho y . . . ¡no es justo! ¡Yo también tengo gastos! ¡Yo también necesito comprar discos y revistas! ¡Yo también tengo ganas de ir al cine! . . . Pero no voy nunca . . . ¡No tengo suficiente dinero!

gastos: *expenses*

Elena (Es de México y tiene diez y seis años.)

A mí mi papá no me da nada. De vez en cuando mi mamá me da tres mil pesos . . . ¡especialmente cuando saco buenas notas en clase! Afortunadamente tengo amigos generosos. Me invitan al cine, a los conciertos, a tomar café . . . ¡Y yo no pago nada, por supuesto!

nada: *nothing*
tres mil: *three thousand,* saco: *get,* notas: *grades*
Afortunadamente: *Fortunately*
pago: *pay*

Guillermo (Es de Bolivia y tiene quince años.)

Mis padres me dan ochocientos pesos cada semana. ¿Crees que es mucho? Realmente es muy poco. Tengo muchas amigas . . . y cuando invito a una chica al café, claro, tengo que pagar por ella. ¡Después no tengo dinero el resto de la semana!

ochocientos: *eight hundred*

pagar: *to pay*

Esteban (Es de San Francisco y tiene diez y nueve años.)

¡Yo nunca pido dinero! ¡No me gusta pedir nada! . . . No necesito el dinero de mis padres. Trabajo en una estación de servicio. Soy mecánico y gano mucho. El dinero que gano no lo gasto. Lo ahorro para comprar una moto . . . una Kawasaki 500.

nunca: *never,* pido: *ask for*

gasto: *spend,* ahorro: *save*

• 500 = quinientos (centímetros cúbicos)
• ¿De dónde es Carlos? ¿Cuántos años tiene? ¿Quién le da dinero a Elena? ¿Cuándo? ¿Quiénes invitan a Elena al cine? ¿Cuánto dinero recibe Guillermo? ¿Es mucho? ¿Por qué no? ¿Qué hace Esteban con su dinero? ¿Qué va a comprar?

ct. 2

CONVERSACIÓN OPTIONAL

Ahora vamos a hablar de ti.

1. ¿**Te** dan mucho dinero tus padres?
   Sí, **me** dan . . . (No, no **me** dan . . .)
2. ¿**Te** dan dinero tus abuelos?
3. ¿**Te** dan dinero tus tíos?
4. ¿**Te** prestan sus discos tus amigos?
5. ¿**Te** prestan sus libros tus amigos?
6. ¿**Te** prestan sus revistas tus amigos?

OBSERVACIÓN Est. A

The questions to the left are addressed to you personally.

• Which object pronoun is used? te

In the answers you refer to yourself.

• Which object pronoun do you use? me

NOTAS CULTURALES OPTIONAL

Una cuestión de caballeros°

Hace unos años,° en los países hispánicos, si un grupo de amigos iba° al cine, al café o al restaurante, los chicos pagaban° los gastos° de las chicas. Hoy ya no° es así.° Si un grupo sale,° cada persona paga sus gastos. Un chico sólo paga cuando invita a una chica a salir en una cita. Es una cuestión de caballeros . . . y ¡a las chicas les encanta° salir con un caballero!

Una cuestión de caballeros *A matter of being a gentleman* **Hace unos años** *A few years ago* **iba** *went* **pagaban** *paid* **gastos** *expenses* **ya no** *no longer* **así** *like this* **sale** *goes out* **a las chicas les encanta** *the girls are delighted*

¡Hay pesos y pesos!

El peso es la unidad monetaria° en varios países de Latinoamérica, pero su valor° no es el mismo en cada uno de esos° países. A continuación° se encuentra° una lista de países con sus unidades monetarias.

unidad monetaria *monetary unit* **valor** *value* **esos** *those* **A continuación** *Below* **se encuentra** *is (found)*

Cuando un grupo va al cine, ¿quién paga? ¿y en los Estados Unidos?

EL PAÍS	LA UNIDAD MONETARIA
Bolivia	el peso boliviano
Chile	el peso chileno
Colombia	el peso colombiano
la República Dominicana	el peso dominicano
México	el peso mexicano
el Uruguay	el peso uruguayo

• SUGGESTED REALIA: coins or banknotes from Hispanic countries.

• For names of other currencies, see p. 15.

Estructuras

A. Los pronombres *me, te, nos*

Note the uses of the object pronouns in heavy print.

— ¿**Me** invitas al cine?	*Are you inviting **me** to the movies?*
— ¡Por supuesto **te** invito!	*Of course I am inviting **you**.*
— ¿**Te** dan dinero tus padres?	*Do your parents give **you** (= **to you**) money?*
— Sí, pero no **me** dan mucho.	*Yes, but they don't give **me** (= **to me**) much.*
— ¿**Nos** llamas por teléfono, Luisa?	*Are you phoning **us**, Luisa?*
— ¿**Nos** prestas tu coche?	*Are you lending **us** (= **to us**) your car?*

Me *(me, to me)*, **te** *(you, to you)* and **nos** *(us, to us)* may refer to nouns that are direct or indirect objects. These pronouns do not have separate direct and indirect forms like the pronouns you have already learned.

The object pronoun corresponding to **vosotros** is **os.**

The position of **me, te** and **nos** is the same as that of the other object pronouns:

- Usually the pronouns come directly *before* the verb.
- When used with an infinitive, the pronouns usually come *after* the infinitive and are attached to it. (They may come *before* the first verb.)

Voy a invitar**te** al cine.	¿Vas a prestar**me** tu bicicleta?
(**Te** voy a invitar al cine.)	(¿**Me** vas a prestar tu bicicleta?)

The object pronouns corresponding to **Ud.** and **Uds.** are the same as the third person object pronouns.

(usted)	**lo, la**	*(you)*	Srta. López, ¡no **la** comprendo!
	le	*(to you)*	Sr. Alonso, **le** vendo mi coche.
(ustedes)	**los, las**	*(you)*	Carlos y Felipe, **los** invito a mi fiesta.
	les	*(to you)*	¿**Les** vendo mis discos a Uds.?

Act. 5

VOCABULARIO PRÁCTICO   El dinero

un consejo	(piece of) advice	¿Te dan buenos **consejos** tus amigos?
el dinero	money	¿Tienes **dinero** para ir al cine?
un gasto	expense	No tengo dinero porque tengo muchos **gastos.**
el trabajo	work, job	¿Tienes **trabajo** de verano?
ganar	to earn (money)	Trabajo mucho pero no **gano** mucho.
pagar (por)	to pay for	¿Tienen los chicos que **pagar** por las chicas cuando van al cine?

WORD ASSOCIATIONS: **consejo** (*counselor*), **ganar** (*gain*), **pobre** (*poverty*).

For emphasis Spanish speakers may use the expressions **a mí, a ti,** and **a nosotros(as)** with the pronouns **me, te,** and **nos**:

A mí, mis padres no **me** dan dinero.

ACTIVIDAD 1 Diálogo: La vida de tus compañeros *(The life of your classmates)*

Ask your classmates about their relationships with the people in parentheses. You may use the expression **a menudo** in your questions and answers.

VARIATION: The students work in small groups and ask questions in the **Uds.** form. **¿Les escriben Uds. a menudo a sus primos?**

escribir (tus primos)   Estudiante 1: ¿Te escriben a menudo tus primos?
                          Estudiante 2: Sí, me escriben a menudo.
                                        (No, no me escriben a menudo.)

1. escribir (tus abuelos; tu mejor amigo; tus tíos)
2. invitar (tus primos; tu mejor amiga; los chicos de la clase)
3. llamar por teléfono (tu mejor amiga; tu mejor amigo; tus primos)

4. comprender (tu mejor amigo; tus padres; tus profesores)
5. ayudar con tus tareas (tus profesores; tu mamá; tus hermanos)
6. hablar de sus problemas (los chicos de la clase; tus primos; tu mejor amigo)

ACTIVIDAD 2 Diálogo: ¡Favores!   OPTIONAL

Ask your classmates if they intend to do the following things for you. Use **me** in the questions and **te** in the answers.

VARIATION: Use the plural.
—¿Vas a invitarnos al cine?
—Sí, voy a invitarlos.

invitar al cine   Estudiante 1: ¿Vas a invitarme al cine?
                   Estudiante 2: Sí, voy a invitarte al cine.
                                 (No, no voy a invitarte al cine.)

1. invitar a tu casa
2. llamar por teléfono
3. ayudar con la tarea

4. hablar de tus planes
5. prestar tus discos
6. prestar tu bicicleta

gastar	to spend (money)	¿Cuánto **gastas** cuando vas al cine?
≠ **ahorrar**	to save (money)	Betsy está **ahorrando** para ir a España.
ser rico	to be rich	Los amigos de Gloria **son ricos.**
≠ **ser pobre**	to be poor	Mis amigos **son pobres.**
demasiado(a)	too much	En clase tenemos **demasiado** trabajo . . . y
demasiados(as)	too many	**demasiados** exámenes.

NOTA: Like **mucho, demasiado** agrees with the noun which follows.

ACTIVIDAD 3   La fiesta de cumpleaños de Carlos

Carlos is having a birthday party. His friends are asking him whether
they are being invited. He says yes. Play both roles according to the model.

VARIATION with cues eliciting
the object pronouns for the **Ud.**
form: **el profesor de español, la
mamá de Enrique, el papá de
Mónica, la tía de Felipe, el tío
de Sara.**

⟩⟩   Luisa y Elena   Luisa y Elena: ¿Nos invitas a tu cumpleaños?
                                  Carlos: ¡Claro, las invito!

1. Enrique   4. Sara y María
2. Mónica   5. Felipe y Miguel
3. Pablo y Paco   6. Tomás y Carmen

ACTIVIDAD 4   Preguntas personales

WB
A1

SCRIPT

Act. 3, 4

MASTERS
p. 30

1. ¿Tienes trabajo? ¿Cuánto ganas?
2. ¿Ahorras dinero? ¿Estás ahorrando para hacer un viaje? ¿para comprar una
   bicicleta? ¿un tocadiscos? ¿una grabadora? ¿una calculadora?
3. ¿Gastas mucho dinero cuando vas al cine? ¿a la playa? ¿a un concierto?
4. ¿Eres muy generoso(a)? Y tus padres, ¿son generosos?
5. ¿Son ricos tus amigos? ¿Son generosos?
6. ¿Cuánto pagas por una Coca-Cola en la cafetería? ¿Cuánto por un sándwich?
7. ¿Tienes demasiado trabajo en esta clase? ¿demasiadas tareas?

B. Palabras afirmativas y negativas

The words in columns A and B are opposites. Note the use of these words
in the sentences below.

Act. 6

A	B	
siempre	**nunca**	—¿**Siempre** vas al cine los sábados?
(always)	*(never)*	—No, **no** voy **nunca.**
alguien	**nadie**	—¿Estás con **alguien?**
(someone, anyone)	*(no one, not anyone)*	—No, **no** estoy con **nadie.**
algo	**nada**	—¿Le dices **algo** al profesor?
(something, anything)	*(nothing, not anything)*	—No, **no** le digo **nada.**
alguno	**ninguno**	—¿Tienes **algunas** amigas en México?
(some, any)	*(no, not any, none)*	—No, **no** tengo **ninguna** amiga en México.

⟩⟩   The negative words **nunca, nadie, nada** and **ninguno** may come
before or after the verb. When they come after the verb, **no** is used
before the verb.

Nunca vamos al cine.   ⎫
No vamos **nunca** al cine. ⎬   *We **never** go to the movies.*

⊅ **Alguno** and **ninguno** agree with the nouns they describe.   Ninguno is almost always used in
Before a masculine singular noun, they become **algún** and **ningún**.   the singular.

No tengo **ningún** amigo en España.   *I don't have **any** friends in Spain.*
Algún día voy a visitar México.   **Some**day I am going to visit Mexico.*

ACTIVIDAD 5   Diálogo: Esta noche *(Tonight)*

Ask your classmates about their plans for tonight. Use **alguien** in
sentences 1-5 and **algo** in sentences 6-10. Your classmates may answer
affirmatively or negatively.

⊅   invitar a   Estudiante 1: ¿Vas a invitar a alguien a la fiesta?
   la fiesta   Estudiante 2: Sí, voy a invitar a alguien a la fiesta.
                          (No, no voy a invitar a nadie a la fiesta.)

1. visitar
2. ver
3. invitar al cine
4. llevar al teatro
5. llamar por teléfono

6. hacer
7. leer
8. escribir
9. comprar
10. buscar

ACTIVIDAD 6   ¡No!

Today Felipe is in a very contrary mood. He says no to every one of   VARIATION: Say Felipe is not doing
Isabel's questions. Play both roles according to the model.   these things. **Felipe no hace nada.**

⊅   hacer algo   Isabel: ¿Haces algo, Felipe?
                 Felipe: ¡No, no hago nada!

WB
B1, B2

SCRIPT

Act. 7

MASTERS
p. 30

1. escribir algo
2. leer algo
3. comprar algo para tus amigos
4. invitar a alguien al cine
5. hablar de tus problemas con alguien
6. ir siempre al cine los domingos

7. trabajar siempre en clase
8. decir siempre la verdad *(truth)*
9. tener alguna amiga en España
10. tener algún disco bueno
11. desear ir a algún café
12. necesitar algún consejo

C. *Pedir* (e → i)

Note the forms of the verb **pedir** *(to ask for)*.
Pay attention to the vowel of the stem of the verb.

Act. 8

INFINITIVE:	pedir		
PRESENT:			
(yo)	Pido cuatro pesos.	(nosotros)	Pedimos tu coche.
(tú)	Pides cinco pesos.	(vosotros)	Pedís un favor.
(él, ella, Ud.)	Pide dinero.	(ellos, ellas, Uds.)	Piden consejos.
PRESENT PARTICIPLE: pidiendo			

The verb **pedir** has regular **–ir** endings. Note, however, that the vowel **e** of the stem (**ped-**) changes to **i** in the **yo, tú, él** and **ellos** forms, and in the present participle. **Pedir** is called a *stem-changing verb.*

Although both **pedir** and **preguntar** may mean *to ask* in English, their uses are different:

- **Pedir** means *to ask for, to request, to order (something).*

  ¿Le **pides** el coche a tu papá?   *Do you **ask** your father **for** the car?*
  No, no le **pido** nunca el coche.   *No, I never **ask** him **for** the car.*

- **Preguntar** means *to ask (a question), to inquire (about something).*

  Cuando no comprendo   *When I don't understand*
  le **pregunto** al profesor.   *I **ask** the teacher.*

  You may contrast:
  No te pido nada. I am not asking you (to give me) anything.
  No te pregunto nada. I am not asking you (to tell me) anything.

ACTIVIDAD 7   Regalos de cumpleaños

Say what the following people are asking for as birthday presents. Follow the model.

Isabel (un radio)   Isabel pide un radio.

1. Carlos (una guitarra eléctrica)
2. Manuela (una bicicleta)
3. Jaime (discos)
4. nosotros (un reloj)

5. Paco y Roberto (una moto)
6. yo (una calculadora)
7. tú (una cámara de cine)
8. María y Pilar (una raqueta de tenis)

ACTIVIDAD 8   Diálogo: ¿Qué pides? ¿Qué preguntas?

Ask your classmates whether they request (1-5) or ask (6-10) the following things of their family and friends. Use the indirect object pronouns **le** and **les** in your questions and answers.

pedir: dinero a tu mamá   Estudiante 1: ¿Le pides dinero a tu mamá?
                                              Estudiante 2: Sí, le pido dinero.
                                                    (No, no le pido nunca dinero.)

preguntar: a tus padres si ganan mucho
                                              Estudiante 1: ¿Les preguntas a tus padres si ganan mucho?
                                              Estudiante 2: Sí, les pregunto si ganan mucho.
                                                    (No, no les pregunto nunca si ganan mucho.)

WB
C1

SCRIPT

Act. 9, 10

MASTERS
p. 31

1. dinero a tus padres
2. el coche a tu papá
3. consejos a tu mejor amiga
4. sus discos a tus amigas
5. buenas notas (*grades*) a tus profesores

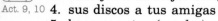

6. a tus padres si gastan mucho
7. a tus amigos si son ricos
8. a tus amigas si ahorran su dinero
9. a tus primos si necesitan dinero
10. a tus profesores si van a dar un examen difícil

Pronunciación
El sonido de la consonante *p* inicial

Model word: <u>p</u>oco

Practice words: <u>p</u>ago <u>p</u>ido <u>p</u>obre <u>p</u>erdón <u>p</u>reguntar <u>P</u>aco

Practice sentences: <u>P</u>aco le <u>p</u>ide un <u>p</u>eso a su <u>p</u>apá.

¿<u>P</u>or qué está <u>P</u>ablo siempre en la <u>p</u>laza?

En <u>P</u>anamá, no <u>p</u>ago con <u>p</u>esos.

In English, the sound / p / at the beginning of a word is pronounced with a puff of air. Hold your hand by your mouth as you say the English word "poke" and you should feel the air. Now say the English word "spoke": there is almost no puff of air. In Spanish, the sound / p / is always pronounced *without* a puff of air, even at the beginning of a word.

OPTIONAL

Para la comunicación

Expresiones para la composición	
regularmente	*regularly*
a menudo	*often*
a veces	*sometimes*
raras veces	*rarely, seldom*

Mini-composición   Mi problema con el dinero

Escribe un pequeño párrafo, explicando cómo resuelves el problema del dinero. Usa las preguntas como guía para la composición, y usa las expresiones para la composición.

Presupuesto de la semana

	pesetas
Transporte	30
Cine	70
Revistas	35
Café	50
Sellos	20
Teléfono	20
total	225

1. • ¿Te dan dinero regularmente tus padres? ¿Cuánto?
2. • ¿Les pides dinero a tus abuelos?
3. • ¿Recibes dinero cuando ayudas a tu papá o a tu mamá?
4. • ¿Tienes trabajo? ¿Cuánto ganas?
5. • ¿Recibes dinero cuando sacas buenas notas *(grades)* en clase?
6. • ¿Vas al cine a menudo? ¿a los conciertos?
7. • ¿Compras discos? ¿periódicos? ¿revistas?
8. • ¿Tienes amigos generosos? ¿Te invitan al cine? ¿al teatro? ¿a la heladería *(ice cream parlor)*?

Regularmente mi mamá me da dinero. Cada semana, recibo dos dólares. **A veces** mis abuelos me dan cinco o diez dólares . . .

presupuesto (budget), **sellos** (stamps)

223

STRUCTURES TO OBSERVE: **jugar; me gusta(n);** definite article with nouns used in the general sense.

Lección 2 Los deportes

Act. 1

29

¿Te gustan los deportes? . . . ¿Qué deporte te gusta más? . . . Cuatro jóvenes hispánicos (dos muchachos y dos muchachas) contestan:

Te gustan: *Do you like,* deportes: *sports*
contestan: *answer*

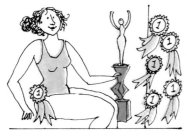

Josefina
Me gusta nadar . . . Nado bastante bien . . . ¡Soy la campeona de mi escuela! También me gusta el tenis . . . Juego un poco, pero no juego muy bien.

campeona: *champion*
Juego: *I play*

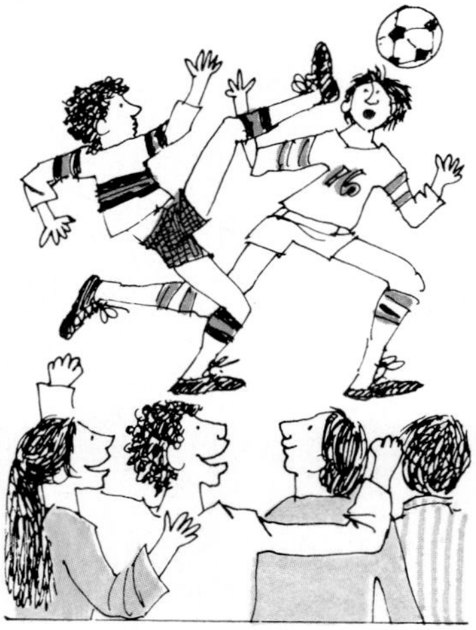

Enrique
Me gusta el fútbol. Es mi deporte favorito. ¡Qué deporte! ¡Es sensacional! ¡Estupendo! ¡Fabuloso! . . . Juego al fútbol en la escuela. Tenemos un equipo tremendo . . . Con suerte, vamos a ser los campeones interescolares.

fútbol: *soccer*
equipo: *team*
interescolares: *interscholastic*

Benjamín
A mí también me gusta el fútbol . . . Soy un gran aficionado. Los domingos siempre asisto a los partidos de fútbol. Mi equipo favorito es el Real Madrid. ¡Son formidables! ¡Qué agilidad! ¡Viva el Real Madrid!

¿Me preguntas si juego al fútbol? ¿Yo? Bueno . . . no . . . No tengo tiempo para practicar. Me gusta más ver los partidos. Es más emocionante.

aficionado: *fan,* Los domingos: *On Sundays*
partidos: *games,* equipo: *team*
Viva: *Long live*
Me gusta más: *I prefer*
emocionante: *exciting*

Ana María
A mí me gusta el boxeo . . . Me gusta el karate . . . Me gusta el judo . . . ¡Sí! Me gustan los deportes violentos . . . pero sólo verlos en la televisión.

En realidad, no soy una persona violenta y no practico deportes violentos . . . Yo juego al volibol. También me gustan el tenis y la natación.

boxeo: *boxing*
practico: *take part in*
natación: *swimming*

¿Cómo nada Josefina? ¿Cuál es el deporte favorito de Enrique? ¿Dónde juega al fútbol? ¿Qué hace Benjamín los domingos? ¿Cuál es su equipo favorito? ¿Juega al fútbol? ¿Por qué no? ¿Cuáles son los deportes favoritos de Ana María?

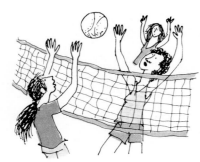

CONVERSACIÓN

Vamos a hablar de los deportes *(sports)*.

1. **¿Te gusta** el tenis?
   Sí, **me gusta...** (No, **no me gusta ...**)
2. **¿Te gusta** el karate?
3. **¿Te gusta** el volibol?

4. **¿Te gustan** los deportes?
   Sí, **me gustan** ... (No, **no me gustan ...**)
5. **¿Te gustan** los deportes violentos?
6. **¿Te gustan** los partidos *(games)* de béisbol?

OBSERVACIÓN   Est. B, C

Reread the above questions.

- What is the Spanish expression which corresponds to *do you like* when the question concerns a *single* activity such as tennis, karate, or volleyball?   *¿te gusta ... ?*

- What expression is used when the question concerns *several* activities, such as sports or baseball games?   *¿te gustan ... ?*

When you ask a Spanish speaker **¿Te gusta el tenis?** or **¿Te gusta el karate?** you are asking whether this person likes tennis or karate *in general*.

- Which word comes before **tenis** and **karate?**   *el*

- Does English use the definite article in constructions of this sort?   *no*

Act. 2

NOTA CULTURAL   OPTIONAL

¡Fútbol!

Hay fútbol y fútbol. El fútbol que juegan° los hispanohablantes no es como el fútbol norteamericano. En los Estados Unidos, el fútbol hispanoamericano se llama *soccer*.

En todas partes° donde hay espacios° abiertos,° los jóvenes hispánicos juegan al fútbol: en el estadio,° en la escuela, pero también en el campo, en la playa, en la calle. Los domingos, millones de aficionados° aplauden a sus equipos° favoritos: el Real Madrid en España, el Peñarol en el Uruguay, el Boca Juniors en la Argentina . . .

¡De veras, el fútbol es rey° en el mundo° hispánico!

juegan *play*   **en todas partes** *everywhere*   **espacios** *spaces*
abiertos *open*   **estadio** *stadium*   **aficionados** *fans*
equipos *teams*   **rey** *king*   **mundo** *world*

Spanish-speaking countries usually figure prominently in the international soccer World Cup, which is held every four years. In 1986 the World Cup took place in Mexico.

Estructuras

El deporte is active vocabulary.

VOCABULARIO PRÁCTICO

Los deportes *(Sports)*

Deportes individuales

el esquí

el tenis

la gimnasia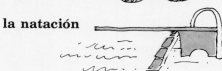

la natación

Deportes de equipo

el básquetbol

el béisbol

el volibol

el fútbol

el fútbol americano

un equipo	team	Nuestra escuela tiene un **equipo** de fútbol muy bueno.
un(a) jugador(a)	player	Hay once **jugadores** en un equipo de fútbol.
un partido	game, match	¿Vas a asistir al **partido** de béisbol mañana?
un(a) atleta	athlete	¿Hay muchos **atletas** buenos en tu escuela?
un aficionado(a) a	a fan (of)	Soy **aficionado** al fútbol. Mi hermana es **aficionada** al tenis.
deportista	active in sports, athletic	Carlos no es **deportista**, pero tiene dos hermanas que son muy **deportistas**.
deportivo(a)	(concerning) sports	¿Lees las revistas **deportivas?**
jugar (u → ue) a	to play (a sport)	¿**Juegas** bien al ping pong?

SCRIPT

Act. 4

MASTERS
p. 31

Unidad seis
226

• Alternate terms: **baloncesto** (basketball) and **balonvolea** (volleyball).
• Also: the noun **un(a) deportista** (someone who is active in sports).

ACTIVIDAD 1 Preguntas personales

1. ¿Eres deportista? ¿Qué deportes practicas? ¿el tenis? ¿el básquetbol?
   ¿el esquí? ¿la natación?
2. ¿Eres aficionado(a) al béisbol? ¿al volibol? ¿a la gimnasia?
3. ¿Hay en tu escuela un equipo de fútbol? ¿de fútbol americano?
   ¿de básquetbol? ¿Son buenos los equipos?
4. ¿Miras los partidos de tenis en la televisión? ¿los partidos de béisbol?

ACTIVIDAD 2 Un sondeo de opinión *(Opinion poll)*

Vote for the best sports, the best athletes, the best teams. The results of
this class survey may be presented as percentages or in tabular form.

1. El mejor deporte individual es . . .
2. El mejor deporte de equipo es . . .
3. El mejor jugador de béisbol es . . .
4. El mejor jugador de básquetbol es . . .
5. El mejor jugador de tenis es . . .
6. La mejor jugadora de tenis es . . .
7. El mejor equipo de béisbol es . . .
8. El mejor equipo de básquetbol es . . .
9. El mejor equipo de fútbol americano es . . .

A. *Jugar* (u → ue)

Note the forms of the stem-changing verb **jugar** *(to play)*.
Pay special attention to the stem vowels.

Act. 5

INFINITIVE:	jugar		
PRESENT:			
(yo)	**Juego** al fútbol.	(nosotros)	**Jugamos** al béisbol.
(tú)	**Juegas** al básquetbol.	(vosotros)	**Jugáis** al ping pong.
(él, ella, Ud.)	**Juega** al volibol.	(ellos, ellas, Uds.)	**Juegan** al tenis.
PRESENT PARTICIPLE:	jugando		

> The **u** of the stem (**jug-**) becomes **ue** in the **yo, tú, él** and **ellos** forms
> of the present tense. Like all other stem-changing verbs, the endings
> of **jugar** are regular.

> With the name of a sport, **jugar** is followed by the preposition **a**.

ACTIVIDAD 3 Hay buenos y malos jugadores

Roberto, the captain of the soccer team, wants your opinion of the players.
Express your opinion of each player according to the model.

> Alejandro: muy bien   Alejandro juega muy bien.

1. Lorenzo: mal
2. Gabriel: estupendamente
3. mis hermanos: bastante bien
4. Luis y yo: bien
5. Federico: muy mal
6. Alberto: muy bien
7. Roberto: bien, a veces
8. tú: muy mal
9. yo: bastante bien

B. El uso del artículo definido en el sentido general

Note the use of the definite article (**el, la, los, las**) in the following sentences.

Act. 6

El tenis es un deporte sensacional.

Tennis (in general) is a sensational sport.

No me gusta **la** violencia.

I don't like violence (in general).

Los hispanohablantes son aficionados al fútbol.

Hispanic people (in general) are soccer fans.

¿Son **las** chicas más deportistas que **los** chicos?

Are girls (in general) more active in sports than boys (in general)?

In Spanish, the definite article is used to introduce nouns used in a general sense. This is not the case in English.

ACTIVIDAD 4   Tu opinión de los deportes

Give your general opinion of the sports in column A, using one of the adjectives in column B. Your opinions may be positive or negative. (Note: The words marked with an asterisk (*) are feminine; all others are masculine.)

A		B	
tenis	ping pong	divertido	sano *(healthy)*
fútbol	esquí	aburrido	fácil *(easy)*
béisbol	natación*	violento	difícil
volibol	golf	artístico	peligroso *(dangerous)*
boxeo	gimnasia*	sensacional	espectacular
judo	fútbol americano		
karate	básquetbol		

tenis   El tenis (no) es un deporte sensacional (fácil, . . .).

ACTIVIDAD 5   Otras opiniones personales

Give your general opinion of the following, according to the model.

música popular: ¿estupenda?   La música popular es estupenda.
(La música popular no es estupenda.)

1. música clásica: ¿divertida?
2. deportes de equipo: ¿violentos?
3. violencia: ¿terrible?
4. programas deportivos: ¿interesantes?
5. televisión: ¿una diversión intelectual?
6. dinero: ¿útil? *(useful)*
7. español: ¿difícil?

8. francés: ¿útil?
9. atletas: ¿personas interesantes?
10. chicos norteamericanos: ¿buenos atletas?
11. chicas norteamericanas: ¿buenas atletas?

ACTIVIDAD 6   Generalizaciones

Express your general opinion about the following topics. You may want to
use adjectives such as **interesante, fantástico, fabuloso, estupendo,
divertido, tonto, aburrido.** Your sentences may be affirmative or
negative. (The feminine nouns are indicated by an asterisk.)

꙰   violencia*   ¡La violencia (no) es tonta!

1. ciencia ficción*
2. novelas históricas*
3. novelas románticas*
4. historietas* *(comic strips)*
5. revistas deportivas*
6. comedias musicales*
7. jazz
8. rock
9. karate
10. deportes violentos

C. *Gustar*

Note the forms of **gustar** in the following questions and answers:

—¿**Te gusta** el tenis?	*Do you like tennis?*
—Sí, **me gusta** el tenis.	*Yes, I like tennis.*
—¿**Te gustan** los deportes violentos?	*Do you like violent sports?*
—No, **no me gustan** los deportes violentos.	*No, I don't like violent sports.*

꙰   The expressions **me gusta (el tenis), me gustan (los deportes)** are
equivalent to the English expression *I like (tennis, sports).* Word for
word, however, these expressions mean:

(Tennis) pleases me (is pleasing to me).
(Sports) please me (are pleasing to me).

꙰   In the expression **me gusta(n), te gusta(n)** . . . **me** and **te** are object
pronouns. The verb **gustar** does not agree with these pronouns, but
with the following noun which is the subject.

꙰   The expression **me gusta(n) más** means *I like better, I prefer.*

Me gusta el fútbol pero **me gusta más** el volibol.

꙰   When speaking to people whom you address as **Ud.** or **Uds.,** the
pronouns to use are **le** and **les.**

¿**Le gusta** el tenis, Sra. de González?   *Do you like tennis . . . ?*
¿**Les gusta** el fútbol a Uds.?   *Do you like soccer . . . ?*

The forms **le gusta, les gusta** and **nos
gusta** are presented primarily for
recognition.

꙰   When speaking for yourself and others, the pronoun to use is **nos.**

A Jaime y a mí **nos gusta** la natación.   . . . *we like* swimming.

ACTIVIDAD 7   Diálogo: Preferencias personales

Ask your classmates what they prefer, according to the model.

¿el cine o el teatro?   Estudiante 1: ¿Qué te gusta más, el cine o el teatro?
Estudiante 2: Me gusta más el cine.
(Me gusta más el teatro.)

1. ¿nadar o jugar al volibol?
2. ¿mirar la televisión o escuchar discos?
3. ¿el béisbol o el fútbol americano?
4. ¿el tenis o el ping pong?
5. ¿la televisión o el cine?
6. ¿la música clásica o la música popular?
7. ¿los deportes individuales o los deportes de equipo?
8. ¿los partidos de básquetbol o los partidos de béisbol?
9. ¿los chicos deportistas o los chicos intelectuales?
10. ¿los profesores estrictos o los profesores tolerantes?

VARIATION with the plural: **¿Qué les gusta más, el cine o el teatro? Nos gusta más el cine.**

WB
C1, C2

SCRIPT

Act. 9

Pronunciación   Los sonidos de las consonantes *g, j*

Act. 10

Model word: juego
Practice words: jugador   jugadora   gimnasia   gano   gasto
algo   alguno
Practice sentences: José Jiménez viaja con Juan González.
¿Juega bien Benjamín?
¿Quién es el mejor jugador, Jorge o Jaime?

Be sure that the students are not tempted to use the English **g** of "George."

Remember: The "jota" sound is represented by: **j** in all positions
g (before **e** and **i**).
The / g / sound is represented by: **g** (before **a, o, u** and consonants).

Para la comunicación

> **Expresión para la composición**
>
> **en mi opinión**   *in my opinion*

Mini-composición   **Mi deporte favorito**

Prepara un pequeño párrafo describiendo tu deporte favorito. Usa las preguntas como guía para la composición. Usa también la expresión para la composición.

- ¿Cuál (What) es tu deporte favorito?
- ¿Es un deporte individual o un deporte de equipo? Si es un deporte de equipo, ¿cuántos jugadores hay en un equipo? ¿Hay un equipo en tu escuela? ¿Cómo se llama?
- ¿Es un deporte muy popular en los Estados Unidos? ¿en los países hispánicos?
- ¿Qué necesitas para practicar este deporte? ¿una raqueta? ¿una pelota *(ball)*? ¿un balón *(inflated ball)*?
- ¿Dónde lo practicas? ¿en tu escuela? ¿en el gimnasio? ¿en un estadio? ¿en el campo?
- ¿Cuándo lo practicas? ¿en el verano? ¿en el invierno? ¿en el otoño? ¿en la primavera? ¿en todas las estaciones?
- ¿Es un deporte para las muchachas y los muchachos?
- ¿Quiénes son los mejores atletas norteamericanos que lo practican? ¿y las mejores atletas?

 Mi deporte favorito es el béisbol. . . . **En mi opinión,** los mejores atletas norteamericanos que lo practican son. . . .

The students may turn to **Vista 3** for ideas.

'B
ntre...

CRIPT
ct. 11

ASTERS
32

TRB

JIZ
. 75–76

Lección 3   Las diversiones y tú

Act. 1

¿Hay una relación entre nuestra personalidad y las
diversiones que preferimos? Vamos a ver.

entre: *between*
diversiones: *pastimes*

Para cada pregunta, escoge una respuesta (A, B, o C) y descubre
tu personalidad.

escoge: *choose,*
  respuesta: *answer,*
  descubre: *discover*

1. ¿Qué tipo de música prefieres?
   - A. Prefiero la música clásica.
   - B. Prefiero la música popular.
   - C. Prefiero las comedias musicales.

prefieres: *do you
prefer*

2. ¿Qué tipo de películas prefieres?
   - A. Prefiero los dramas psicológicos.
   - B. Prefiero las películas de aventuras.
   - C. Prefiero las películas románticas.

películas: *films*

3. ¿Qué programas de televisión prefieres?
   - A. Prefiero los programas científicos.
   - B. Prefiero los programas deportivos.
   - C. Prefiero los programas de variedades musicales.

4. ¿Qué prefieres leer en un periódico?
   - A. Prefiero leer la página editorial.
   - B. Prefiero leer la página deportiva.
   - C. Prefiero leer el horóscopo.

página: *page*

5. De las tres siguientes actividades, ¿cuál quieres hacer
   este fin de semana?
   - A. Quiero ir a un museo.
   - B. Quiero ir al estadio.
   - C. Quiero ir al campo con mis amigos.

cuál: *which,*
  quieres: *do you
  want*
este: *this*
estadio: *stadium*

6. De las tres siguientes actividades, ¿cuál quieres hacer durante
   las vacaciones?
   - A. Quiero estudiar una lengua extranjera.
   - B. Quiero trabajar para ganar dinero.
   - C. Quiero hacer un viaje a otro país.

lengua extranjera:
foreign language

You may use this questionnaire as the basis of a class survey and tabulate the results.

INTERPRETACIÓN

Ahora, suma el número de respuestas A, B y C.

Si tienes cuatro respuestas A (o más), eres un ratón de biblioteca.
Tienes una curiosidad intelectual muy grande.
Si tienes cuatro respuestas B (o más), tienes mucho sentido práctico.
Eres una persona dinámica y realista.
Si tienes cuatro respuestas C (o más), eres romántico(a) e idealista.
Si tienes menos de cuatro respuestas A, B o C, eres una persona
equilibrada, pero no tienes una personalidad muy fuerte.

suma: *add*

ratón de biblioteca:
*"bookworm" (lit.:
library mouse)*
sentido: *sense*

menos de: *less than*
equilibrada:
well-balanced,
fuerte: *strong*

CONVERSACIÓN   OPTIONAL

Vamos a hablar de las preferencias de la clase.

1. ¿**Prefieren** Uds. estudiar francés o español?
   Preferimos . . .
2. ¿**Prefieren** Uds. hablar español o inglés
   en clase?
3. ¿**Prefieren** Uds. ir al cine o al teatro?
4. ¿**Prefieren** Uds. vivir en una ciudad o en el
   campo?

OBSERVACIÓN   Est. B

The questions and answers to the left use the
verb **preferir** *(to prefer).*

- Does the stem of **preferir** change in the
  Uds. form? What is the change? yes / **e → ie**
- Does it change in the **nosotros** form? no

NOTA CULTURAL   OPTIONAL

El cine

¿Vas a menudo al cine? El cine es una de las
diversiones favoritas de la juventud° hispánica.

¿Qué ven los jóvenes hispánicos en el cine?
Puede° ser una película° mexicana, española o
argentina. España, Argentina y México son países
que producen muchas películas. También puede
ser una película norteamericana. Las películas
norteamericanas son muy populares en el mundo°
hispánico. Claro, tienen que ser en español. A
veces° las películas norteamericanas tienen
subtítulos. Otras veces están dobladas.°

Estos° son los títulos en español de algunas
películas norteamericanas muy famosas. ¿Puedes°
identificarlas?

juventud *youth*   **Puede** *It may*   **película** *film*   **mundo** *world*
veces *times*   **dobladas** *dubbed*   **Estos** *These*   **Puedes** *Can
you*

APOLLO

Vuelven las Grandes Aventuras!!

LOS CAZADORES DEL ARCA PERDIDA

PG

TITULOS EN ESPAÑOL

El mago de Oz (1939)
El puente sobre el Río Kwai (1951)
De aquí a la eternidad (1953)
Lo que el viento se llevó (1939)
Blancanieves y los siete enanitos (1937)
El día más largo (1962)
La guerra de las galaxias (1977)
Los cazadores del arca perdida (1981)
E.T. el Extraterrestre (1982)
Volver al futuro (1986)

- SUGGESTED REALIA: movie section of a Spanish
magazine or newspaper printed in the United States.
See also ads on pp. 296–297.
- English titles: The Wizard of Oz; The Bridge on the River Kwai; From Here to Eternity;
Gone with the Wind; Snow White and the Seven Dwarfs; The Longest Day; Star Wars;
Raiders of the Lost Ark; E. T. the Extra-terrestrial; Back to the Future.

Lección tres
233

Estructuras

VOCABULARIO PRÁCTICO   Las diversiones

las diversiones	pastimes
el cine	
una película	film, movie
una película romántica	love movie
una película de aventuras	adventure movie
una película del oeste	western
una película policíaca	police or detective movie
el teatro	
una comedia musical	musical comedy
una obra de teatro	play
la televisión	
las noticias	news
un programa	program
un programa de variedades	variety show

un(a) comediante

un actor   **una actriz**

un(a) cantante

ACTIVIDAD 1   ¿Eres aficionado(a) al cine?

Give an example of each of the following.

⮞   una película de horror   «Frankenstein» es una película de horror.

1. una película de aventuras
2. una película romántica
3. una película policíaca
4. una película del oeste

5. un actor norteamericano muy bueno
6. una actriz norteamericana muy buena
7. un actor extranjero *(foreign)*
8. una actriz extranjera

ACTIVIDAD 2   Tus diversiones

What we do often depends on where we are, what time it is, and how we feel. What would you do at the following times?

⮞   Cuando estoy alegre . . .   Cuando estoy alegre, voy a ver una comedia.

1. Cuando estoy solo(a) en casa . . .
2. Cuando estoy en casa con mis amigos . . .
3. Cuando estoy con mi mejor amiga . . .

4. Cuando estoy con mi mejor amigo . . .
5. Cuando estoy triste . . .
6. A las siete de la noche . . .

A. ¿Cuál?   OPTIONAL   This can be taught for recognition only.

The question word **¿cuál?** *(which, what)* has the following forms:

SINGULAR	**¿cuál?**	**¿Cuál** es tu película favorita?
PLURAL	**¿cuáles?**	**¿Cuáles** son tus libros favoritos?

> **¿Cuál?** is used instead of **¿qué?** before **ser** when a choice is asked for.

ACTIVIDAD 3   Diálogo: Tus favoritos

Ask a classmate about his or her favorites.

> el programa de televisión   Estudiante 1: ¿Cuál es tu programa de televisión favorito?
>   Estudiante 2: Mi programa favorito es *(Family Ties)*.

1. la película
2. los deportes
3. la comedia musical
4. los discos

5. las revistas
6. el día de la semana
7. el actor
8. la actriz

9. el comediante
10. la comediante
11. el cantante
12. la cantante

This can be the basis of a class survey. The results can be tabulated.

B. Pensar, querer, preferir (e → ie)

The verbs **pensar** *(to think),* **querer** *(to want)* and **preferir** *(to prefer)* are stem-changing verbs. Note their forms in the chart below.

INFINITIVE:	pensar	querer	preferir
PRESENT:			
(yo)	pienso	quiero	prefiero
(tú)	piensas	quieres	prefieres
(él) (ella) (Ud.)	piensa	quiere	prefiere
(nosotros)	pensamos	queremos	preferimos
(vosotros)	pensáis	queréis	preferís
(ellos) (ellas) (Uds.)	piensan	quieren	prefieren
PRESENT PARTICIPLE:	pensando	queriendo	prefiriendo

Have the students observe that the stem-changing verbs in **-ir** have another irregularity in the present participle (e → i). (This is for recognition only.)

> All the verb forms have regular endings.

> The **e** of the stem becomes **ie** in the **yo, tú, él** and **ellos** forms of the present tense.

ACTIVIDAD 4   Un sondeo de opinión *(An opinion poll)*

A youth magazine wants to know what forms of entertainment teenagers prefer. Give the answers of the following people.

⟩⟩   Susana: las comedias   Susana prefiere las comedias.

1. Tomás y Rafael: los conciertos
2. los amigos de Rafael: las obras de teatro
3. Carmen: los programas de variedades
4. yo: las películas del oeste
5. tú: los dramas psicológicos
6. Uds.: las películas policíacas
7. Enrique y Luisa: las películas de horror
8. nosotros: las comedias musicales

SCRIPT
Act. 5

Act. 6

VOCABULARIO PRÁCTICO   Verbos con cambios (e → ie)

verbos que terminan en –ar:

empezar	to begin	¿Cuándo **empieza** el verano?
empezar a	to begin to	¿Cuándo **empieza a** tocar la orquesta?
pensar	to think	¿Qué **piensas?**
pensar en	to think about	¿María, **en** qué **piensas?**
pensar de	to think of, about	¿Qué **piensas de** John Travolta?
pensar que	to think that	**Pienso que** John Travolta tiene mucho talento.
pensar + infinitive	to plan to	¿**Piensas ir** al cine mañana?

verbos que terminan en –er:

entender	to understand	¿**Entiendes** la película?
perder	to lose	¿**Pierdes** tus libros a menudo?
perder el tiempo	to waste time	Juan **pierde el tiempo** mirando la televisión.
querer	to want	¿**Quieres** mucho dinero?
querer a	to like, to love (someone)	¿**Quiere** Paco a María?
querer + infinitive	to want to	¿**Quieres ir** al cine con nosotros?
querer decir	to mean	¿Qué **quiere decir** la palabra «obra»?

verbos que terminan en –ir:

preferir	to prefer	¿**Prefieres** el teatro o el cine?
sentir	to feel	¿**Sientes** mucha emoción cuando ves películas románticas?

Sentir may also mean *to regret* or *to feel sorry.*
Lo siento mucho. I am very sorry.

ACTIVIDAD 5   Viajes

Several students are discussing where they plan to go during vacation and which cities they want to visit. Express this according to the model.

⊃⊃ Ramón: Puerto Rico / San Juan   Ramón piensa ir a Puerto Rico.
Quiere visitar San Juan.

VARIATION: They prefer visiting these countries.
Ramón prefiere visitar Puerto Rico.

1. Isabel y Teresa: Francia / París
2. nosotros: Italia / Roma
3. Pablo: la Argentina / Buenos Aires
4. tú: el Japón / Tokio
5. Uds.: Venezuela / Caracas
6. nosotros: España / Barcelona
7. Enrique: Chile / Santiago
8. Pilar y Elena: el Canadá / Quebec
9. yo: Alemania / Berlín
10. ella: Costa Rica / San José

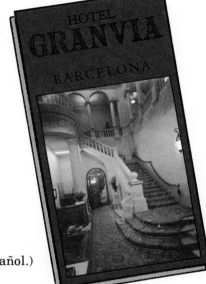

ACTIVIDAD 6   Diálogo: ¿Cómo son tus compañeros?

Ask your classmates questions, according to the model.

⊃⊃ entender: español   Estudiante 1: ¿Entiendes español?
Estudiante 2: Sí, entiendo español.
(No, no entiendo español.)

entender:
1. francés
2. inglés
3. italiano
4. al profesor

perder a menudo:
5. el tiempo
6. tus cosas

empezar a:
7. estudiar español
8. pensar en español

sentir admiración por:
9. los artistas de cine
10. los deportistas profesionales
11. los cantantes

en el futuro, pensar:
12. ser actor (actriz)
13. hacer una película
14. escribir una novela

ACTIVIDAD 7   Entrevista con el representante de la clase

Use the questions in the preceding activity to interview a class representative. This representative will answer for the group.

⊃⊃ entender español   Estudiante 1: ¿Entienden Uds. español?
Estudiante 2: Sí, entendemos español.
(No, no entendemos español.)

Change ''representatives'' every few questions, or address the questions to groups of students.

ACTIVIDAD 8   Creación   OPTIONAL

See how many logical sentences you can build in five minutes, using elements of columns A, B and C. The sentences may be affirmative or negative.

A	B	C	
yo	pensar	el tiempo	ir al teatro
mi mejor amigo(a)	entender	español	ver una película
nosotros	querer	inglés	
las personas inteligentes	perder		

WB B1

⟋⟍ Mi mejor amigo no entiende español.

C. *Encontrar, poder, dormir* (o → ue)

Encontrar *(to find, to meet),* **poder** *(can, to be able),* and **dormir** *(to sleep)* are stem-changing verbs. Note their forms in the chart below.

Act. 7

INFINITIVE:	encontrar	poder	dormir
PRESENT:			
(yo)	encuentro	puedo	duermo
(tú)	encuentras	puedes	duermes
(él) (ella) (Ud.)	encuentra	puede	duerme
(nosotros)	encontramos	podemos	dormimos
(vosotros)	encontráis	podéis	dormís
(ellos) (ellas) (Uds.)	encuentran	pueden	duermen
PRESENT PARTICIPLE:	encontrando	pudiendo	durmiendo

The present participles of **poder** and **dormir** (o → u) are presented for recognition only.

⟋⟍ All the verb forms have regular endings.

⟋⟍ The **o** of the stem becomes **ue** in the **yo, tú, él** and **ellos** forms of the present tense.

ACTIVIDAD 9   ¡Imposible!

It is Sunday and there are many things the following young people would like to do . . . but there is a big exam coming up and they have to study. Say that they can't do what they want to do.

⟋⟍ Pablo: ir al cine   Pablo quiere ir al cine pero no puede.

1. Manuela: bailar
2. yo: ver una película
3. tú: jugar al tenis
4. Alfonso: visitar a sus amigos
5. mis primos: invitar a un amigo
6. nosotros: dormir

ADDITIONAL CUES: **Ud.:** correr / **Uds.:** jugar al fútbol / **tú y yo:** ir al teatro

ACTIVIDAD 10   No pueden hacer nada

Say that the following people will not be able to do certain things if they don't find what they need.

⇒   Elena: sus libros / estudiar   Si Elena no encuentra sus libros no puede estudiar.

1. María: su cámara / sacar fotos
2. Esteban: su raqueta de tenis / jugar
3. nosotros: la pelota (*ball*) / jugar
4. ellas: a Miguel / hablarle
5. yo: la carta / contestarla
6. ellos: el tocadiscos / bailar

7. Uds.: el dinero / ir al cine
8. María: su bolso / comprar discos
9. nosotros: nuestros trajes de baño (*swimsuits*) / nadar
10. tú: a Tomás / invitarlo al estadio (*stadium*)

VOCABULARIO PRÁCTICO   Verbos con cambios (o → ue)

verbos que terminan en –ar

contar	to count	Emilio **cuenta** su dinero.
	to tell, to relate	Paco nos **cuenta** algo divertido.
costar	to cost	¿Cuánto **cuesta** ir al cine?
encontrar	to find (something that is lost)	No **encuentro** mis discos. ¿Los tienes tú?
	to meet, to run into	Inés **encuentra** a sus amigos a menudo.
recordar	to remember	No **recuerdo** cuándo empieza la película.

verbos que terminan en –er

poder	can, to be able to, may	Pepe, ¿**puedes** prestarme tu guitarra?
		Sr. Vargas, ¿**puedo** ayudarlo?
volver	to return, to go back	**Volvemos** a casa a las tres.

verbos que terminan en –ir

dormir	to sleep	Los niños **duermen** ahora.

WORD ASSOCIATIONS: **contar** (*count*), **encontrar** (*encounter*), **volver** (*revolve*), **dormir** (*dormitory*).

Querer es poder.

To want is to be able. (Where there's a will, there's a way.)

ACTIVIDAD 11   Preguntas personales

1. ¿A qué hora vuelves a casa cuando vas a una fiesta por la noche *(at night)?* ¿Y a qué hora vuelves a casa cuando sales de la escuela?
2. ¿Te gusta contar chistes *(jokes)?* ¿A quiénes les cuentas chistes?
3. ¿Recuerdas algún chiste?
4. ¿Recuerdas los nombres *(names)* de tus profesores del año pasado *(last year)?*
5. ¿Duermes bien o mal? ¿En tu casa duermen todos bien? ¿Quiénes duermen bien? ¿Quiénes duermen mal?
6. ¿Cuánto cuesta ir al cine?
7. ¿Cuánto cuesta una raqueta de tenis? ¿una bicicleta?

ACTIVIDAD 12   Creación   OPTIONAL

See how many logical sentences you can build in five minutes, using elements of columns A, B, and C. The sentences may be affirmative or negative.

A	B	C	
yo	contar	a casa	mal
tú	recordar	en casa	chistes *(jokes)*
Carlos	volver	a la una	cosas muy divertidas
nosotros	dormir	a las siete	dónde está el cine
mis amigos			el nombre *(name)* de la película

WB
C1, C2

 No recuerdo los chistes.

Act. 12

Pronunciación **Los diptongos *ie, ue***

Model words: qu<u>ie</u>re p<u>ue</u>do
Practice words: pref<u>ie</u>re emp<u>ie</u>zo ent<u>ie</u>nden p<u>ie</u>nsas
            d<u>ue</u>rmes c<u>ue</u>stan c<u>ue</u>nto v<u>ue</u>lve rec<u>ue</u>rdan
Practice sentences: ¿D<u>ue</u>rmes b<u>ie</u>n cuando ll<u>ue</u>ve o hace v<u>ie</u>nto?
            No p<u>ie</u>rdo el t<u>ie</u>mpo cuando j<u>ue</u>go al tenis.
            Man<u>ue</u>l enc<u>ue</u>ntra a Cons<u>ue</u>lo en P<u>ue</u>bla.
Pronounce the vowels **ie** and **ue** together in one syllable.

Para la comunicación

> **Expresión para la composición**
> **a fin de cuentas** *all in all*

Mini-composición **El cine**

Describe a tu actor (actriz) favorito(a). Usa las preguntas como guía para
la composición. Usa también la expresión para la composición.

- ¿Cómo se llama?
- ¿Es norteamericano(a) o extranjero(a)?
- ¿Es joven o viejo(a)? ¿Cuántos años tiene?
- ¿Es guapo (bonita)? ¿rubio(a) o moreno(a)?
  ¿alto(a)? ¿delgado(a)?
- ¿En qué tipo de películas trabaja generalmente?
  ¿en películas del oeste? ¿películas románticas?
  ¿comedias musicales?
- ¿Canta él (ella) también?
- ¿Cómo se llama su última *(last)* película?
- ¿Cuál es su mejor película?

Su última película se llama _____, pero **a fin de cuentas** no es su
mejor película. Su mejor película es _____.

The expression **a fin de cuentas** means literally "at the end of the accounts."

WB
ntre…

CRIPT

ct. 10, 11,
3

ASTERS
p. 32–33

TRB

UIZ
p. 77–78

Lección 4 — Los sábados por la noche

Act. 1

Para nosotros los jóvenes, la noche del sábado es una noche muy especial. No tenemos que estudiar. No tenemos que hacer las tareas. No tenemos que aprender verbos irregulares y otras tonterías . . . Bueno, entonces ¿qué hacemos los sábados por la noche? Depende. No todos tenemos los mismos gustos ni . . . ¡los mismos padres!

tonterías: *foolishness*
Depende: *It depends*
gustos: *tastes,*
ni: *nor*

Rafael (quince años, de los Estados Unidos)

¿Qué hago los sábados? Casi siempre voy al cine con una chica. Conozco a muchas chicas simpáticas . . . ¿A quién voy a invitar el próximo sábado? ¿A Carmen? . . . ¿a Anita? . . . ¿a Silvia?

Conozco: *I know*

Tomás (diez y seis años, de Costa Rica)

Yo también conozco a muchas chicas simpáticas, pero no salgo con ellas. Salgo con mis amigos . . . Hay muchas cosas que podemos hacer juntos . . . Cuando tenemos bastante dinero, vamos al cine o a una cafetería. Si no, vamos a la casa de otro amigo y escuchamos discos.

salgo: *go out*

juntos: *together*

Carolina (quince años, del Perú)

Yo no salgo mucho. Mis padres son muy estrictos. Casi nunca me dan permiso para salir de noche. Así es que me quedo en casa mirando la televisión. Realmente no hago mucho los sábados por la noche.

permiso: *permission*
de noche: *at night*
Así es que me quedo:
Consequently I stay

María Luisa (diez y seis años, de México)

Yo no salgo tampoco. Mis padres no me permiten salir de noche. Por suerte, de vez en cuando me dan permiso para dar una fiesta. Invito a algunos amigos, ponemos discos y bailamos hasta las tres de la mañana . . . Es más divertido que mirar la televisión, ¿verdad?

tampoco: *either*
Por suerte: *Luckily*

ponemos: *we put on*
hasta: *until*
más divertido: *more fun*

¿Adónde va Rafael los sábados? ¿con quién? ¿Cuántos años tiene Tomás? ¿Con quiénes sale? ¿Adónde va cuando tiene dinero? ¿Adónde va cuando no tiene dinero? ¿Por qué no sale Carolina? ¿Qué hace los sábados por la noche? ¿Qué hace María Luisa de vez en cuando? ¿Por qué no puede dormir su hermano?

Mario Lorenzo (diez años, hermano de María Luisa)
¿Qué hago los sábados por la noche?
Duermo . . . ¡como todas las noches!
Excepto cuando mi hermana invita a sus
amigos. ¡Hacen mucho ruido y es
absolutamente imposible dormir!

ruido: *noise*

CONVERSACIÓN OPTIONAL

Vamos a hablar de tu vida *(life)*.

1. ¿Sal**es** a menudo los sábados por la noche?
   Sí, sal**go** . . . (No, no sal**go** . . .)
2. ¿Sal**es** a menudo los domingos?
3. ¿Sal**es** solo(a) o con tus amigos?
4. ¿Pon**es** los libros en tu cuarto?
   Sí, pon**go** . . . (No, no pon**go** . . .)
5. ¿Pon**es** tus fotos en un álbum?
6. ¿Pon**es** tu dinero en el banco?

OBSERVACIÓN Est. B

In the questions and answers to the left you have been using the verbs **salir** *(to go out)* and **poner** *(to put)*. Compare the **yo** and **tú** forms of these verbs.

- Is the ending of the **tú** form regular? yes
- In which two letters does the **yo** form end? -go

NOTA CULTURAL OPTIONAL

Amigos de la familia

En los países hispánicos, ser amigo de alguien° es ser amigo de toda su familia.

Las familias hispánicas son muy hospitalarias.° Si un buen amigo de los hijos visita la casa, siempre es bienvenido.° Regularmente le ofrecen° algo de comer° y todos charlan animadamente.° Si un joven visita la casa de un amigo muy a menudo, los hermanos de su amigo lo pueden llegar a considerar° *su* amigo también. Juntos salen a pasear,° a la playa, al campo, al café o al cine.

En realidad, los amigos de los hijos son amigos de toda la familia.

alguien *someone* **hospitalarias** *hospitable* **bienvenido** *welcome* **ofrecen** *they offer* **algo de comer** *something to eat* **todos charlan animadamente** *everybody engages in lively conversation* **llegar a considerar** *come to consider* **salen a pasear** *they go out*

Estructuras

A. El artículo definido con los días de la semana

Note the use of the definite article in the question and answer below.

—¿Vas al cine **el sábado?**   *Are you going to the movies **(on) Saturday?***

—No, no voy nunca al cine **los sábados.**   *No, I never go to the movies **on Saturdays.***

The definite article is regularly used before days of the week, except after **ser.**

Hoy es **lunes.**   Mañana es **martes.**

Except for **domingo** and **sábado**, the days of the week have the same form in the singular and in the plural.

Act. 3

VOCABULARIO PRÁCTICO   Expresiones con los días de la semana

el lunes	(on) Monday
el próximo martes	next Tuesday
el miércoles pasado	last Wednesday
el jueves por la mañana	(on) Thursday morning
el viernes por la tarde	(on) Friday afternoon
el sábado por la noche	(on) Saturday night, evening
los domingos	(on) Sundays
los sábados por la noche	(on) Saturday nights
todos los días	every day

In some Spanish-speaking countries, calendar weeks begin with Monday.

ACTIVIDAD 1   El horario

Complete the schedule of your weekly activities, as appropriate.

➢   Miro la televisión . . .   Miro la televisión todos los días.

1. Tengo clases de inglés . . .
2. Tengo clases de español . . .
3. Tengo clases de matemáticas . . .

4. Practico deportes . . .
5. Voy al cine . . .
6. Visito a mis amigos . . .

VARIATION: Ask questions about María Lucía's schedule (p. 122). ¿Cuándo tiene la clase de castellano? ¿A qué hora empieza su clase de matemáticas?

WB
A1, A2

SCRIPT

Act. 4

MASTERS
p. 34

Unidad seis
244

B. Salir, poner, traer, oír

The verbs **salir** *(to go out, to leave)*, **poner** *(to put)*, **traer** *(to bring)* and **oír** *(to hear)* have the ending **-go** in the **yo** form of the present. Note the forms in the chart below.

You may remind the students that **hacer (hago)** and **decir (digo)** follow this same pattern.

INFINITIVE:	**salir**	**poner**	**traer**	**oír**
PRESENT:				
(yo)	sal**go**	pon**go**	trai**go**	oi**go**
(tú)	sales	pones	traes	oyes
(él) (ella) (Ud.)	sale	pone	trae	oye
(nosotros)	salimos	ponemos	traemos	oímos
(vosotros)	salís	ponéis	traéis	oís
(ellos) (ellas) (Uds.)	salen	ponen	traen	oyen
PRESENT PARTICIPLE:	saliendo	poniendo	trayendo	oyendo

The endings of these verbs are regular.

Have the students observe that:
• The verbs **traer** and **oír** end in **-igo** in the **yo** form: **traigo, oigo.**
• The stem of the verb **oír** ends in **-y** in the **tú, él** and **ellos** forms of the present.
• The stems of the verbs **oír** and **traer** end in **-y** in the present participle.

ACTIVIDAD 2   Diálogo: ¿Qué hacen tus compañeros?

Ask your classmates whether they do the following things.

salir los sábados por la noche

Estudiante 1: ¿Sales los sábados por la noche?
Estudiante 2: Sí, salgo los sábados por la noche.
(No, no salgo los sábados por la noche.)

salir:
1. mucho
2. con tus amigos a menudo
3. los domingos
4. con amigos hispánicos

poner:
5. tus libros en un bolso
6. tu dinero en el banco
7. tus fotos en un álbum
8. azúcar *(sugar)* en el café

traer:
9. revistas a la escuela
10. muchos libros a la clase
11. regalos para tus compañeros
12. regalos para tu profesor(a)

oír:
13. música ahora
14. cosas interesantes en clase
15. tonterías *(nonsense)*
16. chistes *(jokes)* buenos en la escuela

VARIATION: Use the plural, making all necessary changes.
—¿Salen Uds. ... ?
—Sí, salimos ...

C. *Conocer* (c → zc)

Note the forms of **conocer** *(to know)* in the chart below.

Act. 7

INFINITIVE:	**conocer**		
PRESENT:			
(yo)	Conozco a tus amigos.	(nosotros)	Conocemos a Clara.
(tú)	Conoces a María.	(vosotros)	Conocéis San Juan.
(él, ella, Ud.)	Conoce a Paco.	(ellos, ellas, Uds.)	Conocen México.
PRESENT PARTICIPLE: conociendo			

- In the present tense, many verbs ending in **-cer** and in **-cir** end in **-zco** in the **yo** form. The other forms of the present are regular.

- **Conocer** means *to know* in the sense of being acquainted with people and places.

    —¿**Conoces** a María?   —No, no la **conozco,** pero **conozco** a su hermana.
    —¿**Conoces** México?   —No, pero **conozco** San Juan.

ACTIVIDAD 3   Diálogo: ¿Los conocen?

Ask your classmates whether they know the following people and places.

- el profesor de francés   Estudiante 1: ¿Conoces al profesor de francés?
                                Estudiante 2: Sí, lo conozco.
                                         (No, no lo conozco.)

1. el (la) director(a) de la escuela
2. el padre de tu mejor amigo
3. la mamá de tu mejor amiga
4. los hermanos de tu mejor amigo
5. los amigos de tus amigos
6. tus vecinos *(neighbors)*
7. el presidente de los Estados Unidos
8. la ciudad de Nueva York
9. la ciudad de Los Ángeles
10. la ciudad de San Antonio

VARIATION: Use the plural.
—¿**Conocen Uds. ...?**
—**Sí, lo conocemos.**

Act. 8

┌─VOCABULARIO PRÁCTICO   Verbos con cambios (c → zc) ─

conocer	to know	**Conozco** la Argentina.
obedecer	to obey	No **obedezco** siempre a mis padres.
ofrecer	to offer	Te **ofrezco** mi ayuda *(help)*.
conducir	to drive	**Conduzco** un coche francés.
traducir	to translate	**Traduzco** una carta de un amigo italiano.

WB
C1

SCRIPT

Act. 9

ACTIVIDAD 4　Preguntas personales

1. ¿Obedeces a tu mamá siempre? ¿a tu papá? ¿a tus profesores?
2. ¿Les ofreces algo de beber a tus amigos cuando vienen a tu casa? ¿algo de comer?
3. Cuando lees algo en español, ¿traduces muchas palabras?
4. ¿Traduces cartas en español para tus amigos?
5. ¿Conduce bien tu papá? ¿tu mamá?
6. ¿Qué tipo de coche conducen tus padres?

ACTIVIDAD 5　Creación　OPTIONAL

See how many logical sentences you can build in five minutes, using elements of columns A, B, C and D. The sentences may be affirmative or negative.

Make sure that the students use the personal **a** when necessary.

A	B	C	D
yo	conducir	el coche	de Pedro
tú	conocer	un libro	de matemáticas
Carlos	traducir	el tocadiscos	en la mesa *(table)*
mis hermanos	poner	música	en mi cuarto
	traer	ruido *(noise)*	de mis amigos
	oír	los padres	en la discoteca
		el profesor	en francés
		las fotos	

Yo oigo música en la discoteca.

Act. 10

Pronunciación   El sonido de la consonante *d*

Model words: <u>d</u>ía   sába<u>d</u>o

Practice words: <u>d</u>omingo   <u>d</u>ormir   <u>d</u>eportes   <u>d</u>inero   con<u>d</u>ucir
tra<u>d</u>uce   pasa<u>d</u>o   to<u>d</u>os   po<u>d</u>er   obe<u>d</u>ece

Practice sentences: A<u>d</u>ela no pue<u>d</u>e tra<u>d</u>ucir mi carta.
El <u>d</u>omingo por la tar<u>d</u>e escucho la radio.
A<u>d</u>ela <u>d</u>esea con<u>d</u>ucir el coche <u>d</u>e su pa<u>d</u>re.

Remember that in the beginning of a word, and after **n** and **l**, the letter **d** is like the **d** of the English "day." In other positions, the letter **d** is pronounced / đ / like the **th** of the English "they."

Para la comunicación

Expresiones para la composición

generalmente
por lo general   *generally*
en general

Mini-composición   Fiestas

Describe las fiestas que das o que quieres dar. Puedes usar las respuestas *(answers)* de las preguntas siguientes.

- ¿Das muchas fiestas?
- ¿Cuándo das fiestas?
- ¿Dónde das fiestas? ¿en la sala? ¿en el sótano *(basement)*? ¿o en el jardín?
- ¿A quiénes invitas? ¿A cuántas personas como máximo?
- ¿Sirves Coca-Cola? ¿limonada? ¿jugos *(juices)* de frutas?
- ¿Pones discos? ¿Qué tipo de música?
- ¿Bailan tus amigos?
- ¿Hacen mucho ruido *(noise)* tus amigos?
- ¿Quién limpia *(cleans up)* la mañana siguiente?

No doy muchas fiestas. Cuando doy fiestas, las doy **generalmente** el sábado por la noche. . .

Variedades   El correo del corazón

¿Con quién hablas tú cuando tienes un problema personal . . . o sentimental? ¿Con tu mejor amigo . . . o tu mejor amiga . . . o tal vez con tu mamá?

Puedes también escribirle a Perlita Paz, una consejera° de Caracas. Ella tiene soluciones para cada problema. Perlita Paz tiene una correspondencia extensa con muchachos y muchachas . . . Cada semana, les contesta° en su columna «El correo° del corazón».°

consejera: *advisor*

contesta: *she answers,* correo: *mail,* corazón: *heart*

Estimada consejera:

Soy un estudiante de intercambio° de los Estados Unidos. Ahora asisto al colegio Andrés Bello de Caracas. Me gustan mucho mis profesores y mis nuevos amigos. Especialmente me gusta una muchacha que es muy simpática y muy atractiva. Quiero invitarla al cine o llevarla a almorzar° a un restaurante bonito.

Pero hay un problema: sus padres. Cada vez° que llamo por teléfono a Carmen (así se llama mi amiga), me contesta su mamá, y me dice que su hija no está en casa. Yo creo que ella no me está diciendo la verdad,° porque Carmen siempre me dice que ella nunca sale, excepto para ir al colegio.

¿Qué puedo hacer en esta° situación? Necesito buenos consejos.

Desesperado,
Jim Newman

intercambio: *exchange*

almorzar: *to have lunch*
vez: *time*

verdad: *truth*

esta: *this*

Querido° Jim:

Seguramente° eres un muchacho norteamericano muy simpático, pero aquí, no estás en los Estados Unidos; estás en Venezuela. Tenemos nuestro modo° de vivir que no es como el norteamericano. Aquí los padres de una muchacha no le dan permiso para salir sola con un muchacho, especialmente cuando no lo conocen. ¡Tienes que aceptar esta situación!

Perlita Paz

Querido: *Dear*
Seguramente: *Surely*

modo: *style*

Estimada consejera:

Tengo quince años y soy del signo de Libra. Conozco a un muchacho muy simpático. Se llama Jorge y es del signo de Acuario. Ése es el problema. El horóscopo dice que los Acuarios son muy excéntricos y a mí, no me gustan las personas excéntricas.

¿Puede Ud. darme su opinión sincera sobre° mi problema?

Preocupada,°
Silvia Ortiz

sobre: *about*
Preocupada: *Worried*

Querida Silvia:

¿En qué tienes más fe?° ¿En el horóscopo o en tus sentimientos? ¡Tú tienes que decidir!

Perlita Paz

fe: *faith*

Estimada consejera:

Tengo diez y ocho años y trabajo como secretaria para una agencia de viajes. Mi novio tiene veinte años y trabaja como mecánico.

El problema es que tiene una moto nueva y ahora pasa más tiempo con su moto que° conmigo.

¿Puedo hacer algo para cambiar° esta situación?

Abandonada,
Luisa Morales

que: *than*
cambiar: *to change*

Querida Luisa:

Una moto es un objeto . . . y tú eres una persona. Si tu novio no puede entender la diferencia, ¡tienes que buscar a otro más atento!°

Perlita Paz

atento: *attentive*

Estimada consejera:

Tengo diez y seis años. Tengo muchos amigos que me comprenden. Y mis padres son fantásticos porque también me comprenden. Pero tengo un problema del que no puedo hablarles. Voy a contarle a Ud. este° problema.

En la escuela hay una muchacha que me gusta mucho y creo que ella me encuentra° simpático. En clase me mira a menudo, pero nunca me habla.

¿Por qué no me habla? ¿Por qué no me da la oportunidad que necesito para decirle que me gusta mucho?

Perplejo,°
Luis Ernesto López Paredes

este: *this*

me encuentra: *she finds me*

Perplejo: *Perplexed*

Querido Luis Ernesto:

¿Quién es más tímido? ¿Tú o ella? Si tu interés en ella es realmente muy grande, tienes que hablarle a esa° muchacha. . . Si no dices nada, tal vez ella va a perder la paciencia.

Perlita Paz

esa: *that*

Estimada consejera:

   Soy una muchacha de diez y seis años. Salgo a menudo con un grupo de amigos, y hay un muchacho en particular que me gusta mucho. Creo que es muy simpático y atractivo.

   Mi problema es mi hermana. Ella también cree que es muy atractivo. Tiene sólo doce años, pero pienso que ella está secretamente enamorada de° él. Cuando lo invito a mi casa, ella habla con él constantemente. Y él, como es muy atento,° no la ignora. Muchas veces° la invita a la heladería.° Yo no soy una persona celosa,° pero no puedo aceptar esta situación. Necesito su opinión y su ayuda,° Sra. Consejera.

Furiosa,
María Mercedes Lima

enamorada de: *in love with*
atento: *considerate*
veces: *times,*
   heladería: *ice cream parlor*
celosa: *jealous*
ayuda: *help*

Querida María Mercedes:

   ¿Cuál es realmente tu problema? ¿Tu hermana? ¡No, no es ella! ¿Recuerdas el refrán° que dice, «Donde hay amor, hay celos»?°

   Sí, María Mercedes, creo que tú estás celosa. Pero es un sentimiento normal . . . como los sentimientos de tu hermana. Tienes que aceptarlos . . . y estar alegre de tener un amigo atento con todos.

Perlita Paz

refrán: *proverb,*
   celos: *jealousy*

Enriching your vocabulary: cognates in -ción

Many Spanish nouns ending in **-ción** correspond to English nouns ending in *-tion*. These Spanish nouns are feminine. In the plural they end in **-ciones.**

   (una) situa**ción**   *situation*
   (una) solu**ción**   *solution*

Ejercicio

Complete the following cognates. Then fit them into the sentences below.

comunica __, na __, imagina __, investiga __, inven __

1. Generalmente, los artistas tienen una gran _____.
2. México es una _____ hispánica.
3. El teléfono es un modo *(means)* de _____.
4. La policía hace una _____.
5. El avión es una _____ de los hermanos Wright.

Unidad 7

Los secretos de una buena presentación

7.1 Modas para los jóvenes

7.2 La ropa es un problema

7.3 ¡El pobre señor Ochoa!

7.4 Una persona pulcra

VARIEDADES ¿Cómo mantenerte en buena salud?

OBJECTIVES

Communication

By the end of this unit, students will be able to use Spanish:
- To shop for clothes
- To talk about personal fitness and grooming
- To discuss daily activities

Language

The main grammatical focus of this unit is on the reflexive construction. The unit also introduces:
- Comparative and superlative constructions
- Demonstrative adjectives
- The nominalization of adjectives
- The use of the definite article with parts of the body

Culture

This unit focuses on the importance of personal appearance in Hispanic society, and introduces shopping customs, clothing, and personal fitness.

 Unit Seven   Modules 15, 16

Lección 1

Modas para los jóvenes

The word **modelo** is invariable: **un(a) modelo.**

Act. 1

Aquí están Carmen, Luisa, Inés, Juanita y Bárbara . . . cinco modelos que hoy presentan los últimos estilos de la moda para jóvenes.

estilos: *styles,*
moda: *fashion*

| Carmen | Luisa | Inés | Juanita | Bárbara |

¡Mira a Carmen!
Tiene sólo diez y siete años. ¡Es la más joven de las modelos!
Ahora, compara a Carmen con las otras modelos.

  ¿Es Carmen más alta que Luisa?
  ¿Es más delgada que Inés?
  ¿Es más (o menos) elegante que Juanita?
  ¿Es más (o menos) bonita que Bárbara?

Mira: *Look*
la más joven: *the youngest*

más alta que: *taller than*
delgada: *thin*

bonita: *pretty*

¡Mira a todas las modelos!
De las cinco, ¿quién es
  . . . la más alta?   Luisa
  . . . la más baja?   Inés
  . . . la más delgada?   Luisa (Juanita, Bárbara)
  . . . la más elegante?   Juanita
  . . . la más bonita?   (Answers will vary.)

la más alta: *the tallest*

<u>Unidad siete</u>   EXTRA VOCAB.: **unas botas** (boots), **una bufanda** (scarf), **una piel** (fur).

CONVERSACIÓN

Vamos a hablar de ti y de tu mejor amiga.

1. ¿Eres **más** alto(a) o **menos** alto(a) **que** ella? Soy **más** alto(a) **que** ella. (Soy **menos** alto(a) **que** ella.)

2. ¿Eres **más** delgado(a) o **menos** delgado(a) **que** ella?

3. ¿Eres **más** independiente o **menos** independiente **que** ella?

4. ¿Eres **más** tímido(a) o **menos** tímido(a) **que** ella?

5. ¿Eres **más** generoso(a) o **menos** generoso(a) **que** ella?

6. ¿Eres **más** individualista o **menos** individualista **que** ella?

OBSERVACIÓN   Est. B

In the above questions and answers, you are using adjectives to compare yourself with another person.

- What are the two words which may be used *before* the adjective?   más and menos
- Which word comes *after* the adjective (and before the word **ella**)?   que

NOTA CULTURAL

La elegancia hispánica

Para los jóvenes hispánicos es importante vestirse° bien y ser elegante. Vestirse bien quiere decir principalmente° vestirse con buen gusto.° Esto° requiere no usar° estilos exagerados o colores fuertes° que no combinan.° Vestirse bien significa también ponerse ropa° apropiada, según° el lugar o la ocasión. Los jóvenes hispanos se visten° más informalmente e imitan las modas° de los Estados Unidos y Europa cuando van a fiestas, discotecas y algunas escuelas. Sin embargo muchos todavía usan uniforme para ir a la escuela: pantalones,° camisa° y suéter para ellos, falda,° blusa° y suéter para ellas. Para ocasiones especiales los jóvenes se ponen ropa más formal. La elegancia hispánica no es simplemente un modo° de vestirse o de presentarse.° Es un modo de vivir.

vestirse *to dress* **principalmente** *principally* **gusto** *taste* **Esto** *This* **usar** *wearing* **fuertes** *bright* **no combinan** *do not go well together* **ponerse ropa** *to put on clothes* **según** *depending on* **se visten** *dress* **modas** *styles* **pantalones** *pants* **camisa** *shirt* **falda** *skirt* **blusa** *blouse* **modo** *way* **presentarse** *present oneself*

¿Qué quiere decir vestirse con buen gusto? ¿Cómo se visten los jóvenes hispanos para las fiestas? ¿Qué usan en la escuela?

Estructuras

A. Repaso: los adjetivos

Note the forms of the adjectives in the sentences below:

Pablo es **alto** y **elegante**.   Carlos y Felipe son **altos** y **elegantes**.
Manuela es **alta** y **elegante**.   Silvia y Ana son **altas** y **elegantes**.

 If an adjective ends in **-o** in the masculine, the feminine form ends in **-a**. Most adjectives ending in other letters have identical masculine and feminine forms.

 The plural of most adjectives is formed by adding **-s** to the singular form if it ends in a vowel, or **-es** if it ends in a consonant.

Adjectives agree with the noun they describe in gender and number.

Act. 3

30

VOCABULARIO PRÁCTICO   El aspecto exterior de una persona

El aspecto general   Eres . . .

¿alto o **bajo?**

¿delgado o **gordo?**

¿fuerte o **débil?**

¿ joven o **vieja?**

¿elegante o **informal?**

¿bonita, linda o **fea?**

¿guapo o **feo?**

ACTIVIDAD 1 Personas y personajes famosos

Describe these famous persons and characters using adjectives listed in the
Vocabulario especializado under *El aspecto general*. For each person,
create three sentences. These may be affirmative or negative and you may
use adverbs like **muy, bastante** and **poco.**

> Chevy Chase es bastante guapo.
> Chevy Chase no es muy alto.
> Chevy Chase no es gordo.

1. Whitney Houston
2. Tom Cruise
3. Carlitos (*Charlie Brown*)
4. King Kong

5. Blancanieves (*Snow White*)
6. los Siete Enanitos (*Seven Dwarfs*)
7. Robert Redford y Paul Newman
8. Papá Noel (*Santa Claus*)

La cara is active vocabulary.

La cara Tienes . . .

el pelo (hair)
¿**liso** (straight) o **rizado** (curly)?
¿**largo** o **corto?**

la frente (forehead)
¿**estrecha** (narrow) o **ancha** (wide)?

los ojos (eyes)
¿**pequeños** o **grandes?**

las orejas (ears)
¿**pequeñas** o **grandes?**

la nariz (nose)
¿**pequeña** o **grande?**

la boca (mouth)
¿**pequeña** o **grande?**

los dientes (teeth)
¿**pequeños** o **grandes?**

¿Tienes el pelo . . . **negro** *(black)?* ¿**rubio** *(blond)?* ¿**castaño** *(brown)?*
¿Tienes los ojos . . . **azules** *(blue)?* ¿**verdes** *(green)?* ¿**de color café** *(brown)?*

NOTAS: 1. **Largo** means *long;* **grande** means *large, big.*
2. In Spanish, the definite article is often used before parts of the body.
In English, we use the possessive adjective.
Tengo **el** pelo corto. *My hair is short. (I have short hair.)*

ACTIVIDAD 2   Caras

Describe the faces of the following persons using the words listed in the **Vocabulario especializado** under *La cara*. For each person, create at least three sentences.

VARIATION: Have the students bring to class a magazine picture of a person and have them prepare three descriptive sentences.

 Bill Cosby tiene el pelo corto.
Bill Cosby tiene los ojos negros.
Bill Cosby tiene el pelo negro.

1. Drácula
2. Cybill Shepherd
3. mi padre
4. mi mamá

5. mi profesor(a)
6. mi mejor amigo
7. mi mejor amiga
8. yo

ACTIVIDAD 3   Un juego: ¿Quién es?   OPTIONAL

WB
A1

SCRIPT
Act. 4

MASTERS
p. 35

Choose a person who fits one of the following descriptions. Create six sentences describing this person as accurately as possible. When you are finished, read your sentences to your classmates who will try to guess who is the person you have chosen.

1. un actor famoso
2. una actriz famosa
3. un cantante famoso
4. una cantante famosa

5. un personaje (*character*) histórico
6. un(a) deportista famoso(a)
7. un(a) profesor(a)
8. un(a) político(a)

B. La forma comparativa

To make comparisons, you use the *comparative* form of the adjective. Note the following sentences.

Act. 5

Soy **más** alto **que** mi hermana.	*I am taller **than** my sister.*
Mis hermanas son **más** independientes **que** yo.	*My sisters are **more** independent **than** I.*
Carmen es **menos** generosa **que** Josefina.	*Carmen is **less** generous **than** Josefina.*
Soy **tan** inteligente **como** Uds.	*I am **as** intelligent **as** you.*

 To express comparisons with adjectives, Spanish speakers use these constructions:

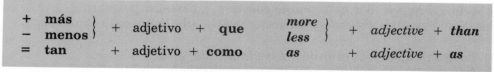

+	**más** ⎱	+ adjetivo +	**que**	*more* ⎱	+ *adjective* +	***than***
−	**menos** ⎰			*less* ⎰		
=	**tan**	+ adjetivo +	**como**	*as*	+ *adjective* +	***as***

SCRIPT
Act. 6

MASTERS
p. 35

 In comparative constructions, the adjective agrees in gender and number with the noun or pronoun to which it refers.

Make sure that the students understand that the construction **más . . . que** has two English equivalents:
(1) . . .er than (greater than)
(2) more . . . than (more intelligent than)

ACTIVIDAD 4 Comparando precios *(Comparing prices)*

Imagine that you paid twenty-five dollars for a pocket calculator. Say whether the following objects are more expensive, less expensive, or as expensive as your calculator.

VARIATION: Compare various objects in the classroom in physical terms: size, height, age.

una raqueta de tenis: $25 La raqueta de tenis es tan cara como la calculadora.
una raqueta de tenis: $45 La raqueta de tenis es más cara que la calculadora.
una raqueta de tenis: $10 La raqueta de tenis es menos cara que la calculadora.

1. un reloj: $30
2. un radio: $45
3. una cámara: $80
4. una revista: $1
5. un disco: $6

6. una maleta: $25
7. un bolso: $25
8. un libro: $10
9. un televisor: $150
10. una cinta: $4

VOCABULARIO PRÁCTICO Adjetivos con comparativos irregulares

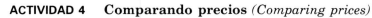

ADJETIVO	COMPARATIVO		
bueno	**mejor**	*better*	Carlos es **mejor** que yo en los deportes.
malo	**peor**	*worse*	Mis amigos son **peores** que yo en matemáticas.
grande	**mayor**	*older*	Soy **mayor** que mi hermano,
	más grande	*larger, bigger*	pero no soy **más grande** que él.
pequeño	**menor**	*younger*	Elena es **menor** que Alicia, y es **más**
	más pequeño	*smaller*	**pequeña** que ella.

NOTA: **Mayor** and **menor** are almost always used to refer to a person's age. They do not refer to physical size.

EXTRA VOCAB.: **los mayores** (adults), **los menores** (young people).

ACTIVIDAD 5 Diálogo: Tu compañero(a)

Ask the student next to you to compare himself or herself to his or her best male friend.

alto   Estudiante 1: ¿Eres más alto(a) que tu mejor amigo?
        Estudiante 2: Sí, soy más alto(a) que él.
                      (No, soy menos alto(a) que él.)
                      (Soy tan alto(a) como él.)

1. delgado(a)
2. independiente
3. pequeño
4. grande
5. individualista

6. generoso(a)
7. fuerte
8. bueno(a) en español
9. bueno(a) en los deportes
10. buen(a) estudiante

Be sure that the students use **mejor** as the comparative form of **bueno** in items 8, 9 and 10.

ACTIVIDAD 6   Puntos de vista *(Points of view)*

Using the adjectives given, compare the following according to your own
personal point of view.

▷ útil *(useful)*: el español / el inglés   El español es más útil que el inglés.
(El español es menos útil que el inglés.)
(El español es tan útil como el inglés.)

útil:

1. el francés / el español
2. las matemáticas / la filosofía
3. un reloj / una calculadora *mᶜ*
4. un coche / una bicicleta *N*

interesante:

5. el cine / la televisión *ch*
6. el béisbol / el fútbol *Jᵃ*
7. las películas románticas / las películas de aventuras *J*
8. Nueva York / Los Ángeles *Rᵈʰ*
9. México / España *Aⁿ*

simpáticos:

10. los chicos / las chicas *Am*
11. los amigos intelectuales / los amigos deportistas
12. las personas divertidas / las personas generosas

ACTIVIDAD 7   Preguntas personales

1. ¿Tienes hermanos? ¿Cuántos? ¿Son mayores o menores que tú?
2. ¿Tienes hermanas? ¿Cuántas? ¿Son mayores o menores que tú?
3. ¿Eres mayor o menor que tu mejor amigo? ¿que tu mejor amiga?
4. ¿Quién es mayor, tu papá o tu mamá?

WB
B1, B2

C. La forma superlativa

To compare a person or object with a group, you use the *superlative* form
of the adjective. Note the following sentences.

Diego es **el** chico **más** popular de la clase.

*Diego is **the most** popular boy in the class.*

Manuela es **la** chica **más** bonita de la escuela.

*Manuela is **the prettiest** girl in the school.*

¿Quiénes son **los** actores **más** guapos del mundo?

*Who are **the most** handsome actors in the world?*

In Spanish, the superlative is expressed with the following construction: The noun is often not expressed: **Diego es el más popular de la clase.**

$$\text{definite article (el, la, los, las)} + (\text{noun}) + \begin{Bmatrix} \textbf{más} \\ \textbf{menos} \end{Bmatrix} + \text{adjective} + \textbf{de}$$

> In a superlative construction, the word **de** expresses the idea of *in*.

> **Mejor, peor, mayor** and **menor** are also used in superlative
> constructions. These words usually come before the noun:
>
> ¿Quién es **la mejor** actriz del mundo?
> ¿Quiénes son **los mejores** jugadores de tenis?

PLAZA & JANES
P & J
EDITORES

EL LIBRO ES EL REGALO
MAS GRANDE
Y
MAS ECONOMICO

ACTIVIDAD 8   Un voto

Imagine you are preparing a special yearbook spread about your Spanish
class. Vote for each of the suggested categories. (You may want to add
other categories!)

> el chico: divertido   El chico más divertido de la clase es . . .

el chico:
1. serio
2. elegante
3. bueno en español
4. bueno en inglés

la chica:
5. seria
6. elegante
7. buena en español
8. buena en inglés

los dos chicos:
9. simpáticos
10. generosos
11. populares

las dos chicas:
12. simpáticas
13. generosas
14. populares

ACTIVIDAD 9 **Un sondeo de opinión** (*An opinion poll*)

In a group of people, you can find the best and also the worst. Again as a class you are going to participate in an opinion poll to determine the best and the worst in the following categories. Cast your votes according to the model.

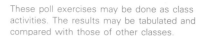 el actor: popular   El actor más popular es . . .
                         El actor menos popular es . . .

el actor:	el cantante:	el atleta:
1. guapo	5. bueno	9. bueno
2. bueno	6. popular	10. simpático

la actriz:	la cantante:	la atleta:
3. guapa	7. buena	11. buena
4. buena	8. popular	12. simpática

ACTIVIDAD 10 **Otro sondeo de opinión**

Now the opinion poll has to do with these things:

el programa de televisión:	la canción (*song*):
1. apasionante (*thrilling*)	5. bonita
2. divertido (*entertaining*)	6. popular

el deporte:	la película:
3. apasionante	7. aburrida
4. violento	8. interesante

WB
C1

Pronunciación   El sonido de la consonante z

Act. 9

Model word: azul

Practice words: nariz rizado actriz empezar

Practice sentences: No conozco a Gonzalo Pérez.
                  El diez de marzo voy a Zaragoza con Lorenzo López.
                  Los zapatos de Constanza son azules.

Remember: The letter **z** in Spanish always represents the sound / s / as in the English "yes."

In Castilian Spanish the letter **z** represents the **th** sound of the English "thin."

Para la comunicación

Expresión para la composición

sin embargo   *however, nevertheless*

Mini-composición   **Los otros y yo**

Escribe un párrafo comparándote con dos de las siguientes personas.
Si quieres, puedes usar los adjetivos entre paréntesis.

(guapo / alto / delgado / elegante / joven / fuerte /
débil / inteligente / divertido / serio / simpático)

Usa la expresión para la composición.

Las personas:
King Kong
Peter Pan
Drácula
Carlitos *(Charlie
Brown)*
Blancanieves *(Snow
White)*
Jane Fonda
Bill Cosby
Cybill Shepherd

   Soy más fuerte que Carlitos; **sin embargo** no soy tan fuerte como King Kong . . .

The students may want to add other names to this list.

WB
Las com-
paraciones

SCRIPT
Act. 10

MASTERS
p. 35

TRB

QUIZ
pp. 85–86

Lección 2 La ropa es un problema

Act. 1

¿Qué camisa voy a comprar? Bueno . . . ¿la azul o la verde? ¿o la amarilla?. . . ¿y por qué no la roja? . . . ¿o tal vez la blanca? ¿o la negra?

¡Qué problemas!

Escoger ropa es un problema para todos los chicos y todas las chicas del mundo . . .

camisa: *shirt,*
  la azul: *the blue one*
amarilla: *yellow,*
roja: *red,*
  blanca: *white*
Escoger: *Choosing*

En «El Pacífico», una tienda grande en Buenos Aires

Adela: ¡Mira, Pilar, ese bolso!
      Es elegante, ¿verdad?
Pilar: ¿Qué bolso? ¿El blanco o el negro?
Adela: ¡El negro! Es muy bonito, ¿verdad?
Pilar: ¡No! No me gusta. Es demasiado grande. No es práctico.

ese: *that*

En «Los Gobelinos», un almacén en Santiago de Chile

Ana María: ¡Mamá! ¡Mira esa falda!
Sra. de Suárez: ¿La roja o la verde?
Ana María: ¡La roja! Es muy bonita.
Sra. de Suárez: ¿Esa falda? ¡Qué horror! ¡Es demasiado corta!
Ana María: ¡Pero mamá, está de moda!
Sra. de Suárez: ¡A mí no me gusta la moda de las faldas cortas!
Ana María: Pero mamá . . .

almacén: *department store*
falda: *skirt*

corta: *short*
de moda: *in fashion*

En «La Chouette», una tienda muy elegante en Bogotá

Sonia: Marina, mira esos zapatos.
      Son muy bonitos, ¿verdad?
Marina: ¡Chica! ¡Son fabulosos!
Sonia: Vamos a preguntar cuánto cuestan . . . Perdón, señorita, ¿cuánto cuestan aquellos zapatos?

esos zapatos: *those shoes*

aquellos: *those*

¿Qué está mirando Adela? ¿De qué color es? ¿Por qué no le gusta a Pilar? ¿Le gusta la falda a la mamá de Ana María? ¿Por qué no? ¿Cuánto cuestan los zapatos?

Srta.: Los rojos . . . vamos a ver . . .
cuestan . . . dos mil pesos.

Sonia: ¡Dos mil pesos! ¡Dios mío! Me
gusta el color . . . me gusta el
estilo . . . pero ¡no me gusta el
precio!

See note regarding prices on p. 16.

estilo: *style*

precio: *price*

CONVERSACIÓN OPTIONAL

Vamos a ver qué piensas de esta *(this)* clase.

1. ¿Te gusta **esta** clase? Sí, me gusta **esta** clase.
   (No, no me gusta **esta** clase.)
2. ¿Comprendes **esta** lección?
3. ¿Te gusta **este** libro?
4. ¿Te gusta **este** asiento *(seat)*?
5. ¿Tienes amigos en la clase? ¿Son buenos alumnos **estos** chicos?
6. ¿Tienes amigas en la clase? ¿Son buenas alumnas **estas** chicas?

OBSERVACIÓN Est. A

In these questions and answers, the words in heavy print are used to point out specific people and objects. They are called *demonstrative adjectives*.

- What is the form of this demonstrative adjective before a *masculine singular* noun? before a *feminine singular* noun? before a *masculine plural* noun? before a *feminine plural* noun? este / esta / estos / estas

NOTA CULTURAL OPTIONAL

Act. 2

La ropa

¿Qué significa la ropa° para ti? En una encuesta° en la ciudad de México, el 95% (noventa y cinco por ciento) de los jóvenes piensa que la ropa refleja la personalidad. Por eso los jóvenes hispános tratan de seleccionar° su ropa de acuerdo con° sus gustos.° Ellos prefieren vestirse a la moda, pero también es importante sentirse cómodos° con la ropa que llevan. La mayoría° usa ropa informal en situaciones cotidianas.° Los blue-jeans son el uniforme universal de los jóvenes en la playa, en el campo o en las calles de la ciudad.

La selección de la ropa es a veces° un problema. Por eso algunos jóvenes prefieren ir de compras° con sus hermanos o amigos. En los países hispá-nicos, los padres les dan dinero a sus hijos para comprar la ropa porque la mayoría de los jóvenes no ganan su propio° dinero.

ropa clothes **encuesta** poll **tratan de seleccionar** try to choose **de acuerdo con** in keeping with **sus gustos** their likes **cómodos** comfortable **mayoría** majority **cotidianas** everyday **a veces** sometimes **ir de compras** go shopping **propio** own

¿Qué piensan los jóvenes hispanos de la ropa? ¿Tienen mucho dinero los jóvenes?

• Other words for *glasses* are **las gafas, los espejuelos, los lentes.**
Contact lenses are **lentes de contacto** or **lentillas de contacto.**
• In Spain, **los vaqueros** is often used for *jeans.*
• EXTRA VOCAB.: **vestirse (ir) a la moda** (to dress fashionably)

Estructuras

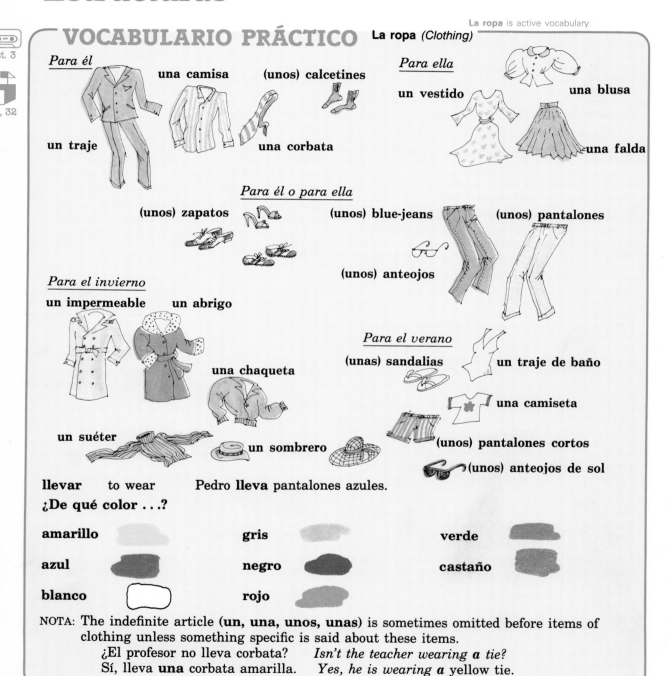

La ropa is active vocabulary.

VOCABULARIO PRÁCTICO   La ropa *(Clothing)*

Act. 3

31, 32

Para él

una camisa   (unos) calcetines

un traje   una corbata

Para ella

un vestido   una blusa

una falda

Para él o para ella

(unos) zapatos   (unos) blue-jeans   (unos) pantalones

(unos) anteojos

Para el invierno

un impermeable   un abrigo

una chaqueta

Para el verano

(unas) sandalias   un traje de baño

una camiseta

un suéter   un sombrero   (unos) pantalones cortos

(unos) anteojos de sol

llevar   to wear   Pedro **lleva** pantalones azules.

¿De qué color . . .?

amarillo   gris   verde

azul   negro   castaño

blanco   rojo

NOTA: The indefinite article (**un, una, unos, unas**) is sometimes omitted before items of
clothing unless something specific is said about these items.

¿El profesor no lleva corbata?   *Isn't the teacher wearing a tie?*
Sí, lleva **una** corbata amarilla.   *Yes, he is wearing a yellow tie.*

ACTIVIDAD 1 Colores

Describe the colors of the clothes that
the following people are wearing.

▷ mi mamá   Hoy mi mamá lleva una
             falda azul, un suéter rojo
             y unos zapatos negros.

1. yo
2. mi padre
3. el (la) profesor(a)
4. el (la) chico(a) a mi derecha (right)
5. el (la) chico(a) a mi izquierda (left)
6. mi mejor amigo
7. mi mejor amiga
8. la secretaria de la escuela

3er PISO NIÑOS Y NIÑAS
BEBES
CALZADO·JUGUETES
CUNAS·MUEBLES

calzado (footwear)
cuna (crib)

2o PISO   MODAS
SOMBRERERIA
CORSETERIA·LENCERIA
CALZADO

lencería (linen shop)

1er PISO SASTRERIA
TRAJES·CALZADO
ARTICULOS DE VIAJE
DEPORTES·FOTOS
Salón de Belleza

sastrería (tailoring)

PLANTA BAJA   REGALOS
ARTICULOS PARA CABALLEROS
PERFUMERIA·

OPTICA·RELOJERIA

BAJO PISO   HOGAR
ELECTRICOS·DISCOS
CRISTALERIA·LOZA·PELTRE
MUEBLES DE COCINA

hogar (housewares)
loza (china)
peltre (pewter)

Note that **primer, segundo, tercer,** etc.
are often abbreviated with the letters
they end in.

ACTIVIDAD 2   Ropa para cualquier ocasión
(Clothes for any occasion)

What you wear often depends on the occasion, the place where you are
going, and so on. Say what you generally wear on the following occasions.

▷ Cuando voy a un concierto de rock . . .
  Cuando voy a un concierto de rock, llevo blue-jeans y sandalias.

1. Cuando voy a una fiesta . . .
2. Cuando voy a un restaurante elegante . . .
3. Cuando voy a la playa . . .
4. Cuando voy al campo . . .
5. Cuando voy a un partido de fútbol americano . . .
6. Cuando llueve . . .
7. Cuando nieva . . .
8. Cuando hace mucho calor . . .
9. Cuando hace mucho frío . . .
10. Cuando estoy en casa . . .

VARIATION: Have the students bring
to class a picture of a person in one
of these situations and have them
describe what the person is wearing.

REFRÁN

El hábito
no hace
al monje.

Literally: The habit does not make the monk.

ACTIVIDAD 3 Preguntas personales

Remind students to nominalize the adjective of color: **Mi color favorito es el (color) azul.**

1. ¿Cuál es tu color favorito?
2. ¿Lees revistas de modas *(fashion)*? ¿Cuáles?
3. ¿Usas anteojos?
4. ¿Usas anteojos de sol? ¿Cuándo?
5. ¿Quieres ser modelo?
6. ¿Vas a la moda? *(Do you dress fashionably?)*
7. ¿Cuál es más elegante para una chica, llevar pantalones o llevar falda?
8. ¿Cuáles son más elegantes, los vestidos cortos o los vestidos largos?

A. Los adjetivos demostrativos

There are three groups of demonstrative adjectives in Spanish. Note the forms of these adjectives in the chart below:

Act. 5

		this / these	*that / those*	
SINGULAR	masculine feminine	**este** chico **esta** chica	**ese** chico **esa** chica	**aquel** chico **aquella** chica
PLURAL	masculine feminine	**estos** chicos **estas** chicas	**esos** chicos **esas** chicas	**aquellos** chicos **aquellas** chicas

- Make sure that the students note the difference between **esta** (this) and **está** (he/she/it is).
- Tell the students that they can derive the **ese** forms from the **este** forms by dropping the **t**.

⟩⟩ Demonstrative adjectives always come before the noun.
They agree with it in gender and number, like all other adjectives.

⟩⟩ The choice of which demonstrative adjective to use depends on the location of the object or person with relation to the speaker. Look at the illustrations:

1. ¡**Esta** blusa es muy bonita!
2. ¡**Esa** blusa es muy bonita también!
3. ¡**Aquella** blusa no es bonita!

- **Este** *(this)* is used by the speaker to point out people or things which are near him or her.
- **Ese** *(that)* is used to point out people or things that are near the person being spoken to.
- **Aquel** *(that . . . over there)* is used to point out people or things which are far from both the speaker and the person being spoken to.

ACTIVIDAD 4   ¿Cómo se llaman . . .?

Pedro has taken his girlfriend Marta to the cafeteria where he usually goes. On the way to their table they pass other people. Marta wants to know their names. Play Marta's role according to the model.

VARIATION: Marta wants to know where each person is from. ¿De dónde es aquel chico?

🔊 el chico   Marta: ¿Cómo se llama aquel chico?

1. la chica
2. el estudiante
3. las estudiantes
4. los muchachos

5. las muchachas
6. el profesor
7. la profesora
8. los señores

ACTIVIDAD 5   En «Galerías Preciados»

Imagine you are in the Spanish department store, «Galerías Preciados». A customer is looking at various items and wants the salesperson to bring over some other items. Play both roles, according to the model.

VARIATION: The customer wants to know how much each item costs. Señorita, ¿cuánto cuesta ese bolso, por favor?

🔊 un bolso: Cliente: Señorita, quiero ver ese bolso, por favor.
                 Empleada: ¿Este bolso?

1. una corbata
2. un vestido
3. unos zapatos
4. unos calcetines
5. un abrigo

6. un impermeable
7. un sombrero
8. una chaqueta
9. un suéter
10. una camisa

B. El uso del adjetivo como sustantivo   OPTIONAL   This may be taught for recognition only.

Note the use of the definite article and adjective in the answers to the following questions.

—¿Te gusta el suéter blanco?   *Do you like the white sweater?*
—No, prefiero **el rojo.**   *No, I prefer **the red one.***

—¿Te gusta la camisa verde?   *Do you like the green shirt?*
—Sí, pero prefiero **la azul.**   *Yes, but I prefer **the blue one.***

—¿Y las faldas?   *And the skirts?*
—**Las cortas,** por supuesto.   ***The short ones,** of course.*
 Son más bonitas.   *They are prettier.*

To avoid repeating a noun, Spanish speakers often use this construction:

> definite article
> **(el, la, los, las)** + adjective
> The equivalent English construction is:
> *the* + adjective + *one (ones)*

ACTIVIDAD 6 Obsesión

Arturo thinks that red is very fashionable. Whenever he goes shopping with his sister Luisa, he declares his preference for that color. Play both roles according to the model.

la camisa verde   Luisa: ¿Vas a comprar la camisa verde?
Arturo: No, prefiero la roja.

1. la chaqueta blanca
2. el traje azul
3. los calcetines negros
4. la camisa blanca

5. los anteojos azules
6. las corbatas verdes
7. los pantalones blancos
8. los zapatos amarillos

ADDITIONAL CUES: **el impermeable blanco/el sombrero azul/las sandalias negras/el traje de baño verde**

ACTIVIDAD 7 Diálogo: Las preferencias de tus compañeros

Ask the classmates next to you what their preferences are.

los zapatos: negros o rojos   Estudiante 1: ¿Prefieres los zapatos negros o los rojos?
Estudiante 2: Prefiero los negros.
(Prefiero los rojos.)

1. las faldas: cortas o largas
2. los pantalones: anchos o estrechos
3. las películas: policíacas o románticas
4. los restaurantes: italianos o franceses
5. los coches: norteamericanos o europeos

6. la moda (fashion): norteamericana o europea
7. las tiendas: grandes o pequeñas
8. las corbatas: anchas o estrechas

SCRIPT

Act. 9

Act. 10

VOCABULARIO PRÁCTICO   Los números de 100 a 1.000.000

100	**cien (ciento)**	400	**cuatrocientos(as)**	900	**novecientos(as)**
101	**ciento uno(a)**	500	**quinientos(as)**	1.000	**mil**
102	**ciento dos**	600	**seiscientos(as)**	1.500	**mil quinientos(as)**
200	**doscientos(as)**	700	**setecientos(as)**	2.000	**dos mil**
300	**trescientos(as)**	800	**ochocientos(as)**	1.000.000	**un millón**

NOTAS:
1. **Ciento** is used before numbers under 100.
   Cien dólares **más** (plus) **ciento** veinte dólares son doscientos veinte dólares.
2. The word **y** is not used after **ciento**:
   La bicicleta cuesta **ciento cincuenta** dólares.
3. Numbers above one thousand are always expressed with **mil.**
   ¿Dónde vas a estar en el año **mil novecientos noventa**?
4. Periods, not commas, are used in Spanish to mark off thousands.
5. The hundreds from two to nine hundred have masculine and feminine forms. They agree with the nouns they introduce.
   Doscien**tos** pesos   Doscien**tas** pesetas.
6. **Un millón** is followed by **de** before nouns.
   Miguel espera tener **un millón de** dólares.

ACTIVIDAD 8   En la tienda de ropa

The customer in a clothing store is asking the salesperson what the prices
of various items are. Play both roles, according to the model.

ᗡ   el sombrero: 350   Cliente: Por favor, ¿cuánto cuesta este sombrero?
                            Vendedor: ¿Ese sombrero? Cuesta trescientos cincuenta pesos.

1. la camisa blanca: 300   4. el abrigo: 2.000   7. el impermeable: 1.000
2. los pantalones: 800   5. la falda azul: 600   8. el traje de baño: 250
3. los pantalones cortos: 500   6. los zapatos negros: 700 9. los zapatos blancos: 550

Pronunciación   Los sonidos de las consonantes *l, ll*

Model words: mil millón
Practice words: aquel sandalias calcetines pantalones débil liso
                amarillo llevo ella calle llega llaman
Practice sentences: Las sandalias blancas son de Isabel.
                    Luisa lleva una blusa azul.
                    Guillermo lleva pantalones amarillos.
                    ¿Cómo se llama la calle donde está el Hotel Sevilla?

Remember: When you pronounce the Spanish l, imitate the l of the English
           "leaf" and touch the tip of your tongue to your upper front teeth.
           The Spanish ll is pronounced like the y of the English "yes."

OPTIONAL   In Castilian Spanish the ll represents a sound similar to the lli of the English "million."

Para la comunicación

> **Expresión para la composición**
>
> **por eso**   *therefore*

Mini-composición   Invitación

Imagina que vas a los siguientes funciones *(functions)*. Describe la ropa que
vas a llevar. Usa la expresión para la composición.

- la boda *(wedding)* de tu prima
- una fiesta de disfraces *(costume party)*
- una fiesta en la playa

ᗡ   Esta boda va a ser elegante. **Por eso,** debo *(I should)* llevar
     un vestido nuevo . . .

The students can illustrate their compositions with magazine pictures.

Lección 3 ¡El pobre señor Ochoa!

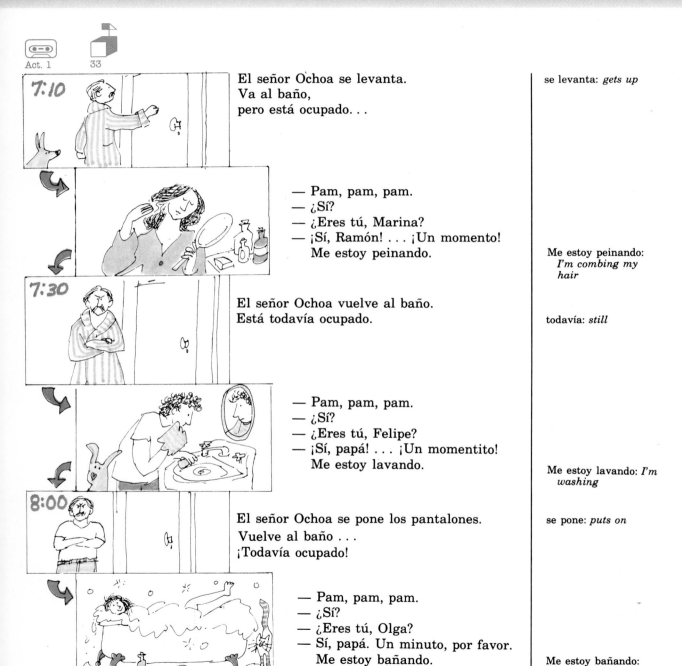

Act. 1   33

7:10

El señor Ochoa se levanta.
Va al baño,
pero está ocupado. . .

se levanta: *gets up*

— Pam, pam, pam.
— ¿Sí?
— ¿Eres tú, Marina?
— ¡Sí, Ramón! . . . ¡Un momento!
Me estoy peinando.

Me estoy peinando:
*I'm combing my
hair*

7:30

El señor Ochoa vuelve al baño.
Está todavía ocupado.

todavía: *still*

— Pam, pam, pam.
— ¿Sí?
— ¿Eres tú, Felipe?
— ¡Sí, papá! . . . ¡Un momentito!
Me estoy lavando.

Me estoy lavando: *I'm
washing*

8:00

El señor Ochoa se pone los pantalones.
Vuelve al baño . . .
¡Todavía ocupado!

se pone: *puts on*

— Pam, pam, pam.
— ¿Sí?
— ¿Eres tú, Olga?
— Sí, papá. Un minuto, por favor.
Me estoy bañando.

Me estoy bañando:
I'm taking a bath

El señor Ochoa se pone la camisa.
Vuelve al baño.
¡Está ocupado!

8:15

— Pam, pam, pam.
— ¿Sí?
— ¿Eres tú, Anita?
— ¡Sí, papá! . . . ¡Un momentito,
  por favor!
  Me estoy lavando el pelo.

Me estoy lavando el
pelo: *I'm washing
my hair*

Finalmente, el baño está libre.
Con mucha prisa, el señor Ochoa se lava,
se afeita, se peina.

libre: *free*
prisa: *haste*
se afeita: *shaves*

Después, va al comedor.
La familia está tomando café.

8:45

— ¿Quieres café, Ramón?
— Sí, claro . . . pero . . . ¿qué hora es,
  Marina?
— Son las nueve menos cuarto, Ramón.
— ¡Las nueve menos cuarto!
  ¡Dios mío! ¡No tengo tiempo
  para tomar café!
  ¡Adiós, Marina! ¡Adiós, chicos!

tiempo: *time*

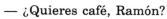

. . . Y el señor Ochoa se va de la casa . . . sin tomar café.
¡El pobre señor Ochoa!

se va de : *leaves,*
sin : *without*

Vamos a hablar de tu dinero. ¿Cómo lo gastas?

1. ¿**Te** compras libros?
   Sí, **me** compro . . . (No, no **me** compro . . .)
2. ¿**Te** compras discos?

3. ¿**Te** compras revistas?
4. ¿**Te** compras ropa?
5. ¿**Te** compras dulces *(candy)*?

OBSERVACIÓN   Est. A, B

In the above *questions* you are asked about things you buy for yourself.

- What object pronoun is used to express the idea of *for yourself*?   te
- Do this pronoun and the subject of the question (**tú**) refer to the same person?   yes

Now reread the sample *answers*.

- What object pronoun expresses the idea of *for myself*?   me
- Do this pronoun and the subject of the answer (**yo**) refer to the same person?   yes

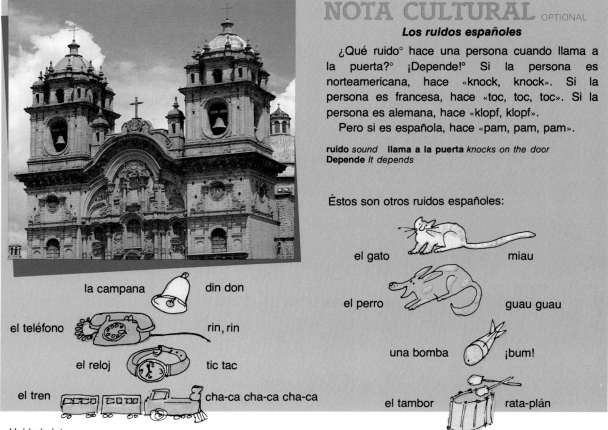

Act. 2

NOTA CULTURAL   OPTIONAL

Los ruidos españoles

¿Qué ruido° hace una persona cuando llama a la puerta?° ¡Depende!° Si la persona es norteamericana, hace «knock, knock». Si la persona es francesa, hace «toc, toc, toc». Si la persona es alemana, hace «klopf, klopf».

Pero si es española, hace «pam, pam, pam».

ruido *sound*   **llama a la puerta** *knocks on the door*
Depende *It depends*

Éstos son otros ruidos españoles:

el gato   miau

el perro   guau guau

una bomba   ¡bum!

el tambor   rata-plán

la campana   din don

el teléfono   rin, rin

el reloj   tic tac

el tren   cha-ca cha-ca cha-ca

• See also the animal sounds on p. 42.
• There are variations on these sounds. For example, a ringing sound may also be **talán, talán** *(big bell)* or **tilín, tilín** *(small bell)*.

Estructuras

A. Los pronombres reflexivos

Read the illustrated sentences below, noting the different pronouns used in situations A and B.

A   B

Inés tiene un coche.

Inés **lo** lava.   Después, Inés **se** lava.

Manuel tiene una amiga
muy elegante.

Manuel **la** mira.   Después, Manuel **se** mira
                                 en el espejo.

Pedro tiene dos hermanas.

Pedro **les** compra   Después, Pedro **se** compra
dos sándwiches.   un sándwich.

- In sentences A, Inés, Manuel and Pedro perform an action on or for
  something or someone else:

  Inés washes her car, Manuel looks at a friend,
  Pedro buys sandwiches for his sisters.

  The pronouns **lo, la, les** represent persons or objects which are
  different from the subject.

- In sentences B, Inés, Manuel and Pedro are performing actions on or
  for *themselves:*

  Inés washes *herself,* Manuel looks at *himself* in the mirror, Pedro
  buys *himself* a sandwich.

  The pronoun **se** represents the same person as the subject. **Se** is
  called a *reflexive pronoun* because it indicates that the action is
  reflected back to the subject.

- Verbs which use a reflexive pronoun (**se lava, se mira, se compra**)
  are called *reflexive verbs.*

The following chart shows the reflexive pronouns and the present tense forms of **lavarse** *(to wash oneself)*.

Act. 4

SUBJECT PRONOUN	REFLEXIVE PRONOUN	lavarse	*to wash oneself*
(yo)	**me**	**me lavo**	*I wash myself*
(tú)	**te**	**te lavas**	*you wash yourself*
(él) (ella) (Ud.)	**se**	**se lava**	*he washes himself* *she washes herself* *you wash yourself*
(nosotros)	**nos**	**nos lavamos**	*we wash ourselves*
(vosotros)	**os**	**os laváis**	*you wash yourselves*
(ellos) (ellas) (Uds.)	**se**	**se lavan**	*they wash themselves* *you wash yourselves*

> Except for **se** (the third person reflexive pronoun), reflexive pronouns have the same forms as object pronouns.

> The reflexive pronouns **me, te,** . . . often correspond to the English pronouns *myself, yourself,* . . .

> Like object pronouns, reflexive pronouns usually come *before* the verb.

> In a dictionary or vocabulary listing, reflexive verbs are indicated with **se** attached to the infinitive: **lavarse, mirarse, comprarse.**

ACTIVIDAD 1 Después del partido de básquetbol

After the basketball game, some of the players wash up while others go directly home. Say who is washing up and who is not.

> Paco (no)   Paco no se lava.

1. Roberto (sí)
2. Luis y Pedro (no)
3. Clara (sí)

4. Elena y Carmen (sí)
5. yo (no)
6. tú (no)

7. nosotros (sí)
8. Uds. (no)

VARIATION: The players are getting ready for the victory party **(prepararse)**. **Paco no se prepara para la fiesta.**

ACTIVIDAD 2   El espejo *(The mirror)*

There is a large mirror in the school hall. Some students look at
themselves in it and admire themselves. Express this according to the
model.

⊅⟩ Enrique (no)   Enrique no se mira en el espejo.
                    No se admira.

1. Elena (sí)
2. Eduardo y Tomás (sí)   ADDITIONAL CUES: **Uds. (no)**;
3. Mónica (sí)   **Ana y José (sí); tu y yo (sí).**
4. Luisa e Inés (no)
5. yo (sí)
6. tú (no)
7. Ud. (sí)
8. nosotros (no)

ACTIVIDAD 3   Con cinco dólares

There are many ways of spending five dollars. Say what the following
people are buying for themselves.

⟩ Ricardo: un disco   Ricardo se compra un disco.

1. yo: un sombrero
2. tú: una caja *(box)* de chocolates
3. el Sr. Vargas: una corbata
4. la Sra. de Durán: un bolso
5. Pedro y Felipe: unos anteojos de sol
6. Elena: unas revistas de modas
7. María y Luisa: unos dulces *(candy)*
8. nosotros: unos sombreros de sol
9. Uds.: un álbum para fotos
10. mis amigos: unos libros

ACTIVIDAD 4   El costo de la vida *(The cost of living)*

Say what the following people buy themselves with certain amounts of
money. Use elements from A, B and C to form logical sentences.

A	B	C	
45 centavos	yo	un coche	un traje de baño
1 dólar	tú	una guitarra	un disco
5 dólares	mi mejor amigo	una tarjeta	un tocadiscos
10 dólares	mis padres	un periódico	una entrada de
100 dólares		una revista	cine *(movie ticket)*
5.000 dólares		un sombrero	

⊅⟩ Con un dólar, te compras una revista (o cuatro periódicos, o cinco
    tarjetas, o un periódico y cuatro tarjetas . . .).

B. Los verbos reflexivos: el arreglo personal *(Personal care)*

Compare the reflexive and non-reflexive uses of the verbs in the following pairs of sentences.

Mi papá **lava** el coche.	*My father **is washing** the car.*
Se lava.	*He **is washing** (himself).*
Clara **pone** la blusa en la mesa.	*Clara **puts** the blouse on the table.*
Se pone la blusa.	*She **puts** the blouse **on** (herself).*
Peino mi perro.	*I am combing my dog.*
Me peino.	*I am combing my hair.*

> In Spanish, verbs relating to personal care are used reflexively when the subject performs the action on or for himself / herself.

> In English, the reflexive pronouns (*myself, yourself, . . .*) are usually not expressed, although they are implied.

Spanish speakers may or may not use the personal **a** with animals depending on whether or not a close relationship exists between the owner and the animal. For simplicity, the personal **a** is not used in this text with animals.

Act. 7

34

VOCABULARIO PRÁCTICO — **El arreglo personal**

bañarse
to take a bath

Me baño cada mañana.

lavarse
to wash (oneself)

¿Cuándo **te lavas?**

peinarse
to comb (one's hair)

Manuel **se peina.**

ACTIVIDAD 5   El baile *(The dance)*

Everyone is getting dressed for the school dance. Say what each of the following people is putting on, using the verb **ponerse.**

SCRIPT
Act. 8
MASTERS
p. 38

  Susana: una falda azul   Susana se pone una falda azul.

1. Ricardo: una camisa roja
2. nosotros: unos zapatos negros
3. mi hermano: una chaqueta elegante
4. Uds.: unos pantalones blancos
5. yo: un suéter amarillo
6. tú: una corbata gris
7. mis primos: unos pantalones azules
8. Ana: un vestido verde
9. Guillermo: un traje negro

VARIATION: The dance is over and all the people are home. Say they are taking off these clothes. **Susana se quita la falda azul.**

ponerse
to put (something) on
(oneself)

Isabel **se pone** los zapatos.

quitarse
to take (something) off
(oneself)

Me quito el suéter.

vestirse (e → i)
to dress (oneself),
  to get dressed

¡**Te vistes** con mucha elegancia, María!

NOTA: Spanish speakers use the *definite article* before articles of clothing when it is clear who the possessor is. (In English, the possessive adjective is used.)

Me pongo **el** suéter.   *I'm putting on **my** sweater.*
El profesor se quita **el** sombrero.   *The teacher is taking off **his** hat.*

The definite article is often dropped with plurals: **Llevo pantalones.**

ACTIVIDAD 6   La ropa adecuada *(The right clothes)*

Which of the following items of clothing would you put on for the occasions mentioned below?

un suéter / blue-jeans / una camiseta / pantalones cortos / un vestido (traje) elegante / un impermeable / anteojos de sol / un traje de baño / una chaqueta de esquí

➡ Cuando voy a la playa . . .   Cuando voy a la playa, me pongo una camiseta y pantalones cortos.

1. Cuando voy a la piscina . . .
2. Cuando hace mucho sol . . .
3. Cuando hace frío . . .
4. Cuando llueve . . .
5. Cuando nado . . .

6. Cuando esquío . . .
7. Cuando voy a un restaurante . . .
8. Cuando voy a la casa de mis amigos . . .
9. Cuando tengo una cita . . .
10. Cuando voy al baile de mi escuela . . .

ACTIVIDAD 7   Diálogo: Todas las mañanas *(Every morning)*

There are things we do every morning, and others we don't do. Ask your classmates whether they do the following.

➡ ponerse ropa elegante   Estudiante 1: ¿Te pones ropa elegante todas las mañanas?
Estudiante 2: Sí, me pongo ropa elegante.
(No, no me pongo ropa elegante.)

1. ponerse perfume
2. mirarse en el espejo *(mirror)*
3. peinarse
4. lavarse

5. lavarse el pelo
6. vestirse
7. quitarse los pijamas
8. bañarse

WB
B1, B2

Pronunciación   El sonido de la consonante *ch*

Act. 9

Model word: mu<u>ch</u>o
Practice words: o<u>ch</u>enta an<u>ch</u>o estre<u>ch</u>o no<u>ch</u>e <u>ch</u>ico mu<u>ch</u>a<u>ch</u>a
Practice sentences: ¿Quién es el mu<u>ch</u>a<u>ch</u>o <u>ch</u>ileno?
Marisol O<u>ch</u>oa come mu<u>ch</u>o <u>ch</u>ocolate.

<u>Ch</u>ina, <u>ch</u>ina   **Una china** is *a pebble.* Spanish-speaking
Capu<u>ch</u>ina   children use the "**China, china**" rhyme to
En esta mano   guess which hand an object is in. It
Está la <u>ch</u>ina.   corresponds to the American "eenie,
                        meenie, minie mo."

In Spanish, **ch** is always pronounced like the **ch** of the English word "chicken."

Para la comunicación

> **Expresión para la composición**
>
> **todavía**   *still*

Mini-composición   Los problemas del Sr. Ochoa

Imagina que tú eres el Sr. Ochoa. Ahora estás en la oficina *(office)*.
Escribe un pequeño párrafo contando a tus colegas *(colleagues)* los
problemas de la mañana.

Usa la expresión para la composición.

 Me levanto a las siete. A las siete y diez, voy al baño. Está ocupado.
A las siete y media el baño **todavía** está ocupado . . .

WB
¿Cómo...?

SCRIPT
Act. 10

MASTERS
p. 38

TRB

QUIZ
pp. 89–90

Lección 4

Una persona pulcra

Act. 1

Una persona pulcra es limpia y elegante. Su presentación es siempre impecable. Para ella, la apariencia personal es muy importante.

pulcra: perfectly dressed, limpia: *clean*

¿Y para ti? ¿Es absolutamente necesario hacer las siguientes cosas para ser una persona pulcra?

siguientes: *following*

sí   no
■   ■   1. Bañarse todas las mañanas . . .
■   ■   2. Bañarse todas las noches . . .
■   ■   3. Lavarse las manos antes de comer . . .
■   ■   4. Lavarse el pelo todos los días . . .
■   ■   5. Cortarse el pelo frecuentemente . . .
■   ■   6. Ponerse perfume o colonia . . .
■   ■   7. Mirarse en el espejo frecuentemente . . .
■   ■   8. Cambiarse de ropa varias veces al día . . .
■   ■   9. Comprarse un traje de baño nuevo cada verano . . .
■   ■ 10. Ponerse un traje o un vestido elegante cuando vas a
              una fiesta . . .

Lavarse las manos: *To wash one's hands*

Cortarse: *To cut*
colonia: *cologne*
espejo: *mirror*
Cambiarse: *To change,* veces: *times*

• Questions on the drawing: **¿A la chica le gusta bañarse todas las mañanas? Y su hermano, ¿se baña todas las mañanas?**

• EXTRA VOCAB. relating to the drawing: **el cocodrilo, la pulga** (flea), **el burro, la araña** (spider), **la tinta** (ink), **el corazón de la manzana.**

CONVERSACIÓN   OPTIONAL

Vamos a hablar de las cosas que vas a comprar**te** el verano próximo.

1. ¿Vas a comprar**te** unos anteojos de sol?

    Sí, voy a comprar**me** . . . (No, no voy a comprar**me** . . .)

2. ¿Vas a comprar**te** un traje de baño nuevo?
3. ¿Vas a comprar**te** unos pantalones cortos?
4. ¿Vas a comprar**te** unos blue-jeans nuevos?
5. ¿Vas a comprar**te** unas sandalias?

OBSERVACIÓN   Est. C

In the above questions and answers you were talking about things you were going to buy for yourself.

• What is the position of the reflexive pronoun with respect to the infinitive?   It comes after and is attached to it.
• Is it the same position as that of other object pronouns?   yes

NOTA CULTURAL   OPTIONAL

La apariencia personal

Hay un viejo refrán° español que dice: «El hábito no hace al monje»,° pero un joven mal vestido es mal visto° por la familia y por la sociedad.

La ropa no tiene que ser cara. Con ropa limpia° y apropiada, se logra° una buena apariencia. Por ejemplo,° las chicas pueden ir en pantalones al trabajo o a la iglesia, pero aún° no se acepta el uso de los pantalones cortos en la calle. Mucha gente piensa que los pantalones cortos son para los turistas o para usar en la playa. También es mal visto si los muchachos usan estilos exagerados o colores fuertes° que no combinan.°

Si un día vas a un país hispánico, recuerda° lo que dice este refrán: «Una persona bien vestida,° es en todas partes° bien recibida».°

refrán *proverb* **monje** *monk* **mal visto** *looked on with disapproval* **limpia** *clean* **se logra** *one achieves* **Por ejemplo** *For example* **aún** *still* **fuertes** *bright* **no combinan** *do not go well together* **recuerda** *remember* **vestida** *dressed* **en todas partes** *everywhere* **recibida** *received*

¿Qué dice el primer refrán? ¿Y el segundo?

Estructuras

A. El uso del artículo con las partes del cuerpo

Note the use of the definite article in the following sentences.

Tengo **el** pelo corto.	*My hair is short. (I have short hair.)*
Me lavo **las** manos.	*I am washing **my** hands.*
Inés se corta **el** pelo.	*Inés is cutting **her** hair.*

Spanish speakers use the definite article **el, la, los, las** before parts of the body, when it is clear whose body is referred to.

The same construction is used with clothing.   **El cuerpo** is active vocabulary.

Act. 3

35

VOCABULARIO PRÁCTICO   El cuerpo *(The body)*

- el pie izquierdo
- el pie derecho
- la pierna
- la rodilla
- la espalda
- la cabeza
- el brazo
- la mano
- los dedos

EXTRA VOCAB.: **el corazón** (heart), **el codo** (elbow), **el estómago** (stomach).

ACTIVIDAD 1   Después de acampar

The following people are back from a camping trip. They are now washing up. Express this according to the model.

☞   Elena: el pelo   Elena se lava el pelo.

1. Roberto: la cara
2. Inés: las manos
3. Felipe y Carlos: los pies
4. nosotros: las piernas
5. tú: los brazos
6. yo: la espalda

ACTIVIDAD 2   El uso del cuerpo

Tell which parts of the body you use to perform the following activities.

☞   Para mirar. . .   Para mirar, uso los ojos.

1. Para bailar . . .
2. Para escribir . . .
3. Para jugar al básquetbol . . .
4. Para jugar al volibol . . .
5. Para jugar al fútbol . . .
6. Para nadar . . .
7. Para tocar la guitarra . . .
8. Para cantar . . .

ADDITIONAL CUES: **Para tocar el violín/ Para esquiar/Para comer.**

WB
A1
SCRIPT
Act. 4, 5
MASTERS
p. 39

B. Verbos reflexivos: otros usos

Read each pair of sentences carefully. The same verbs are used with and without a reflexive pronoun. Note the differences of meaning in the English equivalents.

Elena **va** al cine.	*Elena is going to the movies.*
Se va de la casa a la una.	*She leaves home at one o'clock.*
Duermo bien de noche.	*I sleep well at night.*
Por eso no **me duermo** en la clase.	*Therefore I don't fall asleep in class.*
Llamo a Carlos.	*I am calling Carlos.*
Me llamo Isabel.	*My name is Isabel. (I call myself, or I am called Isabel.)*

Many Spanish verbs can be used with reflexive pronouns.

☞   Reflexive pronouns are used in Spanish to show that the action indicated by the verb reflects on the subject. In English, reflexive pronouns are not always expressed.

☞   With certain Spanish verbs, the use of a reflexive pronoun changes the meaning of the verb.

There is usually a relationship between the reflexive and the nonreflexive meaning of the verb: **me duermo** means literally "I put myself to sleep"; **me llamo** means literally "I call myself."

VOCABULARIO PRÁCTICO

Actividades de todos los días

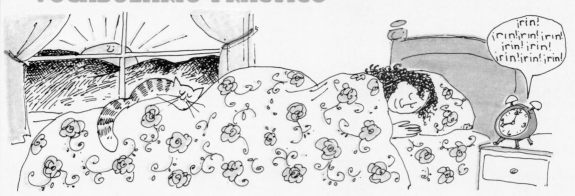

acostarse (o → ue) to go to bed	Los sábados **me acuesto** a las doce de la noche.
divertirse (e → ie) to enjoy oneself, to have fun	**Nos divertimos** mucho en esta clase.
dormirse (o → ue) to fall asleep	Cuando me acuesto, **me duermo** inmediatamente.
irse to go away, to leave	**¿Te vas** a México?
levantarse to get up	Los domingos **me levanto** a las diez.
quedarse to stay, remain	Paco **se queda** en casa porque está enfermo.
sentarse (e → ie) to sit down	**¿Te sientas** en el comedor para comer?
sentirse (e → ie) to feel	**¿Por qué se sienten** Uds. tristes hoy?

Note: The **yo** forms of both **sentarse** and **sentirse** are the same. **Me siento.** *I sit down* or *I feel.*

Aunque la mona
se vista de seda,
mona se
queda.

CACAO

SCRIPT
Act. 7, 8

MASTERS
p. 39

Although a monkey may dress in silk, it's still a monkey.

ACTIVIDAD 3 ¿Cómo se sienten?

Say how the following people are feeling today.

🖘 Manuel: cansado   Hoy Manuel se siente cansado.

1. Isabel: triste
2. tú: muy bien
3. yo: así, así
4. Uds.: nerviosos
5. nosotros: muy mal
6. ellas: un poco mal
7. Esteban: alegre
8. la Srta. Pérez: enferma

ACTIVIDAD 4 Preguntas personales

1. ¿A qué hora te acuestas los lunes? ¿los sábados? ¿los domingos?
2. ¿A qué hora te levantas los lunes? ¿los sábados? ¿los domingos?
3. ¿A qué hora te vas a la escuela?
4. ¿A qué hora se va tu papá al trabajo? ¿y tu mamá?
5. ¿Ahora te sientes bien o mal? ¿Cansado(a) o descansado(a) *(rested)?*
   ¿alegre o triste? ¿nervioso(a) o tranquilo(a) *(calm)?*
6. ¿Te sientes nervioso(a) antes de un examen? ¿Se siente nervioso(a) tu
   mejor amigo(a)?

VARIATION: Have the students answer these questions (except item 4) in the plural.
—¿A qué hora se acuestan Uds. ...?
—Nos acostamos...

ACTIVIDAD 5 Diálogo: Actividades

Ask your classmates whether they do the following things.

🖘 divertirse (con tus amigos)   Estudiante 1: ¿Te diviertes con tus amigos?
Estudiante 2: Sí, me divierto con mis amigos.
(No, no me divierto con mis amigos.)

divertirse

1. en casa
2. durante el fin de semana
3. en la clase de español

dormirse

4. mirando la televisión
5. en la clase de inglés
6. en la clase de matemáticas

sentirse

7. mal ahora
8. mal durante un examen
9. cansado(a) ahora

quedarse en casa

10. durante el fin de semana
11. durante las vacaciones
12. todos los domingos

ACTIVIDAD 6　Creación

You have five minutes to create as many logical sentences as you can, using an element from each column. Your sentences may be affirmative or negative.

A	B	C	
Pepe	acostarse	a las siete	bien
nosotros(as)	dormirse	a las diez	triste(s)
mis amigos(as)	irse	en casa	cansado(a)(s)
	quedarse	en la clase	un poco nervioso(a)(s)
	sentarse	hoy a México	en una silla *(chair)*
	sentirse	de la playa	en la cama *(bed)*

Pepe se acuesta a las diez.

C. El infinitivo de los verbos reflexivos

Note the position of the reflexive pronouns in the answers to the following questions.

Act. 9

¿Te lavas ahora, Miguel? 　　No, voy a lavar**me** después.
　　　　　　　　　　　　　　 (No, **me** voy a lavar después.)

¿Por qué no va Elena al cine? 　Porque tiene que quedar**se** en casa.
　　　　　　　　　　　　　　　 (Porque **se** tiene que quedar en casa.)

Reflexive pronouns, like other object pronouns, are usually placed *after* the infinitive and are attached to it. (They may also come *before* the *first* verb.)

Note: The same word order applies to the present progressive: **Me estoy lavando** or **Estoy lavándome**.

ACTIVIDAD 7　La gripe *(The flu)*

Paco is in bed with a severe flu. In your opinion, is he going to do any of the following things tomorrow?

levantarse 　　Sí, va a levantarse.
　　　　　　　　(No, no va a levantarse.) .

1. bañarse
2. lavarse la cara
3. quedarse en casa
4. quedarse en la cama *(bed)*

5. divertirse
6. sentirse cansado
7. sentirse bien
8. dormirse temprano *(early)*

ACTIVIDAD 8　Diálogo: Los sábados

Ask your classmates whether they like to do the following things on Saturdays.

levantarse temprano *(early)* 　Estudiante 1: ¿Te gusta levantarte temprano?
　　　　　　　　　　　　　　　 Estudiante 2: Sí, (No, no) me gusta levantarme temprano.

1. levantarse tarde *(late)*
2. quedarse en casa
3. divertirse con unos amigos

4. irse al campo
5. acostarse temprano
6. acostarse tarde

Pronunciación   El sonido de la consonante *v*

Model words: v̱erde lav̱ar

Practice words: v̱estido v̱estirse v̱iejo v̱olver v̱olibol

me div̱ierto te lev̱antas nos v̱estimos llev̱o jov̱en

Practice sentences: Me v̱oy a las nuev̱e.

Ev̱a llev̱a un v̱estido nuev̱o.

El v̱iernes, V̱íctor v̱a a V̱alencia.

¡V̱amos a v̱isitar a V̱icente V̱elásquez!

Remember: At the beginning of a word, or after **n** or **l**, the letter **v**
is pronounced like the **b** of the English "boy."

In all other positions, the letter **v** represents the sound / Ƀ /,
in which the lips do not come together.

OPTIONAL

Para la comunicación

> **Expresión para la composición**
>
> **por ejemplo**   *for instance, for example*

Mini-composición   Mis sentimientos

Nuestros sentimientos *(feelings)* cambian *(change)* durante el día.
Escribe un pequeño párrafo describiendo tus sentimientos. Puedes usar
las siguientes expresiones:

- Me siento de buen humor . . .
- Me siento de mal humor . . .
- Me siento alegre . . .
- Me siento cansado(a) . . .
- Me siento libre *(free)* . . .
- Me siento triste . . .

WB
Tus...

SCRIPT

Act. 12

MASTERS
p. 39

TRB

QUIZ
pp. 91–92

WB Test / Repaso   TEST pp. 93–96

Generalmente me siento de buen humor. **Por ejemplo,** me siento
alegre cuando me levanto y hace sol. . . .

Variedades

¿Cómo mantenerte en buena salud?

Para mantenerte° en buena forma física necesitas quemar° las calorías superfluas.° ¿Cómo hacerlo? Hay una solución muy fácil: ¡practica un deporte!

Pero, ¿qué tipo de deporte?

Depende de° tu condición física . . . y de tu personalidad.

150 calorías

Caminar

Puedes ir a pie a la escuela, al centro, al cine, a la playa . . . Caminar° es un ejercicio que no necesita ninguna aptitud física en particular . . . ¡y que no cuesta nada! Es excelente para las piernas, los músculos de la espalda, y el corazón.° También calma la tensión nerviosa.

. . . Y cuando caminas por° media hora, quemas ciento cincuenta calorías.

400, calorías

Correr

Si piensas que caminar es un deporte demasiado fácil, puedes correr° . . . Es un ejercicio realmente vigoroso que necesita mucha energía. Practicando° ese deporte, ejercitas° los músculos de las piernas, del abdomen y de la espalda, y mejoras° las funciones cardiovasculares. Correr no es necesariamente un deporte solitario. Puedes practicarlo solo o con tus amigos.

. . . Y cuando corres por media hora, quemas cuatrocientas calorías. También pierdes peso.°

300 calorías

La natación

La natación° es el deporte ideal. Cuando nadas, ejercitas no sólo las piernas y los brazos, sino° todos los músculos del cuerpo. La natación ayuda° al corazón y aumenta° la capacidad de los pulmones.° La natación es un deporte social que puedes practicar con tus amigos.

. . . Y cuando nadas por media hora, quemas trescientas calorías.

---

mantenerte: *to keep yourself,* **quemar:** *to burn*
superfluas: *extra*

Depende de: *It depends on*

Caminar: *Walking*

corazón: *heart*

por: *for*

correr: *run*
Practicando: *By practicing,* **ejercitas:** *you exercise*
mejoras: *you improve*

peso: *weight*

La natación: *Swimming*
sino: *but*
ayuda: *helps,* **aumenta:** *increases,* **pulmones:** *lungs*

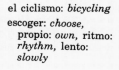

300 calorías

El ciclismo

¡Otro deporte excelente! Como nadar y correr, el ciclismo° mejora tu resistencia y tu energía, y usa todos los músculos. Puedes escoger° tu propio° ritmo,° rápido o lento.°

. . . Y cuando lo practicas por media hora, quemas trescientas calorías.

el ciclismo: *bicycling*

escoger: *choose,* propio: *own,* ritmo: *rhythm,* lento: *slowly*

210 calorías

El tenis

Cuando juegas al tenis, usas todos los músculos del cuerpo y mejoras tu concentración y tu sentido° del equilibrio. El tenis es también un deporte intelectual: no sólo tienes que usar las manos, los brazos y las piernas, ¡tienes que usar la cabeza!

. . . Y cuando juegas al tenis por media hora, quemas doscientas diez calorías.

sentido: *sense*

300 calorías

El esquí

El esquí es un deporte que necesita mucha agilidad y concentración. Tonifica° los músculos de los brazos y de las piernas. Pero, ¡cuidado!° El esquí puede ser un deporte peligroso.° ¡No te rompas° un brazo o una pierna!

. . .Y cuando esquías por media hora, quemas trescientas calorías.

Tonifica: *It tones.* ¡cuidado!: *be careful!* peligroso: *dangerous,* no te rompas: *don't break*

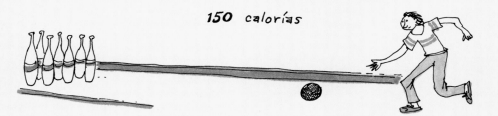

150 calorías

El juego de bolos

El juego de bolos° es otro deporte que necesita mucha concentración intelectual. Es un deporte excelente para calmar la tensión nerviosa, pero no es el deporte ideal para perder peso.°

. . . Y cuando lo practicas por media hora, quemas ciento cincuenta calorías.

El juego de bolos: *Candlepin bowling*

perder peso: *lose weight*

El arte de la lectura   OPTIONAL

Enriching your vocabulary: adverbs in —*mente*

Many Spanish adverbs end in **-mente.** This ending usually corresponds to the English ending **-ly.**

realmente	*really*
necesariamente	*necessarily*

Most of the adverbs in **-mente** are formed as follows:

> feminine singular form of the adjective + **-mente**

sincero	**sincera**	¡No hablas **sinceramente**!
rápido	**rápida**	Juan trabaja **rápidamente**.
fácil *(easy)*	**fácil**	No aprendo **fácilmente**.

Ejercicio

Say that the following people act according to their characters.

႙ Pablo es un chico alegre. Canta *alegremente.*

1. Mi hermano está loco. Está _____ enamorado de Carmen.
2. Tomás es tonto. Se expresa _____ .
3. Rafael es serio. Trabaja _____ .
4. Silvia es inteligente. Se expresa _____ .
5. Emilia y Luisa son francas. Hablan _____ .
6. Felipe y Carlos son sinceros. Hablan _____ .

4

Los pasatiempos favoritos

¿Qué haces tú cuando tienes tiempo libre?°
Éstos son los pasatiempos° de algunos chicos hispanos.

**Johnny González,
Nueva York**
En los veranos tengo mucho tiempo
libre; entonces voy con mis
hermanos a tocar la conga y los
tambores° al Parque Central. ¡Es
increíble! A veces hay unas cien
personas que se reúnen° a bailar o a
escucharnos.

**Esteban Herrera,
Lima, Perú**
Yo paso todo mi tiempo libre
practicando el windsurf en el club
Waikiki de Lima. Es un deporte
difícil . . . ¡pero apasionante!° Las
olas° son fantásticas, y me divierto
mucho.

tiempo libre *free time*   **pasatiempos** *pastimes*   **tambores** *drums*   **se reúnen** *gather*
apasionante *exciting*   **olas** *waves*

**José María Ordóñez,
Cádiz, España**

Como buen español, dedico parte de mi tiempo libre a jugar al ajedrez,° a jugar al fútbol los sábados y a charlar° con mis amigos en el café de la esquina.°

**Felipe Pérez,
Monterrey, México**

A mí me gusta leer. Por eso, paso mi tiempo libre en casa. Me gustan las revistas y las novelas. Pero me gustan más los cuentos de ciencia-ficción. Las grandes aventuras del espacio son fascinantes, ¿verdad?

**Margarita MacKenzie,
Valparaíso, Chile**

A mí me gustan el aire puro, el sol y las montañas. En agosto siempre voy a esquiar con un grupo de chicos. En Chile tenemos los mejores lugares para esquiar. Otra cosa que me gusta mucho es tocar la guitarra. Yo llevo mi guitarra a todas partes.°

ajedrez *chess*   **charlar** *chat*   **esquina** *corner*   **a todas partes** *everywhere*

**Lupita Cabrera,
San Diego, California**
Mi pasatiempo favorito es ir al zoológico
con mis amigos y mirar los animales. Yo
creo que los animales también se divierten
mucho con nosotros.

**Alicia Durán,
Bogotá, Colombia**
Para muchos chicos bogotanos, el pasatiempo
favorito es ir al cine. ¿Por qué? . . . ¡porque en
Bogotá llueve mucho! A mí me encantan° las
películas mexicanas. Yo voy todos los domingos
por la tarde al cine con mis amigos.

me encantan / *love*

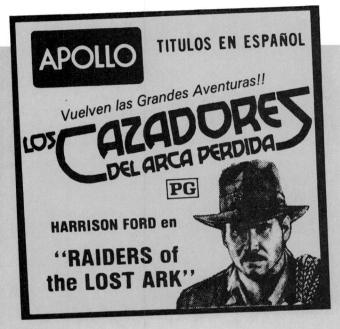

GALERÍA de ESTRELLAS

Edward James Olmos
*actor méxico-americano de cine
y televisión*

Sus raíces° son de México y Los
Ángeles. Entre sus pasiones se
encuentran el béisbol y la
música. Hoy es popularmente
conocido° como el teniente°
Castillo en la serie de televisión
Miami Vice. Empezó° a actuar
en teatros pequeños en Los
Ángeles. Sus películas° *Zoot
Suit* y *La Balada de Gregorio
Cortez* han tenido° mucho éxito.°
Eduardo tiene todavía otra
pasión: ayudar a la gente de su
comunidad. Dedica casi todo su
tiempo libre° a trabajos sociales
y caritativos.° Sus
proyectos incluyen
prestarle ayuda a
inmigrantes mexi-
canos y darles pláti-
cas°a jóvenes contra
la drogadicción.

Lisa Lisa
cantante de rock puertorriqueña

Su nombre verdadero° es Lisa
Velez. Es de Puerto Rico, pero
ahora vive en Nueva York.
Ella es una destacada°
cantante de rock. Con su
conjunto° musical, "Lisa Lisa
and the Cult Jam" tiene ya
muchos éxitos° musicales.
Lisa es una chica muy
determinada quien, en poco
tiempo, logró° su deseo:
¡conquistar° el corazón° de
Norteamérica!

Linda Ronstadt
cantante mexicana

Nativa de Tucson, Arizona,
Linda Rondstadt es conocida
por millones de jóvenes
norteamericanos. Ella canta
pop, jazz, rock y ahora . . .
¡rancheras° mexicanas! En su
álbum *Canciones de mi padre*,
Linda canta las canciones que
le cantaba° su padre cuando
era° chica. Para Linda, este
disco es una celebración de
sus raíces° mexicanas.
　　La voz° dinámica de
Linda junto con la música de
los mariachis es una
verdadera° fiesta musical,
¡estilo° mexicano!

El Canal de las Estrellas

---

raíces *roots*　　**conocido** *known*　　**teniente** *lieutenant*　　**Empezó** *He began*　　**películas** *movies*
han tenido *have had*　　**éxito** *success*　　**tiempo libre** *free time*　　**caritativos** *charitable*
darles pláticas *give talks*　　**verdadero** *real*　　**destacada** *outstanding*　　**conjunto** *group*　　**éxitos**
successes　　**logró** *accomplished*　　**conquistar** *win over*　　**corazón** *heart*　　**rancheras** *cowboy*
songs　　**cantaba** *sang*　　**era** *she was*　　**raíces** *roots*　　**voz** *voice*　　**verdadera** *true*　　**estilo** *style*

Rubén Blades
cantante y abogado panameño

El carismático° cantante de salsa° es de Panamá y llegó° a los Estados Unidos en 1974. Él compone° sus propias canciones y es ganador de varios premios Grammy.

Rubén no es solamente un cantante famoso. También tiene el título de abogado.° Se interesa° en temas políticos y sociales, especialmente en los problemas de Latinoamérica. Recientemente volvió a su país para organizar unos voluntarios para mejorar° las condiciones en un barrio muy pobre de Panamá. En una ocasión, un reportero le preguntó° si le interesaría° ser presidente de Panamá. Rubén contestó:° ¿Y por qué no?

Gloria Estefan
cantante cubana

La joven cubana es la cantante principal del grupo de rock "Miami Sound Machine." Gloria escribe casi todas las canciones para el grupo. Sus éxitos° más populares son "Conga," "Bad Boy" y "Words Get in the Way." Gloria y el Miami Sound Machine adaptan su música para el público norteamericano pero siempre conservando° la influencia latina. Recientemente, la ciudad de Miami nombró° una calle en honor del grupo popular.

Elizabeth Peña
actriz cubana

Ella hizo el papel° de Rosie Morales, la cuñada° de Ritchie Valens en la película *La Bamba*. Ahora hace el papel de Dora en la serie de televisión *I Married Dora*. Elizabeth empezó° su carrera de actriz en Hollywood con la película *Down and Out in Beverly Hills*. Generalmente interpreta a personajes° hispanos. De origen cubano, Elizabeth llegó° a los Estados Unidos a la edad de ocho años. Sus padres son su mayor influencia artística: ¡ellos también son actores!

LA PELICULA DE HOY
por silviano hernandez

---

carismático *charismatic*   **salsa** *salsa (popular Latin-American dance music)*   **llegó** *arrived*   **compone** *composes*   **abogado** *lawyer*   **Se interesa** *He is interested in*   **para mejorar** *to improve*   **le preguntó** *asked him*   **si le interesaría** *if it would interest him*   **contestó** *replied*   **éxitos** *successes*   **siempre conservando** *always maintaining*   **nombró** *named*   **hizo el papel** *played the part*   **cuñada** *sister-in-law*   **empezó** *began*   **personajes** *characters*   **llegó** *arrived*

¿Qué sabes tú de la música hispánica?

La música en los países hispánicos es extraordinaria. ¿Por qué? . . . porque es la mezcla° del alma° de tres continentes: América, África y Europa. Por ejemplo, en los instrumentos, los tambores son de origen africano; las maracas y las flautas de origen indio; la guitarra, el arpa y el piano de origen europeo.

Éstos son algunos instrumentos usados en algunas composiciones hispánicas.
¿Sabes qué palabra corresponde a cada instrumento?

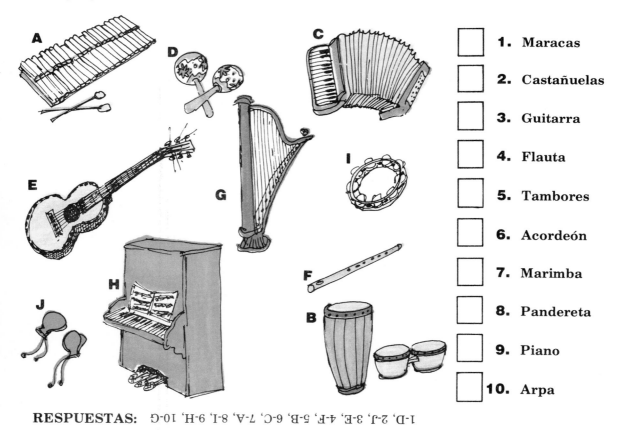

1. Maracas
2. Castañuelas
3. Guitarra
4. Flauta
5. Tambores
6. Acordeón
7. Marimba
8. Pandereta
9. Piano
10. Arpa

RESPUESTAS: 1-D, 2-J, 3-E, 4-F, 5-B, 6-C, 7-A, 8-I, 9-H, 10-G

mezcla *mixture*   **alma** *soul*

EL PRÍNCIPE DE LA
CANCIÓN

Julio Iglesias... ¿Quién no conoce la voz romántica de España? Simpático, guapo, Julio Iglesias canta canciones de amor con mucho sentimiento y con una voz extraordinaria.

Julio Iglesias es español, pero tiene millones de admiradores por todo el mundo.° Personas de todas partes° y de todas las edades° compran sus discos.

Julio Iglesias es nativo de Madrid. Cuando joven juega al fútbol en un equipo profesional. Luego se dedica al Derecho.° Pero un accidente automovilístico cambia° el curso de su vida. En el hospital un amigo le regala° una guitarra y... ¡comienza su carrera de cantante!

Hoy sus discos tienen un éxito fenomenal. Se venden por millones ... ¡casi 100 millones en total! Julio Iglesias canta en muchos idiomas°: español (¡por supuesto!), francés, portugués, italiano, alemán ... Y pronto° va a tener su primer álbum donde canta totalmente en inglés.

Muchos lo llaman «el príncipe español de la canción». En realidad, es el cantante hispánico más popular de todos los tiempos° ... ¡una superestrella de la música popular!

por todo el mundo *all over the world*
de todas partes *everywhere* **edades** *ages*
Derecho *Law* **cambia** *changes*
regala *gives* **éxito** *success*
idiomas *languages* **pronto** *soon*
todos los tiempos *all time*

CELEBRACIONES Y FIESTAS EN EL MUNDO HISPÁNICO

¡Música y baile° en el Parque Central!

NUEVA YORK, ESTADOS UNIDOS — Los organizadores del Día de San Juan invitan a todos los hispanohablantes a celebrar este día. La gran fiesta es este domingo, empezando a las diez de la mañana, en el Parque Central de la ciudad. El veinte y cuatro de junio es el Día de San Juan, el santo patrón° de San Juan, la capital de Puerto Rico. No importa° si bailas bien o mal. ¡Éste es un día para bailar en el parque!

¡Adiós, Sr. del Mal Humor!

MAZATLÁN, MÉXICO — Son muy famosos el Carnaval de Río de Janeiro y el Mardi Gras de Nueva Orleáns. Pero el carnaval de este puerto mexicano es uno de los más alegres. Además,° los tamales, los tacos, las enchiladas y los chiles rellenos son más irresistibles en las calles llenas de° flores,° confeti y serpentinas.° Como siempre, el Carnaval de Mazatlán comienza con el solemne entierro° del Sr. del Mal Humor. Este gran muñeco° que representa el mal humor, es enterrado° todos los años en las aguas° del Océano Pacífico. ¡Viva el Carnaval! ¡Viva el buen humor!

¡30.000 personas en una aventura diferente!

PAMPLONA, ESPAÑA — Esta ciudad del norte de España va a recibir la visita de treinta mil personas la próxima semana. Vienen jóvenes de todas partes de España y del mundo entero.° Todos van a participar en una aventura diferente: el tradicional «encierro».° El siete de julio, Día de San Fermín, a las siete de la mañana, los toros° de la corrida° de la tarde salen libres° por las calles que van del corral a la Plaza de Toros. Los jóvenes esperan con impaciencia el momento para correr° delante de° los toros.

baile *dance* **santo patrón** *patron saint* **No importa** *It doesn't matter* **Además** *Besides*
llenas de *filled with* **flores** *flowers* **serpentinas** *streamers* **entierro** *burial* **muñeco** *dummy*
enterrado *buried* **aguas** *waters* **mundo entero** *entire world* **encierro** *enclosure* **toros** *bulls*
corrida *fight* **libres** *free* **correr** *run* **delante de** *in front of*

GUITARRA

La guitarra es uno de los instrumentos favoritos de los jóvenes hispanos modernos. Pero la guitarra es un instrumento muy viejo. Los árabes la llevan a España desde° el Oriente, y en España, durante muchos siglos,° tiene cambios° en forma y expresión.

Hay muchos tipos de guitarras. Algunas son de madera,° otras son de metal. Hay guitarras acústicas y hay guitarras eléctricas. Una guitarra casi siempre tiene seis cuerdas.° Pero también hay guitarras de cuatro, ocho y doce cuerdas. La variedad es infinita. Para seleccionar una guitarra, primero debemos preguntarnos: ¿vamos a usarla para tocar música de rock? . . . ¿música clásica? . . . ¿música folklórica? . . .

La guitarra folklórica es de madera y tiene seis cuerdas de acero.° Es la guitarra que tocan los artistas como Paul Simon, John Denver y Joan Baez.

La guitarra clásica también es de madera y tiene seis cuerdas. Pero tiene un tono suave,° dulce° y delicado. Es la guitarra de la música seria, la guitarra de los artistas como Andrés Segovia, Narciso Yepes y Liona Boyd.

La guitarra flamenca tiene un tono muy brillante, para expresar la pasión del flamenco, la música típica del sur de España.

La guitarra eléctrica es la más popular. Si quieres expresar tus emociones creando° sonidos° y vibraciones electrónicas, ésta es tu guitarra. Es la guitarra para el «rock».

No digas° «Quiero una guitarra», si no sabes qué guitarra quieres.

Actividades culturales

Actividades para cada estudiante

1. *Get a Spanish newspaper, such as* El Diario, *and look at the movie section. Make a list of ten North American movies that you can identify, and give their Spanish and English titles.*

2. *Prepare a brief report on Andrés Segovia (Source: encyclopedia), on Pablo Casals (Source: encyclopedia), or on Plácido Domingo (Sources: recent magazine and newspaper articles).*

3. *Prepare a brief report on flamenco music, on the* mariachi *(Mexican street band), or on the* tuna *(student music group). (Sources: encyclopedia, book on music)*

4. *Prepare a brief report on Latin-American dance styles: for example, the rumba, conga, tango, mambo, salsa, cha-cha-cha, and* jarabe tapatío. *(Sources: encyclopedia, book on folk dancing, book on Latin America)*

Actividades para la clase

1. *Prepare a bulletin board exhibit of Hispanic actors and actresses. Use pictures from Hispanic magazines such as Buenhogar, Estrellas, Semana, or ¡Hola!*

2. *Using pictures from Hispanic magazines, prepare a bulletin board exhibit of Hispanic festivals and Hispanic folk dancing.*

---

desde *from*   **siglos** *centuries*   **cambios** *changes*   **madera** *wood*   **cuerdas** *strings*
acero *steel*   **suave** *soft*   **dulce** *sweet*   **creando** *by creating*   **sonidos** *sounds*   **No digas** *Don't say*

Unidad 8

La vida y sus sorpresas

8.1 ¡Estas cosas ocurren siempre!

8.2 Un día que no empezó bien

8.3 ¡Qué suerte!

8.4 Noticias de todos los días

VARIEDADES ¿Qué hicieron?

OBJECTIVES
Communication
By the end of this unit, student will be able to use Spanish:
- To report on past events
- To talk about events which happened recently
- To keep a diary

Language
This unit introduces students to the description of past events, specifically:
- The construction **acabar de** + infinitive
- The construction **hace** + present
- The preterite forms of **-ar, -er** and **-ir** verbs
- The preterite of stem-changing verbs
- The preterite of **dar** and **ver**

Culture
This unit expands on familiar topics: skiing, school, birthdays, and various parts of the Hispanic world.

 Unit Eight

 Modules 17, 18

Lección 1

¡Estas cosas ocurren siempre!

Act. 1

—¿Qué hace Pedro? ¿Juega al tenis?

—¡Ahora no! ¡Acaba de jugar . . . y ahora tiene un ojo morado!

Acaba de: *He has just*
ojo morado: *black eye*

—¿Qué hace Anita? ¿Esquía?

—¡Ahora no! ¡Acaba de esquiar . . . y ahora tiene una pierna rota!

rota: *broken*

—¿Qué hacen Manuela y Paco? ¿Bailan?

—¡Ahora no! ¡Acaban de bailar . . . y ahora están muy cansados!

¿Por qué tiene Pedro el ojo morado? ¿Por qué tiene Anita la pierna rota?
¿Por qué están muy cansados Manuela y Paco?

—¿Qué mira Carlos? ¿La televisión?

—¡Ahora no! ¡Acaba de mirarla . . . y
ahora tiene un fuerte dolor de cabeza!

dolor de cabeza:
headache

—¿Qué escucha María? ¿Un concierto de
rock?

—¡Ahora no! ¡Acaba de escucharlo . . . y
ahora no oye nada!

—¿Qué hace el Sr. Montero? ¿Saca el
coche del garaje?

Saca: *Is he taking out*

—¡Ahora no! ¡Acaba de sacarlo . . . y de
estrellarlo contra un árbol!

estrellar: *to smash,*
contra: *against*

¿Por qué tiene Carlos un fuerte dolor de cabeza? ¿Por qué no oye nada María?
¿Por qué no saca su coche del garaje el Sr. Montero?

Lección uno
307

CONVERSACIÓN OPTIONAL

Vamos a hablar de las cosas que vas a hacer inmediatamente **después de** *(after)* la clase de español.

1. ¿**Vas a** ir a otra clase?
    Sí, **voy a ir** . . . (No, no **voy a ir** . . .)
2. ¿**Vas a** ver a tus amigos?
3. ¿**Vas a** ir a casa?
4. ¿**Vas a** mirar la televisión?
5. ¿**Vas a** comer un sándwich?

Ahora vamos a hablar de las cosas que acabas de hacer **recientemente.**

6. ¿**Acabas de** venir de otra clase?
    Sí, **acabo de** venir de . . .
    (No, no **acabo de** venir de . . .)
7. ¿**Acabas de** llegar a la escuela?
8. ¿**Acabas de** hablar con tus amigos?
9. ¿**Acabas de** comer algo?
10. ¿**Acabas de** beber una Coca-Cola?

OBSERVACIÓN   Est. A

In questions 1-5, you are asked about things you *are going* to do.
- Which expression is used for *are you going?*   ¿Vas a...?
- Is the verb which follows an infinitive?   yes

In questions 6-10, you are asked about things you *have just* done.
- Which expression is used for *have you just?*   ¿Acabas de...?
- Is the verb which follows an infinitive?   yes

Act. 2

NOTA CULTURAL   OPTIONAL

El esquí, ¿un deporte hispánico?

¿Cómo imaginas Sudamérica? ¿Como un continente plano° donde hace siempre calor? La realidad es diferente. Claro, hay llanos° muy vastos, pero hay también montañas muy altas. En julio y agosto, que son meses de invierno en Sudamérica, hay mucha nieve° en aquellas montañas.

Así es que° hay muchos lugares ideales para esquiar en las montañas de los Andes, especialmente en Chile y en la Argentina. Muchos jóvenes van a esquiar en las «canchas° de esquí» de Portillo (Chile) o de Las Leñas (Argentina).

El esquí es también un deporte muy popular en España. Durante° las vacaciones de invierno, los jóvenes van a los Pirineos° y a la Sierra Nevada para practicar° su deporte favorito. Hoy una joven española, Blanca Fernández-Ochoa, figura entre° los campeones° del esquí mundial.°

plano *flat* **llanos** *plains* **nieve** *snow* **Así es que** *That is why*
canchas *resorts* **Durante** *During* **Pirineos** *Pyrenees*
para practicar *to engage in* **entre** *among* **campeones**
champions **mundial** *world*

The word **cancha** refers usually to a playing field or court.

Estructuras

A. El pasado inmediato: *acabar de* + infinitivo

Compare the following sentences.

Acabo de hablar español.
I have just spoken Spanish.

Voy a hablar inglés.
I am going to speak English.

Dolores **acaba de** salir.
Dolores has just gone out.

Va a comprar una revista.
She is going to buy a magazine.

Acabamos de volver a casa.
We have just come back home.

Vamos a mirar la televisión.
We are going to watch television.

To express an event which has just taken place, you may use the following construction:

> **(present tense of) acabar de** + infinitive

- **Acabar** is a regular **-ar** verb which agrees with the subject. By itself, it means *to finish, to end:* ¿Puedes **acabar** el trabajo a las seis?
- Remember, to express an event which is going to take place in the near future, Spanish speakers use the construction:

> **(present tense of) ir a** + infinitive

Lo que comienza mal, acaba mal.

What begins badly ends badly.

ACTIVIDAD 1 ¿Por qué están cansados?

Algunos alumnos se están durmiendo en la clase de ciencias. Explícale al profesor por qué están cansados.

Ramón: jugar al fútbol   Ramón acaba de jugar al fútbol.

1. Elena: jugar al tenis
2. Paco: jugar al volibol
3. yo: nadar
4. tú: correr *(run)* dos millas
5. Uds.: correr cinco millas
6. nosotros: tomar un examen muy difícil
7. Manuel y Carlos: hacer sus tareas
8. Carmen y Dolores: jugar al básquetbol

Note: From this point on, the directions for the **Actividades** are in Spanish. Help the students with any unfamiliar constructions (especially command forms) by referring to the "Expressions for the **Actividades**" in the teacher's manual (Part Four) at the front of this book. You may want to duplicate these expressions and distribute them to the students. The list is included as well in the Activity Masters.

VOCABULARIO PRÁCTICO   La escuela

un examen (los exámenes)

contestar	to answer	Carmen **contesta** la pregunta del profesor.
tomar	to take (an exam)	Voy a **tomar** el examen de francés.
salir bien (en)	to pass (an exam)	¿**Sales bien** en los exámenes de inglés?
salir mal (en)	to flunk (an exam)	Sí, pero siempre **salgo mal** en los exámenes de matemáticas.

una nota	grade	
sacar	to get (a grade)	Pedro **saca** una buena nota en historia.
recibir	to receive	**Recibe** una mala nota en ciencias.

una tarea	assignment	
las tareas	homework	Tengo muchas **tareas** para mañana.
el fin	end	Espero el **fin** de la clase.

fácil ≠ difícil	easy ≠ difficult	La tarea de español no es **difícil**.
útil ≠ inútil	useful ≠ useless	¿Es **útil** estudiar francés?
feliz (felices)	happy	Carlos es un estudiante **feliz**.
enojado	upset, angry	Juan está **enojado**: acaba de sacar una «F».

ACTIVIDAD 2 ¡Qué pena! *(What a pity!)*

Carlos no tiene suerte: quiere hacer algo con Laura, y ella le dice que acaba
de hacerlo con Rafael. Haz los papeles de Carlos y Laura según el modelo.

jugar al tenis   Carlos: ¿Quieres jugar al tenis conmigo?
Laura: ¡Qué pena! Acabo de jugar al tenis con Rafael.

1. jugar al ping pong	4. mirar la televisión	7. asistir a un concierto
2. visitar el museo	5. bailar	8. hacer las tareas
3. escuchar discos	6. tomar café	9. nadar

ACTIVIDAD 3 Creación

VARIATION: Have students
select 2 drawings in the book
and construct similar sentences about them.

Vamos a ver cuántas oraciones lógicas puedes crear en cinco minutos. Usa
un elemento de las columnas A, B, C y D.

A	B		C	D
yo		alegre(s)		trabajar
Enrique		triste(s)	ir a	jugar al fútbol
nosotros	estar	cansado(a)(s)	acabar de	hacer un viaje
mis amigos		enojado(a)(s)	porque	perder el partido de volibol
				sacar una buena (mala) nota
				tener un accidente
				encontrar a unos amigos

Enrique está enojado porque acaba de sacar una mala nota.
Nosotros estamos alegres porque vamos a hacer un viaje.

B. La duración de una acción: *hace* + el presente

Read carefully each of the following pairs of sentences. The first sentence in each group describes an activity or situation occurring now. The second sentence describes an activity or situation which began at some time in the past and which is still going on. Pay attention to the forms of the verbs, both in Spanish and in English.

Estudio español.
Hace seis meses que **estudio** español.

I study (am studying) Spanish.
I have been studying Spanish for six months.

Carlos **vive** en México.
Hace tres años que Carlos **vive** en México.

Carlos lives (is living) in Mexico.
Carlos has been living in Mexico for three years.

You may point out that **Hace seis meses que...** means literally "It makes six months that...."

To express the duration of an action or a situation which began in the past and is still going on, you may use the construction:

> **hace** + period of time + **que** + (subject) + verb in the present

Note also the interrogative expression: OPTIONAL   This may be taught for recognition only.

> **¿Cuánto tiempo hace que** (+ verb in the present)?

¿**Cuánto tiempo hace** que estudias español?

(For) How long have you been studying Spanish?

ACTIVIDAD 4   El Instituto de Estudios Profesionales

En el Instituto de Estudios Profesionales hay muchos estudiantes. Di *(Say)* cuánto tiempo hace que estudian, y qué estudian, las siguientes personas.

Arturo: dos años / inglés   Hace dos años que Arturo estudia inglés.

1. Guillermo: tres años / la mecánica
2. Manuela: seis meses / italiano
3. Rafael: diez semanas / inglés
4. yo: un año / la fotografía
5. tú: cuatro meses / el piano
6. nosotros: un año / la decoración interior
7. Paco y Marisol: dos años / japonés
8. Uds.: seis semanas / la guitarra

ACTIVIDAD 5   Diálogo: ¿Cuánto tiempo hace que . . .?

Pregúntales a tus compañeros si hacen las siguientes cosas. Si contestan afirmativamente, pregúntales también cuánto tiempo hace que las hacen.

> tocar la guitarra
>
> Estudiante 1: ¿Tocas la guitarra?
> Estudiante 2: Sí, toco la guitarra. (No, no toco la guitarra.)
> Estudiante 1: ¿Cuánto tiempo hace que tocas la guitarra?
> Estudiante 2: Hace (seis meses) que toco la guitarra.

1. estudiar español
2. jugar al tenis
3. tocar el piano
4. tener un radio
5. tener una bicicleta
6. sacar buenas notas
7. hablar francés
8. asistir a esta escuela
9. estar cansado(a)
10. esperar la visita de tu novio(a)

WB
B1, B2,
B3

Pronunciación   Las vocales

Act. 9

Model word: difícil

Practice words: comediante pantalones camiseta impermeable

Practice sentences: El mecánico trabaja en la estación de servicio.
El examen de matemáticas es muy difícil.
¡Este artículo es maravilloso!

In English, the vowels in unstressed syllables are often pronounced "uh": comedian, difficult. In Spanish, the vowels in unstressed syllables are pronounced as distinctly as those in stressed syllables. Avoid the "uh" sound when pronouncing longer Spanish words.

Para la comunicación

Expresión para la composición

además   *moreover, in addition*

Mini-composición   Autobiografía

Imagina que acabas de ganar un gran premio *(prize)* deportivo en tu
deporte favorito. Un periodista quiere escribir un artículo sobre *(about)*
tus actividades. En un pequeño párrafo descríbele tus actividades y dile
(tell him) cuánto tiempo hace que haces estas actividades. Puedes usar
los siguientes verbos. Usa también la expresión para la composición.

   vivir / estudiar / trabajar / jugar / asistir a / practicar

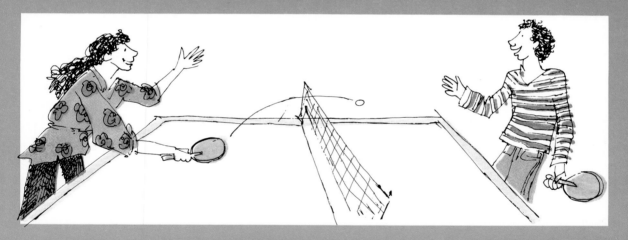

   Hace dos años que juego al tenis. **Además** sé *(I know how)* jugar al
ping pong y al básquetbol . . .

Lección 2 — Un día que no empezó bien

Act. 1

36

Todos los días:

Carlos Enrique se despierta a las seis y media.
(Su despertador funciona bien siempre.)

Ayer:

Carlos Enrique se despertó a las nueve.
(¡Su despertador no funcionó ayer!)

se despertó: *woke up*

despertador: *alarm clock*, no funcionó: *didn't work*

Se levanta, se baña, se lava los dientes.

Se levantó, se bañó, se lavó los dientes . . . ¡con mucha prisa!

con mucha prisa: *in a hurry*

Después se desayuna.

Ayer, no se desayunó.

se desayuna: *he has breakfast*

Generalmente, ¿a qué hora se despierta Carlos Enrique? ¿A qué hora se despertó ayer? ¿Por qué? Generalmente, ¿qué hace después de lavarse? ¿Se lavó ayer?

A las siete y media, toma su bicicleta . . .
y a las ocho, llega al colegio.

No tomó su bicicleta, tomó el autobús . . .
y llegó al colegio a las diez.

Entró a la clase de francés y buscó sus tareas . . . pero no las encontró. (¡Caramba! Las olvidó en el autobús.)

olvidó: *he forgot*

Sus profesores lo felicitan por ser siempre muy puntual y serio.

El profesor de francés no felicitó a Carlos Enrique. Lo castigó por llegar tarde y ser negligente.

felicitan: *congratulate*

castigó: *punished,*
por llegar tarde y ser negligente: *for arriving late and being careless*

Así empieza la rutina diaria de Carlos Enrique, ¡estudiante modelo!

¡Qué día! Realmente no empezó bien para el pobre Carlos Enrique . . . pero ¡así es la vida!

Así: *Thus,*
rutina: *routine,*
diaria: *daily,*
empezó: *began*
así es la vida: *that's life*

Generalmente, ¿a qué hora llega Carlos Enrique al colegio? ¿A qué hora llegó ayer? ¿Por qué felicitan sus profesores a Carlos Enrique? ¿Lo felicitó ayer su profesor de francés? ¿Por qué no?

CONVERSACIÓN OPTIONAL

Vamos a hablar de tus actividades de los fines de semana.

Ahora, vamos a hablar del fin de semana pasado.

1. ¿Trabajas los fines de semana?
   Sí, trabajo. (No, no trabajo.)
2. ¿Estudias?
3. ¿Te levantas temprano *(early)?*
4. ¿Te quedas en casa?
5. ¿Visitas a tus amigos?
6. ¿Invitas a tus amigos a tu casa?

7. ¿Trabaj**aste** el fin de semana pasado?
   Sí, trabaj**é**. (No, no trabaj**é**.)
8. ¿Estudi**aste**?
9. ¿Te levant**aste** temprano?
10. ¿Te qued**aste** en casa?
11. ¿Visit**aste** a tus amigos?
12. ¿Invit**aste** a tus amigos a tu casa?

OBSERVACIÓN   Est. A

In questions 1-6, you are asked about what you *do on weekends* (any weekend). The verbs are in the *present tense.* In your answers, you also use verbs in the present tense.

In questions 7-12, you are asked about what you *did last weekend.* The verbs are in a *past tense.*

- In what four letters do the verbs in the **tú** form end?   -aste
- In what letter do the verbs in the **yo** form end?   -é   Make sure that students note the accent mark.

Act. 2

NOTA CULTURAL   OPTIONAL

La disciplina escolar

En los países hispánicos, la disciplina escolar es generalmente más fuerte que en los Estados Unidos. Cuando un alumno llega tarde° a la escuela, cuando no hace las tareas o cuando es negligente, generalmente recibe° un castigo.° ¿En qué consiste el castigo? Pues ... depende. A veces el alumno tiene que hacer una tarea suplementaria o memorizar un poema. A veces tiene que quedarse hasta más tarde,° e incluso° pasar° el sábado en la escuela.

tarde *late*   **recibe** *receives*   **castigo** *punishment*   **hasta más tarde** *until later*   **incluso** *even*   **pasar** *spend*

¿Es fuerte la disciplina escolar en los países hispánicos? ¿Por qué recibe un castigo un alumno? ¿En qué consiste el castigo?

Unidad ocho
316

Estructuras

A. El pretérito: verbos que terminan en -*ar*

When you want to describe an action or event which took place in the past, you use a verb in a *past tense*. In Spanish, one such past tense is the *preterite*. Compare the present tense and the preterite tense forms of **visitar** in the following sentences, paying special attention to the endings.

	PRESENT	PRETERITE	PRETERITE ENDINGS
	Hoy,	Ayer,	
(yo)	**visito** un museo.	**visité** las tiendas.	**-é**
(tú)	**visitas** San Juan.	**visitaste** Mayagüez.	**-aste**
(él) (ella) (Ud.)	**visita** Valencia.	**visitó** Barcelona.	**-ó**
(nosotros)	**visitamos** El Paso.	**visitamos** San Antonio.	**-amos**
(vosotros)	**visitáis** San Francisco.	**visitasteis** Monterey.	**-asteis**
(ellos) (ellas) (Uds.)	**visitan** a sus amigos.	**visitaron** a sus primos.	**-aron**

Point out that the **nosotros** form of the present and of the preterite is the same.

⊃⊃ To form the preterite of regular **-ar** verbs, the **-ar** ending of the infinitive is replaced by the endings shown above.

⊃⊃ Note the English equivalents of the Spanish preterite tense:

Visité Madrid.   *I visited Madrid.*
　　　　　　　　　 I did visit Madrid.
No visité Madrid.   *I did not visit Madrid.*

ACTIVIDAD 1　María está enferma

Hace una semana que María está enferma. Ayer, varios amigos la llamaron por teléfono. Di *(Say)* quién la llamó.

VARIATION: They visited her.
Felipe la visitó.

⊃⊃ Felipe　　Felipe la llamó por teléfono.

1. Carlos
2. mis hermanos
3. mi primo
4. Ud.
5. yo

6. tú
7. nosotros
8. Ramón y su hermana
9. Dolores y Elena
10. Uds.

VOCABULARIO PRÁCTICO **Verbos y expresiones**

cambiar	to change	El tiempo **cambió** en la primavera.
dejar	to leave (something behind)	**Dejé** mi bicicleta en el garaje.
equivocarse	to make a mistake	Ana acaba de **equivocarse**.
olvidarse (de)	to forget	**Me olvidé** de la fecha del examen.
pasar	to spend (time)	**Pasé** el fin de semana en San Juan.
	to pass (by)	**Pasé** por Nueva York.
	to happen	¿Qué **pasó** en la fiesta?
anoche	last night	**Anoche**, miré un partido de béisbol.
ayer	yesterday	**Ayer**, me levanté a las siete.
a tiempo	on time	No llegó **a tiempo** a la escuela.
tarde	late	Llegó **tarde**.
temprano	early	Mis amigos llegaron **temprano**.
hasta	until	Esperé en casa **hasta** las tres.
durante	during	¿Qué pasó **durante** la semana?

REFRÁN

De rico a pobre pasé, y sin amigos me quedé.

I went from rich to poor, and was left without friends.

ACTIVIDAD 2   El apagón *(The blackout)*

Las siguientes personas miran la televisión todas las noches. Anoche no la miraron a causa de *(because of)* un apagón. Expresa esta situación según el modelo.

> el Sr. Montoya   El Sr. Montoya mira la televisión todas las noches. Anoche no la miró.

1. yo
2. tú
3. nosotros
4. Ingrid
5. la profesora

6. mis abuelos
7. la Sra. de Montoya
8. Diego y Alberto
9. Manuel y sus hermanas
10. Roberto

VARIATION: Yesterday they did not listen to the radio. **El Sr. Montoya escucha la radio. Ayer no la escuchó.**

ACTIVIDAD 3   En la playa

Un grupo de amigos pasó el sábado en la playa. Di *(Say)* qué hizo *(did)* cada uno.

⟫ María: nadar   María nadó.

1. Manuela: tomar el sol *(to sunbathe)*
2. tú: nadar
3. Isabel y Luis: nadar
4. mis amigos: mirar a las chicas

5. Carmen: mirar a los chicos
6. nosotros: mirar a Carmen
7. Rafael: escuchar su radio transistor
8. el grupo: jugar al volibol

ACTIVIDAD 4   Diálogo: El sábado de tus compañeros

Pregúntales a tus compañeros si hicieron *(did)* estas cosas el sábado pasado.

VARIATION: Use the plural.
—¿Estudiaron Uds. ...?
—¡Sí, estudiamos...!

⟫ estudiar   Estudiante 1: ¿Estudiaste el sábado pasado?
                 Estudiante 2: ¡Sí, estudié! Siempre estudio los sábados.
                 (¡No, no estudié! Nunca estudio los sábados.)

1. trabajar
2. ayudar a tu mamá
3. ayudar a tu papá
4. comprar discos
5. gastar dinero
6. tomar el autobús de la escuela
7. mirar la televisión
8. nadar
9. esquiar
10. levantarse temprano

B. El pretérito: verbos que terminan en –car, –gar y –zar

Compare the **tú** and **yo** forms of the preterite in the following questions and answers.

tocar *(to play)*   —¿**Tocaste** la guitarra ayer?
                           —Sí, **toqué** la guitarra.

llegar *(to arrive)* —¿A qué hora **llegaste** a la escuela?
                           —**Llegué** a las ocho.

empezar *(to begin)* —¿**Empezaste** el libro?
                           —Sí, lo **empecé.**

⟫ In the preterite, verbs ending in **–car**, **–gar** and **–zar** have a spelling change which occurs only in the **yo** form.

-car	c → qu	Busqué un libro.
-gar	g → gu	Pagué dos dólares por el libro.
-zar	z → c	Empecé este libro.

ACTIVIDAD 5 Preguntas personales

1. ¿Empezaste bien el día hoy?
2. ¿Llegaste a la escuela a tiempo?
3. ¿Jugaste al tenis el fin de semana pasado? ¿Con quién jugaste?
4. ¿Jugaste al volibol? ¿Jugaste bien o mal?
5. ¿Sacaste fotos? ¿de qué? ¿de quién?
6. ¿Tienes un radio? ¿Cuánto pagaste por tu radio?
7. ¿Tienes una bicicleta? ¿Cuánto pagaste por tu bicicleta?
8. ¿Tienes una cámara? ¿Cuánto pagaste por tu cámara?
9. ¿Tocas la guitarra? ¿La tocaste ayer?

ACTIVIDAD 6 Problemas

¿Cómo fue *(was)* el día de ayer para ti? ¿Bueno o malo? Di *(Say)* si tuviste *(you had)* los siguientes problemas.

   levantarte tarde   Sí, me levanté tarde ayer.
                    (No, no me levanté tarde ayer.)

1. llegar tarde a la escuela
2. llegar tarde a una cita
3. dejar tus libros en el autobús
4. dejar tu almuerzo *(lunch)* en casa
5. dejar tus tareas en casa
6. olvidarte de una cita importante
7. sacar una mala nota
8. equivocarte en las tareas
9. pasar un día malo
10. hablar con alguien antipático

WB
B1

Pronunciación

Los sonidos /k/ y /g/

Act. 9

Practice syllables: ca co cu que qui
                    ga go gu gue gui
Model words: tocó toqué pagó pagué
Practice words: sacar contestar cuerpo busqué aquí
                llegar algo ninguno jugué guitarra
Practice sentences: ¿Por qué no toca la guitarra Carlos?
                    Carmen se equivocó en el cálculo.
                    Los jugadores del equipo ganaron el campeonato.

The consonants **c** and **g** before **a, o,** and **u** are pronounced like the hard English **c** in "case" and the hard English **g** in "girl." To keep the "hard" sound before **e** and **i**, the spellings **qu** and **gu** are used.

Occasionally the **u** after a **g** is to be pronounced as a vowel sound; it is then marked with a dieresis (¨): **"pingüino," "bilingüe."**

Para la comunicación

> **Expresión para la composición**
>
> **entonces** *then*

Mini-composición   Mi diario

Escribe un párrafo en tu diario. Puedes hablar de lo que hiciste *(what you did)* realmente, o puedes imaginar que eras *(you were)* otra persona y describir sus actividades. Puedes usar los siguientes verbos:

> levantarse / quedarse / tomar / mirar / visitar /
> llegar / invitar / escuchar / llamar por téléfono /
> buscar / comprar / gastar / trabajar / ayudar

Usa también la expresión para la composición.

El domingo me levanté muy temprano. Llamé por teléfono a mi amigo y **entonces** lo invité a jugar al tenis. . . .

WB
Los incidentes

SCRIPT

Act. 8, 10

MASTERS
p. 42

TRB

QUIZ
pp. 99–100

Lección 3   ¡Qué suerte!

Act. 1

Las personas que tienen suerte, ¿son siempre las mismas? ¡Claro que
no! A veces, todos tenemos suerte; otras veces, no. La suerte cambia.
Varios jóvenes nos cuentan aquí un suceso (afortunado o
desafortunado) que les ocurrió el mes pasado.

suceso: event

Buena suerte

Elena: Recibí tres mil pesetas de mis padrinos por cumplir
quince años.

Pedro: Recibí una buena nota en el examen de inglés.

Isabel: Vendí mi bicicleta vieja a un precio muy bueno.

Doris: Le escribí una carta al famoso cantante Julio Iglesias,
y me contestó con su foto y su autógrafo.

Esteban: Perdí mi cartera (con dos mil pesos y la foto de mi
novia), pero la encontré dos días después.

Inés: Decidí participar en un concurso fotográfico y gané el
primer premio: ¡un viaje a Roma!

*Recibí: I received,
padrinos:
godparents,
por cumplir quince
años: for my
fifteenth birthday*
precio: price

cartera: wallet

*Decidí: I decided,
concurso: contest*
premio: prize

Mala suerte

Benjamín: Recibí una nota muy mala en el examen de
matemáticas.

Patricia: Le escribí una carta al famoso actor norteamericano
Robert Redford, pero no me contestó.

Marisela: Perdí mi bolso (con veinte dólares y el permiso de
conducir) y no lo encontré.

Diego: Conocí a una chica muy simpática, pero perdí su
número de teléfono.

Felipe: Rompí una ventana jugando al béisbol.

Miguel: Me rompí la pierna jugando al fútbol y mi equipo
perdió el campeonato.

*permiso de conducir:
driver's license*

Conocí: I met

Me rompí: I broke
*campeonato:
championship*

• The **él** form may be introduced with the following questions: **¿Cuánto dinero recibió
Elena? ¿Qué vendió Isabel? ¿A quién le escribió Doris? ¿Qué perdió Esteban?
¿A quién le escribió Patricia? ¿Qué rompió Felipe?**

• SUGGESTED REALIA: record by Iglesias or by some other popular Hispanic singer.

CONVERSACIÓN

Vamos a hablar más del fin de semana pasado.

1. ¿Com**iste** en un restaurante español?
   Sí, comí en . . . (No, no comí en . . .)
2. ¿Com**iste** en casa de un amigo?
3. ¿V**iste** una película?
4. ¿V**iste** a tus primos?

5. ¿Asist**iste** a un concierto?
   Sí, asistí a . . . (No, no asistí a . . .)
6. ¿Escrib**iste** cartas?
7. ¿Recib**iste** una carta de una persona famosa?
8. ¿Sal**iste** el sábado por la noche?

OBSERVACIÓN   Est. A

The above questions and answers have to do with events that may have taken place last weekend.

- Are the verbs in the *present* or the *preterite* tense?   preterite

The verbs in questions 1-4 have infinitives which end in **–er.**
The verbs in questions 5-8 have infinitives which end in **–ir.**

- Do all the verbs have the same endings in the **tú** form? What is the ending?   yes / **-iste**
- Do all the verbs have the same endings in the **yo** form? What is the ending?   yes / **-í**
- Are these **tú** and **yo** endings the same as those of **–ar** verbs? How are they different?   no / **-aste** and **é** vs. **-iste** and **-í**

NOTA CULTURAL

La quinceañera

Para una chica hispánica el cumpleaños más importante es el de los quince años. Es como el de los diez y seis años de una norteamericana. Sus padrinos° le dan regalos especiales. A menudo recibe joyas:° un collar° de perlas o un anillo° de oro.°

Sus padres organizan una gran fiesta, generalmente con música y baile.° La fiesta es en la casa de la *quinceañera*° o en un club social. En algunos países, la ocasión se anuncia° en el periódico. Todos los amigos y parientes se reúnen° para celebrar esta ocasión alegre y se divierten hasta las altas horas de la madrugada.°

padrinos *godparents*   **joyas** *jewelry*   **collar** *necklace*
anillo *ring*   **oro** *gold*   **baile** *dance*   **quinceañera** *girl who is 15*
se anuncia *is announced*   **se reúnen** *gather*
altas horas de la madrugada *early morning hours*

SUGGESTED REALIA: Hispanic birthday cards.

Estructuras

A. El pretérito: verbos que terminan en –er y en –ir

In the preterite, regular –er and –ir verbs have the same endings:

• Locate these cities on a world map.
• Use other cities to practice sentences similar to those in the chart. Example: (Akron): **Aprendí inglés. Viví en Akron.**

Act. 3

INFINITIVE:	aprender	vivir	PRETERITE ENDINGS:
PRETERITE:			
(yo)	**Aprendí** español.	**Viví** en Sevilla.	**-í**
(tú)	**Aprendiste** francés.	**Viviste** en París.	**-iste**
(él) (ella) (Ud.)	**Aprendió** portugués.	**Vivió** en Río de Janeiro.	**-ió**
(nosotros)	**Aprendimos** japonés.	**Vivimos** en Tokio.	**-imos**
(vosotros)	**Aprendisteis** inglés.	**Vivisteis** en Boston.	**-isteis**
(ellos) (ellas) (Uds.)	**Aprendieron** italiano.	**Vivieron** en Roma.	**-ieron**

Point out that the **nosotros** form of the present and of the preterite is the same for **-ir** verbs, but not for **-er** verbs.

The preterite of most –er and –ir verbs is formed by replacing the infinitive endings (–er, –ir) by the endings shown above.

Act. 4

VOCABULARIO PRÁCTICO   Otros verbos que terminan en –er y en –ir

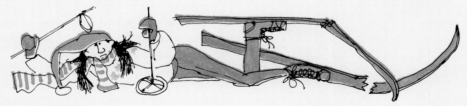

verbos que terminan en –er

deber + infinitive	should, ought to	**¡Debo** estudiar más!
romper	to break	María **rompió** sus esquís.
romperse + part of the body	to break one's (arm, etc.)	También **se rompió** la pierna.

verbos que terminan en –ir

descubrir	to discover	**¿Descubrió** América Cristóbal Colón?
recibir	to get, to receive	Por cumplir quince años, **recibí** un reloj.

Review parts of the body on p. 284.

Unidad ocho

324

ACTIVIDAD 1 Otros problemas

Di (*Say*) si tuviste (*you had*) los siguientes problemas el año pasado.

VARIATION: Use plural forms.
—¿Recibieron Uds. malas noticias?
—Sí, (No, no) recibimos malas noticias.

> recibir malas noticias (*news*)   Recibí malas noticias.
> (No recibí malas noticias.)

1. recibir regalos inútiles
2. recibir malas notas (*grades*)
3. romperte el brazo
4. romperte la pierna
5. perder tu cartera (*wallet*)
6. descubrir algo desagradable

ACTIVIDAD 2 ¿Eres aficionado(a) a la historia?

Escoge (*Choose*) a una de estas personas famosas y escribe un párrafo de seis oraciones diciendo si hizo (*did*) las cosas siguientes:

Cristóbal Colón / Jorge Washington / William Shakespeare / Abraham Lincoln / los hermanos Wright

Columbus: 1451–1506
Washington: 1732–1799
Shakespeare: 1564–1616
Lincoln: 1809–1865
Wilbur Wright: 1867–1912
Orville Wright: 1871–1948

1. vivir en los Estados Unidos
2. vivir en el siglo (*century*) veinte
3. escribir mucho
4. descubrir algo importante
5. transformar la sociedad
6. cambiar el curso de la historia

> Cristóbal Colón: No vivió en los Estados Unidos. No vivió en el siglo veinte . . .

ACTIVIDAD 3 Creación

Vamos a ver cuántas oraciones lógicas puedes crear en cinco minutos. Usa un elemento de las columnas A, B y C. Empieza cada oración con **Ayer** y usa el pretérito.

A	B		C	
yo	aprender	asistir	una carta	un espejo (*mirror*)
Carlos	comer	escribir	la pierna	un regalo estupendo
nosotros	beber	recibir	una guitarra	en un restaurante
mis amigos	perder	salir	una Coca-Cola	con unos amigos
	romper(se)		algo bueno	un partido de tenis
	vender		una mala nota en un examen	

> Ayer mis amigos recibieron una carta.

B. El pretérito: *dar* y *ver*

Note the preterite forms of the verbs **dar** (*to give*) and **ver** (*to see*).

(yo)	**di**	**vi**	(nosotros)	**dimos**	**vimos**
(tú)	**diste**	**viste**	(vosotros)	**disteis**	**visteis**
(él, ella, Ud.)	**dio**	**vio**	(ellos, ellas, Uds.)	**dieron**	**vieron**

> In the preterite, **dar** and **ver** take the endings of the –**er** and –**ir** verbs, except that the accent mark is not used on the **yo** and **él** forms.

ACTIVIDAD 4   Los regalos de Navidad (Christmas presents)

Unos amigos comparan los regalos que recibieron y que dieron para
Navidad. Di qué recibió y qué dio cada uno.

    María: una bicicleta / discos   María recibió una bicicleta. Dio discos.

1. mi primo: un abrigo / libros
2. tú: un tocadiscos / una caja (box) de
   chocolates
3. yo: una cámara / dulces (candy)
4. nosotros: dinero / camisas

5. Elena: una raqueta de tenis / sandalias
6. Carmen y Emilia: vestidos / discos
7. Enriqueta: un bolso / su foto
8. mis amigos: ropa / corbatas

ACTIVIDAD 5   Diálogo: El fin de semana

Pregúntales a tus compañeros si hicieron (did) las siguientes cosas el fin
de semana pasado.

VARIATION: Use plural forms.
—¿Vieron Uds. ...?
—No, no vimos ...

    ver una película mexicana

Estudiante 1: ¿Viste una película mexicana el fin de
semana pasado?
Estudiante 2: Sí, vi una película mexicana.
(No, no vi una película mexicana.)
(No, no vi ninguna película.)

SCRIPT
Act. 7

MASTERS
p. 43

1. ver a una actriz de televisión en la calle
2. recibir una carta de un artista de cine
3. recibir un regalo fabuloso
4. comer en un restaurante muy elegante

5. salir con un amigo hispánico
6. aprender muchos verbos irregulares
7. asistir a un concierto de rock
8. dar una fiesta en tu casa

C. El pretérito: caer, creer, leer y oír

Note the preterite forms of the verbs **caer** (to fall), **creer** (to believe), **leer**
(to read) and **oír** (to hear).

Act. 8

INFINITIVE:	**caer**	**creer**	**leer**	**oír**
PRETERITE:				
(yo)	caí	creí	leí	oí
(tú)	caíste	creíste	leíste	oíste
(él, ella, Ud.)	cayó	creyó	leyó	oyó
(nosotros)	caímos	creímos	leímos	oímos
(vosotros)	caísteis	creísteis	leísteis	oísteis
(ellos, ellas, Uds.)	cayeron	creyeron	leyeron	oyeron

The verb **caer** is new to the students. You may point out that in the present it is irregular in the **yo** form: **caigo**.

    The **í** of the endings always has an accent mark.
In the **él** and **ellos** forms, the **i** → **y**.

WB
1, C2,
3

CRIPT

.ct. 9

MASTERS
. 43

Act. 11

ACTIVIDAD 6 Las noticias

Los chicos leyeron las noticias en el periódico. Las oyeron también en la radio. Expresa esto *(this)* según el modelo.

Carmen Carmen leyó las noticias en el periódico.
Las oyó también en la radio.

1. tú
2. Clara
3. Uds.

4. Paco y Luis
5. yo
6. Isabel

7. nosotros
8. Ud.

Pronunciación Las vocales: *io, ío, ió*

Model words: d<u>io</u> t<u>ío</u> com<u>ió</u>

Practice words: v<u>io</u> prec<u>io</u> camb<u>io</u> prec<u>io</u>so romp<u>ió</u> recib<u>ió</u>
m<u>ío</u> fr<u>ío</u> t<u>ío</u>

Practice sentences: ¡D<u>io</u>s m<u>ío</u>! ¡Hace mucho fr<u>ío</u>!
El secretar<u>io</u> le escrib<u>ió</u> a mi t<u>ío</u>.
Estud<u>ió</u> en el coleg<u>io</u> San Gregor<u>io</u>.
Mi t<u>ío</u> viv<u>ió</u> en el barr<u>io</u>.

The letters **io** represent a diphthong: the **i** is pronounced very much like the **y** in "yoyo." When the diphthong **io** comes at the end of a word and is to be stressed, an accent mark is placed over the **o**: **vivió**.

If the **i** and the **o** do not form a diphthong, that is, if they are pronounced separately, an accent mark is placed on the **i**: **un tío**.

OPTIONAL

Para la comunicación

Expresión para la composición
al mismo tiempo *at the same time*

Mini-composición La suerte cambia

Describe cinco sucesos *(events)* afortunados y cinco sucesos desafortunados que te ocurrieron a ti o a tus parientes el año pasado.
Si quieres, puedes usar los siguientes verbos:

ganar / asistir / salir / escribir / recibir / descubrir / ver /
romper / romperse / olvidarse / equivocarse / dejar / caer / caerse

Usa también la expresión para la composición.

Mi hermano se cayó de mi bicicleta y la rompió. **Al mismo tiempo** se rompió la pierna.

 WB
Una
página...

SCRIPT

Act. 10, 12

MASTERS
p. 44

TRB

QUIZ
pp. 101–102

ALTERNATE: Write a similar composition about a
character in one of the drawings in this book.

327

Noticias de todos los días: nuestros periodistas escriben

STRUCTURES TO OBSERVE: review of regular preterite; preterite of stem-changing verbs.

Act. 1

¡Un millonario de doce años!
—DE LA PROVINCIA DE MURCIA

La semana pasada, el joven Roberto Ruiz descubrió un tesoro en una casa abandonada. Este tesoro consiste en dos mil monedas de oro antiguas . . .

———————————

Muerte de un anciano simpático.
—DE LA PROVINCIA DE BARCELONA

Ayer Ángel Molina, un anciano de ciento siete años de edad, murió en un accidente de bicicleta. Su hijo (de ochenta y cinco años de edad) nos contó que el Sr. Molina nunca se sintió enfermo ni cansado en toda su vida . . .

———————————

¡Un nuevo récord!
—DE LA PROVINCIA DE VALENCIA

La Sra. de Muñoz descubrió un tomate de más de cuatro kilos en su huerta. Un nuevo récord mundial . . . ¡para un tomate!

Un mono secretario
—DE LA PROVINCIA DE SEGOVIA

Ayer por la tarde, un mono se escapó del circo AMAR. Unas horas más tarde, la policía encontró el mono en la oficina del alcalde, escribiendo a máquina y usando el teléfono.

———————————

Un profesor cansado
—DE LA PROVINCIA DE LEÓN

Un profesor de la universidad de Salamanca se durmió durante un examen. La universidad nos pidió no revelar el nombre de este profesor cansado.

descubrió: *found,*
tesoro: *treasure*

monedas: *coins*
oro: *gold,*
antiguas: *ancient,*
alcalde: *mayor,*
escribiendo a
máquina: *typing*
Muerte: *Death,*
anciano: *old man*

edad: *age,*
murió: *died,*
nombre: *name*

se sintió: *felt*
vida: *life*

descubrió: *found*

huerta: *vegetable
garden*
mundial: *world's*

¿Qué descubrió Roberto Ruiz? ¿Cómo murió Ángel Molina? ¿Qué descubrió la Sra. de Muñoz? ¿Dónde encontró el mono la policía? ¿Cuándo se durmió el profesor?

CONVERSACIÓN OPTIONAL

Vamos a hablar del día de ayer. Esta vez *(this time)* imagina que un periodista te hace las preguntas. (Él usa **usted** contigo.)

1. ¿Jugó Ud. al volibol?
   Sí, jugué . . . (No, no jugué . . .)
2. ¿Jugó Ud. al básquetbol?
3. ¿Volvió Ud. a casa después de *(after)* la clase? Sí, volví . . . (No, no volví . . .)
4. ¿Volvió Ud. a casa con unos amigos?

5. ¿Se divirtió Ud. en clase?
   Sí, me divertí . . . (No, no me divertí . . .)
6. ¿Se divirtió Ud. después de la clase?
7. ¿Durmió Ud. bien anoche?
   Sí, dormí . . . (No, no dormí . . .)
8. ¿Durmió Ud. por la tarde?

OBSERVACIÓN Est. A, B

In the above questions, the verbs **jugar** *(to play)*, **volver** *(to return)*, **divertirse** *(to have fun)* and **dormir** *(to sleep)* are used in the preterite.

- Do these verbs have a stem change in the present? yes

Look carefully at the verbs in questions 1-4.
- What are the infinitives of these two verbs?
- In which letters do the infinitive forms end?
- Do these verbs have a stem change in the **yo** form of the preterite? in the **Ud.** form?

  • jugar, volver   • -ar, -er   • no / no

Now look carefully at the verbs used in questions 5-8.
- What are the infinitives of these two verbs?
- In which letters do the infinitive forms end?
- Do these verbs have a stem change in the **yo** form of the preterite? in the **Ud.** form? What is this change?

- divertirse, dormir
- -ir
- no / yes / e → i, o → u

Act. 2

NOTA CULTURAL OPTIONAL

Las provincias y las regiones tradicionales de España

¿Eres norteamericano? ¡Por supuesto! Pero también estás orgulloso° de ser de California, de la Florida, de Texas o de Nuevo México, ¿verdad?

Hoy España es un país de treinta y nueve millones de habitantes, dividido en cincuenta provincias y en trece regiones tradicionales. Cada región mantiene su originalidad, sus tradiciones . . . ¡y a veces su propio idioma!° Claro, son todos españoles, pero son también catalanes, vascos, andaluces . . .

orgulluso *proud*   **propio idioma** *own language*

SUGGESTED REALIA: map of Spain showing geography and provinces; posters, slides, postcards, stamps, travel brochures, etc.

Spain's fifty provinces are its official administrative divisions, each with an appointed governor. The thirteen regions shown on the map are the larger historical divisions, each encompassing several provinces.

Estructuras

A. Repaso: el pretérito de los verbos que terminan en –ar, –er, –ir

The preterite forms of verbs in **–ar, –er** and **–ir** are summarized below:

INFINITIVE:	hablar	comer	escribir
PRETERITE:			
(yo)	hablé	comí	escribí
(tú)	hablaste	comiste	escribiste
(él, ella, Ud.)	habló	comió	escribió
(nosotros)	hablamos	comimos	escribimos
(vosotros)	hablasteis	comisteis	escribisteis
(ellos, ellas, Uds.)	hablaron	comieron	escribieron

SCRIPT
Act. 3

MASTERS
p. 44

The **–ar** and **–er** verbs which have a stem change in the present tense do not have this change in the preterite.

Act. 5

	hoy (presente)	ayer (pretérito)
pensar (e → ie)	Elena piensa ir a la playa.	Elena pensó ir al cine.
encontrar (o → ue)	Encuentro a Paco.	Encontré a Luis.
perder (e → ie)	Carlos nunca pierde nada.	Perdió su libro.
volver (o → ue)	Casi siempre vuelvo a casa a las tres.	Volví a las cuatro.

ACTIVIDAD 1　El viaje de Angélica del Río

Imagina que eres un(a) periodista (*journalist*) que trabaja para una revista argentina. Tienes que describir el viaje a Madrid de Angélica del Río, una famosa actriz de la televisión argentina. Éstas son tus notas del viaje. Están en el presente. Prepara tu artículo, cambiando tus notas al pretérito.

VARIATIONS with other subjects: **yo** (Angélica narrates her trip); **nosotros** (Angélica and a friend narrate their trip).

⟫　El lunes llega a Madrid.　　El lunes llegó a Madrid.

1. Busca un buen hotel.
2. Por la tarde sale con una amiga.
3. El martes visita el Museo del Prado.
4. El miércoles come en el restaurante «Jockey».
5. Después asiste a un concierto flamenco.
6. El jueves da una fiesta.
7. El viernes recibe la visita de un periodista italiano.
8. Habla con él de su carrera en Buenos Aires.
9. El sábado se queda en el hotel.
10. Recibe un telegrama de su agente.
11. Llama por teléfono a la Argentina.
12. El domingo vuelve a Buenos Aires.

ACTIVIDAD 2   La vida no es siempre una fiesta

Los siguientes problemas están ocurriendo ahora. Descríbelos dos horas después.

> Elena se despierta tarde.   Elena se despertó tarde.

1. Miguel se despierta de mal humor.
2. Rafael pierde sus libros.
3. El profesor pierde la paciencia.
4. Carlos encuentra a su peor enemigo (enemy).
5. Susana encuentra a su peor enemiga.

6. Felipe vuelve a casa muy tarde.
7. Isabel no juega con sus amigas.
8. Luisa no empieza a estudiar inglés.
9. Carmen no entiende al profesor.
10. Miguel no recuerda la hora de su cita con María.

B. El pretérito: verbos con cambios que terminan en –ir

The –**ir** verbs which have a stem change in the present (and only these verbs) also have a stem change in the preterite. Note the change that takes place in the preterite forms of **sentirse** and **dormir**.

INFINITIVE:	sentirse	dormir
PRETERITE:		
(yo)	Me sentí bien.	Dormí bien.
(tú)	Te sentiste cansado.	Dormiste poco.
(él, ella, Ud.)	Se sintió en buena forma.	Durmió mucho.
(nosotros)	Nos sentimos cansados.	No dormimos bastante.
(vosotros)	Os sentisteis contentos.	Dormisteis bien.
(ellos, ellas, Uds.)	Se sintieron nerviosos.	No durmieron bastante.

> The –**ir** verbs which have a stem change in the present have the following stem change in the **él** and **ellos** forms of the preterite.

Note: The students have seen this same stem change in the present participle of these verbs.

e → i	pedir	Manuel me pidió mi bicicleta.
o → u	dormir	Isabel no durmió bien anoche.

ACTIVIDAD 3   La fiesta de Margarita

Margarita invitó a muchos amigos a una fiesta, pero no todos se divirtieron. Di (Say) quién se divirtió y quién no.

VARIATION: The same people attended a boring lecture. Say who fell asleep and who did not. **Tú: No te dormiste.**

> tú: no   No te divertiste.

1. Pablo: sí
2. Rebeca: no
3. yo: sí
4. nosotros: sí

5. mis amigos: no
6. los amigos de Carmen: sí
7. Lucía: sí
8. el novio de Lucía: no

VOCABULARIO PRÁCTICO En el café

las bebidas (drinks)

el agua   **el café**   **el té**   **la leche**   **el jugo de frutas**   **el vino**   **la cerveza**   **la gaseosa**

las comidas (food)

un sándwich   **una hamburguesa**   **una ensalada**   **un helado**   **un pastel**

servir (e → i)   to serve   Mis amigos **sirvieron** una gran comida.

tener sueño	to be sleepy
tener sed	to be thirsty
tener calor	to be hot
tener frío	to be cold
tener hambre	to be hungry

NOTA: In Spanish, expressions of how one feels physically usually use **tener**.
Tengo hambre means *I am hungry* (or literally, *I have hunger).*

• **El agua** is feminine. **El** and **un** are used before a feminine noun beginning with a stressed **a.**
• EXTRA VOCAB.: **las papas fritas** (french fries), **las rositas de maíz** (popcorn), **el yogur** (yogurt).

ACTIVIDAD 4   En la cafetería

Las siguientes personas están en la cafetería. Di qué pidieron estas personas.

❧   tú: un helado   Pediste un helado.

VARIATION: The same people helped serve food and drink at a party.
Serviste un helado.

1. Paco: jugo de frutas
2. María: una hamburguesa
3. nosotros: cervezas
4. Guillermo: una ensalada
5. yo: un pastel
6. mi hermano: un sándwich
7. Uds.: gaseosas
8. las amigas de Juan: café
9. mi mamá: té
10. mi hermana menor: leche

ACTIVIDAD 5   Para cada ocasión

Completa las siguientes oraciones con el verbo **beber** o **comer** y la bebida o la comida apropriada.

1. Cuando tengo sed . . .
2. Cuando tengo hambre . . .
3. Cuando tengo frío . . .
4. Cuando tengo calor . . .
5. Cuando tengo sueño . . .
6. Cuando mis padres van al restaurante . . .
7. Los ingleses . . .
8. Los norteamericanos . . .
9. Los alemanes . . .
10. Los franceses . . .

JUGOS · FRUTAS · JUGOS

Trópico jugoso

JUGOS REFRESCANTES

● NARANJA	....	**Bs. 2.00**
● PIÑA	....	**Bs. 2.00**
● TORONJA	....	**Bs. 2.00**
● TOMATE	....	**Bs. 2.00**
● GUANABANA	....	**Bs. 2.00**

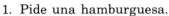

ACTIVIDAD 6   La indigestión

Carlos celebró su cumpleaños en un restaurante, pero comió demasiado.
Cuenta qué le pasó a Carlos.

VARIATIONS with other subjects:
**Carlos y Pablo decidieron
ir...**, **Tú decidiste...**,
Tú y yo decidimos...

> Carlos decide ir a un restaurante.
> Carlos decidió ir a un restaurante.

1. Pide una hamburguesa.
2. Pide dos ensaladas.
3. Pide un helado.
4. Pide otro helado.
5. Come demasiado.
6. Bebe vino.
7. Bebe demasiado.
8. Se siente mal.
9. Vuelve a su casa.
10. Se siente muy enfermo.
11. Se acuesta.
12. Se duerme.
13. Duerme doce horas.
14. Se siente mejor cuando se levanta.

ACTIVIDAD 7   Conversación con el Dr. Ruiz

Carlos llamó al Dr. Ruiz por teléfono para contarle lo que le pasó. Haz el
papel de Carlos usando las oraciones de la actividad anterior.

> Carlos decide ir a un restaurante.   Decidí ir a un restaurante.

ACTIVIDAD 8   ¡Así es la vida!

Vamos a ver cuántos incidentes (afortunados o desafortunados) de la vida
puedes describir en cinco minutos. Usa los elementos de las columnas A, B
y C para crear oraciones afirmativas o negativas. Usa el pretérito.

A	B		C	
yo	encontrar	romper	diez dólares	de mal humor
Juan	ganar	romperse	el televisor	en la calle
nosotros	jugar	divertirse	dinero	en casa
Elena y Carmen	caerse	sentirse	la pierna	enfermo(a)(s)
	(*to fall down*)	salir	en la fiesta	malas notas
	perder	recibir	con unos amigos	en la clase

> Elena y Carmen se divirtieron en la fiesta.

Pronunciación   Las sílabas con acento

Model words: h<u>a</u>blo   habl<u>ó</u>

Practice words: c<u>o</u>me   dej<u>é</u>;   cont<u>e</u>sto   contest<u>ó</u>;   s<u>a</u>lgo   sali<u>ó</u>

Practice sentences: Hoy, c<u>o</u>mpro el periódico. Ayer, mi papá lo compr<u>ó</u>.
Hoy, h<u>a</u>blo con Carlos. Ayer, mi amigo habl<u>ó</u> con él.
Hoy, le cont<u>e</u>sto al profesor. Ayer, mi hermano le contest<u>ó</u>.

In the **yo** and **él** forms of the preterite, the accent falls on the last syllable. Be careful to stress the last syllable as you pronounce these verbs.

OPTIONAL

Para la comunicación

> **Expresión para la composición**
>
> luego   *then*

Mini-composición   La excusa

Imagina que un robo *(robbery)* ocurrió anoche en el barrio donde vives. La policía está interrogando a los vecinos *(neighbors)*. En un párrafo de diez oraciones describe tus actividades de ayer, entre las cinco y las once de la noche. Si quieres, puedes usar los siguientes verbos.

visitar / invitar / llamar por teléfono / mirar / escuchar / quedarse / estudiar / encontrar / jugar / comer / leer / asistir / escribir / pedir / salir / oír / volver / sentirse / acostarse / dormirse

Usa la expresión para la composición.

A las cinco, visité a un amigo. Volví a casa a las cinco y media y **luego** . . .

WB   Test / Repaso   TEST   pp. 105–108

ALTERNATE: Write an original news item similar to those at the beginning of the lesson.

335

diario

RIPT

t. 11

TRB

IZ
103–
4

Variedades ¿Qué hicieron?

hicieron: *did they do*

Cada cual a su manera,° las siguientes personas influyeron en el mundo en que vivieron. ¿Puedes identificarlas?

Lee atentamente° cómo cada uno describe lo que° hizo.° Decide a qué retrato° corresponde cada descripción.

Cristóbal Colón (1451-1506) Roberto Clemente (1934-1972) Gabriela Mistral (1889-1957)

Isabel la Católica (1451-1504) Pablo Picasso (1881-1973) Juan de la Cierva (1896-1936)

Cada cual a su manera: *Each in his (her) own way*
atentamente: *carefully,*
lo que: *what,*
hizo: *did*
retrato: *portrait*

(1) No, yo no soy español . . . Nací° en Italia. Pero hice muchas cosas por España, mi país adoptivo. Descubrí un continente nuevo, por ejemplo. (Claro, muchas personas envidiosas° dicen que yo no fui° el primer hombre blanco allí . . . pero, ¿dicen la verdad?) Lo cierto° es que hice° cuatro viajes al nuevo continente . . . y que millones de europeos vinieron después que yo.   Colón

Nací: *I was born*

envidiosas: *envious,*
fui: *I was*
Lo cierto: *What is certain*
hice: *I made*

(2) Yo soy español, ciento por ciento. Sin embargo, viví gran parte de mi vida fuera° de España. Nací en el siglo° XIX (diez y nueve) y fui° a Francia a la edad° de diez y nueve años. Allí me dediqué totalmente a mi arte y llegué a ser° el pintor más famoso de mi época. ¡Fui el artista que creó° el arte moderno!   Picasso

fuera: *outside,*
siglo: *century,*
fui: *I went*
edad: *age*
llegué a ser: *I became*
creó: *created*

(3) No soy español . . . sino° española. Fui una reina° . . . es decir° la mujer más importante de mi época. Pero no es por eso que la gente de hoy se acuerda de mí.° Es porque di mi ayuda° al hombre que descubrió América.   Isabel la Católica

sino: *but,*
reina: *queen,*
es decir: *that is to say*
se acuerda de mi: *remember me,*
ayuda: *help*

(4) Yo también soy una mujer hispánica, pero no soy española. Nací en Chile. Fui maestra . . . fui directora de escuela . . . fui embajadora° . . . fui escritora. Escribí muchos libros de poemas. Gané el premio° Nobel de literatura en 1945 (mil novecientos cuarenta y cinco). ¡Fui la primera persona de origen latinoamericano que recibió este famoso premio!   Mistral

embajadora: *ambassador*
premio: *prize*

(5) No fui ni° explorador ni° poeta ni artista. . . . Fui deportista. Empecé a jugar al béisbol en Puerto Rico a la edad de seis años. Más tarde,° llegué a ser uno de los más famosos jugadores profesionales. Un año recibí el honor más grande de mi carrera: el título del jugador más valioso° . . . Pero el béisbol no fue el único° interés en mi vida.° Para mí, lo° más importante siempre fue ayudar a otros. En 1972 (mil novecientos setenta y dos) hubo° un terremoto° terrible que devastó Nicaragua . . . Tomé un avión para ayudar a las víctimas, pero el avión tuvo° un accidente y . . .   Clemente

ni . . . ni: *neither. . .nor*
más tarde: *later*

valioso: *valuable,*
único: *only*
vida: *life,*
lo: *the thing*
hubo: *there was,*
terremoto: *earthquake*
tuvo: *had*

(6) Hoy no hay mucha gente que se acuerda de mí. Sin embargo, Uds. pueden ver el resultado de mi invención en casi todos los aeropuertos del mundo. En los Estados Unidos, la policía lo usa para vigilar° el tráfico y salvar° a la gente en peligro.° Fui el ingeniero que inventó el autogiro, base° de los helicópteros modernos.   de la Cierva

vigilar: *watch over*
salvar: *save,*
peligro: *danger*
base: *basis*

El arte de la lectura   OPTIONAL

Enriching your vocabulary: cognate patterns es → s

Many Spanish words which begin with es- correspond to English words beginning with s-.

España	*Spain*
español	*Spanish*
Estados Unidos	*United States*
escuela	*school*

Ejercicio

Determine the meanings of the following Spanish words and then use each one in an original sentence.

ADJECTIVES:	NOUNS:	VERBS:
estupendo	el (la) estudiante	estudiar
espléndido	la escultura	esquiar
estricto	la estatua	
especial	la estación	
estudioso	la escena	

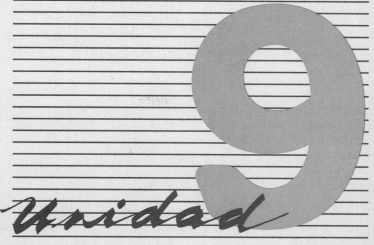

Buscando trabajo

9.1 ¿Tienes las habilidades necesarias?

9.2 Aspiraciones profesionales

9.3 Un trabajo de verano

9.4 ¿Cuál es su trabajo?

VARIEDADES ¿Qué profesión te conviene?

OBJECTIVES

Communication

By the end of this unit, students will be able to use Spanish:
- To describe where they went last weekend
- To talk about what profession they would choose and why
- To describe their own talents
- To apply for a job and participate in a job interview

Language

This unit completes the presentation of the preterite by introducing the remaining common irregular preterite forms. (The imperfect will not be presented until Level 2 so as to minimize possible confusion of the two tenses.) This unit also presents:
- The distinction between **saber** and **conocer**
- The distinction between **por** and **para**
- The neuter pronouns **lo** and **lo que**
- The verb + infinitive and preposition + infinitive constructions

Culture

This unit focuses on careers, professions and the usefulness of knowing Spanish.

 Unit Nine   Module 19

339

Lección 1 ¿Tienes las habilidades necesarias?

Act. 1

37

¿Cuáles te gustan más ... los trabajos manuales (como mecánico) o los trabajos intelectuales (como profesor)? Cada trabajo requiere aptitudes y habilidades especiales. ¿Tienes tú las habilidades necesarias para los siguientes trabajos?

habilidades: *abilities*

Para ser secretario(a) bilingüe . . .

- ¿Sabes hablar inglés?
- ¿Sabes hablar español?
- ¿Sabes hablar otros idiomas?
- ¿Sabes escribir a máquina?

Sabes: *Do you know how to*

idiomas: *languages*

escribir a máquina: *to type*

Para ser policía en una ciudad grande . . .

- ¿Sabes hablar español?
- ¿Sabes conducir un coche?
- ¿Conoces bien la ciudad?
- ¿Conoces los procedimientos de primeros auxilios en caso de accidente?

primeros auxilios: *first aid*

Unidad nueve

340

Para ser aeromozo(a) en una línea aérea internacional . . .

- ¿Sabes hablar español o francés?
- ¿Sabes ser diplomático(a) en toda ocasión?
- ¿Sabes cuidar a los niños?
- ¿Conoces bien las normas de cortesía?

cuidar: *take care of*

Para trabajar en una agencia de viajes . . .

- ¿Sabes hablar español?
- ¿Conoces el sistema métrico?
- ¿Conoces bien tu país?
- ¿Conoces otros países también?

INTERPRETACIÓN

Para cada trabajo . . .

- si contestaste afirmativamente tres o cuatro preguntas, eres muy buen(a) candidato(a).
- si contestaste afirmativamente una o dos preguntas, tienes habilidades para el trabajo, pero tienes muchas cosas que aprender.
- si contestaste negativamente todas las preguntas, no eres un(a) buen(a) candidato(a). No tienes las habilidades necesarias. Tienes que buscar otro trabajo.

Have the students vote on which of the suggested job qualifications is most important and least important.

CONVERSACIÓN

Vamos a ver a quién conoces y qué sabes.

1. **¿Conoces** a los padres de tu mejor amigo?
   Sí, **conozco** a . . . (No, no **conozco** a . . .)
2. **¿Conoces** al (a la) director(a) de la escuela?
3. **¿Conoces** bien a los otros alumnos de la clase?
4. **¿Conoces** a chicos hispánicos?
5. **¿Sabes** dónde vive tu mejor amigo?
   Sí, **sé** dónde . . . (No, no **sé** dónde . . .)
6. **¿Sabes** dónde trabaja su padre o su madre?
7. **¿Sabes** dónde está la oficina del (de la) director(a)?
8. **¿Sabes** cómo se llaman los otros alumnos de la clase?

OBSERVACIÓN
Est. A

Both verbs **conocer** and **saber** mean *to know.*
- Which one means to know *people?* conocer
- Which one means to know *certain information?* saber

Act. 2

NOTA CULTURAL

El español, ¡sí!

¿Sabes° que hay unos° diecinueve millones de personas de origen hispánico en los Estados Unidos? El español es la lengua de las comunidades hispánicas en ciudades grandes como Nueva York, Los Ángeles, Chicago, San Francisco, Miami y San Antonio.

En el mundo profesional de estas ciudades grandes, el empleo° del español se hace° más necesario. Hoy día es una gran ventaja° profesional saber hablar este idioma.° Abogados,° periodistas,° editores, administradores, profesionales de la radio y la televisión, trabajadores sociales y policías usan el español en sus trabajos.

Hay muchas oportunidades profesionales en los Estados Unidos. Un día, cuando busques° trabajo, vas a ver que un segundo idioma, como el español, abre° muchas puertas. Así que° dile° ¡Sí! al español.

Sabes *Do you know* **unos** *about* **empleo** *use* **se hace** *is becoming* **ventaja** *advantage* **idioma** *language* **Abogados** *lawyers* **periodistas** *journalists* **busques** *you look for* **abre** *opens* **Así que** *Therefore* **dile** *say*

¿Cuántas personas de origen hispánico viven en los Estados Unidos? ¿Para quiénes es importante saber español? ¿Quieres ser trabajador (a) social? ¿Quieres trabajar en la radio o en la televisión?

Estructuras

VOCABULARIO PRÁCTICO Trabajos

un oficio	job, trade	**una fábrica**	factory
una profesión	profession	**una oficina**	office

medicina

un(a) dentista	dentist
un(a) doctor(a)	doctor
un(a) enfermero(a)	nurse
un(a) veterinario(a)	veterinarian

servicios públicos y sociales

un(a) policía	police officer
un(a) trabajador(a) social	social worker

trabajos de oficina

un(a) dibujante	draftsman; designer
un(a) secretario(a)	secretary

turismo

un(a) aeromozo(a)	flight attendant
un(a) agente de viajes	travel agent
un(a) guía	guide

atender (e → ie)	to take care of, to wait on	Un aeromozo **atiende** a las personas en el avión.
dibujar	to draw	¿Te gusta **dibujar**?
escribir a máquina	to type	¿**Escribes** tus cartas **a máquina?**

NOTA: Remember that after **ser** the indefinite article (**un, una**) is not used with names of professions, unless the profession is modified by an adjective.

¿Es **veterinario** tu padre?   Sí, es **un veterinario muy bueno.**

¿Quieres ser **doctor?**   Sí, voy a ser **un doctor famoso.**

Have the students bring to class a picture of one of these occupations and explain in three sentences whether they like it or not and why. Example: **No quiero ser aeromoza. No me gusta viajar mucho. Prefiero...**

ACTIVIDAD 1   **Preguntas personales**

1. ¿Trabaja tu papá en una oficina? ¿en un hospital? ¿en una estación de servicio? ¿en una fábrica? ¿en casa?
2. ¿Trabaja mucho tu mamá? ¿Trabaja en casa? ¿Trabaja fuera (outside) de casa?
3. ¿Quieres ser aeromozo(a)? ¿profesor(a)? ¿doctor(a)? ¿policía? ¿trabajador(a) social? ¿enfermero(a)?
4. ¿Trabajaste en una oficina el verano pasado? ¿en una fábrica? ¿en una tienda? ¿en un restaurante?
5. ¿Dibujas bien? ¿Quieres ser dibujante?
6. ¿Escribes a máquina? ¿Escribes rápido?

ACTIVIDAD 2   **¿Cuál es su trabajo?**

Describe el trabajo de cada persona en la columna A, usando un elemento de las columnas B, C y D.

A	B	C	D
un(a) aeromozo(a)	atender	a la gente	en un avión
un(a) doctor(a)	enseñar	a los alumnos	en una escuela
un(a) secretario(a)	escribir	a los enfermos	en un hospital
un(a) profesor(a)	dibujar	a los pasajeros	en una oficina
un(a) enfermero(a)	ayudar	(passengers)	en la calle
un(a) policía		a los animales	
un(a) veterinario(a)		a los turistas	
un(a) arquitecto(a)		cartas a máquina	
		planos	

   Un profesor enseña a sus alumnos en una escuela.

A. Conocer y saber

In Spanish there are two verbs which mean *to know:* **conocer** (which you have already learned) and **saber.** Note the present tense forms and uses of these verbs in the following sentences.

Act. 6

INFINITIVE:	**conocer**	**saber**
PRESENT:		
(yo)	**Conozco** a Paco.	**Sé** que es de México.
(tú)	**Conoces** a Inés.	**Sabes** dónde vive.
(él, ella, Ud.)	**Conoce** al Dr. Suárez.	**Sabe** que es un buen dentista.
(nosotros)	**Conocemos** a esta chica.	**Sabemos** cómo se llama.
(vosotros)	**Conocéis** a María.	**Sabéis** de dónde es.
(ellos, ellas, Uds.)	**Conocen** a Pedro.	**Saben** que es un buen chico.
PRESENT PARTICIPLE:	**conociendo**	**sabiendo**

☞ **Conocer** and **saber** have irregular **yo** forms. All other present tense forms have regular **– er** endings.

☞ Although **conocer** and **saber** both correspond to the English verb *to know,* their meanings and uses are quite different. **Conocer** and **saber** may not be substituted for one another.

The following chart summarizes the uses of these two verbs.

conocer	+	people places things	**Conozco** a Felipe. ¿**Conoces** Los Ángeles? ¿**Conoce** Ud. esta novela?
saber	+	**que** **si** interrogative expressions	**Sé que** el padre de Paco es profesor. ¿**Sabes si** su mamá trabaja? ¿**Sabes dónde** está Luisa? No **sé cómo** se llama su hermana. No **sabemos a qué hora** empieza la película.
saber	+	fact	¿**Sabe** Ud. la **hora**?
saber	+	infinitive	¿**Sabes escribir** a máquina?

When used after **saber**, interrogative expressions keep their accent marks, as indirect questions.

☞ **Conocer** means *to know* in the sense of *to be acquainted* or *familiar with.* It is almost always used with nouns (or pronouns) designating *people* and *places.*

It may sometimes be used with nouns designating *objects* or *facts.*

☞ **Saber** means *to know* in the sense of *to have information, to know a fact.* It is followed by nouns designating facts and by *clauses.*

Saber may also be followed by an infinitive. It then means *to know how (to do something).*

¿**Sabes** nadar? { *Do you know how to swim?*
 Can you swim?

ACTIVIDAD 3   Diálogo: ¿Tienen talento tus compañeros?

Pregúntales a tus compañeros si saben hacer estas cosas.

SCRIPT
Act. 8

🐾   nadar   Estudiante 1: ¿Sabes nadar?
                 Estudiante 2: Sí, sé nadar.
                     (No, no sé nadar.)

VARIATION: Use plural forms.
—¿Saben Uds. nadar?
—Sí, sabemos nadar.

1. bailar
2. esquiar
3. jugar al tenis
4. reparar un reloj
5. reparar un coche

6. sacar fotos
7. hablar español
8. hablar otros idiomas *(languages)*
9. escribir a máquina
10. dibujar

ACTIVIDAD 4   Raúl

Raúl es un estudiante de intercambio *(exchange)* que acaba de llegar de
México. Algunas personas lo conocen y saben que es de México. Otras no.
Di quién lo conoce y quién no, según el modelo.

🐾   Linda: no   Linda no conoce a Raúl.
                      No sabe que es de México.

ADDITIONAL COMPLETIONS: Clara /
de Colombia; Carmen / del Paraguay;
Esteban / de Guatemala

1. Luis: sí
2. yo: sí
3. nosotros: sí
4. tú: no
5. mis amigos: no
6. el profesor de francés: sí
7. mis padres: no
8. la profesora de inglés: no

ACTIVIDAD 5   Diálogo: ¿Los conocen?

Pregúntales a tus compañeros si conocen a las siguientes personas o los
siguientes lugares *(places)*.

🐾   el (la) director(a) de la escuela

Estudiante 1: ¿Conoces al (a la) director(a) de la
              escuela?
Estudiante 2: Sí, lo (la) conozco.
              (No, no lo (la) conozco.)

1. el doctor de tu mejor amigo
2. el dentista de tus padres
3. el jefe *(boss)* de tu padre
4. tus vecinos *(neighbors)*
5. la familia de tu profesor(a)
6. la ciudad de Nueva York
7. la ciudad de Los Ángeles
8. la ciudad de San Antonio

VARIATION: Use plural forms.
—¿Conocen Uds. ...?
—Sí, lo (la) conocemos.

ACTIVIDAD 6 Ana María

Ana María es una alumna nueva en tu clase. Tu compañera Julia la conoce mejor que tú. Hazle a Julia estas preguntas sobre Ana María usando **conocer** o **saber** correctamente.

VARIATION: Does she know the twins José and Josefina?

> ¿Ana María?   ¿Conoces a Ana María?

1. ¿dónde vive?
2. ¿su casa?
3. ¿de dónde es?
4. ¿si tiene hermanos?
5. ¿su familia?
6. ¿sus abuelos?
7. ¿cómo se llama su mamá?
8. ¿qué le gusta hacer los fines de semana?
9. ¿su mejor amiga?
10. ¿bien a su padre?
11. ¿qué hace ella?
12. ¿dónde trabaja?

B. El pronombre *lo*   OPTIONAL

In the following answers, note the pronoun used to replace the underlined words.

¿Sabes <u>dónde trabaja Carlos?</u>   No, no **lo** sé.   *I don't know **that**.*

<u>Luisa es la mejor alumna de la clase,</u> ¿verdad?   No **lo** creo.   *I don't believe **it**.*

> The neuter pronoun **lo** is used to replace a clause or part of a sentence (rather than just a noun). It is often used with verbs such as **saber, esperar, creer, decir.**

ACTIVIDAD 7   Preguntas personales   OPTIONAL

1. ¿Sabes si vas a sacar una «A» en español?
2. ¿Sabes si vas a visitar México este verano?

WB
B1, B2

3. ¿Sabes dónde está tu primo ahora?

4. ¿Sabes dónde trabaja tu tío?
5. ¿Sabes qué profesión vas a tener en el futuro?
6. ¿Sabes si vas a ser profesor(a)?

Act. 10

Pronunciación   Las terminaciones –ción, –sión

Model words: conversa<u>ción</u> profe<u>sión</u>
Practice words: esta<u>ción</u> televi<u>sión</u> observa<u>ción</u> posi<u>ción</u>
Practice sentences: Mi papá trabaja en una esta<u>ción</u> de televi<u>sión</u>.
                 ¿Cuál es la conclu<u>sión</u> de esta observa<u>ción</u>?
                 Tomó la deci<u>sión</u> de cambiar de profe<u>sión</u>.

When saying **-ción** and **-sión,** be sure you use an / s / sound for **c** and **s** and not the / sh / sound of the English "conversation" or "profession."

OPTIONAL

Para la comunicación

Expresión para la composición
sin duda   *doubtless*

Mini-composición   **Entrevistas** *(Interviews)*

Imagina que trabajas para una agencia de empleos *(employment agency)*. Tu trabajo consiste en preparar las entrevistas para uno de los siguientes trabajos:

- secretario(a) bilingüe
- vendedor(a) viajero(a) *(traveling salesperson)*
- enfermero(a)
- policía

Las preguntas para las entrevistas son similares a las preguntas de la sección «Información Profesional» del formulario *(form)* a la derecha *(right)*. Prepara cinco preguntas, usando la expresión para la composición.

 Ud. desea trabajar como secretaria bilingüe.
    ¿Sabe Ud. hablar inglés?
    ¿Sin duda sabe escribir a máquina? . . .

348   WB
¿Qué...?   SCRIPT
Act. 11   MASTERS
p. 46   TRB   QUIZ
pp. 109–110

LÍNEAS AÉREAS PANAMERICANAS «LAPA»

Solicitud de trabajo

Nombre y apellidos_____

Nacionalidad_____

Lugar de nacimiento_____Fecha de nacimiento _____

Dirección _____Teléfono _____

EDUCACIÓN	sí	no
Escuela primaria completa	____	____
Escuela secundaria completa	____	____
Estudios universitarios	____	____

INFORMACIÓN PROFESIONAL

	sí	no
¿Sabe hablar inglés?	____	____
¿Sabe hablar francés?	____	____
¿Sabe hablar alemán?	____	____
¿Sabe atender al público?	____	____
¿Conoce otros países?	____	____

¿Qué países?_____

	sí	no
¿Sabe escribir a máquina?	____	____
¿Sabe conducir un coche?	____	____

Trabajo que solicita_____

EXPERIENCIA PROFESIONAL ANTERIOR

Nombre de la empresa	Puesto	Fechas

REFERENCIAS (Nombre y dirección)

Personales_____
_____

Profesionales_____
_____

Firma del solicitante_____Fecha _____

STRUCTURES TO OBSERVE: verb (+ preposition) +
infinitive; preposition (**para, en vez de**) + infinitive;
para + noun.

Lección 2   Aspiraciones profesionales

Act. 1

38

Cuatro jóvenes hispánicos, dos muchachos y dos muchachas, hablan
de sus aspiraciones. Escúchalos y escucha los consejos que reciben.

Pablo Hurtado, diez y seis años, de Ponce, Puerto Rico

Quiero ser taxista. Por el momento no tengo coche. Por eso, tengo
que aprender a conducir con el coche de mi hermano mayor. Me gusta
conducir a gran velocidad.

taxista: *cab driver*

a gran velocidad: *very
fast*

Un taxista tiene que ser cortés y prudente.
En vez de conducir rápidamente, necesitas
aprender a conducir prudentemente. Es
necesario para ser buen taxista.

cortés: *courteous*
En vez de: *Instead of*

María Ortega, diez y seis años, de Burgos, España

Me gusta viajar. Tengo ganas de ser aeromoza de Iberia.
Desafortunadamente, no tengo mucha facilidad para los idiomas
extranjeros.

Iberia is the name of the Spanish
national airlines.

idiomas extranjeros:
foreign languages

Para ser aeromoza en una línea aérea
internacional es indispensable hablar bien uno o
dos idiomas extranjeros. ¿Por qué no tratas de
pasar las próximas vacaciones en Francia o en
Inglaterra para mejorar tu pronunciación?

tratas de: *try to*

mejorar: *improve*

¿Qué quiere ser Pablo? ¿Tiene coche Pablo? ¿Qué coche usa? ¿Cuáles son las
cualidades de un buen taxista? ¿Qué quiere ser María? ¿Cuál es el problema?

Esteban Menéndez, quince años, de Valparaíso, Chile

La mecánica me gusta mucho. Pero no quiero ser mecánico como mi padre. Creo que tengo talento artístico. Me gusta dibujar. Mi padre dice que es mejor ser mecánico. Dice que es muy difícil tener éxito como artista. ¡No sé qué decidir!

éxito: *success*

Una persona con tu talento puede tener éxito en muchas profesiones. Puedes ser decorador o dibujante y trabajar para una agencia de publicidad o para una revista de modas.

modas: *fashion*

Silvia Miranda, diez y seis años, de Córdoba, Argentina

Quiero ser periodista. Los periodistas viajan y conocen a muchas personas diferentes e interesantes, cosas que me gustan mucho . . . Pero desafortunadamente, no puedo expresar mis ideas claramente. Mis profesores dicen que tengo un estilo muy malo.

estilo: *style*

Para ser periodista, una persona tiene que escribir bien y con facilidad. Si tú no puedes escribir bien, tienes que pensar en otra profesión. Tú puedes ser fotógrafa, vendedora viajera, aeromoza . . . Ellas también viajan y conocen a muchas personas diferentes.

vendedora viajera:
*traveling
salesperson*

¿Qué hace el papá de Esteban? ¿Quiere ser mecánico Esteban? ¿Qué quiere hacer él? ¿Qué quiere ser Silvia? ¿Por qué? ¿Cuál es el problema? ¿Cuáles son los requisitos para ser periodista?

Vamos a hablar de tus aspiraciones profesionales.

1. ¿Quieres **ser** mecánico?
   Sí, quiero . . . (No, no quiero . . .)
2. ¿Quieres **ser** doctor(a)?
3. ¿Quieres **trabajar** en una estación de televisión?

Ahora vamos a hablar de las cosas que aprendes a hacer.

4. ¿Aprendes **a conducir?**
   Sí, aprendo **a** . . . (No, no aprendo **a** . . .)
5. ¿Aprendes **a tocar** el piano?
6. ¿Aprendes **a jugar** al tenis?

Finalmente, vamos a hablar de las cosas que tratas de *(you try to)* hacer en la escuela.

7. ¿Tratas **de hablar** español siempre?
   Sí, trato **de** . . . (No, no siempre trato **de** . . .)
8. ¿Tratas **de ser** un(a) alumno(a) modelo(a)?
9. ¿Tratas **de sacar** buenas notas?

OBSERVACIÓN   Est. A

In the above questions, the verbs which come after **quieres, aprendes** and **tratas** are in the infinitive form.

- Is **quieres** immediately followed by the infinitive?   yes
- Is **aprendes** immediately followed by the infinitive? Which word comes between **aprendes** and the infinitive?   no / a

- Is **tratas** immediately followed by the infinitive? Which word comes between **tratas** and the infinitive?   no / de

NOTA CULTURAL   OPTIONAL
Act. 2

La mujer profesional

Silvia Miranda quiere ser periodista. Hace° unos años, esto no hubiera sido° posible para ella. ¿Por qué? Porque tradicionalmente, en los países hispánicos, la mujer no trabajaba. Su único° trabajo era cuidar° a los hijos y al esposo.

En esta última década, la vida de la mujer hispánica ha cambiado° mucho. Ahora es posible para ella entrar en las profesiones que se consideraban° «masculinas».

Así que° Silvia no sólo puede ser periodista, sino° doctora, abogada,° científica,° ingeniera,° programadora de computadoras, política, o quizás,° hasta° ¡presidenta de la república!

Hace . . . . . . *ago*   **no hubiera sido** *would not have been*   **único** *only*   **cuidar** *take care of*   **ha cambiado** *has changed*   **se consideraban** *were considered*   **Así que** *that is why*   **sino** *but*   **abogada** *lawyer*   **científica** *scientist*   **ingeniera** *engineer*   **quizás** *perhaps*   **hasta** *even*

Estructuras

A. Construcción: verbo + infinitivo

When a Spanish verb is followed by another verb, the second verb is usually an infinitive.

The most common pattern is: verb + infinitive.

Act. 3

deber	Debo **trabajar.**	*I should **work.***
desear	Deseo **trabajar.**	*I wish **to work.***
esperar	Espero **trabajar.**	*I hope **to work.***
necesitar	Necesito **trabajar.**	*I need **to work.***
pensar	Pienso **trabajar.**	*I plan **to work.***
poder	Puedo **trabajar.**	*I can **work.***
preferir	Prefiero **trabajar.**	*I prefer **to work.***
querer	Quiero **trabajar.**	*I want **to work.***
saber	Sé **trabajar.**	*I know how **to work.***

ACTIVITY: Have the students respond with the **nosotros** forms.
—Debo trabajar. ¿Y Uds.?
—Nosotros también debemos trabajar.

Some verbs follow the pattern: verb + preposition + infinitive.

aprender a	Aprendo **a trabajar.**	*I am learning **to work.***
empezar a	Empiezo **a trabajar.**	*I begin **to work.***
ir a	Voy **a trabajar.**	*I am going **to work.***
salir a	Salgo **a trabajar.**	*I go out **to work.***
venir a	Vengo **a trabajar.**	*I come **to work.***
acabar de	Acabo **de trabajar.**	*I have just **worked.***
dejar de	Dejo **de trabajar.**	*I stop **working.***
olvidarse de	Me olvido **de trabajar.**	*I forget **to work.***
tratar de	Trato **de trabajar.**	*I try **to work.***

The verbs **tratar de** and **dejar de** are new. Note that without **de** these verbs have other meanings: **tratar** (to treat, to handle), **dejar** (to leave).

To remember the above patterns, try to learn the main verb with the preposition (if any) which follows it. (For instance, try to remember **aprender a,** rather than simply **aprender.**)

In the English equivalent of the Spanish construction verb + infinitive, the second verb may have an *-ing* ending.

SCRIPT
Act. 4
MASTERS
p. 47

Prefiero **trabajar** contigo.
$\begin{cases} \text{\textit{I prefer \textbf{to work} with you.}} \\ \text{\textit{I prefer \textbf{working} with you.}} \end{cases}$

Si quiere vender le compramos...
Si quiere comprar le vendemos...
MERCOVIL
LA RUTA CONFIABLE EN VEHÍCULOS

ACTIVIDAD 1   Diálogo: ¿Qué aprenden tus compañeros?

Pregúntales a tus compañeros si aprenden a hacer estas cosas.

VARIATION: Do the students want to learn these things? **¿Quieres aprender a cantar?**

⇗ cantar   Estudiante 1: ¿Aprendes a cantar?
            Estudiante 2: Sí, aprendo a cantar. (No, no aprendo a cantar.)

1. esquiar
2. bailar
3. jugar al tenis
4. sacar fotos
5. conducir un coche

6. cocinar *(to cook)*
7. escribir a máquina
8. dibujar
9. reparar coches
10. ser piloto de avión

ACTIVIDAD 2   ¿Tienes buena memoria?

No tenemos una memoria perfecta. A veces nos olvidamos de hacer cosas importantes. Di si te olvidas de hacer las siguientes cosas. Puedes usar expresiones como **nunca, a veces, a menudo, siempre.**

VARIATION: The students repeat their classmates' replies. **Siempre [Bob] se olvida de hacer las tareas.**

⇗ hacer las tareas   Siempre (a veces, a menudo, nunca) me olvido de
                        hacer las tareas.

1. pedirles dinero a mis padres
2. decir la verdad *(truth)*
3. hacer la cama *(make my bed)*
4. ayudar a mi mamá
5. prepararme para los exámenes

6. ser cortés *(polite)*
7. lavarme las manos antes de comer
8. ir a la escuela
9. pagar en la cafetería
10. ser paciente

ACTIVIDAD 3   Aspiraciones personales

Todos tenemos aspiraciones para el futuro. Describe tu actitud hacia *(toward)* las siguientes cosas. Puedes empezar tus oraciones con **(no) espero, (no) quiero, (no) voy a, (no) deseo, (no) pienso.**

1. tener un trabajo interesante
2. tener mucho dinero en el banco
3. ganar mucho dinero
4. ser famoso(a)
5. ser presidente
6. trabajar en un país hispánico

7. hacer un viaje alrededor del mundo *(around the world)*
8. hacer un viaje a la luna *(moon)*
9. tener muchos hijos
10. tener una casa muy grande
11. vivir en otro planeta
12. vivir mil años

ACTIVIDAD 4   La popularidad

Todo el mundo no quiere ser popular. Expresa la actitud de las siguientes personas completando las oraciones con: **(a, de) ser popular.**

ALTERNATE: Do they want to drive? **Paco no quiere conducir un coche.**

⇗ Paco no quiere . . .   Paco no quiere ser popular.

1. Luisa espera . . .
2. Elena va . . .
3. Esteban no trata . . .
4. Raquel necesita . . .

5. Pedro siempre sabe . . .
6. Rafael desea . . .
7. Paco no aprende . . .
8. Guillermo no puede . . .

VOCABULARIO PRÁCTICO   Otros trabajos

comercio

un(a) empleado(a)	employee, clerk
un(a) gerente	manager
un(a) vendedor(a) [viajero(a)]	[traveling] salesperson

radio y televisión

un(a) fotógrafo(a)	photographer
un(a) locutor(a)	radio or TV announcer
un(a) periodista	journalist

justicia

| un(a) abogado(a) | lawyer |

ciencias y técnicas

un(a) ingeniero(a)	engineer
un(a) programador(a)	programmer
un(a) científico(a)	scientist

- Another term for *traveling salesperson* is **un(a) viajante comercial.**
- WORD ASSOCIATIONS: **vendedor** (*vendor*), **locutor** (*loquacious*), **abogado** (*advocate*).
- EXTRA VOCAB.: **un(a) especialista (de electrónica), un(a) químico(a), un(a) físico(a), un(a) técnico(a).**

ACTIVIDAD 5   Consejos profesionales

Imagina que eres un(a) consejero(a) vocacional. Tus clientes te dicen qué
les gusta hacer y tú les dices qué tipo de trabajos pueden considerar,
usando las palabras del vocabulario de las páginas 343 y 355.

> trabajar en una oficina   Cliente: Me gusta trabajar en una oficina.
> Tú: Ud. puede ser secretario(a) o gerente.

1. atender al público
2. escribir
3. sacar fotos
4. hablar en público
5. viajar
6. vender
7. trabajar en una estación de televisión
8. trabajar en un hospital
9. atender a los animales
10. escribir a máquina
11. dibujar
12. hacer experimentos científicos
13. trabajar con números
14. administrar

WB
A1

B. Construcción: preposición + infinitivo

Note the use of the infinitive in the following sentences.

Estudio español **para visitar** México.	*I study Spanish **in order to visit** Mexico.*
Quiero ir a la universidad **para aprender** una profesión.	*I want to go to the university (**in order**) **to learn** a profession.*
Antes de ir a la universidad, quiero viajar.	***Before going** to the university, I want to travel.*
No quiero trabajar inmediatamente **después de graduarme.**	*I don't want to work immediately **after graduating.***
En vez de estudiar francés, estudio español.	***Instead of studying** French, I am studying Spanish.*
Sin estudiar, no puedo aprender.	***Without studying,** I can't learn.*

> After all prepositions, Spanish speakers use the infinitive form of the
> verb. After prepositions, English speakers often use a verb ending in *-ing*.

VOCABULARIO PRÁCTICO Preposiciones

antes de	before	Me lavo las manos **antes de** comer.
después de	after	Miro la televisión **después de** estudiar.
en vez de	instead of	Escucho discos **en vez de** hacer mis tareas.
para	in order to, for	Estudio **para** recibir buenas notas.
sin	without	Pablo saca buenas notas **sin** estudiar.

REFRÁN

Sin comer, no hay placer.

Without eating, there is no pleasure.

ACTIVIDAD 6 Primero una, entonces otra

Antes de hacer algunas cosas, tenemos que hacer otras. En los siguientes casos, escoge la acción que lógicamente hay que hacer primero y expresa el orden de las acciones según el modelo (Nota: **hay que** = *one has to*).

Make sure that the students use the two cues in a logical sequence.

🔊 ir a la escuela secundaria / ir a la universidad
    Antes de ir a la universidad hay que ir a la escuela secundaria.

1. hablar / pensar
2. lavarse las manos / comer
3. sacar fotos / saber usar la cámara
4. estudiar / tomar un examen
5. ir a México / obtener una tarjeta de turista
6. ser médico / obtener un diploma
7. conducir / aprender a conducir
8. tener dinero / pagar algo

ACTIVIDAD 7 Ellos no están contentos

Las siguientes personas no están contentas porque quieren hacer otras cosas. Di qué quieren hacer en vez de lo que están haciendo.

🔊 Manuel va al cine. (al teatro)   Manuel quiere ir al teatro en vez de ir al cine.

1. Yo voy a la playa. (a la piscina)
2. Carolina aprende francés. (español)
3. Mi mejor amigo trabaja en un restaurante. (en una oficina)
4. Tú aprendes a tocar el piano. (la guitarra)
5. Arturo sale con María. (con Elena)
6. Mi hermana vive en una casa grande. (en un apartamento)

ACTIVIDAD 8   Ayer

Piensa en cinco cosas que hiciste *(you did)* ayer y ponlas *(put them)*
en orden cronológico según este modelo. Usa otros verbos (como **comer,
escuchar discos, mirar la televisión** . . .) ¡y tu imaginación!

This activity may be used as a
chain exercise in which each
student builds on the previous
cue.

📎   Después de levantarme, me lavé.
　　Después de lavarme, me vestí.
　　Después de vestirme, tomé café.
　　Después de tomar café, salí de casa.
　　Después de salir de casa, tomé el autobús de la escuela.

ACTIVIDAD 9   ¿Por qué?

Imagina que quieres estas cosas. Di por qué las quieres, completando cada
oración y usando **para** + infinitivo.

WB
B1, B2,
B3

SCRIPT

Act. 8

📎   Quiero tener un coche . . .　　Quiero tener un coche para ser más independiente.

1. Quiero tener una moto . . .
2. Quiero ser rico(a) . . .
3. Quiero ir a la universidad . . .
4. Quiero ir a México . . .
5. Quiero hablar español bien . .

ADDITIONAL CUES: **Quiero ganar mucho
dinero/estudiar matemáticas/ir al Perú/trabajar
en San Francisco/ser actor (actriz).**

C. La preposición *para*

Note the use of **para** in the following sentences.

　　¿Estudias **para** recibir buenas notas?　　*Do you study (**in order**) to get good grades?*
　　¿Es el telegrama **para** ti o **para** mí?　　*Is the telegram **for** you or **for** me?*

📎   **Para** is often used to express an objective or goal.
　　Note that this objective may be . . .

　　• *an action*　　Carmen estudia **para** ser ingeniera.
　　• *a person*　　Carlos trabaja **para** el Sr. Vargas.
　　• *a place*　　¿Dónde está el autobús **para** Madrid?
　　• *a point in time*　　Tienes que aprender la lección **para** mañana.

TV　PARA
TODA
LA SEMANA

ACTIVIDAD 10 Requisitos profesionales

¿Qué requisitos *(requirements)* son necesarios para los siguientes trabajos? Expresa tu opinión en tres oraciones. Usa los requisitos de la columna B y la expresión **Es necesario** o **No es necesario.**

A	B
trabajador(a) social	ir a la universidad
abogado(a)	tener ganas de viajar
electricista	tener aptitudes manuales
científico(a)	tener aptitudes intelectuales
programador(a)	ser bueno(a) en matemáticas
profesor(a)	ser paciente
empleado(a) de banco	ser amable *(friendly)*
locutor(a)	hablar bien
periodista	escribir a máquina
gerente	escribir bien
vendedor(a)	

 Para ser ingeniero(a) es necesario ir a la universidad.
Para ser ingeniero(a) es necesario ser bueno(a) en matemáticas.
Para ser ingeniero(a) no es necesario tener ganas de viajar.

ARQUITECTO O INGENIERO CIVIL

residente, para obra foránea. Interesados hacer cita: 554-01-86 9-14 horas

Act. 9

Pronunciación

El sonido de la consonante *r* en posición final y después de otra consonante

Model word: trabaja̱r
Practice words: fáḇrica sec̱retaria escribi̱r p̱rog̱ramado̱r
doctȯr sabe̱r atende̱r dibuja̱r vendedo̱r
Practice sentences: Vícto̱r va a sali̱r con Leono̱r.
La sec̱retaria ṯrabaja en una fáḇrica de p̱roductos químicos.
Salvado̱r no quiere se̱r vendedo̱r.
El doctȯr tiene que examina̱r al seño̱r Forne̱r.

If you have trouble pronouncing the Spanish "flap" **r** after another consonant, try slipping an extra vowel between the consonant and the **r**: ta-ra-ba-jo. Once you are producing a "flap" **r**, try to drop the extra vowel. At the end of a word or a group of words, the "flap" **r** is pronounced more softly.

Para la comunicación

Una carta de una chica española

Querido amigo norteamericano:

Me llamo Conchita Palomo. Vivo en Madrid y soy alumna del Colegio Monfort. Mis profesores piensan que tengo talento para expresarme y por eso quiero ser periodista.

Si quiero ser periodista no es para hablar de modas ni para describir crímenes sensacionales ni para entrevistar a artistas famosos. Quiero comprender el mundo de hoy y describirlo para la gente tal como es. Hoy, la característica más importante de este mundo es su diversidad. Por eso antes de empezar a escribir artículos para un periódico, quiero viajar por todo el mundo para conocer a la gente de otros países.

Como muchos jóvenes españoles, tengo muchas ganas de conocer los Estados Unidos. Deseo saber dónde vives, dónde estudias y qué esperas del futuro. Y si vienes a España, claro que te quiero conocer.

Cordialmente, Conchita

• For more on pen pals, see p. 389.
• **Querido** vs. **estimado:**
  Querido is used only among close friends.
  Estimado is more formal and is used in all other circumstances.
  For a use of **estimado,** see "**Estimados señores,**" p. 363.

Mini-composición   Una carta a una chica española

Contéstale a Conchita. Antes de escribir tu carta, lee su carta
otra vez *(again)*. Puedes decirle . . .

- cómo te llamas
- dónde eres alumno(a)
- qué tipo de trabajo quieres hacer
- por qué quieres hacer este trabajo.

Usa las expresiones para la correspondencia.

Querida Conchita:
Me llamo Carol . . .

VB
Entrevista

SCRIPT
Act. 10

MASTERS
p. 47

TRB

QUIZ
p. 111

Lección dos
361

Lección 3   Un trabajo de verano en España

Act. 1

El siguiente anuncio apareció ayer en el *ABC,* un periódico español.

anuncio:
advertisement,
apareció: *appeared*

¡ATENCIÓN ESTUDIANTES!

**¿QUIEREN UDS. GANAR DINERO
DURANTE EL VERANO PRÓXIMO?**

LA AGENCIA MADRILEÑA DE TURISMO
necesita
quince estudiantes
para trabajar como guías de turismo
en julio y agosto

—trabajo interesante
—buen salario

Requisitos
• hablar inglés y francés perfectamente
• ser amable y atento
• tener buena presentación

Los estudiantes interesados pueden
escribir carta manuscrita
al APARTADO 40.169 MADRID
dando datos personales y número de teléfono

Point out that the adjective **madrileño**
means *from Madrid.*

manuscrita:
handwritten

¿Qué necesita la Agencia Madrileña de Turismo? ¿Cómo es el trabajo?
¿Cuáles son los requisitos? ¿Tiene Patty estos requistos?

La respuesta de Patty

Patty Scott, estudiante norteamericana, se interesó en la oferta. Después de leer el anuncio, escribió la siguiente carta:

> Estimados señores:
>
> Leí su anuncio en el ABC y estoy muy interesada en su oferta de trabajo.
>
> Soy estudiante norteamericana. Ahora tomo cursos avanzados de español en la Escuela Central de Idiomas de Madrid. El año pasado pasé seis meses en Francia. Fui también a Alemania y aprendí un poco de alemán.
>
> Antes de venir a Europa fui traductora en el departamento internacional de una agencia de publicidad en Nueva York. Traduje anuncios del inglés al español.
>
> Tengo buena presentación y sé atender al público. Por eso creo que tengo las aptitudes necesarias para ser guía de turismo.
>
> Mi número de teléfono es 674. 27. 15. Espero su llamada.
>
> atentamente,
> Patty Scott

avanzados: *advanced*

Idiomas: *Languages*

Fui: *I went*

Traduje: *I translated*

llamada: *call*

CONVERSACIÓN OPTIONAL

Ahora debes saber mucho de Patty Scott. ¿Puedes contestar estas preguntas?
Vamos a ver . . .

1. **¿Fue** secretaria Patty Scott?
   Sí, **fue** . . . (No, no **fue** . . .)
2. **¿Fue** estudiante de alemán?
3. **¿Fue** traductora antes de venir
   a España?
4. **¿Fue** agente de viajes?

5. **¿Fue** a Alemania?
   Sí, **fue** . . . (No, no **fue** . . .)
6. **¿Fue** a Francia?
7. **¿Fue** a los Estados Unidos el año pasado
   (last year)?
8. **¿Fue** a Inglaterra para aprender inglés?

OBSERVACIÓN   Est. A

In the above questions you were asked about what Patty Scott *was* and where
she *went*.

- Is the same verb form used in all the
  questions?   yes
- What does the verb in questions 1-4 mean?   was she
- What does the verb in questions 5-8 mean?   did she go

Act. 2

NOTA CULTURAL   OPTIONAL

El turismo en España

Cada año, millones de turistas franceses, ingleses, alemanes y norteamericanos visitan España. ¿Qué es lo que° los atrae° allí? ¡La famosa hospitalidad española! Pero, los atrae también el sol, el clima y las playas.

¿A ti te gusta lo histórico? Si quieres ver las ruinas romanas, debes visitar el acueducto romano de Segovia. Si quieres contemplar los palacios árabes, debes visitar la Alhambra de Granada. Si quieres admirar un palacio español, debes visitar el Escorial.

¿O prefieres lo moderno? Si deseas ver una iglesia extraordinaria, tienes que visitar la Sagrada° Familia en Barcelona. Si deseas ver un monumento estupendo, tienes que visitar el Valle de los Caídos.°

¡Hay mucho que hacer y ver en España!

lo que *that which* **atrae** *attracts* **Sagrada** *Holy* **Caídos** *Fallen*

¿Es España un país turístico? ¿De dónde son los turistas que visitan España? ¿Qué monumentos históricos pueden admirar los turistas? ¿Qué monumentos modernos pueden visitar?

El Escorial

Patio de los leones,
La Alhambra

El acueducto romano,
Segovia

La catedral de la Sagrada
Familia *(facing page)*

Estructuras

Act. 3

A. Pretéritos irregulares: *ir* y *ser*

The verbs **ir** (*to go*) and **ser** (*to be*) have the same preterite forms:

	ser	ir
(yo)	**Fui** estudiante en España.	**Fui** a Madrid.
(tú)	**Fuiste** estudiante en el Uruguay.	**Fuiste** a Montevideo.
(él) (ella) (Ud.)	**Fue** estudiante en el Paraguay.	**Fue** a Asunción.
(nosotros)	**Fuimos** estudiantes en Chile.	**Fuimos** a Santiago.
(vosotros)	**Fuisteis** estudiantes en el Ecuador.	**Fuisteis** a Quito.
(ellos) (ellas) (Uds.)	**Fueron** estudiantes en Colombia.	**Fueron** a Bogotá.

The preterite of **ser** is used in these sentences because the people were students for a certain length of time that has now ended.

➥ The context makes it clear whether these verbs are preterite forms of **ir** or **ser**.

Mi abuelo **fue** dentista.	*My grandfather **was** a dentist (but isn't now).*
David **fue** al dentista ayer.	*David **went** to the dentist yesterday.*

➥ Note that the **yo** and **él** forms in the preterite of **ser** and **ir** have no accent marks. This is also true of other verbs with irregular preterites.

REFRÁN

El año pasado siempre fue mejor.

The year before was always better.

SCRIPT
Act. 4, 5

MASTERS
p. 48

ACTIVIDAD 1 Vacaciones en el mundo hispánico

Las siguientes personas pasaron sus vacaciones en ciudades hispánicas para mejorar (*improve*) su español. Di adónde fueron.

➥ Linda: Lima   Linda fue a Lima.

1. yo: Buenos Aires
2. nosotros: Barcelona
3. tú: Bogotá
4. el amigo de Clara: México
5. mi hermano: Madrid
6. mis primos: Sevilla
7. Uds.: Santiago
8. nuestras amigas: Guatemala

VOCABULARIO PRÁCTICO ¿Cuántas veces?

la vez (veces)	time	Va a hacerlo, la próxima **vez.**
una vez	once, one time	Fui a Puerto Rico **una vez.**
esta vez	this time	**Esta vez,** fui a Ponce.
otra vez	again	Voy a visitar Ponce **otra vez** en julio.
dos veces	twice	Fui a México **dos veces.**
a veces	sometimes	Voy al cine **a veces** solo y **a veces** con mis amigos.
¿cuántas veces?	how many times?	**¿Cuántas veces** leíste la carta?
muchas veces	many times, often	Fui a Nueva York **muchas veces.**
de vez en cuando	from time to time	**De vez en cuando,** estoy muy impaciente.

ACTIVIDAD 2   Diálogo: Diversiones

Una agencia de publicidad te ha pedido (*has asked you*) hacer una
encuesta (*survey*) de tus compañeros. Pregúntales si fueron a los siguientes
lugares el mes pasado y cuántas veces. (Luego la clase puede presentar los
resultados en un cuadro (*table*) estadístico.)

a un restaurante   Estudiante 1: ¿Fuiste a un restaurante el mes pasado?
Estudiante 2: Sí, fui. (No, no fui.)
Estudiante 1: ¿Cuántas veces fuiste?
Estudiante 2: Fui una vez (dos veces . . .).

1. al cine
2. al teatro
3. a un concierto
4. al campo
5. a ver un partido de fútbol
6. a la playa
7. a un museo
8. a nadar
9. a un club deportivo
10. a una heladería (*ice cream parlor*)

B. Pretéritos irregulares: *conducir, decir* y *traer*

The verbs **conducir** (*to drive*), **decir** (*to say*), and **traer** (*to bring*) have irregular preterite forms.

INFINITIVE:	**conducir**	**decir**	**traer**
(yo)	condu**je**	di**je**	tra**je**
(tú)	condu**jiste**	di**jiste**	tra**jiste**
(él) (ella) (Ud.)	condu**jo**	di**jo**	tra**jo**
(nosotros)	condu**jimos**	di**jimos**	tra**jimos**
(vosotros)	condu**jisteis**	di**jisteis**	tra**jisteis**
(ellos) (ellas) (Uds.)	condu**jeron**	di**jeron**	tra**jeron**

⟳ In the preterite, the above verbs have a stem which ends in **j**, and the same endings.

⟳ Other verbs ending in **-ucir** take the same preterite forms as **conducir**.

Traduje un artículo del español al inglés.

ACTIVIDAD 3 El accidente

Carlos tomó el coche de su papá y salió con sus amigos. Desafortunadamente, tuvieron (*they had*) un accidente. Después, no todos los muchachos dijeron la verdad (*truth*). Di quién les dijo a sus padres la verdad y quién no.

⟳ Carlos: sí   Carlos dijo la verdad.

1. yo: sí
2. tú: no
3. Miguel: sí

4. Carmen y Luisa: sí
5. nosotros: sí
6. Ramón: no

VARIATION with **conducir:** Some of the people drove the car; others did not.

ACTIVIDAD 4 La fiesta del Día de los Enamorados (*The Valentine's Day Party*)

Ayer fue la fiesta del Día de los Enamorados. Di qué trajeron los muchachos a la fiesta.

⟳ Alejandro: un tocadiscos   Alejandro trajo un tocadiscos.

1. yo: unos discos de rock
2. Enrique: un pastel
3. tú: tu guitarra

4. Raquel y Emilia: unos sándwiches
5. Silvia: unos discos en español
6. nosotros: unas gaseosas

C. La preposición *por*

Note the use of **por** in the sentences below.

Voy a trabajar como guía **por** dos meses.	*I am going to work as a guide **for** two months.*
Me gusta viajar **por** avión.	*I like to travel **by** plane.*

The preposition **por** has many different uses. It can be used to express:
- duration

Voy a trabajar en España **por** tres meses.	*I am going to work in Spain **for** three months.*

- manner or means

Carlos le habla a Clara **por** teléfono.	*Carlos talks to Clara **by** telephone.*

- movement through or along a place

Entra **por** la puerta principal.	*Enter **through** the main door.*
Me gusta conducir **por** las calles sin tráfico.	*I like to drive **along** streets without traffic.*

- exchange

Te vendo mi tocadiscos **por** veinte dólares.	*I am selling you my record player **for** twenty dollars.*
¿Cuánto pagaste **por** este libro?	*How much did you pay **for** this book?*

Stress that although **por** and **para** often correspond to the English preposition "for," they have very distinct uses and usually cannot be substituted for each other.

ACTIVIDAD 5   El Rastro de Madrid *(Madrid flea market)*

El Rastro de Madrid es un lugar donde la gente puede comprar muchas cosas diferentes. Di cuánto dinero las siguientes personas pagaron por las cosas que compraron.

⟩⟩ Elena: 70 pesetas / el disco   Elena pagó setenta pesetas por el disco.

1. Alberto: 100 pesetas / el libro
2. Carmen: 80 pesetas / las fotos
3. Enrique: 50 pesetas / las tarjetas
4. Luis: 250 pesetas / el pájaro
5. Isabel: 800 pesetas / el mono
6. Inés: 1.500 pesetas / la cámara

ACTIVIDAD 6   Diálogo: De venta *(For sale)*

Pregúntales a tus compañeros cuánto dinero quieren por las siguientes cosas.

⟩⟩ tu libro de español   Estudiante 1: ¿Cuánto dinero quieres por tu libro de español?
                            Estudiante 2: ¿Por mi libro de español? Quiero ___ dólares.

1. tu bicicleta
2. tu tocadiscos
3. tu radio

4. tus discos
5. tus revistas
6. tu lápiz

ADDITIONAL CUES: **tu grabadora/ tus zapatos de tenis/tu cuaderno.**

ACTIVIDAD 7 Creación

Vamos a ver cuántas oraciones lógicas puedes crear en cinco minutos, usando los elementos de A, B, C y D. Usa el pretérito de los verbos en la columna B.

A	B	C	D
yo	entrar	a México	por la ventana
María	ir	en México	por 20 dólares
nosotros	vender	el tocadiscos	por avión
mis amigos	viajar	en la casa	por teléfono
	quedarse	a Clara	por dos semanas
	llamar	la carta	por dos horas
	mandar		

WB
C1, C2

 María llamó a Clara por teléfono.

Pronunciación El sonido /k/

Act. 9

Model word: ¿Cuánto?
Practice words: cuando químico contesto cambiar calor
Practice sentences: El periódico cuesta cinco sucres.

¿Cuánto cuesta el coche de Carmen?
No quiero comprar el periódico.
¿Quieres escuchar discos?
No conozco a Clara Camacho.

Like the Spanish consonant **p**, the Spanish sound / k / is pronounced without a puff of air, even at the beginning of a word. Compare the English words "Kate" and "skate": with "Kate" you produce a puff of air, and with "skate" you do not. Try to make the Spanish / k / sound similar to the **k** of "skate."

Para la comunicación

Expresiones para telefonear

¡Aló!	*Hello*
Es . . .	*This is . . .*
¿Puedo hablar con . . .	*May I talk to . . .*
Un momentito	*Just a minute*
Adiós	*Good-by*

Mini-composición   **Una conversación por teléfono**

> **ATENCIÓN ESTUDIANTES**
> Necesitamos jóvenes para atender al público en nuestra tienda de discos.
>
> REQUISITOS:
> — excelente presentación
> — ser amable y atento
> — poder hablar de música popular y clásica con los clientes.
>
> Las personas interesadas pueden llamar al 563-20-15 para hacer una cita. Deben preguntar por el Sr. Roberto Díaz.

Tú deseas el trabajo que ofrece el anuncio que acabas de leer. Llamas al Sr. Roberto Díaz para hacer una cita con él. Escribe la conversación por teléfono, usando el siguiente modelo como guía.

Sr. Díaz: ¿Aló?
    Tú: ¿Es el Sr. Díaz?
Sr. Díaz: Sí, ¿quién habla?
    Tú: Soy ___. Soy ___. Estudio ___. Deseo ___.
Sr. Díaz: ¿Ud. cree que está preparado(a) para este trabajo?
    Tú: Sí, porque yo ___.
Sr. Díaz: Bueno, muy bien. ¿Cuándo puede venir a verme?
    Tú: ___.

—**¿Puedo hablar con** el Sr. Díaz?
—**Un momentito,** por favor.

Lección 4   ¿Cuál es su trabajo?

STRUCTURES TO OBSERVE: irregular preterites: **hacer, tener, querer, poder, venir, poner.** (As the students come across the preterite forms of these verbs, have them try to guess the corresponding infinitive.)

Act. 1

Mira a las personas que aparecen en las fotos. Tienen trabajos muy diferentes. Cada persona dice lo que hizo ayer. ¿Puedes adivinar cuál es el trabajo de estas personas?

lo que: what, hizo: he or she did, adivinar: guess

Salvador Molina (veinte y ocho años, de Mérida, México)

—Yo trabajo por todas partes . . . Por supuesto, trabajo en un estudio . . . Pero trabajo también en la calle, a veces en el campo, a veces en la playa . . . Ayer, por ejemplo, fui a la playa con todo un equipo submarino y saqué fotos para el Instituto Oceanográfico.

por todas partes: everywhere

todo un equipo submarino: diving equipment

¿Es Salvador Molina . . .

    a) un vendedor viajero?
    b) un mecánico?
    c) un fotógrafo?
    d) un electricista?

Teresa Bosque (treinta y un años, de Caracas, Venezuela)

—Yo soy . . . Bueno . . . ¡Un momento! ¡Eso tienes que adivinarlo tú! Sólo voy a decirte lo que hice ayer. Hice una entrevista con Raquel Espinosa, la famosa actriz mexicana. Me habló de la película que hizo en los Estados Unidos con Roberto Chávez. Me habló del viaje que hizo recientemente a Italia. Por la tarde quise entrevistar a Ramón Iglesias, el campeón de fútbol. Lo llamé por teléfono, pero no pude hablar con él. Está de vacaciones en Rio de Janeiro.

Eso: That
hice: I did, Hice: I had
entrevista: interview

hizo: she made

quise: I tried

no pude: I was unable, Está de vacaciones: He's on vacation

¿Es Teresa Bosque . . .

    a) una actriz?
    b) una periodista?
    c) una secretaria?
    d) una directora de cine?

¿De dónde es Salvador Molina? ¿Dónde trabaja? ¿Adónde fue ayer? ¿Qué hizo allí? ¿De dónde es Teresa Bosque? ¿Con quién hizo una entrevista?

Ramón Montero (cincuenta y tres años, de Vigo, España)

—Ayer salí de casa a las seis de la tarde con Joaquín, mi hijo mayor. Fuimos al puerto y preparamos el barco . . . No hizo mucho viento y pudimos coger un mar de sardinas que pusimos en cajas . . . Cuando volvimos al puerto a las cinco de la mañana, trajimos las cajas al mercado y vendimos todas las sardinas.

¿Es Ramón Montero . . .
  a) un actor?
  b) un jugador de béisbol?
  c) un pescador?
  d) un vendedor de barcos?

puerto: *port*
barco: *boat*
  No hizo: *There wasn't*
pudimos: *We were able*, coger: *to catch*,
  un mar de: *a lot of*
pusimos: *we put*,
  cajas: *boxes*
mercado: *market*

pescador: *fisherman*

Dolores García (veinte y ocho años, de San Juan, Puerto Rico)

—Ayer yo no salí porque hago mi trabajo en casa. ¿Qué hice? Hice mucho. Por la mañana terminé una falda y dos vestidos. Por la tarde vino la Sra. de Gómez por uno de los vestidos. Se lo puso y se fue muy contenta. Después vinieron la Sra. de Machado y su hija a preguntarme si hago vestidos de boda. . .

¿Es Dolores García . . .
  a) una decoradora?
  b) una modista?
  c) una profesora de matemáticas?
  d) una trabajadora social?

vino: *she came*
Se lo puso: *She tried it on*

vestidos de boda: *wedding gowns*

modista: *seamstress*

¿De dónde es Ramón Montero? ¿Cómo se llama su hijo? ¿Adónde fueron? ¿De dónde es Dolores García? ¿Dónde trabaja? ¿Qué hizo por la mañana? ¿Con quiénes habló ella por la tarde?

CONVERSACIÓN   OPTIONAL

Vamos a hablar de lo que pasó ayer.

1. ¿Hiciste tus tareas?
   Sí, hice . . . (No, no hice. . .)
2. ¿Hiciste nuevos amigos?
3. ¿Hiciste algo especial?

4. ¿Viniste a la escuela en moto?
   Sí, vine . . . (No, no vine . . .)
5. ¿Viniste en autobús?
6. ¿Viniste a pie?

7. ¿Estuviste en la escuela?
   Sí, estuve . . . (No, no estuve . . .)
8. ¿Estuviste en casa?
9. ¿Estuviste de buen humor?

10. ¿Tuviste que estudiar mucho?
    Sí, tuve . . . (No, no tuve . . .)
11. ¿Tuviste que ayudar en casa?
12. ¿Tuviste que ir al dentista?

OBSERVACIÓN   Est. A

The verbs in the above questions and answers are in the preterite.

- Are the **tú** forms of **hacer, venir, estar** and
  tener regular?   no
- What vowel is common to the preterite stems
  of **hacer** and **venir?**   i
- What vowel is common to the preterite stems
  of **estar** and **tener?**   u

Act. 2

Orgullo° en el trabajo

¿Qué tienen en común la modista,° el carpintero, el pescador,° el abogado, el periodista y el administrador en los países hispanos? ¡Todos están orgullosos° de sus trabajos, oficios° y profesiones! Para los hispanos es importante hacer un buen trabajo, no importa° cual sea° su posición. Todas las personas se sienten muy orgullosas de su trabajo, y su mejor recompensa° es hacerlo bien. Para los trabajadores y profesionales hispanos, ¡son más importantes el esfuerzo° y el trabajo realizado° que el sueldo°!

Orgullo *Pride*   **modista** *seamstress*   **pescador** *fisherman*   **orgullosos** *proud*   **oficios** *trade*   **no importa** *it doesn't matter*   **cual sea** *what is*   **recompensa** *compensation*   **esfuerzo** *effort*   **realizado** *accomplished*   **sueldo** *salary*

¿Qué tienen en común la modista y el abogado? ¿Qué es importante para los trabajadores y profesionales hispanos?

Unidad nueve

Estructuras

A. El pretérito: otros verbos irregulares

Note the preterite forms of **hacer** *(to do)* and **estar** *(to be)*.

INFINITIVE:	**hacer**	**estar**	PRETERITE ENDINGS:
(yo)	**hice**	**estuve**	**-e**
(tú)	**hiciste**	**estuviste**	**-iste**
(él) (ella) (Ud.)	**hizo**	**estuvo**	**-o**
(nosotros)	**hicimos**	**estuvimos**	**-imos**
(vosotros)	**hicisteis**	**estuvisteis**	**-isteis**
(ellos) (ellas) (Uds.)	**hicieron**	**estuvieron**	**-ieron**

The **z** of **hizo** is used to preserve the sound of the stem.

Remind the students that there is no accent in the **yo** and **él** forms of the preterite of irregular verbs.

☞ **Hacer** and **estar** have the same preterite endings.

☞ The following verbs have an **i** in their preterite stem and use the endings in the chart above:

INFINITIVE:	PRETERITE STEM:	
hacer	**hic-**	¿Qué **hiciste** la semana pasada?
querer	**quis-**	**Quise** ir al campo.
venir	**vin-**	Víctor y sus amigos **vinieron** a mi casa.

☞ The following verbs have a **u** in their preterite stem and use the endings in the chart above:

INFINITIVE:	PRETERITE STEM:	
estar	**estuv-**	Ayer **estuvimos** en la playa.
poder	**pud-**	No **pude** llamarte por teléfono.
poner	**pus-**	¿Dónde **pusiste** mis discos?
saber	**sup-**	Carlos no **supo** lo que pasó.
tener	**tuv-**	**Tuvimos** que estudiar mucho para este examen.

☞ Some of these verbs have special meanings in the preterite:

supe	I found out	**quise**	I tried
tuve	I received, got	**no quise**	I refused
no pude	I could not (I tried but failed)		

This may be taught for recognition only.

ACTIVIDAD 1   Excusas

Nadie vino a ayudar a Felipe a pintar *(paint)* su cuarto. Di que sus amigos no pudieron ayudarlo y di qué excusas dieron.

> Manuel: estudiar   Manuel no pudo ayudar a Felipe.
> Tuvo que estudiar.

1. yo: trabajar
2. Ana: hacer sus tareas
3. tú: visitar a tu abuelo
4. mis primos: estudiar
5. Diego: ayudar en casa
6. Enrique: reparar su moto
7. Elena y Carlos: ir de compras
8. nosotros: organizar una fiesta

ADDITIONAL CUES: **Ud.: preparar una entrevista/
Uds.: escribir cartas/tú y yo: traducir un artículo.**

ACTIVIDAD 2   Unos alumnos perezosos *(Lazy students)*

Los siguientes alumnos tuvieron un examen hoy. Anoche no quisieron estudiar porque siempre tienen buena suerte. Esta vez no fue así. Di lo que les pasó.

> Isabel   Isabel no quiso estudiar anoche.
> Hoy tuvo un examen.
> No supo contestar las preguntas.

1. Mario
2. nosotros
3. Rosita y Arturo
4. yo

5. mis amigos
6. tú
7. Uds.
8. el novio de Lucía

ACTIVIDAD 3   Diálogo: Confesiones

A veces todos somos víctimas de nuestras pequeñas debilidades *(weaknesses)*. Pregúntales a tus compañeros si hicieron las cosas siguientes el mes pasado.

> estar de mal humor   Estudiante 1: ¿Estuviste de mal humor?
> Estudiante 2: Sí, estuve de mal humor.
> (No, no estuve de mal humor.)

1. estar impaciente
2. estar antipático(a)
3. hacer cosas tontas
4. hacer el payaso *(to clown around)* en clase
5. hacer algo malo
6. tener una discusión *(argument)* con tus amigos
7. tener una discusión con tus padres

VARIATION: Ask about student responses in the third person. **¿Estuvieron de mal humor [Paul Martha]? ¿Estuvo impaciente [Karen]?**

WB
A1, A2,
A3

SCRIPT
Act. 4, 5,
6

MASTERS
p. 49

No todo lo que brilla es oro.

All that glitters is not gold.

B. *Lo que*   OPTIONAL

Note the use of the expression **lo que** in the following sentences.

No creo **lo que** dices.	*I do not believe* **what (the things that)** *you are saying.*
No sé **lo que** Carlos hizo ayer.	*I do not know* **what (the things that)** *Carlos did yesterday.*
¿Comprendes **lo que** dice Juan?	*Do you understand* **what (the things that)** *Juan is saying?*

☼ **Lo que** corresponds to the English *what* when it means *the things that*.

ACTIVIDAD 4   El mundo ideal   OPTIONAL

En el mundo ideal, cada uno puede hacer lo que quiere. Describe este mundo ideal según el modelo.

☼   Hacemos . . .   Hacemos lo que queremos.

1. Hago . . .
2. Dices . . .
3. Carlos estudia . . .
4. Elena compra . . .
5. Mis amigos hacen . . .
6. Ud. come . . .
7. Uds. dicen . . .
8. Carmen hace . . .

ADDITIONAL CUES: **Digo... / Sara y yo bebemos ... / Ud. lee ... / Escribes ... .**

ACTIVIDAD 5   Creación   OPTIONAL

Vamos a ver cuántas oraciones lógicas puedes escribir en cinco minutos, con los elementos de A, B, C, D y E. Usa el pretérito de los verbos en las columnas B y D.

A	B	C	D	E
yo	comprender		hacer	Elena
tú	decir	lo que	tener	Uds.
Carlos	hacer		decir	
mis amigos	saber			

☼   Yo no comprendí lo que hizo Elena.

39

VOCABULARIO PRÁCTICO   Oficios

Un **carpintero** hace muebles (*furniture*).

Una **modista** hace vestidos.

Un **mecánico** repara coches.

Un **electricista** repara aparatos eléctricos.

Un **pescador** pesca (*fishes*).

ACTIVIDAD 6   ¿Adónde vas?

Di adónde vas en las siguientes situaciones.

⟩⟩   Necesito una falda.   Voy a ver a la modista.

1. Deseo comprar pescado (*fish*).
2. Mi coche no funciona bien.
3. Necesito muebles (*furniture*).
4. Tengo un aparato eléctrico que no funciona.
5. Deseo un vestido nuevo.

EN CASO DE URGENCIA

números de teléfono

DOCTOR _____

FARMACÉUTICO _____

DENTISTA _____

POLICÍA _____

BOMBEROS _____

TAXI _____

AMBULANCIA _____

ELECTRICISTA _____

CARPINTERO _____

PLOMERO _____

¿Cuál es el número del doctor (dentista, etc.)?

Pronunciación   Las consonantes c, z

Practice syllables: za zo zu   ce ci
Model words: hizo hice   empezar empecé
Practice words: zapato cerveza hiciste aeromozo
Practice sentences: Alicia no conoce a Vicente.
El aeromozo trae la cerveza francesa.
El diez de marzo, Cecilia va a Zaragoza.

The consonant **c** is "soft"; that is, it is pronounced / s /, before the vowels **e** and **i**.
To keep the "soft" sound before **a, o** and **u,** the letter **z** is used.

In Castilian Spanish this consonant sound is pronounced like the **th** of the English "thin."

OPTIONAL

Para la comunicación

> **Expresiones para la composición**
> **primero**   *first*
> **después**   *later, after that*

Mini-composición   Mi trabajo

Imagina que eres una de las siguientes personas:

- un(a) astronauta
- un(a) taxista
- un(a) pescador(a)
- un(a) piloto
- un(a) periodista
- un(a) policía

Escribe un pequeño párrafo describiendo tus actividades de ayer. Si quieres, puedes usar el pretérito de los siguientes verbos en oraciones afirmativas o negativas.

- ir (¿adónde? ¿con quién? ¿cuándo?)
- estar (¿nervioso(a)? ¿de buen humor? ¿de mal humor? ¿cansado(a)?)
- tener (¿un accidente? ¿buena suerte? ¿mala suerte?)
- tener que (¿hacer algo especial? ¿qué?)
- poder (¿ver algo espectacular? ¿qué? ¿ver a personas interesantes? ¿quiénes?)
- ponerse (¿un uniforme? ¿qué tipo de ropa?)
- querer (¿hacer algo especial? ¿qué?)

Soy pescador. Ayer hice muchas cosas. **Primero** fui a pescar. **Después** fui al mercado para vender los pescados *(fish)*.

WB El pasado
SCRIPT
Act. 9
MASTER p. 49
TRB
QUIZ pp. 114–115

ALTERNATE: Have the students choose a picture of a person and have them write a similar paragraph about his or her activities. They may use either the **yo** or the **él/ella** form.

Variedades ¿Qué profesión te conviene?

Antes de escoger° una profesión, una persona tiene que conocerse°
bien. Así° va a saber si su personalidad es compatible con la profesión
que piensa empezar. Por ejemplo, si a ti no te gusta viajar, no te
conviene° ser un(a) vendedor(a) viajero(a). O si no te gusta hablar en
público, no te conviene ser político(a), abogado(a) o profesor(a).

Para saber qué profesión te conviene, analiza tu personalidad.

escoger: *choosing,*
conocerse: *know
himself/herself*

Así: *In that way*

no te conviene: *it is
not appropriate for
you*

1. ¿Qué películas te gustan más?
   A. las películas de acción y aventura
   B. las películas románticas
   C. los dramas psicológicos
   D. los documentales científicos

2. ¿Qué deporte te gusta mirar (o practicar) más?
   A. el fútbol
   B. la equitación°
   C. el tenis
   D. el juego de bolos°

equitación: *horseback
riding*

juego de bolos:
bowling

3. ¿Qué pasatiempo te gusta más?
   A. organizar fiestas
   B. sacar fotos
   C. cuidar° animales
   D. coleccionar sellos°

cuidar: *to take care of*
sellos: *stamps*

4. ¿Deseas visitar otros países? ¿Por qué?
   A. para hacer cosas nuevas
   B. para visitar los museos
   C. para conocer a gente nueva y diferente
   D. para aprender otro idioma°

idioma: *language*

5. Cuando sacas fotos, ¿qué prefieres?
   A. escenas de acción
   B. paisajes°
   C. gente
   D. monumentos

paisajes: *landscapes*

6. Si tu escuela va a presentar una comedia musical, ¿qué prefieres ser?

    A. el actor o la actriz principal
    B. el (la) escenógrafo(a)°
    C. un actor o una actriz secundaria
    D. el (la) encargado(a)° de la iluminación

escenógrafo(a): set designer

encargado(a): person in charge

7. Si estás haciendo un viaje muy largo en autobús, ¿cómo pasas el tiempo?

    A. conociendo a los otros pasajeros°
    B. mirando el paisaje
    C. conversando con el pasajero a tu lado°
    D. leyendo una novela

pasajeros: passengers

a tu lado: next to you

8. Si estás en casa y quieres ayudar, ¿qué haces?

    A. limpias° todo el garaje
    B. decoras tu cuarto
    C. ayudas a tus hermanos menores a hacer sus tareas
    D. ayudas a tu padre a arreglar° el coche

limpias: you clean

arreglar: to fix

INTERPRETACIÓN

Cuenta tus respuestas A, B, C y D.

Si tienes cinco respuestas A o más,
eres muy dinámico(a) y ambicioso(a). Quieres estar donde hay acción y te gusta la gente. Algunas profesiones que te convienen son: vendedor(a), piloto de avión, director(a) de relaciones públicas.

Si tienes cinco respuestas B o más,
eres sensitivo(a) y romántico(a). Tienes buen talento artístico y te interesa el arte y la perfección. Algunas profesiones que te convienen son: actor o actriz, diseñador(a)° de modas,° decorador(a) de interiores.

diseñador(a): designer, modas: fashion

Si tienes cinco respuestas C o más,
eres muy sociable y generoso(a). Te gusta conocer a la gente y ayudarla. Algunas profesiones que te convienen son: doctor(a), enfermero(a), psiquiatra, trabajador(a) social, abogado(a).

Si tienes cinco respuestas D o más,
eres el tipo de persona que quiere comprender el «porqué» de las cosas. Si tienes una orientación intelectual, puedes escoger una profesión científica. Puedes ser ingeniero(a), químico(a) o programador(a) de computadoras. También puedes ser buen arquitecto(a). Si tienes una orientación manual, puedes ser un(a) excelente mecánico(a) o electricista.

Si tienes menos de cinco respuestas A, B, C o D,
son muchas las cosas que te interesan. No te conviene escoger una
profesión muy especializada. Algunas profesiones que te convienen
son: periodista, fotógrafo(a), escritor(a), ejecutivo(a) en una compañía
industrial o comercial.

El arte de la lectura   OPTIONAL

Enriching your vocabulary: Word families

You may have noticed that in Spanish, as in English, certain words are
related to others: they belong to the same family. For instance,

dibujante *(draftsman, designer)*   is related to **dibujar** *(to draw),*
trabajador *(worker)*   is related to **trabajar** *(to work),*
vendedor *(salesperson)*   is related to **vender** *(to sell).*

Often you will discover the meaning of a word you have not seen before if
you can relate it to a word which you already know.

Ejercicio: Las profesiones

Can you determine the meaning of the profession in italics from the
meaning of the words in heavy print? When you know what the new word
means, say whether you would like that profession yourself.

   escribir → *escritor(a)*   (No) Quiero ser escritor(a).

1. **explorar** → *explorador(a)*
2. **inventar** → *inventor(a)*
3. **comprar** → *comprador(a)*
4. **traducir** → *traductor(a)*
5. **pintar** → *pintor(a)*
6. **bailar** → *bailarín(a)*
7. **investigar** → *investigador(a)*
8. **peinarse** → *peinador(a)*
9. **cantar** → *cantante*
10. **conducir** → *conductor(a)*

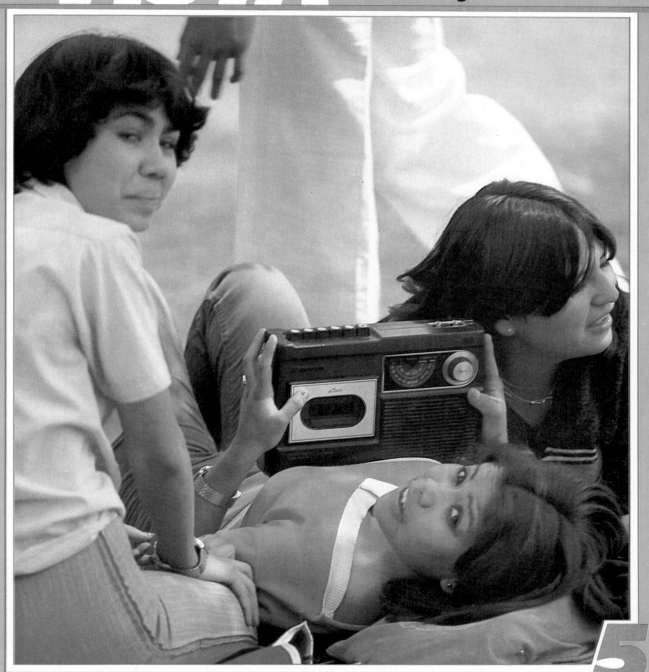

5

Preguntas y Respuestas

PROBLEMAS JUVENILES

P Estimada Doctora: Necesito su ayuda.° Mi madre y yo siempre peleamos.° Yo hago lo que ella dice, pero ella cambia de opinión° cada cinco minutos. Ella está siempre de mal humor. Si las cosas continúan así,° no sé qué puedo hacer. Yo quiero a mi mamá, pero es muy difícil vivir con ella. ¿Qué hago?

VÍCTIMA INOCENTE
El Salvador

R *Querida Víctima Inocente: El problema es la comunicación. ¿Hablas tú con tu madre sin pelear° con ella? Tal vez tu madre está un poco sola y triste. Habla con ella. Ella necesita sentirse importante en tu vida.*

P Estimada Doctora: Mi problema es mi primo. Con él jugamos al tenis y hablamos de chicas. ¡Pero cada vez que él viene a mi casa, deja mi cuarto en un desorden° terrible! Los zapatos, los calcetines, la raqueta, las pelotas, todo fuera de su lugar.° ¿Qué hago?

FRUSTRADO
Panamá

R *Querido Frustrado: Dile a tu primo que a ti te gusta tu cuarto en orden y que el desorden te enoja° mucho. Si tu primo continúa con el desorden, busca a otro amigo.*

P Estimada Doctora: Me gusta mucho un chico de mi barrio, pero a mis padres no les gusta. Ellos se enojan° conmigo cuando nos vemos. Pero nosotros nos vemos secretamente en el parque. Yo lloro° todos los días porque no sé qué hacer. Ayúdeme por favor.

MISERABLE
Argentina

R *Querida Miserable: Es importante preguntarles a tus padres por qué no les gusta el chico. ¡Tal vez ellos tienen razón!° ¿Por qué vas sola al parque? Así° tus padres pierden la confianza en ti. En vez de llorar todo el día, ¡abre° los ojos y mira a otros chicos!*

P Estimada Doctora: Mis hermanos menores tienen la mala costumbre de leer mi diario y de comentarlo a la hora de comida, en público. ¿Qué hago?

SIN SECRETOS
Florida

R *Querida Sin Secretos: ¿Dónde está tu diario? ¿Pueden los chicos encontrarlo y leerlo fácilmente? Si continúan leyéndolo, habla con ellos y diles° que todo el mundo° tiene secretos y que es importante respetarlos.*

---

ayuda *help*   **peleamos** *we fight*   **cambia de opinión** *changes her mind*   **así** *like this*
sin pelear *without fighting*   **desorden** *mess*   **fuera de su lugar** *out of place*   **te enoja** *annoys you*
se enojan *they become angry*   **lloro** *cry*   **tienen razón** *they're right*   **Así** *In that way*   **abre** *open*
diles *tell them*   **todo el mundo** *everyone*

EL LENGUAJE DE LOS COLORES

Amarillo: Fuerza° física y moral, Actividad

Azul: Honestidad, Romanticismo

Blanco: Sinceridad, Pureza°

Negro: Misterio, Romanticismo

Morado: Melancolía, Sufrimiento°

Rojo: Amor, Pasión

Verde: Esperanza,° Suerte

¿Cuál es tu color preferido? ¿El rojo? ¿El azul? ¿El negro? Los colores, como tu ropa, como las palabras con que hablas, como tus gestos,° dicen algo de ti, de tu grupo de amigos, de la región donde vives.

En diferentes países, los colores significan cosas diferentes y corresponden a una disposición particular.

Piensa en estos colores. ¿Estás de acuerdo?°

YO ME SONROJO° . . .

- *Cuando digo mentiras.°*

- *Cuando me caigo y alguien se ríe.°*

- *Cuando cierto chico me mira a los ojos por largo tiempo.*

- *Cuando el profesor me hace una pregunta y me equivoco.*

- *Cuando un chico guapo me dice un piropo° en la calle.*

En los países hispánicos, los chicos les dicen «piropos» a las chicas cuando pasan por la calle:

«¡Qué ojos tan lindos tienes!» «¡Qué bonita estás hoy!»

También las chicas pueden responder con una sonrisa° o con una respuesta desdeñosa:° «¡Qué tonto!»

Fuerza *Strength*   **Pureza** *Purity*   **Sufrimiento** *Suffering*   **Esperanza** *Hope*   **gestos** *gestures*
¿Estás de acuerdo? *Do you agree?*   **me sonrojo** *I blush*   **mentiras** *lies*   **se ríe** *laughs*
piropo *compliment*   **sonrisa** *smile*   **desdeñosa** *scornful*

Un día en la vida de ANITA GÓMEZ

Anita Gómez vive en México, en Guadalajara; Anita tiene quince años y va a la escuela Benito Juárez. Éste es un día típico en la vida de muchas jóvenes hispánicas.

—¡Adiós! ¡Que tengan° un buen día! ¡Nos vemos en el almuerzo!°

—Todas las mañanas camino° al colegio con Constanza Galindo, mi mejor amiga.

—Biología, química, diez minutos para tomar un poco de leche y comer un plátano;° matemáticas, castellano . . . ¡y tareas para mañana!

—Mamá, ¿qué hay para comer?
—Chile con carne, arroz,° tortillas, plátanos fritos° y un aguacate.°

Que tengan *Have* **almuerzo** *lunch* **camino** *I walk* **plátano** *banana* **arroz** *rice* **fritos** *fried*
aguacate *avocado*

—Hoy ganamos el juego de volibol contra° las chicas mayores del cuarto año. ¡El partido fue sensacional!

—Para mañana todas las chicas deben tener sus cuadernos en orden y todas deben traer una composición de dos páginas sobre° «El viejo y el mar» de Hemingway.

—Vamos a tomar un helado con Mona, Inés, Teresa y un chica nueva.

—Nos vemos en la heladería cerca del colegio, y planeamos la excursión del sábado.

—Esta noche tomamos café con leche y unos sándwiches.

—¡Caramba! Esta tarea de inglés es muy larga,° yo tengo mucho sueño, y no puedo ver mi programa favorito de televisión . . .

contra *against*   **sobre** *about*   **larga** *long*

Y TÚ
¿Qué piensas del amor?

José Martínez:
A mí me gustan las chicas que tienen un buen sentido° del humor y que son alegres.

Marcos Castellanos:
Yo creo en el amor a primera vista.°

Margarita González:
Es mejor pensar mucho las cosas antes de enamorarse.°

María Consuelo Rojas:
Lo más importante es ser sincero.

Eugenia Trujillo:
Es necesario hablar mucho y conocerse antes de enamorarse.

Pablo J. Gómez:
¡Por amor yo hago cualquier° cosa y voy a cualquier lugar!

sentido *sense*   vista *sight*   enamorarse *falling in love*   cualquier *any*

Una red de amistad

6 de enero de 1988

Soy estudiante del segundo año de bachillerato. Deseo iniciar una red° de amistad° con chicos y chicas norteamericanos. Me interesa intercambiar estampillas° y tarjetas postales.

María Ferreira
Colegio Juan Ramón Jiménez
Bogotá, Colombia S.A.

4 de febrero de 1988

Tengo 16 años y me gustan mucho los paisajes° de otros países. Deseo intercambiar ideas, estampillas y calendarios.

John D. Hooper
2242 24th St.
San Francisco, CA 94107 U.S.A.

SI QUIERES AMIGOS en tu país o en el otro extremo del mundo, escríbenos (adjuntando 30 pesetas en sellos) y te informaremos: "SIN FRONTERAS". Apartado 35.064. Madrid (España).

INTERCAMBIO

10 de mayo de 1988

Querida María:
Aquí estamos muy felices por nuestra próxima° visita a Colombia. ¡Qué bueno conocerte en persona, después de todas las cartas y tarjetas postales! El 15 de junio llegamos a Bogotá. ¿Qué regalo quieres de los Estados Unidos?
Nos vemos pronto,°
Johnny

María Ferreira
Colegio Juan Ramón Jiménez
Bogotá, Colombia
S.A.

USA 13c

24 de mayo de 1988

Querido Johnny:
Mi familia está encantada° de tu visita con tus padres y hermanita. Tenemos planes para visitar con Uds. la costa del Caribe y las montañas cerca de Bogotá. Por favor, ¡deseo una camiseta de alguna universidad norteamericana!
Hasta pronto,
María

COLOMBIA $20
ARMAS DE SANTAFE DE BOGOTA

John D. Hooper
2242 24th St.
San Francisco, CA 94107
U.S.A.

red *network*   **amistad** *friendship*   **estampillas** *stamps*   **paisajes** *landscapes*   **próxima** *upcoming*
pronto *soon*   **encantada** *delighted*

389

LA CALLE

La calle en los países hispánicos es algo muy especial. Es un lugar lleno de vida.° Es lugar de citas, es lugar de compras, es lugar donde la gente pasa las horas sin sentirlas y es un lugar donde tú vas a encontrar a tus amigos y mirar a otros. Vamos a mirar algunas escenas en la calle.

De 7 a.m. a 10 a.m.
Tilín-Tilín, Tilín-Tilín, Tilín-Tilín
¡Aaaaaarrrrregloooooo
zapatooooooos! ¡Zapatooooos viejooooos!
¡Diario° de la mañanaaaaaa! ¡Diario
de la mañanaaaaaa!
¡Buenos días, Señora Gómez!
¡Buenos días, Señora García!
Mmmm, ¡Qué olor° a pan caliente!°
¿Compra fruta, señora? ¡Fruta fresca!
¡Diario de la mañanaaaaaa! Tilín-
Tilín
¡Aaaaarrrreglooo zapatoooos!

De 10 a.m. a 1 p.m.
Pasa un chico. Corre° a tomar el autobús. Va un poco tarde a clase
. . . La señora de Gómez y la señora de García van a comprar pan.
Hablan del pan, hablan de la leche, hablan de sus hijos, hablan de la vecina,° hablan y hablan y luego, ¡hablan más con el panadero!°
La calle se llena° de ruidos° de autos.
La calle se llena de ruidos de gente.

De 1 p.m. a 3 p.m.
Cierran° las tiendas. La calle está vacía.°
¿Dónde está la gente? ¿Dónde están los autos? ¿Dónde está el ruido? . . .
Todos almuerzan° y toman un descanso° o una siesta . . .

De 3 p.m.
Un grupo de chicos viene calle arriba.°
Un grupo de chicas viene calle abajo.°
Ellos ríen y comentan en voz alta.°
Ellas están todas muy bonitas y comentan en voz baja. ¡Ellas van° a la última° moda!°
Los chicos pasan calle arriba.
Las chicas pasan calle abajo.
Ellos les dicen cosas bonitas, ellas se ríen un poco y aunque° no los miran, saben que hay uno alto, otro bajo, uno moreno y otro rubio . . .
Una moto pasa y se oyen° un ¡Hola!, dos ¡Holas!, tres ¡Holas!
¿Vamos a tomar Coca-Cola?
Sí, vamos . . . ¡Qué bueno!

Por la noche . . .
Después del trabajo o del estudio° la gente no va a casa directamente.
Los señores hablan en los cafés de las noticias° del día, de la política, de los negocios° y miran pasar a la gente. Si tú estás en la calle a las ocho o nueve de la noche, siempre oyes una guitarra, un tocadiscos, un radio o simplemente a la gente que habla hasta tarde, muy tarde . . .

---

lleno de vida *filled with life*   **Diario** *Daily paper*   **olor** *aroma*   **pan caliente** *hot bread*   **Corre**
He runs   **vecina** *neighbor*   **panadero** *baker*   **se llena** *is filled*   **ruidos** *noises*   **Cierran** *Close*
vacía *empty*   **almuerzan** *are eating lunch*   **descanso** *rest*   **arriba** *up*   **abajo** *down*   **voz**
alta *loud voices*   **van** *are dressed*   **última** *latest*   **moda** *fashion*   **aunque** *although*   **se**
oyen *one hears*   **estudio** *studies*   **noticias** *news*   **negocios** *business*

los animales y sus cualidades

La gente dice que los animales tienen cualidades. También a la gente le gusta comparar a otra gente con esos animales. Por ejemplo en español decimos:

Es alto como una jirafa

Es astuto° como un zorro

Está loco° como una cabra

Es feo como un sapo

Es rápido como un ciervo

Es engañoso° como una culebra

Es manso° como un cordero

Es fuerte como un toro

Es alegre como un pájaro

Es lento° como una tortuga

392   **astuto** *clever*   **loco** *crazy*   **engañoso** *tricky*   **manso** *gentle*   **lento** *slow*

¿Qué dices?

Imagínate° que estás en España. Te encuentras en las siguientes° situaciones. ¿Qué vas a decir?

1. Un amigo te llama por teléfono. Contestas el teléfono, pero no puedes entender bien. Dices:
   - A. ¿De veras?
   - B. ¿Cómo?
   - C. Adiós.

2. Estás en el autobús. Le pisas° el pie a alguien. Dices:
   - A. De nada.
   - B. ¡Qué suerte!
   - C. Perdón.

3. Estás en una fiesta. Alguien te ofrece un cigarrillo, pero no fumas. Dices:
   - A. Con mucho gusto.
   - B. Por favor.
   - C. No, gracias.

4. Estás en la playa. Un amigo te presenta° a otra persona. Dices:
   - A. Encantado(a).°
   - B. Lo siento.°
   - C. Gracias.

5. Un amigo acaba de sacar una mala nota en un examen. Dices:
   - A. ¡Idiota!
   - B. ¡Qué lástima!
   - C. ¡Felicidades!°

RESPUESTAS: 1-B; 2-C; 3-C; 4-A 5-B

Actividades culturales

Actividades para cada estudiante

1. *Look through some Hispanic magazines (¡Hola!, Buenhogar, Semana, for example) and prepare a report about Hispanic teenagers. List the differences you notice between Hispanic and U.S. teenagers: ways of dressing, gestures, general expressions, attitudes, activities.*

2. *Keep a diary of your activities for two weeks.*

Actividades para la clase

1. *Using pictures from Hispanic magazines (Buenhogar, Fascinación, Temas, for example), prepare a bulletin board exhibit that shows Hispanic people at work and at play. Write a short caption in Spanish for each picture.*

2. *Prepare a bulletin board exhibit of the zodiac signs. Indicate which of your classmates fall under each sign.*

Imagínate *Imagine*   **siguientes** *following*   **pisas** *you step on*   **presenta** *introduces*
Encantado(a) *Delighted*   **Lo siento** *I'm sorry*   **Felicidades** *Congratulations*

393

10 Unidad

Día a día

10.1 Una receta del Caribe:
refresco de plátanos

10.2 El A-B-C de la salud

10.3 ¡Bravo, Sra. de Ortiz!

10.4 Una conspiración

VARIEDADES El lenguaje de las manos

OBJECTIVES
Communication
By the end of this unit, the students will be able to use familiar commands in Spanish:
 • To make suggestions and give warnings
 • To explain simple recipes
 • To ask for assistance
 • To make requests
Language
This unit presents the students formally to familiar affirmative and negative commands. (They have already heard these commands in class and read them in the direction lines for the exercises.) The unit also reviews and expands on object pronouns:
 • Position of pronouns with commands
 • Two-pronoun sequencing
 • The indirect object pronoun **se**
Culture
The focus of this unit is on daily life, with special emphasis on food and meals.

 Unit Ten   Module 20

Lección 1

Una receta del Caribe: refresco de plátanos

Act. 1

¿Quieres preparar un refresco delicioso para tus amigos? Sírveles un refresco de plátanos. Ésta es la receta.

refresco: *cold drink*

receta: *recipe*

Los ingredientes

3 plátanos

1 taza de leche   una

1/4 taza de azúcar   un cuarto de

1/4 taza de jugo de limón

1/2 cucharadita de vainilla   media

8 cubitos de hielo

Un aparato

una licuadora

azúcar: *sugar*

hielo: *ice*

La preparación

1. Pela los plátanos y córtalos en cubitos.
2. Pon los plátanos, la leche, el azúcar, el jugo de limón y la vainilla en la licuadora. Mézclalos.
3. Añade los cubos de hielo y mézclalos con los otros ingredientes.
4. Vierte la mezcla en cuatro vasos.
5. Sírveles el refresco a tus amigos.

Pela: *Peel*, córtalos: *cut them*
Pon: *Put*
Mézclalos: *Mix them*
Añade: *Add*
Vierte: *Pour*, mezcla: *mixture*, vasos: *glasses*

CONVERSACIÓN

Vamos a hablar de los consejos que te dan tus padres. ¿Te dicen ellos las siguientes cosas?

1. **¡Estudia** mucho!

   Sí, me lo dicen. (No, no me lo dicen.)
2. **¡Trabaja** mucho!
3. **¡Respeta** a tus profesores!
4. **¡Ayuda** a tus hermanos menores!
5. **¡Gasta** tu dinero en cosas útiles!
6. **¡Escucha** nuestros consejos!

OBSERVACIÓN   Est. B

Commands are used to give orders and advice, to make suggestions and more generally to tell people what to do *(affirmative commands)* and what not to do *(negative commands)*. In sentences 1-6, your parents are giving you advice. They are using the familiar (**tú**) form of the affirmative command.

• Is this form the same as the **tú** form of the present tense?   no
• Is this form the same as the **él** form of the present tense?   yes

NOTA CULTURAL   OPTIONAL

El plátano, base de la cocina° del Caribe

¿Qué es el plátano? ¿Una fruta tropical originaria del Caribe? ¡No! El plátano es originario de la India, pero hoy crece° en abundancia en muchos países de Hispanoamérica.

Hay mil variedades de plátanos: amarillos, verdes, rojos ... Hay también mil maneras de cocinar° plátanos ... En los países hispanoamericanos, la gente los come principalmente fritos° y los sirve con arroz° o con carne,° con pollo° o con jamón,° con salsas picantes° o con azúcar,° con frijoles° o con ensalada ... ¡De veras, el plátano es una de las bases de la cocina del Caribe!

cocina *cooking* **crece** *grows* **cocinar** *to cook* **fritos** *fried* **arroz** *rice* **carne** *meat* **pollo** *chicken* **jamón** *ham* **salsas picantes** *hot sauces* **azúcar** *sugar* **frijoles** *beans*

¿Es el plátano una fruta tropical? ¿Cuál es su origen? ¿Son amarillos todos los plátanos? ¿Cómo come los plátanos la gente en los países hispanoamericanos? ¿Con qué los sirve?

In some Caribbean countries, **el plátano** designates the cooking banana, while **la banana** refers to an eating banana.

Estructuras

A. Repaso: los pronombres directos e indirectos

As you read the following sentences, compare the form and position of the direct and indirect object pronouns which replace the nouns in parentheses.

	DIRECT	INDIRECT
(Carlos)	**¿Lo** invitas? *Do you invite **him?***	**¿Le** escribes? *Do you write (to) **him?***
(tus amigos)	**¿Los** invitas? *Do you invite **them?***	**¿Les** escribes? *Do you write (to) **them?***

The following chart summarizes the direct and indirect object pronouns corresponding to the subject pronouns.

SUBJECT PRONOUNS	DIRECT OBJECT PRONOUNS		INDIRECT OBJECT PRONOUNS	
yo	**me**	*me*	**me**	*(to or for) me*
tú	**te**	*you*	**te**	*(to or for) you*
él, Ud.	**lo**	*him, it, you* ⎱	**le**	*(to or for) him, her, it, you*
ella, Ud.	**la**	*her, it, you* ⎰		
nosotros(as)	**nos**	*us*	**nos**	*(to or for) us*
vosotros(as)	**os**	*you*	**os**	*(to or for) you*
ellos, Uds.	**los**	*them, you* ⎱	**les**	*(to or for) them, you*
ellas, Uds.	**las**	*them, you* ⎰		

↘ In general, object pronouns come before the verb.

↘ Spanish speakers use an indirect object pronoun in a sentence that also contains an indirect object noun.

Le hablo **a Carlos.**	*I am speaking **to Carlos.***
Les escribo **a mis amigos.**	*I am writing **to my friends.***
Le compro un regalo **a Ana.**	*I am buying a gift **for Ana.***

ACTIVIDAD 1   Diálogo: ¿Eres generoso(a)?

Pregúntales a tus compañeros si prestan las siguientes cosas.

↘ tu tocadiscos   Estudiante 1: ¿Prestas tu tocadiscos?
Estudiante 2: Sí, lo presto.
(No, no lo presto.)

1. tus libros
2. tus discos
3. tu dinero
4. tus revistas
5. tu reloj
6. tu bicicleta
7. tu cuaderno de español
8. tu chaqueta

ADDITIONAL CUES: **tu lápiz / tus cintas / tu abrigo / tus anteojos**

Unidad diez
398

ACTIVIDAD 2   Los contactos

¿Te mantienes *(Do you keep)* en contacto con las siguientes personas durante las vacaciones? Di si lo (la) llamas por teléfono y si le escribes a cada persona.

 tu mejor amigo   (No) Lo llamo por teléfono.
                                                  (No) Le escribo.

1. tu mejor amiga
2. tus compañeros de clase
3. tus compañeras
4. tus profesores
5. tu profesor(a) de español
6. tu profesor(a) de matemáticas
7. tus amigos
8. tus amigas

B. Mandatos afirmativos: la forma *tú*

In Spanish, commands may be familiar or formal. *Familiar commands* are for people one normally addresses in the **tú** form.

Look carefully at the sentences below. The sentences on the left describe *what* Isabel *is doing:* the verb is in the **él** form of the *present tense.* In the sentences on the right, Carlos is telling Isabel *what to do:* the verb expresses a *command* in the familiar affirmative form. Compare the verbs in each group of sentences.

Isabel:	Carlos a Isabel:
Invita a sus amigos.	—¡**Invita** al profesor!
(She invites her friends.)	*(Invite the professor!)*
Saca una foto.	—¡**Saca** una foto del museo!
(She takes a picture.)	*(Take a picture of the museum!)*
Lee una revista deportiva.	—¡**Lee** el libro de español!
(She reads a sports magazine.)	*(Read the Spanish book!)*
Pide una gaseosa.	—¡**Pide** una gaseosa para mí también!
(She asks for a soft drink.)	*(Ask for a soft drink for me, too!)*

For most verbs (regular and irregular), the affirmative form of the familiar **tú** command is the same as the **él** form of the present tense.

Familiar command endings are:

You should point out that this pattern also applies to stem-changing verbs:

cerrar: ¡Cierra la puerta!
jugar: ¡Juega conmigo!

-a	for **–ar** verbs
-e	for **–er** and **–ir** verbs

Si quieres tener enemigos, presta dinero a tus amigos.

If you want enemies, lend money to your friends.

ACTIVIDAD 3   Un chico tímido

Roberto es un poco tímido y por eso hay muchas cosas que no hace. Pero Manuela le dice que tiene que hacer estas cosas. Haz el papel de Manuela según el modelo.

> Roberto no habla con el profesor.   ¡Habla con el profesor!

1. Él no habla con Elena.
2. Él no invita a María.
3. Él no llama a Ricardo por teléfono.
4. Él no canta.
5. Él no cuenta chistes *(jokes)*.
6. Él no juega al tenis.
7. Él no saca fotos.
8. Él no lee revistas deportivas.
9. Él no escribe cartas.
10. Él no aprende a bailar.

SCRIPT
Act. 6

MASTERS
p. 50

ACTIVIDAD 4   Querer es poder *(Where there's a will there's a way)*

Carlos le dice a Luisa que él quiere hacer ciertas cosas. Luisa le dice que las haga *(to do them)*. Haz cada papel según el modelo.

> viajar   Carlos: Quiero viajar a México.
> Luisa: Entonces, ¡viaja a México!

1. trabajar durante las vacaciones
2. comprar una moto
3. vender mi bicicleta
4. aprender francés
5. aprender a bailar
6. vivir en el Perú
7. escribir una novela
8. jugar al tenis
9. beber café
10. comer un helado
11. pedir un jugo de frutas
12. dormir

Viva México

Lo mejor de nuestra Tradición
Mariachi y trío todas las noches
Auténtica cocina mexicana

ABIERTO 5:00 P.M. • 2:00 A.M.
LOMAS DEL MAR 4 · A

WB
B1

SCRIPT
Act. 7

Cues 8, 11 and 12 involve stem-changing verbs.

C. La posición de los pronombres con los mandatos afirmativos

Note the position of object and reflexive pronouns with affirmative commands.

Isabel:	Amalia:
¿Invito a María?	¡Sí, invítala!
¿Le escribo a Juan?	¡Sí, escríbele!
¿Te invito a mi fiesta?	¡Sí, invítame!
¿Me quedo en casa?	¡Sí, quédate en casa!

In affirmative commands, object and reflexive pronouns always come *after* the verb and *are attached to it.*

When the object pronoun is attached to the command form, an accent mark is used to retain the original stress pattern of the verb:

invítame   mándale

The accent mark is not needed if the command has only 2 syllables:
¡Dame el libro!   ¡Dile la verdad!

ACTIVIDAD 5   Invitaciones

Lolita está organizando una fiesta. Ella ya *(already)* tiene una lista de algunas personas, pero quiere confirmarla con Manuel. Haz los papeles.

VARIATIONS: With direct objects (**llamar por teléfono**) and with indirect objects (**escribir, hablar**).

Luisa   Lolita: ¿Invito a Luisa?
　　　　Manuel: ¡Sí, invítala!

1. Rebeca
2. Ricardo
3. Benjamín
4. Paco y Enrique
5. tus primos
6. María y Pilar
7. Diego, Lucía y Maribel
8. las amigas de Carlos
9. la profesora de español
10. el profesor de francés

ACTIVIDAD 6   Diálogo: ¿Tienes buenos compañeros?

Pídeles a tus compañeros que te hagan *(they do)* los siguientes favores. Ellos van a contestar.

invitar al café   Estudiante 1: ¡Invítame al café!
　　　　　　　　　Estudiante 2: Por supuesto, voy a invitarte al café.
　　　　　　　　　　　　　　　(No, no voy a invitarte al café.)

1. llamar por teléfono
2. ayudar
3. escribir
4. visitar
5. prestar tus discos
6. dar tu foto
7. mandar regalos
8. comprar un helado
9. vender tu bicicleta
10. prestar tus revistas

Act. 9

40

VOCABULARIO PRÁCTICO   Como se pone la mesa *(How to set the table)*

un vaso

una taza

una cucharita

un plato

un platillo

un tenedor

una cuchara

un cuchillo

Also: **una cucharilla** (teaspoon)

WB
V1

SCRIPT

Act. 10

MASTERS
p. 50

ACTIVIDAD 7   En el restaurante

Imagina que trabajas en un restaurante. Un camarero *(waiter)* nuevo te dice lo que piden los clientes. Dile qué necesita traerles para poner la mesa.

▷ Un cliente pidió café.   Tráele una taza, un platillo y una cucharita.

1. Un cliente pidió té.
2. Una cliente pidió una gaseosa.
3. Un cliente pidió un bistec *(steak)*.
4. Una cliente pidió una ensalada.
5. Un cliente pidió una hamburguesa.

Act. 11

Pronunciación   Las sílabas con acento

Model sentences: ¡Escucha el disco! ¡Escúchalo!
Practice sentences: ¡Invita a María! ¡Invítala!
                    ¡Escribe la carta! ¡Escríbela!
                    ¡Presta tus discos! ¡Préstalos!
                    ¡Manda las cartas! ¡Mándalas!

Normally, the stress in Spanish falls on the next-to-last syllable in words which end on a vowel, an **n** or an **s.** When a pronoun is added to the command form of a verb, an accent mark is used to show that the stress falls on the originally stressed syllable.

When one pronoun is added to an infinitive, the accent mark is not needed because the stress naturally falls on the next-to-last syllable:

Voy a escuchar el disco.   Voy a escucharlo.

Para la comunicación

Expresiones para la composición

por favor
hazme el favor de + infinitivo ⎱ *please*
¡mil gracias! *a thousand thanks*
¡un millón de gracias! *a million thanks*

Mini-composición De vacaciones

Imagina que tu mejor amigo y tu mejor amiga fueron a países extranjeros *(foreign)* durante las vacaciones. Tu mejor amigo fue a España (donde vive tu primo). Tu mejor amiga fue a México (donde vive tu prima). Mándales dos tarjetas postales y pídele a cada uno tres favores. Puedes usar los siguientes verbos.

escribir / mandar / comprar / llamar por teléfono / invitar / visitar / sacar fotos / hablar / buscar

Usa dos de las expresiones para la composición.

 Querido Eduardo:
Mándame un disco de música popular, **por favor.** Si puedes, **hazme el favor de** llamar por teléfono a mi primo Miguel . . .¡**Mil gracias!**

WB
Tus…
QUIZ
pp. 120–121
TRB

Lección uno
403

Lección 2 El A-B-C de la salud

salud: *health*

Act. 1

¿Estás en buena forma física y psicológica? ¿Sí? . . . ¡Qué bueno! Y quieres estar sano siempre, ¿verdad? Entonces observa algunas normas elementales:

sano: *healthy*
normas: *rules*

¡Come moderadamente!
¡Come muchas frutas y vegetales!
¡Bebe agua o jugo de frutas!
¡Usa la bicicleta a menudo!
¡Levántate temprano!
¡Acuéstate temprano!
¡Todas las noches, organiza tus
    actividades del siguiente día!

¡No comas demasiado!
¡No comas entre comidas!
¡No bebas gaseosas!
¡No te levantes después de las
    nueve! (aun los domingos)
¡No te acuestes después de las
    once!
¡No duermas durante el día
    (especialmente en la clase de
    español)!
¡No mires la televisión más de
    una hora al día!
¡No te enojes inútilmente!
¡En realidad, no te enojes nunca!

entre: *between*,
    comidas: *meals*

aun: *even*

te enojes: *get upset*

¿Cuáles son los consejos más importantes? ¿Cuáles son menos importantes?
EXTRA VOCAB.: **cuchichear** (to whisper), **roncar** (to snore).

CONVERSACIÓN

Otra vez vamos a hablar de los consejos que te dan tus padres. ¿Te dicen ellos las siguientes cosas?

1. ¡No **mires** la televisión siempre!
   Sí, me lo dicen. (No, no me lo dicen.)
2. ¡No **invites** a tus amigos a casa cuando tienes que estudiar!
3. ¡No **comas** cosas que no son buenas para ti!
4. ¡No **comas** demasiado!
5. ¡No **gastes** todo tu dinero en diversiones!
6. ¡No **escuches** malos consejos!

OBSERVACIÓN   Est. A, B

In sentences 1-6, your parents are giving you advice.
- Are they using *affirmative* or *negative* commands?   negative

Look at the forms of the verbs used in the *negative* **tú** commands.
- Are these verb forms the same as those used in **affirmative** commands?   no
- How do they differ from the affirmative commands?   affirmative: **-a**; negative: **-es**
  affirmative: **-e**; negative: **-as**

Act. 2

NOTA CULTURAL   OPTIONAL

Las comidas° en los países hispánicos

El hispanohablante generalmente se desayuna° entre las siete y las ocho de la mañana. El desayuno incluye sólo dos cosas: café con leche y diferentes tipos de pan,° a veces con jalea° y mantequilla.°

La comida del mediodía° se llama *almuerzo* en Hispanoamérica y *comida* en España. El hispanohablante generalmente almuerza° (o come) a la una o más tarde, y es cuando más come: sopa, carne,° vegetales, ensalada, postre.°

La comida de la tarde es la *merienda*. El hispanohablante merienda típicamente en el café a las cinco o seis de la tarde. A esta hora come un sándwich o un pastel y bebe un refresco° o un café.

La comida de la noche es la *cena*. En Hispanoamérica mucha gente cena a las ocho, pero en España nadie cena antes de las nueve. A

esta hora la gente también come una comida completa, pero la cena es una comida menos fuerte° que el almuerzo.

comidas *meals* **se desayuna** *has breakfast* **pan** *bread*
jalea *jelly* **mantequilla** *butter* **mediodía** *noon* **almuerza**
lunches **carne** *meat* **postre** *dessert* **refresco** *cold drink*
fuerte *heavy*

For more on meals, see the day of Anita Gómez, pp. 386–387.

Estructuras

VOCABULARIO PRÁCTICO — La comida

los alimentos (foods)
la carne (meat)

el pollo (chicken)   **un bistec** (steak)

el jamón (ham)

las frutas y los vegetales

el arroz (rice)

los frijoles
(beans)

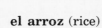

el maíz (corn)

las papas (potatoes)

los tomates
(tomatoes)

las peras (pears)

los plátanos
(bananas)

las naranjas (oranges)

las manzanas (apples)

las comidas	meals	
el desayuno	breakfast	
desayunarse	to have breakfast	**Me desayuno** a las siete y media.
el almuerzo	lunch	
almorzar (o → ue)	to have lunch	**Almuerzo** a las doce.
la merienda	late afternoon snack	
merendar (e → ie)	to have a snack	**Meriendo** después de las clases.
la cena	dinner	
cenar	to have dinner	**Ceno** a las siete.

• There are several spellings for "steak": **bistec, biftec, bisté,** and even **bife.**
• In Spain the word **patata** is used for *potato.*

los postres (dessert)

un pastel (pastry)

un helado (ice cream)

una torta (cake)

otros alimentos

el pan (bread)

la mantequilla (butter)

un huevo (egg)

la sal (salt)

el queso (cheese)

la pimienta (pepper)

el azúcar (sugar)

el aceite (oil)

el vinagre (vinegar)

TABLA DE CALORÍAS

(calorías por cada 100 gramos o por cada 3½ onzas)

VERDURAS		PESCADO	
Lechuga	15	Sardinas en aceite	300
Tomates	30	Salmón	175
Zanahorias	40	Bacalao fresco	175
		FRUTAS	
		Uvas	70
LEGUMBRES		Plátanos	55
Garbanzos	360	Naranjas	50
Arroz	120	Peras	55
		Manzanas	60
CARNE			
Jamón	240	QUESO	
Carne de cerdo	300	Queso de crema	185
Carne de res	250	Queso suizo	365

EXTRA VOCAB.: **la lechuga** (lettuce), **la zanahoria** (carrot), **la carne de res** (beef), **la carne de cerdo** (pork), **la chuleta de cerdo** (pork chop), **el bacalao** (cod), **los garbanzos** (chickpeas), **el queso suizo** (Swiss cheese), **las uvas** (grapes), **la piña** (pineapple), **el pomelo** (grapefruit).

ACTIVIDAD 1   Preguntas personales

1. ¿A qué hora te desayunaste hoy?
2. ¿A qué hora te desayunas los domingos?
3. ¿A qué hora almuerzas?
4. ¿Almuerzas en la cafetería de la escuela?
5. ¿A qué hora cenas?
6. ¿Meriendas cuando vuelves a casa?
7. ¿Te gusta la comida italiana? ¿francesa? ¿mexicana?
8. ¿Te gusta la comida picante (hot)?

VARIATION: Ask about student responses in the third person. **¿A qué hora se desayunó [Steve]?**

ACTIVIDAD 2   Diálogo: A cada uno, su gusto (Each to his own taste)

Pregúntales a tus compañeros qué prefieren.

VARIATION: Have the students make up their own questions on the same model, using foods from the **Vocabulario práctico.**

   ¿pollo o bistec?   Estudiante 1: ¿Prefieres pollo o bistec?

                                   Estudiante 2: Prefiero pollo (bistec).

1. ¿frutas o vegetales?   4. ¿queso o huevos?
2. ¿jamón o bistec?   5. ¿peras o manzanas?
3. ¿plátanos o naranjas?   6. ¿frijoles o papas?

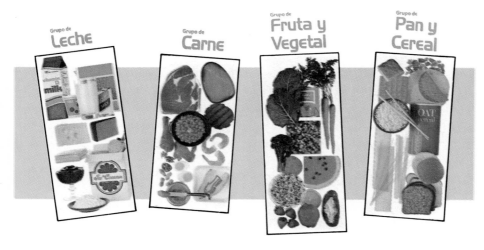

Grupo de Leche   Grupo de Carne   Grupo de Fruta y Vegetal   Grupo de Pan y Cereal

ACTIVIDAD 3   Vamos a cocinar (Let's cook)

Imagina que quieres preparar los siguientes platos. Un amigo va a comprar los ingredientes necesarios. Dile qué ingredientes tiene que comprar.

   para una ensalada de tomates   Compra tomates, vinagre y aceite.

1. para una ensalada de frutas
2. para una tortilla de huevos (omelet)
3. para un «banana split»
4. para un sándwich

A. Mandatos negativos: la forma *tú*

Look carefully at the sentences below. In the sentences on the left, Felipe says what he's doing. He uses the **yo** form of the present tense. In the sentences on the right, Anita tells him not to do these things. She uses the negative form of the familiar **tú** command. Compare the verbs in each group of sentences.

	Felipe:	Anita a Felipe:
(**–ar** verbs)	**Compro** una revista.	**¡No compres** esa revista!
	Pienso en Luisa.	**¡No pienses** en esa chica!
(**–er** verbs)	**Bebo** té.	**¡No bebas** té!
	Pongo un disco de jazz.	**¡No pongas** ese disco tan aburrido!
(**–ir** verbs)	**Escribo** una carta.	**¡No escribas** esa carta!
	Salgo con Isabel.	**¡No salgas** con ella!

For most verbs (regular and irregular), the negative form of the familiar **tú** command is derived as follows:

> stem of the **yo** form of the present   +   { **-es** (for **–ar** verbs)
> (**yo** form minus **-o**)   { **-as** (for **–er, –ir** verbs)

This applies to stem-changing verbs as well.
cerrar: ¡No cierres la puerta!
dormir: ¡No duermas en la clase!

⇛ Note the spelling changes in the following groups of verbs.

c → qu		
-car	tocar	¡No **toques** el piano!

g → gu		
-gar	jugar	¡No **juegues** al béisbol!

z → c		
-zar	empezar	¡No **empieces** esta novela!

These changes are made to keep the sound of the stem.

The affirmative commands of most verbs with **yo** forms ending in **-go (salir, poner, tener, venir, hacer, decir)** are irregular. They are presented in the next lesson. Make sure that here the students use these verbs only in the *negative* command form.

REFRÁN

De lo que no sabes, no hables.

Don't speak of what you don't know.

ACTIVIDAD 4 ¡Ahora no!

Pepe tiene que hacer sus tareas pero está pensando en otras cosas. Su mamá le dice que ahora no puede hacer esas cosas. Haz los dos papeles según el modelo.

⟐ invito a Pedro a casa   Pepe: Invito a Pedro a casa.
                            Su mamá: ¡No, no invites a Pedro ahora!

1. invito a Carmen a casa
2. llamo a Inés por teléfono
3. miro la televisión
4. escucho música
5. juego al básquetbol
6. reparo mi bicicleta

7. visito a un amigo
8. leo una novela
9. salgo con Isabel
10. pongo discos
11. ceno
12. duermo

ACTIVIDAD 5 La dieta

Un amigo está a dieta *(on a diet)*. Dile que puede (o no puede) comer las siguientes cosas.

⟐ mantequilla   ¡No comas mantequilla!
  frutas   ¡Come frutas!

SUGGESTED REALIA: Spanish menus. Have the students tell one another what they should eat.

1. azúcar
2. papas fritas *(French fries)*
3. tomates
4. pan
5. maíz
6. jamón
7. pollo
8. ensaladas

9. pasteles
10. helado
11. manzanas
12. naranjas
13. peras
14. queso
15. tortas
16. yogur

ACTIVIDAD 6 El ángel y el diablo *(The angel and the devil)*

Pedro está indeciso *(undecided)*. El ángel le da buenos consejos. El diablo le da malos consejos. Haz los papeles del ángel y del diablo según el modelo. (El ángel tiene que expresar mandatos afirmativos con las frases 1-7 y negativos con las frases 8-12. El diablo hace lo contrario.)

> trabajar   Ángel: ¡Trabaja!
>   Diablo: ¡No trabajes!

1. ayudar a tus amigos
2. escuchar los consejos de tus padres
3. estudiar tus lecciones
4. visitar a tus abuelos
5. respetar a las personas mayores
6. contestar bien en clase
7. aprender español
8. comer demasiado
9. fumar *(smoke)* en el baño
10. gastar el dinero en chocolates
11. beber cerveza
12. perder el tiempo

WB
A1, A2

SCRIPT
Act. 5, 6, 7

MASTERS
p. 50

B. La posición de los pronombres con los mandatos negativos

Compare the position of object and reflexive pronouns in the affirmative and negative commands below.

Act. 8

Lupe:	Carlos:	Manuel:
¿Invito a **Luis?**	Sí, invíta**lo**.	No, no **lo** invites.
¿Escribo a **Carmen?**	Sí, escríbe**le**.	No, no **le** escribas.
¿**Me** quedo en casa?	Sí, quéda**te**.	No, no **te** quedes.

> In affirmative commands, object and reflexive pronouns come *after* the verb and are attached to it.

> In negative commands, they come *before* the verb.

REFRÁN

No te dejes dar gato por liebre.

Don't let yourself be given a cat for a hare.

ACTIVIDAD 7   Las maletas de Ricardo

Ricardo va a pasar el verano en España. En sus maletas, puede llevar sólo veinte kilos. Dile las cosas que puede y las que no puede llevar.

   la guitarra   ¡Llévala!
                        (¡No la lleves!)

SCRIPT
Act. 9

MASTERS
p. 51

1. el tocadiscos
2. el radio
3. el televisor
4. las camisas
5. el traje de baño

6. los pantalones
7. los suéteres
8. la raqueta de tenis
9. la grabadora
10. los libros de matemáticas

ADDITIONAL CUES: **los anteojos de sol / la cámara / los esquís / el abrigo / el diccionario español-inglés / los blue-jeans.**

ACTIVIDAD 8   ¡Sí y no!

Irene les cuenta a sus amigos qué va a hacer. Roberto está de acuerdo *(agrees)* pero Tomás, no. Haz los tres papeles según el modelo.

llamar a Laura   Irene: Voy a llamar a Laura.
                Roberto: ¡Excelente idea! ¡Llámala!
                Tomás: ¿Llamar a Laura? ¡No, no la llames!

WB
B1, B2,
B3

SCRIPT
Act. 10

MASTERS
p. 51

1. comprar una bicicleta
2. escribirle a Camila
3. hablarle al profesor
4. vender mi tocadiscos
5. visitar a Conchita
6. ayudar a Víctor y a su novia
7. traer los discos
8. ayudar a Jaime
9. quedarme en casa
10. sentarme en el sofá

Act. 11

Pronunciación   El sonido de la consonante *t*

Model word: torta
Practice words: taza   tenedor   tomate   tarde   temprano
Practice sentences: Tomás no tiene tocadiscos.
                    El tío de Teresa es agente de arte.
                    ¿Cuánto cuesta tu televisor?

Like the Spanish consonant **p,** the consonant **t** is also pronounced without a puff of air. Compare the English words "till" and "still": with "till" you produce a puff of air, and with "still" you do not. Try to make the Spanish **t** sound similar to the **t** of "still." Your tongue should touch the back of your upper front teeth.

Para la comunicación

> **Expresión para la composición**
>
> **a propósito**   *by the way*

Mini-composición   Consejos

Imagina que tu mejor amigo(a) está en una de las siguientes
situaciones. Escríbele una tarjeta y dale seis consejos, tres afirmativos y
tres negativos. Si quieres, puedes usar los verbos entre paréntesis. Usa
la expresión para la composición.

- Tu mejor amigo(a) está en casa con gripe *(flu)*.
  (beber, comer, quedarse, levantarse,
  acostarse, dormir, estudiar, leer)
- Tu mejor amigo(a) ha invitado *(has invited)* a
  un amigo vegetariano a comer.
  (comprar, preparar, olvidar, llevar, empezar,
  servir)
- Tu mejor amigo(a) quiere preparar una
  comida típicamente norteamericana para
  amigos hispanos.
  (comprar, preparar, olvidar, llevar, empezar,
  servir)

 Querido Juan:
   Estás enfermo. ¡Qué lástima! **A propósito,** tengo unos consejos
para ti: bebe mucho té . . .

Remember that the students should avoid affirmative commands using **salir, poner, tener, venir, hacer** and **decir**.

WB
La co-
mida...

SCRIPT
Act. 12

MASTERS
p. 51

TRB

QUIZ
pp. 122–
123

Lección 3 ¡Bravo, Sra. de Ortiz!

En su casa, el Sr. Ortiz es un dictador absoluto . . . Pero un día . . .

Sr. Ortiz: ¡Pásame la sal!
Sra. de Ortiz: Momento . . . te la paso en seguida.

en seguida: *right away*

Sr. Ortiz: ¡Dame el vino!
Sra. de Ortiz: Espérate . . . te lo doy en seguida.

Sr. Ortiz: ¡Tráeme el pan!
Sra. de Ortiz: Sí, sí . . . te lo traigo en seguida.

Unidad diez
414

Sr. Ortiz: ¡Tráeme la ensalada!

Sra. de Ortiz: Bueno . . . te la traigo en seguida.

Sr. Ortiz: ¡Tráeme los espaguetis!

Sra. de Ortiz: Los espaguetis . . . ¡voy a traértelos!

Sra. de Ortiz: ¡Aquí tienes los espaguetis!

- Have the students narrate the events (1) in the present and (2) in the preterite.
- To make sure that the students do not misinterpret the cartoons, you may read them the following:

  ¿Son realistas las historietas que acabas de leer? ¡Claro que no! Aunque el hombre hispano es jefe en su casa, no es un dictador. Respeta a su esposa y aprecia el trabajo que ella hace todos los días en la casa.

Lección tres

415

Un verdadero *(true)* amigo es generoso. Siempre presta sus cosas alegremente.
¿Te presta sus cosas tu mejor amigo? Vamos a ver.

1. ¿Te presta su tocadiscos?
   Sí, **me lo** presta. (No, no **me lo** presta.)
2. ¿Te presta su bicicleta?
3. ¿Te presta su reloj?
4. ¿Te presta sus discos?
5. ¿Te presta sus revistas?

OBSERVACIÓN   Est. C

Reread the suggested answers to the first question. In each answer there are two object pronouns.
- Which one is the *direct* object pronoun? Which   lo / me
  one is the *indirect* object pronoun?
- Which pronoun comes first, the direct object
  pronoun or the indirect object pronoun?   indirect object pronoun

Act. 2

NOTA CULTURAL   OPTIONAL

El apellido de la mujer casada°

¿Notaste el nombre° de la señora en la historia?
No se llama señora Ortiz, sino° señora *de* Ortiz.
Generalmente cuando una mujer hispánica se casa,°
conserva° su apellido° paterno.° Por ejemplo, si Isabel
Montero se casa con Miguel Ortiz, su nombre va
a ser Isabel Montero de Ortiz. Los hijos se van a
llamar° Pablo y Ana Ortiz Montero.

Pero ahora esta tradición va cambiando.° Hoy
día,° hay algunas mujeres hispánicas que prefieren
no usar el «de» antes del apellido del esposo.

casada *married* **nombre** *name* **sino** *but* **se casa** *gets
married* **conserva** *she keeps* **apellido** *surname* **paterno**
paternal **se van a llamar** *are going to be called* **va
cambiando** *is changing* **Hoy día** *Today*

Estructuras

A. Mandatos irregulares (I)

Some verbs have irregular command forms in the affirmative but regular command forms in the negative.

Act. 3

	AFFIRMATIVE (IRREGULAR)	NEGATIVE (REGULAR)	
decir	**di**	**no digas**	¡**Di** la verdad, Antonio! ¡**No** me **digas** tonterías!
hacer	**haz**	**no hagas**	¡**Haz** la tarea, Miguel! ¡**No hagas** las tareas difíciles!
poner	**pon**	**no pongas**	¡**Pon** los discos aquí, por favor! ¡**No pongas** los pies allí!
salir	**sal**	**no salgas**	¡**Sal** con tus amigos esta noche! ¡**No salgas** mal en el examen!
tener	**ten**	**no tengas**	¡**Ten** paciencia, Jaime! ¡**No tengas** miedo *(fear)*, chico!
venir	**ven**	**no vengas**	¡**Ven** aquí inmediatamente! ¡**No vengas** a esta fiesta!

꙳ Note that these are the verbs which have the **-go** ending in the **yo** form of the present tense.

꙳ Remember that in affirmative commands, pronouns follow the verb, but in negative commands they precede it!

Pon los discos aquí. Pon**los** aquí.
No hagas las tareas. No **las** hagas.

REFRÁN

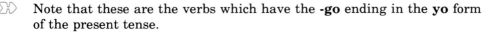

Do what I say, not what I do.

ACTIVIDAD 1   ¡El pobre Arturo!

Como Arturo es el menor de la familia, sus dos hermanas siempre le dan órdenes.
Y estas órdenes casi siempre son contrarias. Haz los papeles de las dos hermanas.

 sal con Miguel (Antonio)   Hermana 1: Sal con Miguel.
                                                  Hermana 2: No salgas con Miguel. Sal con Antonio.

1. haz la tarea de español (de inglés)
2. pon los libros aquí (allí)
3. di cosas divertidas (cosas serias)
4. ven a la cocina (al comedor)

5. ten cuidado *(be careful)* .con los
   vasos de plástico (de cristal)
6. sal a las dos (a las tres)

ACTIVIDAD 2   El hermano mayor

Fernando siempre le dice a su hermanito qué cosas debe hacer. Haz el
papel de Fernando.

 decir la verdad   Fernando: ¡Di la verdad, Carlitos!

1. hacer las tareas
2. poner la mesa
3. tener cuidado
4. venir aquí

5. decir adónde vas
6. salir con tu hermana
7. tener paciencia
8. salir bien en tus exámenes

B. Mandatos irregulares (II)

Two verbs have irregular negative command forms, but regular affirmative
forms.

	AFFIRMATIVE (REGULAR)	NEGATIVE (IRREGULAR)	
dar	**da**	**no des**	¡**Dame** tu reloj! ¡**No** me **des** tu libro!
estar	**está**	**no estés**	**Está** aquí a las siete. ¡**No estés** tan nerviosa, Luisa!

Two verbs have both irregular affirmative and irregular negative command
forms.

	AFFIRMATIVE (IRREGULAR)	NEGATIVE (IRREGULAR)	
ir	**ve**	**no vayas**	¡**Ve** al cine con nosotros! ¡**No vayas** a la playa conmigo!
ser	**sé**	**no seas**	¡**Sé** un buen estudiante! **No seas** siempre malo con ellos.

Act. 3

The command forms of **saber (sabe, no sepas)** will be introduced in Level 2.

ACTIVIDAD 3 Tus consejos

Tú das consejos a tu amiga Estela sobre las siguientes cosas. Dile que sí o que no, según el modelo.

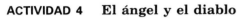 darles dinero a todos: no   No les des dinero a todos.

1. darles un regalo a tus amigos: sí
2. dar consejos: no
3. ir al parque: sí
4. ir a casa: no

5. ser buena: sí
6. ser mala: no
7. estar nerviosa: no
8. estar en casa temprano: sí

ACTIVIDAD 4 El ángel y el diablo

Otra vez, Pedro está indeciso. El ángel le da buenos consejos. El diablo le da malos consejos. Haz los papeles del ángel y del diablo, según el modelo.

decir la verdad   Ángel: ¡Di la verdad!
                   Diablo: ¡No digas la verdad!

1. hacer las tareas
2. hacer una pregunta tonta
3. darle un regalo a tu mamá
4. darle postre al gato
5. ser tolerante
6. ser cruel
7. tener paciencia
8. venir a casa temprano

9. decir cosas buenas
10. decir cosas ofensivas
11. ponerte de mal humor
12. poner sal en el café
13. estar aquí a tiempo
14. estar aquí tarde
15. ir a clase tarde
16. ir a la iglesia

WB
B1

SCRIPT

Act. 4, 5

MASTERS
p. 52

C. La posición de los pronombres directos e indirectos

Note the position of the direct (2) and indirect (1) objects in the following questions and answers.

Act. 6

1	2	1 2
¿Me prestas **tu cámara?**		Sí, **te la** presto.
¿Me das **tus revistas?**		No, no **te las** doy.
¿Me vendes **tu reloj?**		Sí, **te lo** vendo.

When two object pronouns appear in the same sentence, the indirect object pronoun comes *before* the direct object pronoun.

In affirmative commands, these pronouns come *after* the verb and are attached to it. They may also come *after* the infinitive and be attached to it. An accent mark is used to retain the original stress pattern of the verb.

¡Tengo nuevos discos!
{
¡Préstame**los**!
¿Quieres vendérme**los**?
(¿Me **los** quieres vender?)
}

ACTIVIDAD 5   Diálogo: ¿Me prestas . . . ?

Pídeles a tus compañeros los siguientes objetos.

VARIATIONS: **(vender)** ¿Me vendes ... ?; **(dar)** ¿Me das ... ?

⟐   tu libro de español   Estudiante 1: ¿Me prestas tu libro de español?
Estudiante 2: Sí, te lo presto.
(No, no te lo presto.)

1. tu reloj
2. tu radio
3. un dólar

4. dos dólares
5. tus cintas
6. tu lápiz

ACTIVIDAD 6   Carlos, el comprador

A Carlos le gustan las cosas de sus amigos y siempre quiere comprarlas.
Los amigos aceptan sus ofertas *(offers)* . . . por cierto precio *(price)*. Haz los
dos papeles según el modelo.

⟐   tu bicicleta / 50 dólares   Carlos: Véndeme tu bicicleta.
Su amigo: Te la vendo por cincuenta dólares.

1. tu reloj / 10 dólares
2. tus discos / 5 dólares
3. tu guitarra / 15 dólares
4. tu abrigo / 20 dólares
5. tu tocadiscos / 50 dólares

6. tu cámara / 30 dólares
7. tus libros / 5 dólares
8. tu radio / 10 dólares
9. tu raqueta de tenis / 25 dólares
10. tus anteojos de sol / 5 dólares

ACTIVIDAD 7   Preparando la fiesta

Estás preparando una fiesta con un amigo. Él te pregunta si quieres ciertas
cosas. Contéstale afirmativamente según el modelo.

⟐   ¿Quieres los pasteles?   Sí, pásamelos, por favor.

WB
C1, C2

SCRIPT
⊙━━⊙

Act. 7, 8

1. ¿Quieres el té?
2. ¿Quieres el jugo de frutas?
3. ¿Quieres la leche?
4. ¿Quieres las gaseosas?
5. ¿Quieres el helado?
6. ¿Quieres los plátanos?

ADDITIONAL CUES: **los sándwiches / las frutas / las rositas de maíz** (popcorn).

COMIDAS PARA FIESTAS
UNA FIESTA DE GALA PARA 20 PERSONAS

● Carnes con Aceitunas ● Queso
● Jamón ● Salami ● Roast Beef
1 Bandeja Ensalada Papas
1 Bandeja Ensalada Macarrones
1 Bandeja Picadillo de Coles
1 Bandeja Pepinillos y Aceitunas
1 Cubo Pretzels y Papitas Fritas
Mostaza y Mayonesa
1 Hogaza de Pan Centeno y Pan Blanco

TENEMOS MUCHOS
PLANES TODOS A
PRECIOS BIEN ECONOMICOS

PARA SU BODA, CUMPLEAÑOS,
IOS, BAUTIZOS, ETC,

GRATIS   UNA BOTELLA DE
CHAMPAÑA
CON SU ORDEN

TAMBIEN TENEMOS LECHON ASADO CON ARROZ
CON GANDULES Y MUCHAS OTRAS COMIDAS LATINAS

Pronunciación Las sílabas con acento

Model sentences: ¡Pré̱stame el libro! ¡Pré̱stamelo!

Voy a prest<u>a</u>rte el libro. Voy a prest<u>á</u>rtelo.

Practice sentences: No quiero prest<u>a</u>rte mis discos. No quiero prest<u>á</u>rtelos.

Voy a mand<u>a</u>rte la carta. Voy a mand<u>á</u>rtela.

¿Vas a compr<u>a</u>rme un helado? ¿Vas a compr<u>á</u>rmelo?

When two pronouns are added to a command form of the verb or to an infinitive, an accent mark is used to show that the originally stressed syllable is still stressed.

An accent mark is used also with the progressive forms of the verb. **Estoy leyendo el libro. Estoy leyéndolo. Mi mamá está leyéndomelo.** OPTIONAL

Para la comunicación

> **Expresión para la composición**
>
> **de todas maneras** *in any case*

Mini-composición Citas

Imagina que una amiga española tiene una cita con una de las siguientes personas:

- un chico norteamericano que va a invitarla a un restaurante muy elegante
- un chico muy aburrido
- un periodista que quiere hablar con ella
- un empleado del departamento de inmigración

Dale a esa chica algunos buenos consejos. Si quieres, puedes usar las siguientes expresiones en oraciones afirmativas o negativas.

- ponerse: ¿qué ropa?
- dar: ¿qué información?
- decir: ¿qué cosas? ¿la verdad?
- estar: ¿cómo?
- ir: ¿adónde?

Usa la expresión para la composición.

 ¿Tienes una cita con un chico muy aburrido? ¡No estés triste!
De todas maneras, . . .

Una conspiración:
un mini-drama en cuatro actos

Lección 4

Act. 1

Rafael tiene un mal hábito. Nunca devuelve las cosas que pide prestadas. Por eso sus amigos no están dispuestos a prestarle nada.

devuelve: *returns*
pide prestadas:
  borrows,
dispuestos: *inclined*

Acto 1. Rafael, Juan Pablo

Rafael: Oye, Juan Pablo, tienes un tocadiscos nuevo, ¿verdad?

Juan Pablo: Sí, ¿por qué?

Rafael: Préstamelo . . . ¡por favor!

Juan Pablo: Lo siento, pero no puedo prestártelo.

Rafael: ¿Por qué no?

Juan Pablo: ¡Porque se lo presté a Antonio!

Rafael: ¿Puedo pedírselo?

Juan Pablo: ¡Sí, si quieres!

Acto 2. Rafael, Antonio

Rafael: Oye, Antonio, ¿puedes prestarme el tocadiscos de Juan Pablo? Él dice que tú lo tienes.

Antonio: Ya no lo tengo.

Rafael: ¿Ya no lo tienes? ¿Se lo devolviste a Juan Pablo?

Antonio: ¡No! María me lo pidió y se lo di a ella.

Ya: *Anymore*

Acto 3. Rafael, María

Rafael: ¡Oye, María! Antonio te prestó el tocadiscos de
        Juan Pablo, ¿verdad?

María: Sí, me lo prestó.

Rafael: ¿Lo necesitas?

María: ¡No!

Rafael: Entonces, ¿puedes prestármelo?

María: ¡Qué lástima!, pero se lo presté a Margarita.

Acto 4. Rafael, Margarita

Rafael: ¡Oye, Margarita! ¿Tienes el tocadiscos de Juan Pablo?

Margarita: No . . . ya no lo tengo.

Rafael: ¿A quién se lo diste?

Margarita: Se lo devolví a Juan Pablo.

Rafael: ¿A Juan Pablo? . . . ¿Cuándo te lo pidió?

Margarita: Me lo pidió la semana pasada.

Rafael: ¡No me digas! ¡Creo que es una conspiración!

You may have student volunteers mime the skit while you play the tape, or have
them retell the story in the third person.

CONVERSACIÓN   OPTIONAL

Y tú . . . ¿eres una persona generosa?
¿Prestas tus cosas a tus amigos? Vamos a ver.

1. ¿Le prestas tu bicicleta **a tu mejor amigo?**
    Sí, **se** la presto (No, no **se** la presto.)
2. ¿Le prestas tu grabadora a tu mejor amigo?
3. ¿Le prestas tu reloj a tu mejor amigo?
4. ¿Le prestas tus discos a tu mejor amigo?
5. ¿Le prestas tus revistas a tu mejor amigo?

OBSERVACIÓN   Est. A

Reread the model answer to question one.

- What is the direct object pronoun used to
  replace **tu bicicleta?** la
- What is the indirect object pronoun used to
  replace **a tu mejor amigo?** se

Act. 2

Posesiones

Un joven hispánico generalmente no es dueño° de muchas cosas. Raras veces° tiene tantas° cosas como un joven norteamericano. El joven hispánico tiene menos ropa. Tal vez tiene un radio o un tocadiscos o una bicicleta. Pero, ¿una moto o un coche? . . . ¡Sólo si es de familia muy rica!

La mayoría de las personas trabajan mucho y ganan poco. Ganan bastante menos que una persona con un trabajo similar en los Estados Unidos. Así que° una familia hispánica no siempre puede comprarles a sus hijos muchas cosas. Y cosas como una motocicleta o un coche son verdaderamente artículos de lujo° para muchos jóvenes.

Para ellos, las posesiones son importantes, pero no tanto como° las relaciones con sus amigos. Para tener amigos no necesitan tener cosas o dinero. Por eso la amistad° en la vida de los jóvenes hispánicos tiene más valor° que cualquier° artículo de lujo.

dueño *owner* **Raras veces** *Rarely* **tantas** *as many* **Así que** *That is why* **lujo** *luxury* **no tanto como** *not as much as* **amistad** *friendship* **valor** *value* **cualquier** *any*

¿Es más o menos rico el joven hispánico que el joven norteamericano? ¿Tiene más o menos cosas? ¿Trabaja mucho la gente en los países hispánicos? ¿Gana mucho? ¿Tienen motocicleta o coche todos los jóvenes hispánicos? ¿Por qué no?

Estructuras

A. El pronombre se

Act. 3

Note the form of the indirect object pronoun used in the answers below to replace the nouns in heavy print.

¿**Le** prestas tu guitarra **a Carlos**?	Sí, **se** la presto.
¿**Le** das tu reloj **a María**?	Sí, **se** lo doy.
¿**Les** enseñas tus fotos **a tus amigos**?	No, no **se** las enseño.
¿**Les** dices la verdad **a tus amigas**?	Sí, **se** la digo.

☞ **Se** replaces **le** and **les** before the other pronouns which begin with **l**. As an indirect object pronoun, it always comes *first*.

☞ Remember that with affirmative commands, object pronouns always come *after* the verb. They may also come *after* an infinitive.

¿**Le** doy mi cuaderno **a Luis**?   ¡Sí, dá**se**lo!

¿Vas a prestar**le** tus discos **a Carmen**?   Sí, voy a prestár**se**los.
(Sí, **se** los voy a prestar.)

ACTIVIDAD 1 ¡Lo siento! *(Sorry!)*

Manuel le pide ciertas cosas a Isabel. Ella le dice que no las tiene porque
se las prestó a sus amigos. Haz los dos papeles según el modelo.

∑⧹ el tocadiscos / Rafael   Manuel: Por favor, Isabel, préstame tu tocadiscos.
　　　　　　　　　　　　　　　　Isabel: Lo siento, pero no lo tengo. Se lo presté a Rafael.

1. la guitarra / Teresa
2. la raqueta de tenis / Luis
3. el radio / Ramón y Clara
4. el reloj / Elena
5. los anteojos de sol / Susana
6. los discos / mis amigas
7. el televisor / mis primos
8. el coche / Carmen y Luisa

ACTIVIDAD 2 El ángel y el diablo

Pablo encontró varias cosas que son de sus amigos. ¿Va a devolverlas
(give them back) o va a quedarse con ellas? El ángel le da buenos consejos
y el diablo le da malos consejos. Haz los tres papeles según el modelo.

VARIATION using **tener que** + infinitive:
Ángel: Tienes que devolvérsela.
Diablo: No tienes que devolvérsela.

∑⧹ la guitarra de María   Pablo: Encontré la guitarra de María.
　　　　　　　　　　　　　　Ángel: ¡Devuélvesela!
　　　　　　　　　　　　　　Diablo: ¡No se la devuelvas!

1. el tocadiscos de Manuela
2. los discos de Carlos
3. la bicicleta de Luis
4. las revistas de Carmen
5. la cámara de mis primos
6. el reloj del profesor
7. el radio de mis amigas
8. el televisor de Paco

ACTIVIDAD 3 Tú, el generoso

Imagina que eres muy rico(a). ¿A cuál de estos chicos vas a dar las
siguientes cosas?

VARIATION using **ir a** + infinitive: **Voy a dárselo a Carlos.**

- A Carlos le gusta la música.
- A María le gustan los deportes.
- A Felipe y a Luis les gusta leer.
- A Rita y a Silvia les gusta la ropa.

∑⧹ el tocadiscos   Se lo doy a Carlos.

1. el libro
2. los discos
3. las camisas
4. las novelas
5. los esquís
6. la revista
7. los vestidos
8. la raqueta de tenis
9. la guitarra
10. los zapatos
11. la pelota *(ball)*
12. los blue-jeans

B. Expresiones de lugar

To indicate the physical position of people or things in relation to other people or things, we use prepositions of place. In Spanish, prepositions of place may consist of one or several words. Note the prepositions in the vocabulary below.

Act. 5

43

VOCABULARIO PRÁCTICO · Preposiciones de lugar

al lado de

sobre
encima de

lejos de

Raúl

detrás de

en

cerca de

debajo de

alrededor de

hacia

delante de

Ana   María   Paco

a la izquierda de   a la derecha de

Paco está **a la derecha de** María.
Ana está **a la izquierda de** María.
Los chicos están **delante de** la casa.
Los chicos van **hacia** la casa.
El árbol está **al lado de** la casa.
El perro está **debajo de**l árbol.
El gato está **sobre (encima de)** la casa.

La mamá está **en** la casa.
Hay un jardín **alrededor de** la casa.
Raúl está **detrás de** la casa.
Laura está **cerca de** la casa.
El coche está **lejos de** la casa.

NOTA: The expressions with **de** are used before nouns. When they are used alone (without a noun), the **de** is dropped.

La escuela está **cerca de** mi casa.   *The school is **near** my house.*
La escuela está **cerca**.   *The school is **near** (nearby).*

WB
B1, B2

Refer to classroom objects and to the students to teach these prepositions. [Paul] **está lejos de** [Susan].

ACTIVIDAD 4   Preguntas personales

1. En clase, ¿quién se sienta a tu izquierda? ¿a tu derecha? ¿delante de ti? ¿detrás de ti?
2. ¿Quiénes viven a la izquierda de tu casa? ¿a la derecha de tu casa?
3. ¿Vives cerca de la escuela? ¿lejos?
4. ¿Trabaja tu padre lejos de casa? ¿cerca? ¿Y tu mamá?

ACTIVIDAD 5   El edificio de apartamentos

Imagina que eres el portero *(doorman)* de este edificio. Explícales a los visitantes dónde viven las personas que buscan.

▷ el Sr. Pérez   El Sr. Pérez vive al lado del apartamento de la Sra. de García.
(El Sr. Pérez vive a la izquierda del apartamento de la Sra. de García.)
(El Sr. Pérez vive debajo del apartamento de la Srta. Ochoa.)

1. la Srta. Ochoa
2. el Sr. Pacheco
3. el Sr. Domínguez
4. la Sra. de García
5. la Srta. Amaya
6. las Srtas. Gómez
7. la Srta. Aparicio
8. los hermanos Méndez

la Srta. Ochoa	el Sr. Pacheco	el Sr. Domínguez
el Sr. Pérez	la Sra. de García	la Srta. Amaya
la Srta. Aparicio	las Srtas. Gómez	Méndez

VOCABULARIO PRÁCTICO — Los muebles *(Furniture)*

la lámpara

la cama

el estante

la silla

la mesa

ACTIVIDAD 6   El cuarto de Carmen

Describe la posición de todos:

> el gato   El gato está sobre el estante.

1. el perro
2. la guitarra
3. la lámpara
4. Carmen

5. la raqueta
6. los libros
7. los zapatos
8. el bolso

Act. 10

Pronunciación   El sonido de la consonante *rr*

Model words: R̲afael   pe̲r̲ro
Practice words: r̲eloj r̲omper r̲ecibir r̲ojo r̲ico r̲ecordar
                guita̲r̲ra ciga̲r̲ro ciga̲r̲rillo
Practice sentences: R̲oberto r̲ompió la guita̲r̲ra de R̲icardo.
                    R̲aúl vive en el ba̲r̲rio puerto̲r̲riqueño.
                    El r̲eloj es de R̲osa.

In the middle of a word, the "trilled" **r** or **"erre"** is written **rr**. At the beginning of a word, it is written **r**.

Para la comunicación

Expresiones para la composición

por desgracia
desafortunadamente } *unfortunately*

Mini-composición

Imagina que un chico de quien no te fías *(you have no confidence)* te
pide dos de los siguientes objetos.

- tu cuaderno de español
- tu bicicleta
- tus discos
- tu tocadiscos
- tu cámara
- tu reloj

Escríbele una nota diciéndole que no. Por cada cosa, dale una excusa.
Si quieres, puedes usar los siguientes verbos:

    dar / vender / prestar / mandar / devolver *(return)*

Usa las expresiones para la composición.

    ¿Deseas usar mi guitarra? Lo siento. No la tengo. Se la presté a
    Antonio y **desafortunadamente** no me la devolvió.

ALTERNATE: Let groups of students act out skits about a given object, using the text at the beginning of this lesson as a model.

WB Test / Repaso   TEST pp. 127–130   ACHIEVEMENT TEST pp. 131–140

Variedades   El lenguaje de las manos

¿Necesitamos siempre palabras para comunicarnos con otros? ¡Claro que no! Por ejemplo, cuando queremos decir que sí o que no, podemos mover la cabeza verticalmente u horizontalmente. Nos expresamos usando la cabeza o la boca, o los ojos, o las manos . . .

Los hispanohablantes también usan las manos para expresarse, y las usan más que nosotros: hablan con las manos.

Mira las ilustraciones. En cada ilustración, la persona expresa algo diferente con las manos. ¿Cuál es el significado de este mensaje?° ¿Es A? B? o C?

mensaje: *message*

A. ¿Quieres comer algo?
B. ¡Háblame de tu problema!
C. ¡Lávate los dientes!

1. los dedos juntos° delante de la boca

juntos: *together*

A. ¡Lávate las manos!
B. ¡Dame el dinero! ★
C. ¡Ven aquí!

2. el pulgar° y los dedos juntos

pulgar: *thumb*

A. ¡No te quedes en casa!
B. ¡No salgas ahora!
C. ¡Espera un momento! ★

3. la mano abierta° y los dedos juntos

abierta: *open*

Unidad diez   Read the starred responses aloud and have the students act out the corresponding gestures.

430

A. ¡Mírame!
B. ¡No hagas eso! ★
C. ¡Dime tu nombre!°

nombre: *name*

4. el índice° levantado°

índice: *index finger,*
levantado: *raised*

A. ¡No digas mentiras!°
B. ¡Cuidado!° ¡Ojo! ★
C. ¡Pásame mis anteojos!

mentiras: *lies*
Cuidado: *Careful*

5. el índice debajo del ojo

A. ¡No estés tan nervioso(a)!
B. ¡Piensa! ★
C. ¡No digas nada a tus amigos!

6. el índice en la frente

Y ahora las respuestas correctas: 1-A, 2-B, 3-C, 4-B, 5-B, 6-B

El arte de la lectura

OPTIONAL

Enriching your vocabulary: cognate patterns *ar* → *ate*

Many English verbs in *–ate* correspond to Spanish verbs in **–ar**.

communicate	comunic**ar**
create	cre**ar**

Ejercicio

Use the following verbs in original sentences. If you wish, you may use the suggestions given.

celebrar: ¿el cumpleaños de quién? ¿cuándo?
ilustrar: ¿un libro? ¿cómo?
decorar: ¿tu cuarto? ¿cómo?

imitar: ¿a quién? ¿cómo?
participar: ¿en un partido? ¿con quién?

APPENDIX 1

A. Cardinal numbers

0	cero	16	diez y seis (dieciséis)	90	noventa
1	uno (un)	17	diez y siete (diecisiete)	100	cien (ciento)
2	dos	18	diez y ocho (dieciocho)	101	ciento uno(a)
3	tres	19	diez y nueve (diecinueve)	102	ciento dos
4	cuatro	20	veinte	200	doscientos
5	cinco	21	veinte y uno (veintiuno)	201	doscientos uno
6	seis	22	veinte y dos (veintidós)	300	trescientos
7	siete	23	veinte y tres (veintitrés)	400	cuatrocientos
8	ocho	30	treinta	500	quinientos
9	nueve	31	treinta y uno	600	seiscientos
10	diez	40	cuarenta	700	setecientos
11	once	41	cuarenta y uno	800	ochocientos
12	doce	50	cincuenta	900	novecientos
13	trece	60	sesenta	1.000	mil
14	catorce	70	setenta	2.000	dos mil
15	quince	80	ochenta	1.000.000	un millón (de)

NOTE:
1. **Uno** becomes **un** before a masculine noun: **treinta y un** chicos
   una before a feminine noun: **treinta y una** chicas
2. **Cien** is used alone, before nouns, and before **mil:** **cien** dólares, **cien** mil dólares
3. **Ciento** is used before numbers under 100: **ciento** veinte
4. The hundreds from two to nine hundred agree with the nouns they introduce: **doscientas** pesetas

B. Ordinal numbers

1°	primero(a)	4°	cuarto(a)	7°	séptimo(a)	10°	décimo(a)
2°	segundo(a)	5°	quinto(a)	8°	octavo(a)		
3°	tercero(a)	6°	sexto(a)	9°	noveno(a)		

NOTE:
1. **Primero** becomes **primer** before a masculine singular noun: **el primer** libro
2. **Tercero** becomes **tercer** before a masculine singular noun: **el tercer** papel

APPENDIX 2

A. Regular verbs

	PRESENT		PRETERITE	
hablar	hablo	hablamos	hablé	hablamos
(to talk, to speak)	hablas	habláis	hablaste	hablasteis
	habla	hablan	habló	hablaron
comer	como	comemos	comí	comimos
(to eat)	comes	coméis	comiste	comisteis
	come	comen	comió	comieron
vivir	vivo	vivimos	viví	vivimos
(to live)	vives	vivís	viviste	vivisteis
	vive	viven	vivió	vivieron

PRESENT PARTICIPLE OF REGULAR VERBS	FAMILIAR COMMAND FORMS OF REGULAR VERBS
hablar: habl**ando**	hablar: habla, no hables
comer: com**iendo**	comer: come, no comas
vivir: viv**iendo**	vivir: vive, no vivas

B. Stem-changing verbs

The endings of stem-changing verbs are regular.

Present

The stem change affects the **yo, tú, él** and **ellos** forms of the present.

---

e → ie

pensar	pienso	pensamos
(to think)	piensas	pensáis
	piensa	piensan

verbs conjugated like **pensar:**

atender *(to take care of, to wait on)*
divertirse *(to enjoy oneself, to have fun)*
empezar *(to start, to begin)*
entender *(to understand)*
merendar *(to snack)*
perder *(to lose)*
preferir *(to prefer)*
sentarse *(to sit, to sit down)*
sentir(se) *(to feel)*

---

o → ue

contar	cuento	contamos
(to count, to	cuentas	contáis
tell, to relate)	cuenta	cuentan

verbs conjugated like **contar:**

acostarse *(to go to bed)*
costar *(to cost)*
dormir *(to sleep)*
encontrar *(to meet)*
recordar *(to remember)*
volver *(to come back)*

---

u → ue

jugar	juego	jugamos
(to play)	juegas	jugáis
	juega	juegan

---

e → i

pedir	pido	pedimos
(to ask for,	pides	pedís
to request)	pide	piden

verbs conjugated like **pedir:**

servir *(to serve)*
vestirse *(to dress oneself,*
                 to get dressed)

Preterite

Verbs in **–ar** and **–er** which have a stem change in the present do not have a stem change in the preterite.

pensar →	pensé, pensaste, pensó, pensamos, pensasteis, pensaron
perder →	perdí, perdiste, perdió, perdimos, perdisteis, perdieron
contar →	conté, contaste, contó, contamos, contasteis, contaron
volver →	volví, volviste, volvió, volvimos, volvisteis, volvieron

Verbs in **–ir** which have a stem change in the present also have a stem change in the **él** and **ellos** forms of the preterite.

e → i
sentir → sentí, sentiste, sintió, sentimos, sentisteis, sintieron
o → u
dormir → dormí, dormiste, durmió, dormimos, dormisteis, durmieron

C. Irregular forms

Certain verbs have one or several irregular forms.

	PRESENT		PRETERITE	
caer	**caigo**	caemos	caí	caímos
(to fall)	caes	caéis	caíste	caísteis
	cae	caen	cayó	cayeron
conducir	**conduzco**	conducimos	**conduje**	**condujimos**
(to drive)	conduces	conducís	**condujiste**	**condujisteis**
	conduce	conducen	**condujo**	**condujeron**
like **conducir: traducir** *(to translate)*				
conocer	**conozco**	conocemos	conocí	conocimos
(to know)	conoces	conocéis	conociste	conocisteis
	conoce	conocen	conoció	conocieron
like **conocer: obedecer** *(to obey)*, **ofrecer:** *(to offer)*				
dar	**doy**	damos	**di**	**dimos**
(to give)	das	dais	**diste**	**disteis**
	da	dan	**dio**	**dieron**
decir	**digo**	decimos	**dije**	**dijimos**
(to say, to tell)	**dices**	decís	**dijiste**	**dijisteis**
	dice	**dicen**	**dijo**	**dijeron**
estar	**estoy**	estamos	**estuve**	**estuvimos**
(to be)	**estás**	**estáis**	**estuviste**	**estuvisteis**
	está	**están**	**estuvo**	**estuvieron**
hacer	**hago**	hacemos	**hice**	**hicimos**
(to do, to make)	haces	hacéis	**hiciste**	**hicisteis**
	hace	hacen	**hizo**	**hicieron**

ir	voy	vamos	fui	fuimos
(to go)	vas	vais	fuiste	fuisteis
	va	van	fue	fueron

oír	oigo	oímos	oí	oímos
(to hear)	oyes	oís	oíste	oísteis
	oye	oyen	oyó	oyeron

poder	puedo	podemos	pude	pudimos
(to be able)	puedes	podéis	pudiste	pudisteis
	puede	pueden	pudo	pudieron

poner	pongo	ponemos	puse	pusimos
(to place, to put)	pones	ponéis	pusiste	pusisteis
	pone	ponen	puso	pusieron

querer	quiero	queremos	quise	quisimos
(to want, to like)	quieres	queréis	quisiste	quisisteis
	quiere	quieren	quiso	quisieron

saber	sé	sabemos	supe	supimos
(to know)	sabes	sabéis	supiste	supisteis
	sabe	saben	supo	supieron

salir	salgo	salimos	salí	salimos
(to leave,	sales	salís	saliste	salisteis
to go out)	sale	salen	salió	salieron

ser	soy	somos	fui	fuimos
(to be)	eres	sois	fuiste	fuisteis
	es	son	fue	fueron

tener	tengo	tenemos	tuve	tuvimos
(to have)	tienes	tenéis	tuviste	tuvisteis
	tiene	tienen	tuvo	tuvieron

traer	traigo	traemos	traje	trajimos
(to bring)	traes	traéis	trajiste	trajisteis
	trae	traen	trajo	trajeron

venir	vengo	venimos	vine	vinimos
(to come)	vienes	venís	viniste	vinisteis
	viene	vienen	vino	vinieron

ver	veo	vemos	vi	vimos
(to see)	ves	veis	viste	visteis
	ve	ven	vio	vieron

SPANISH-ENGLISH VOCABULARY

The Spanish-English Vocabulary lists the words and expressions in SPANISH FOR MASTERY. This includes words and expressions in the lessons, in the *Variedades*, and in the *Vistas* (except for specialized vocabulary glossed where it occurs). Only perfect cognates have been omitted. Active vocabulary—that is, the words and expressions that students are expected to know—is followed by a number. The number **(2.1)**, for example, indicates that the item is active in Unit 2, Lesson 1. Nouns referring to persons are given in the masculine and feminine forms if the English word is the same for both (**un compañero, una compañera,** companion). If the English word is different (**un tío,** uncle; **una tía,** aunt), the words are listed separately. Adjectives are listed in the masculine singular form. Irregular feminine or plural forms are noted in parentheses. Verbs are listed in the infinitive form. Some irregular or unfamiliar verb forms are listed separately. An asterisk (*) in front of a verb means that the verb has irregular forms. See the verb charts in Appendix 2. Asterisks also precede irregular compound verbs. For conjugation of these verbs refer to their root forms found in Appendix 2.

The following abbreviations are used:

adj.	adjective	*f.*	feminine	*obj.*	object	*pres.*	present
adv.	adverb	*fam.*	familiar	*part.*	participle	*pron.*	pronoun
conj.	conjunction	*inf.*	infinitive	*pl.*	plural	*rel.*	relative
dir.	direct	*m.*	masculine	*prep.*	preposition	*sing.*	singular

a

a at **(1.4)**; to **(2.1)**; *not translated when used before a personal dir. obj.* **(4.1)**
a cada uno su gusto each to his or her own taste
a casa home **(4.2)**
a causa de because of
a fin de cuentas all in all **(6.3)**
a gran velocidad very fast
a la casa de . . . to . . .'s (house) **(4.2)**
a (la) clase to class
a la derecha (de) on (to) the right (of) **(10.4)**
a la edad de at the age of, at . . . years of age
a la escuela to school
a la hora de comida at mealtime
a la izquierda (de) on (to) the left (of) **(10.4)**
a la moda de after the fashion of, in the style of

a la una at one o'clock **(1.4)**
a las (dos) at (two) o'clock **(1.4)**
a menudo often **(5.1)**
a (mi) lado next to (me)
a pie on foot **(4.4)**
a propósito by the way **(10.2)**
¿a qué hora? (at) what time? **(1.4)**
¿a quién(es)? whom? **(4.1)**; to whom? **(5.1)**
a tiempo on time **(8.2)**
a veces sometimes **(5.1)**
a ver let's see **(5.1)**
abajo below
calle abajo down the street
abandonado abandoned
abierto open
la **abnegación** self-sacrifice
un **abogado, una abogada** lawyer **(9.2)**
un **abrazo** hug
abre open *(command)*
un **abrigo** overcoat **(7.2)**
abril April **(1.5)**

abrir: en abrir in opening
absolutamente absolutely
una **abuela** grandmother **(5.2)**
un **abuelo** grandfather **(5.2)**
los **abuelos** grandparents
aburrido boring **(3.2)**
acabar to finish, end **(8.1)**
acabar de (+ *inf.*) to have just (done something) **(8.1)**
un **accidente** accident
el **aceite** oil **(10.2)**
un **acento** accent, accent mark
la **acentuación** stress(ing), accentuation
el **acero** steel
el **acondicionamiento de aire** air conditioning
acordarse (o→ue) de to remember
un **acordeón** (*pl.* **acordeones**) accordion
acostarse (o→ue) to go to bed **(7.4)**
una **actitud** attitude
una **actividad** activity
activo active
un **acto** act

un actor actor **(6.3)**
   un actor de cine movie actor
   un actor principal starring actor, leading man
   un actor secundario supporting actor
una actriz actress **(6.3)**
   una actriz de cine y teatro actress of the stage and screen
   una actriz principal starring actress, leading lady
   una actriz secundaria supporting actress
un acueducto aqueduct
acuerdo: estar de acuerdo to agree
acústico acoustic
adecuado appropriate
   la ropa adecuada the right clothes
adelantado early, ahead
adelante forward, onward
   ¡adelante con el español! (let's get) on with Spanish!
además moreover, in addition **(8.1)**
¡adiós! goodby! so long! **(1.2)**
adivinar to guess
un adjetivo adjective
   los adjetivos numerales ordinales ordinal number adjectives
adjuntar to enclose *(in a letter)*
administrar to administer *(be an administrator)*
admirar to admire
admirarse to admire oneself
¿adónde? where (to where?) **(4.2)**
adoptivo adopted
un aduanero, una aduanera customs officer
un adulto, una adulta adult
aéreo air
   una línea aérea airline
un aeromozo, una aeromoza flight attendant **(9.1)**
un aeropuerto airport
afeitarse to shave (oneself)

aficionado a fond of
un aficionado, una aficionada fan *(enthusiast)* **(6.2)**
   un(a) aficionado(a) al (fútbol) (soccer) fan
afirmativamente affirmatively, saying "yes"
afirmativo affirmative
afortunadamente fortunately
afortunado lucky, fortunate
África Africa
africano African *(also noun)*
una agencia agency
   una agencia de empleos (publicidad, turismo, viajes) employment (advertising, tourist, travel) agency
un agente, una agente agent
   un(a) agente de arte art dealer
   un(a) agente de viajes travel agent **(9.1)**
la agilidad agility
agosto August **(1.5)**
agresivo aggressive
el agua *(f.)* water **(8.4)**
ahora now **(2.1)**
   ahora no not now
ahorrar to save *(money)* **(6.1)**
el aire air
   el aire puro clean air, fresh air
el ajedrez chess
   jugar al ajedrez to play chess
al (a + el) to the, at the, the *(with personal dir. obj. noun)* **(4.1)**
   al centro downtown, into town
   al día a (per) day
   al lado on (at, to) the side **(10.4)**
   al lado de next to, beside, on (at, to) the side of **(10.4)**
   al mismo tiempo at the same time
   del (inglés) al (español) from (English) into (Spanish)
ala: el medio ala halfback *(soccer)*

un alcalde, una alcaldesa mayor
alegre happy **(4.3)**; merry, joyous, cheerful, lively
alegremente happily, cheerfully
alemán *(f. alemana)* German *(also noun)*
el alemán German *(language)*
Alemania Germany
un alfabeto alphabet
algo something, anything **(6.1)**
   algo de comer (beber) something to eat (drink)
alguien someone, anyone **(6.1)**
algún some, any *(used for alguno before m. sing. noun)* **(6.1)**
   algún día someday
alguno some, any **(6.1)**
la Alhambra *palace of the Moorish Kings near Granada, Spain*
los alimentos foods **(10.2)**
el alma *(f.)* soul
un almacén *(pl. almacenes)* department store
almorzar (o→ue) to have (eat) lunch **(10.2)**
el almuerzo lunch **(10.2)**
¡aló! hello! *(answering the phone)* **(9.3)**
una alpaca alpaca *(South American animal related to the llama)*
los Alpes the Alps
alrededor (de) around **(10.4)**
alto tall **(3.2)**; loud *(voice)*
el altruismo altruism, unselfishness
altura: (catorce) metros de altura (fourteen) meters high
un alumno, una alumna student, pupil **(3.1)**
allí there **(4.2)**
amable friendly
   ser amable con to be kind to
amarillo yellow **(7.2)**
una ambición *(pl. ambiciones)* ambition
ambicioso ambitious

el **ambiente** atmosphere

una **ambulancia** ambulance

América America *(North or South America)*

    la América Latina Latin America

americano American *(from North or South America; also noun)*

    el fútbol americano football *(sport)* **(6.2)**

un **amigo,** una **amiga** (close) friend **(3.1)**

la **amistad** friendship

el **amor** love

analizar to analyze

la **anarquía** anarchy, disorder(liness)

un **anciano** old man

ancho wide **(7.1)**

    (dos) metros de ancho (two) meters wide

andaluz *(f.* **andaluza;** *pl.* **andaluces)** Andalusian *(from Andalusia, in southern Spain; also noun)*

los **Andes** Andes *(mountain system extending for 4000 miles along western coast of South America)*

un **anillo** ring

anoche last night **(8.2)**

unos **anteojos** eyeglasses **(7.2)**

    unos anteojos de sol sunglasses **(7.2)**

anterior previous

antes before *(time)* **(5.1)**

    antes de before *(time)* **(9.2)**

anticuado old-fashioned

antiguo old, ancient

antipático unpleasant **(3.2)**

la **antropología** anthropology

anuncia: se anuncia (it) is announced

un **anuncio** advertisement, announcement

añadir to add

un **año** year **(1.5)**

    (ciento siete) años de edad (one hundred and seven) years old

    ¿cuántos años tiene? how old is he (she)?

    el año pasado last year

    los (quince) años (fifteenth) birthday

tener *(number)* **años** to be *(number)* years old **(3.4)**

    (una muchacha) de (diez y seis) años (sixteen)-year-old (girl)

un **apagón** *(pl.* **apagones)** blackout

un **aparato (eléctrico)** (electrical) appliance

aparecer (c→zc) to appear

la **apariencia** appearance

un **apartado** post office (P.O.) box

un **apartamento** apartment **(5.3)**

    un edificio de apartamentos apartment building

    viviendo en apartamentos apartment living

apasionante thrilling

un **apellido** last name, maiden name

    nombre y apellidos full name *(first name and last name)*

aplaudir to applaud

apreciar to appreciate

aprender to learn **(5.1)**

    aprender a + *inf.* to learn (how) to **(9.2)**

el **aprendizaje** apprenticeship

apropiado appropriate

aproximado approximate

    aproximado a close to

aproximadamente *adv.* approximately

aquel, aquella; aquellos, aquellas that; those *(over there)* **(7.2)**

aquí here **(1.1)**

árabe Arab, Arabic, Moorish *(architecture)* (also noun)

un **árbol** tree **(5.3)**

el **área** *(f).* area

    el área de puerta goal area *(soccer)*

argentino Argentinean *(also noun)*

árido arid, dry

un **armadillo** armadillo *(South American animal with an armorlike covering)*

un **arpa** *(f.)* harp

un **arquitecto,** una **arquitecta** architect

arreglar to fix, repair

arreglo: el arreglo personal personal care

arriba: calle arriba up the street

el **arroz** rice **(10.2)**

el **arte** art

un **artículo** article

un **artista,** una **artista** artist

    un(a) artista de cine movie star

artístico artistic

así so, thus, like this (that), in this (that) way

    así, así so-so **(1.2)**

    así es la vida that's life

    así es que so (it is that), this (that) is why, consequently

asiático Asian

un **asiento** seat

una **asignatura** subject, course *(in school)*

asistir a to attend, go to **(5.1)**

un **aspecto** appearance, aspect

    el aspecto exterior outward appearance

una **aspiración** *(pl.* **aspiraciones)** aspiration, ambition

un **astronauta,** una **astronauta** astronaut

astuto clever, sly

un **asunto** topic, subject, matter

atender (e→ie) to take care of, wait on **(9.1)**

    atender al público to wait on (take care of) people

atentamente carefully, attentively; sincerely, yours truly *(closing a formal letter)*

atento polite, considerate

    atento con attentive to, considerate towards

Atlántico: el Océano Atlántico Atlantic Ocean

un **atleta,** una **atleta** athlete **(6.2)**

el **atletismo** athletics

atrae (it) attracts

atraen: se atraen (they) attract

atrasado late, behind

aumentar to increase, augment
aun even
aunque although
el **austral** austral (*monetary unit of Argentina*)
australiano Australian (*also noun*)
un **auto** automobile, car
una **autobiografía** autobiography
un **autobús** (*pl.* **autobuses**) bus **(4.4)**
un **autógrafo** autograph
automotriz: la mecánica automotriz automotive mechanics
el **autoritarismo** authoritarianism
auxilios: los primeros auxilios first aid
avanzado advanced
una **avenida** avenue
aventuras: una película de aventuras adventure movie **(6.3)**
un **avión** (*pl.* **aviones**) airplane **(4.4)**
por avión by plane
¡ay! oh, no!
ayer yesterday **(8.2)**
ayer por la tarde yesterday afternoon
de ayer yesterday's
el día de ayer yesterday
la **ayuda** help, aid
ayudar to help (*something or someone*) **(5.4)**; to help out
ayudar a (*+inf.*) to help (someone) to
ayúdeme help me
azteca Aztec (*of the Aztec Indians of Mexico*)
el **azúcar** sugar **(10.2)**
azul blue **(7.1)**
azul marino navy blue

b

el **bacalao** codfish
un **bachiller** high school graduate (*college bound*)
el **bachillerato** *college preparatory curriculum in Hispanic secondary schools*
bailar to dance **(2.2)**

un **bailarín, una bailarina** (ballet) dancer
un **baile** dance, dancing
bajo short **(3.2)**; low (*voice*)
la planta baja ground floor, first floor (*USA*)
bajo (*prep.*) below **(1.6)**
un **balón** (*pl.* **balones**) ball
un **banco** bank
bañarse to take a bath **(7.3)**
un **baño** bathroom **(5.3)**
un traje de baño bathing suit **(7.2)**
barato inexpensive **(3.3)**
una **barba** beard
la **barbarie** savagery
un **barco** boat, ship **(4.4)**
un **barril** barrel
un **barrio** neighborhood **(4.2)**
una **base** basis; base (*baseball*)
el **básquetbol** basketball (*sport*) **(6.2)**
bastante rather, quite (*+ adj. or adv.*), enough (*+ noun*) **(3.2)**; considerably
beber to drink **(5.1)**
algo de beber something to drink
las **bebidas** drinks **(8.4)**
el **béisbol** baseball (*sport*) **(6.2)**
un partido de béisbol baseball game
belga (*m. and f.*) Belgian (*also noun*)
la **belleza** beauty
un salón de belleza beauty salon
biblioteca: un ratón de biblioteca bookworm
una **bicicleta** bicycle **(3.3)**
en bicicleta by (on a) bicycle
bien well, fine **(2.1)**
salir bien en (**un examen**) to pass (an exam) **(8.1)**
¡bienvenido! welcome!
bilingüe bilingual
la **biología** biology
un **bistec** steak **(10.2)**
blanco white **(7.2)**
unos **blue-jeans** jeans **(7.2)**
una **blusa** blouse **(7.2)**
una **boa** boa constrictor (*large South American snake*)

una **boca** mouth **(7.1)**
una **boda** wedding
un vestido de boda wedding gown
bogotano of (from) Bogotá
una **bola** ball
un **bolígrafo** (ball-point) pen **(3.3)**
el **bolívar** the bolivar (*monetary unit of Venezuela*)
boliviano Bolivian (*also noun*)
bolos: el juego de bolos (candlepin) bowling
un **bolso** bag **(3.3)**
los **bomberos** fire department
la **bondad** goodness
bonito nice-looking, pretty **(3.2)**; pretty, nice (*object or place*)
estar bonita to be (look) pretty
un **boxeador** boxer
el **boxeo** boxing
el **Brasil** Brazil
brasileño Brazilian (*also noun*)
un **brazo** arm **(7.4)**
brillante brilliant, bright
brillar to shine, glitter
bruto brute
buen good (*used for* **bueno** *before m. sing. noun*) **(3.2)**
bueno good **(3.2)**
buenas noches good evening, good night **(1.2)**
buenas tardes good afternoon **(1.2)**
bueno ... well ... **(3.1)**
¡bueno! all right! **(3.1)**
buenos días good morning **(1.2)**
¡qué bueno! great! **(1.6)**
¡qué bueno ...! how great (it will be) ...!
un **bus** bus (*Colombia*)
busca look for (*command*)
buscar to look for **(4.1)**

c

un **caballo** horse
las carreras de caballos horse racing

una **cabeza** head **(7.4)**
  un **dolor de cabeza** headache
  un **juego de cabeza** header *(soccer)*
una **cabra** goat
cada each, every **(4.4)**
  a cada uno su gusto each to his or her own taste
  cada cual a su manera each in his or her own way
  cada uno, cada una each one, every one
* **caer** to fall **(8.3)**
  dejar caer to drop
* **caerse (de)** to fall down (from), fall off (of)
café brown *(eyes)* **(7.1)**
el **café** coffee **(8.4)**
  el **café con leche** café au lait *(coffee with an equal part of hot milk)*
  de color **café** brown **(7.1)**
un **café** cafe **(4.2)**
una **cafetería** cafeteria
los **Caídos** the Fallen *see* **Valle**
caigo: me caigo (I) fall down
una **caja** box
unos **calcetines** socks **(7.2)**
una **calculadora** calculator
el **cálculo** calculation, calculus
caliente hot, warm
calmar to calm, soothe
calor: hace (mucho) calor it's (very) warm (hot) *(weather)* **(1.6)**
  tener calor to be (feel) hot **(8.4)**
una **caloría** calorie
una **calle** street **(4.2)**
  calle arriba (abajo) up (down) the street
una **cama** bed **(10.4)**
  hacer la cama to make the (one's) bed
  quedarse en la cama to stay in bed
una **cámara** camera **(3.3)**
  una **cámara de cine** movie camera
una **camarera** waitress
un **camarero** waiter
cambia change, conjugate *(command)*
cambiar to change **(8.2)**

cambiar de + *noun* to change (something)
cambiarse: cambiarse de ropa to change one's clothes
un **cambio** change
  los **verbos con cambios** stem-changing verbs, spelling-changing verbs
caminar to walk
un **camión** *(pl.* **camiones)** bus *(Mexico)*
una **camisa** shirt **(7.2)**
una **camiseta** T-shirt **(7.2)**
una **campana** bell
un **campeón** *(pl.* **campeones),** una **campeona** champion
un **campeonato** championship
el **campo** country(side) **(4.2)**; field
  un **campo de fútbol** soccer field
el **Canadá** Canada
canadiense Canadian *(also noun)*
un **canario** canary
una **canción** *(pl.* **canciones)** song
una **cancha** court *(sports)*
una **« cancha de esquí »** ski resort
cansado tired **(4.3)**
un **cantante,** una **cantante** singer **(6.3)**
cantar to sing **(2.1)**
una **capacidad** capacity
una **capital** capital
el **capricho** unreliability, unpredictability
una **cara** face **(7.1)**
el **carácter** character *(personal attributes)*
una **característica** characteristic
¡caramba! wow! hey! what! **(5.3)**
una **carga** charge *(soccer)*
caribe Caribbean
el **Caribe** the Caribbean
el **carnaval** carnival *(period of feasting and merrymaking before Lent)*
la **carne** meat **(1.2)**
  la **carne de cerdo** pork
  la **carne de res** beef
caro expensive **(3.3)**
un **carpintero,** una **carpintera** carpenter **(9.4)**
una **carrera** career; race

las **carreras de autos** auto racing
las **carreras de caballos** horse racing
una **carrera de bicicletas** bicycle race
una **carrera de ciclismo** bicycle race
un **carro** car *(Puerto Rico, Mexico),* railroad car
una **carta** letter **(5.1)**
una **cartera** wallet
una **casa** house, home **(4.2)**
  a casa home **(4.2)**
  a la casa de ... to ...'s (house) **(4.2)**
  en casa at home **(4.2)**
  en casa de ... at ...'s (house) **(4.2)**
  mi casa es su casa make yourself at home
  salir de casa to leave the house
  una **casa de campo** country house
  una **casa individual** private (single-family) home
  volver a casa to return (go, get) home
casado married
casarse (con) to get married, marry (someone)
un **casco** helmet
casi almost **(4.4)**
un **caso** case
castaño brown *(hair)* **(7.1)**
unas **castañuelas** castanets
el **castellano** Castilian, Spanish *(language)*
castigar to punish
un **castigo** punishment
Castilla Castile
catalán *(f.* **catalana)** Catalan, Catalonian *(from Catalonia, in northeastern Spain; also noun)*
un **catálogo** catalog
una **catedral** cathedral
una **categoría** category
católico Catholic
causa: a causa de because of
celebran: se celebran (they) are held; are celebrated
celebrar to celebrate
los **celos** jealousy

440

celoso jealous
  estar celoso to be jealous
    (feel jealous)
  ser celoso to be jealous
    (a jealous person)
el **cemento** cement, concrete
la **cena** dinner **(10.2)**
  cenar to have (eat) dinner
    (10.2)
un **centavo** cent
  centígrado centigrade
un **centímetro** centimeter *(1/100
    of a meter)*
el **centro** downtown **(4.2);**
    center *(soccer)*
  el delantero centro
    center forward *(soccer)*
  el medio centro center
    halfback *(soccer)*
  ir al centro to go
    downtown, into town
  cerca (de) near, close (to)
    (4.2); nearby **(10.4)**
  cerdo: la carne de cerdo
    pork
  cerrar (e→ie) to close
la **cerveza** beer **(8.4)**
el **ciclismo** bicycling
un **ciclista, una ciclista** cyclist
  cien (ciento) a (one) hundred
    (1.3)
  ciento uno (dos) one
    hundred and one (two)
    (7.2)
  (ciento) por ciento (one
    hundred) percent
una **ciencia** science
  la ciencia-ficción science
    fiction
  las ciencias science
  **las ciencias físico-
    químicas** physics and
    chemistry
  **un cuento de ciencia-
    ficción** science-fiction
    story
  científico scientific
un **científico, una científica**
    scientist **(9.2)**
  ciento *see* **cien**
  ¿cierto? really? are you sure?
    (4.3)
  cierto certain, a certain
  es cierto que it's true
    that
  lo cierto what is certain

un **ciervo** deer
un **cigarrillo** cigarette
un **cigarro** cigar
un **cine** movie theater **(4.2)**
el **cine** movies **(6.3)**
  ir al cine to go to the
    movies
  un actor de cine movie
    actor
  un artista de cine movie
    star
  un(a) director(a) de cine
    movie director
  una cámara de cine
    movie camera
  una entrada de cine
    movie ticket
una **cinta** tape *(recording)* **(3.3)**
un **circo** circus
un **circuito** circuit
una **cita** date **(1.4);** appointment
una **ciudad** city **(4.2)**
  la ciudad de México
    Mexico City
  la ciudad natal hometown
una **civilización** *(pl.* **civilizaciones)**
    civilization
  claramente clearly
la **claridad** clarity
  con (mucha) claridad
    (very) clearly
  claro clear
  claro clearly, of course
  ¡claro! of course! **(2.2)**
  claro que ... of course ...
  ¡claro que no! of course
    not! **(2.2)**
una **clase** class, classroom
  a (la) clase to class
  después de la clase after
    class
  en clase in class
  en la clase in the
    classroom
  en la clase de (español)
    in (Spanish) class
  **un(a) compañero(a) de
    clase** classmate
  un día de clases day in
    school
  una clase de (español)
    (Spanish) class
  clásico classical
  un bachillerato clásico
    high school *(college
    preparatory)* diploma

un **cliente, una cliente**
    customer, client
el **clima** climate, weather
la **cocina** kitchen **(5.3);**
    cooking
  cocinar to cook
un **cocodrilo** crocodile
un **coche** car **(3.3)**
  en coche by (in a) car
  coger to catch
una **colección** *(pl.* **colecciones)**
    collection
  coleccionar to collect
un **colega, una colega** colleague
un **colegio** school, secondary
    school (high school, junior
    high school, middle school)
  colombiano Colombian *(also
    noun)*
una **colonia** cologne
  color: ¿de qué color ...?
    what color ...? **(7.2)**
  un pez de color goldfish
un **collar** necklace
una **comedia** comedy
  una comedia musical
    musical comedy **(6.3)**
un **comediante, una comediante**
    comedian **(6.3)**
un **comedor** dining room **(5.3)**
  comentar to discuss,
    comment, make comments
    (about)
  comenzar (e→ie) to begin
    (6.3); start
  comer to eat **(5.1);** to have
    (eat) lunch *(Spain)*
  algo de comer something
    to eat
  comercial commercial
  una escuela comercial
    business school
el **comercio** commerce, business
  **cómicas: las historietas
    cómicas** comics, comic
    strips
la **comida** meal, food, lunch
    (Spain)
  a la hora de comida at
    mealtime
  **la comida del mediodía
    (de la tarde, de la
    noche)** midday
    (afternoon, evening)
    meal
  las comidas food **(8.4)**

como like, as **(2.1)**; such as
    como (mecánico) as a (mechanic)
    tal como as, just as
    tan ... como as ... as **(7.1)**
    tanto (noun) **como** as much (pl. many) ... as
como (conj.) as, since
¿cómo? how? **(2.3)** what? **(4.1)**
    ¿cómo es (son) ...? what is (are) ... like? **(3.2)**
    ¿cómo está usted? how are you (formal)? **(1.2)**
    ¿cómo estás? how are you (fam.)? **(1.2)**
    ¿cómo se llama? what's his (her) name? what is he (she) called? **(3.1)**; what is it called?
    ¿cómo se llaman? what are their names? what are they called? **(3.1)**
    ¿cómo se llama(n) ...? what is (are) the name(s) of ...? what is (are) ... called?
    ¿cómo te llamas? what's your name? **(1.1)**
    ¡cómo no! of course! **(2.2)**
un **compañero,** una **compañera** companion, pal, classmate
    un(a) compañero(a) de clase classmate
una **compañía** company
compara compare (command)
comparar to compare
comparativo comparative
un **competidor,** una **competidora** competitor
compiten (they) compete
compites (you) compete
completa complete (command)
completamente completely
completar to complete, finish
completo complete, finished, full (meal)
una **composición** (pl. **composiciones**) composition
una **compra** purchase (pl. purchases, shopping)
    ir de compras to go shopping

un **comprador,** una **compradora** buyer
comprar to buy **(4.1)**
comprarse to buy (something) for oneself, buy oneself (something) **(7.3)**
comprender to understand **(5.1)**
la **comprensión** understanding, comprehension
computadoras: un(a) programador(a) de computadoras computer programmer
común (pl. **comunes**) common, widespread
comunicar to communicate (something)
comunicarse to communicate (between persons)
una **comunidad** community
con with **(2.1)**
    con acento accented, stressed
    con cambios stem-changing, spelling-changing
    con facilidad with ease
    con impaciencia impatiently
    con (mucha) elegancia (very) elegantly
    con (mucha) prisa hurriedly, in a (great) hurry
    con mucho gusto with pleasure **(1.3)**
    con uniforme in a uniform
    conmigo with me **(2.4)**
    contigo with you (fam.) **(2.4)**
concentra: se concentra (they) are concentrated
un **concierto** concert
un **concurso** contest
    un concurso fotográfico photograpy contest
un **cóndor** condor (very large bird of the Andes)
* **conducir** (c→zc) to drive **(6.4)**
    un permiso de conducir driver's license
un **conductor,** una **conductora** driver, conductor

la **confianza** confidence, trust
    perder la confianza en to lose one's confidence (trust) in, stop trusting (someone)
confirmar to confirm
confortable comfortable
una **conga** conga (tall, narrow bass drum beaten with the hands)
conmigo with me **(2.4)**
* **conocer** (c→zc) to know (be acquainted or familiar with) **(6.4)**; to meet, get to know
* **conocerse** (c→zc) to know oneself, to (get to) know each other (one another)
conocí (I) met
un **consejero,** una **consejera** advisor, counselor
    un consejero (una consejera) vocacional vocational counselor
un **consejo** (piece of) advice **(6.1)**
    los consejos advice **(6.1)**
conservar to keep, retain
considerar to consider
consistir en to consist of, in
una **consonante** consonant
una **conspiración** (pl. **conspiraciones**) conspiracy, plot
constantemente constantly
un **consultor,** una **consultora** consultant
el **contacto** contact
    mantenerse en contacto to keep in contact (touch)
contar (o→ue) to count, to tell, relate **(6.3)**
contemplar to look (gaze) at, contemplate
el **contenido** contents
contento happy, content **(4.3)**
contesta answer (command)
una **contestación** (pl. **contestaciones**) answer
contestar to answer **(8.1)**
contigo with you (fam.) **(2.4)**
    contigo mismo with yourself (fam.)
un **continente** continent

continuar (u→ú) to continue
contra against
una contracción
   (pl. contracciones)
   contraction
contrario contrary, opposite
   lo contrario the opposite
una convención (pl. convenciones)
   convention
convenir to suit, be
   appropriate
una conversación
   (pl. conversaciones)
   conversation
conversar to converse, chat,
   talk
una copa cup (trophy)
   la Copa Mundial World
      Cup
el coraje courage
un corazón (pl. corazones)
   heart
   el Sagrado Corazón
      Sacred Heart
una corbata necktie (7.2)
un cordero lamb
cordialmente cordially
   (closing an informal letter)
   (9.2)
un corral corral, pen (for
   animals)
correctamente correctly
correcto correct, right
el correo mail
   el correo del corazón
      advice to the lovelorn
      (newspaper column)
correr to run
   correr a + inf. to run to
   correr en zigzag to run
      zigzag
   correr las olas to surf
   el correr running
la correspondencia
   correspondence (exchange of
   letters), letters, mail
   tener una
      correspondencia to
      carry on a correspondence
corresponder (a) to
   correspond (to)
una corrida (de toros) (bull)fight
cortar to cut
cortarse to cut (one's hair, etc.)
cortés courteous, polite
la cortesía courtesy

corto short (hair, etc.) (7.1)
una cosa thing (3.3)
   cualquier cosa anything
coser to sew
una costa coast
costar (o→ue) to cost (6.3)
costarricense Costa Rican
   (also noun)
el costo cost
   el costo de la vida cost
      of living
una costumbre habit, custom
   tener la costumbre de +
      inf. to have the habit
      of . . . ing
crear to create
crecer (c→zc) to grow
creer to believe, think (5.1)
   creo que . . . I think that . . .
      (4.4)
   ver para creer seeing is
      believing
un crimen (pl. crímenes) crime
Cristóbal Colón Christopher
   Columbus
la crítica criticism, faultfinding
criticado criticized
criticar to criticize
cronológico chronological
un crucigrama crossword puzzle
una cruz (pl. cruces) cross
cruzar to cross
un cuaderno notebook (3.3)
cuadrado square
un cuadro table (chart)
¿cuál(es)? what? which? (6.3)
   ¿cuál es la fecha de hoy
      (mañana)? what is
      today's (tomorrow's) date?
      (1.5)
una cualidad quality
cualquier(a) any
   cualquier cosa (cualquier
      lugar) anything
      (anywhere)
cuando when (2.3)
   de vez en cuando once in
      a while (5.1); from time
      to time (9.3)
¿cuándo? when? (2.3)
¿cuánto(s)? how much?
   (pl. how many?) (3.3)
   ¿cuánto es? how much is
      it (that)? (1.3)
   ¿cuántas veces? how
      many times? (9.3)

¿cuánto cuesta . . .? how
   much does . . . cost?
¿cuánto tiempo hace que
   + (verb in the present)?
   (for) how long . . .? (8.1)
¿cuántos años tiene?
   how old is he (she)?
un cuarto quarter (1.4);
   bedroom (5.3); room
   (son las dos) menos
      cuarto (it's) quarter to
      (two) (1.4)
   (son las dos) y cuarto
      (it's) quarter after (two)
      (1.4)
cuatrocientos four hundred
   (7.2)
cubierto covered
   cubierto de covered with
un cubito (small) cube
   un cubito de hielo ice
      cube
un cubo cube
una cuchara spoon (soupspoon,
   tablespoon) (10.1)
una cucharada spoonful
una cucharadita teaspoonful
una cucharita teaspoon (10.1)
un cuchillo knife (10.1)
cuenta tell, relate, count
   (command)
cuentas: a fin de cuentas all
   in all (6.3)
un cuento story (5.1)
   un cuento policíaco
      detective story
una cuerda string
un cuerpo body (7.4)
   el Cuerpo de Paz Peace
      Corps
cuesta: ¿cuánto cuesta . . .?
   how much does . . . cost?
una cuestión (pl. cuestiones) matter
cuidado: ¡cuidado! be
   careful! watch out!
   tener cuidado to be
      careful
cuidar to take care of
una culebra snake
un cultivador, una cultivadora
   cultivator, grower
una cultura culture
un cumpleaños birthday (1.5)
cumplir: por cumplir
   (quince) años for my
   (fifteenth) birthday

443

la **curiosidad** curiosity
curioso curious
un **curso** course
una **curva** curve
el **Cuzco** Cuzco *(former imperial capital of the Incas, in Peru)*

ch

una **chacra** farm *(Argentina)*
una **chaqueta** jacket **(7.2)**
   una **chaqueta de esquí** ski jacket
charlar to chat
una **chica** girl **(3.1)**
   ¡**chica**! hey! wow!
un **chico** boy **(3.1)**
   ¡**chico**! my boy!
un **chile** chili pepper *(red pepper used as a very hot seasoning)*
   el **chile con carne** *highly spiced Mexican dish*
   un **chile relleno** stuffed chili pepper *(Mexican dish)*
chileno Chilean *(also noun)*
una **china** pebble
una **chinchilla** chinchilla *(small South American animal valued for its fur)*
chino Chinese *(also noun)*
un **chiste** joke
el **chocolate** hot chocolate
un **chuteo** shot *(at goal, in soccer)*

d

da give *(command)*
*__dar__ to give **(5.4)**
   dar permiso para to give (someone) permission to, permit (someone) to
los **datos** information, facts, data
   los **datos personales** personal particulars, details about oneself
de of, from **(2.1)**; about **(4.2)**; in **(7.1)**; than, with

de acuerdo in agreement
de compras shopping
de (diez) años (ten)-year-old
¿**de dónde**? from where? (where . . . from?) **(3.4)**
¿**de dónde eres**? where are you from?
de él (ella, Ud., ellos, etc.) his (her, your [*formal*], their, etc.)
de habla española Spanish-speaking
de la mañana in the morning, a.m. **(1.4)**
de la noche in the evening, at night, p.m. **(1.4)**
de la tarde in the afternoon, p.m. **(1.4)**
de mal humor in a bad mood
de nada you're welcome **(1.3)**
de noche at night
de (Olivia) (Olivia)'s
de paseo walking down the street
¿**de qué color . . .**? what color . . .? **(7.2)**
¿**de quién es**? whose is it?
¿**de quién(es)**? whose? **(5.1)**
de repente suddenly
de todas maneras in any case **(10.3)**
de todos los días everyday
de una manera (diferente) in a (different) way
de vacaciones on vacation
de venta for sale
¿**de veras**? really? **(1.5)**
¡**de veras**! really! truly!
de vez en cuando once in a while **(5.1)**; from time to time **(9.3)**
de viaje on a trip
de vuelta going back
debajo (de) under, underneath, beneath, below **(10.4)**
debemos (we) must, should
deber (+ *inf.*) should, ought to **(8.3)**

debes (you) should, ought to
débil weak **(7.1)**
una **debilidad** weakness
debo (I) must, should
decidir to decide
un **decímetro** decimeter *(1/10 of a meter)*
*__decir__ to say, to tell **(5.3)**
   decir que sí (no) to say yes (no) **(5.3)**
   decir un piropo to pay a compliment, make a flattering remark
   es decir that is to say
   querer decir to mean **(6.3)**
decoración: la decoración interior interior decorating
un **decorador, una decoradora** decorator
   un(a) decorador(a) de interiores interior decorator
decorar to decorate
dedicado a devoted to
dedicar to devote, dedicate
dedicarse (a) to devote oneself (to), dedicate oneself (to)
los **dedos** fingers **(7.4)**
un **defecto** fault, defect
el **defensa** fullback *(soccer)*
definido definite
dejar to leave (something behind) **(8.2)**
   dejar caer to drop
   dejar de (+ *inf.*) to stop **(9.2)**
dejarse to let (allow) oneself
del (de + el) of the, from the, about the *(sometimes translated as of, from, about)* **(4.1)**
   del que about which
delante (de) in front (of) **(10.4)**
el **delantero centro** center
delgado thin **(3.2)**
delicado delicate
delicioso delicious
demasiado too much *(pl.* too many*)* **(6.1)**
demasiado *(adv.)* too (+ *adj.*) **(3.2)**; too much
demostrativo demonstrative

un **dentista, una dentista**
dentist **(9.1)**
un **departamento** department
depender to depend
depende (de) it (that)
depends (on)
un **deporte** sport **(6.2)**
la página de los deportes
sports page
un deporte de equipo
team sport
deportista athletic, active in
sports **(6.2)**
un **deportista, una deportista**
athletic person, person
active in sports
deportivo (concerning) sports
(6.2)
la **derecha** right, right side
a la derecha (de) on (to)
the right (of) **(10.4)**
derecho right **(7.4)**
desafortunadamente
unfortunately **(10.4)**
desafortunado unlucky,
unfortunate
desagradable unpleasant,
disagreeable
desayunarse to have (eat)
breakfast **(10.2)**
el **desayuno** breakfast **(10.2)**
descansado rested
un **descanso** rest
describir to describe
una **descripción** (*pl.* descripciones)
description
descubierto discovered
descubrir to discover **(8.3)**;
to find
desde from
desdeñoso scornful,
disdainful
desear to want, wish, desire
(2.3)
un **deseo** wish, desire
desesperado desperate
desgracia: por desgracia
unfortunately **(10.4)**
un **desierto** desert
el **desorden** mess, disorder
un **despertador** alarm clock
despertarse (e→ie) to wake
(oneself) up
después later **(5.1)**; after
that **(9.4)**; then,
afterward(s)

después de (*prep.*) after
(9.2)
después que (*conj.*) after
determinado determined
detrás (de) behind, in back
(of) **(10.4)**
devastar to devastate,
destroy
devolver (o→ue) to return,
give back
D.F. *abbreviation of* **Distrito**
Federal, Federal District
see **México**
di (I) gave (*see* **dar**)
di say, tell (*command; see*
decir)
un **día** day **(1.5)**
al día a (per) day
algún día someday
buenos días good
morning **(1.2)**
el día de ayer yesterday
el Día de la Madre
Mother's Day
el Día de los Enamorados
Valentine's Day
el día del santo saint's
day, name day
el día de mi santo my
saint's day
el Día de San Fermín
Saint Fermín's Day
(July 7)
el Día de San Juan Saint
John the Baptist's Day
(June 24)
todos los días every day
(6.4)
un día one day, someday
un día de clases day in
school
un día de fiesta holiday
un **diablo** devil
un **diagrama** chart, diagram
un **diálogo** dialog
diario daily
un **diario** diary, daily newspaper
el diario de la mañana
morning newspaper
un **dibujante, una dibujante**
draftsman, designer **(9.1)**
dibujar to draw **(9.1)**
el **dibujo** drawing (*art*)
un **diccionario** dictionary
¿dices . . .? do you say . . .?
diciembre December **(1.5)**

los **dientes** teeth **(7.1)**
lavarse los dientes to
brush one's teeth
dieta: a dieta on a diet
una **diferencia** difference
diferente different
difícil difficult **(8.1)**
digas: no digas don't say
(*command*)
¡no me digas! you don't
say! **(4.3)**
la **diligencia** diligence
dinámico dynamic, energetic
el **dinero** money **(6.1)**
¡Dios mío! gosh! **(5.3)**
una **dirección** (*pl.* direcciones)
address
directamente directly, straight
directo direct
un **director, una directora**
principal (*school*), director
la **disciplina** discipline
disciplinado disciplined
un **disco** record **(2.1)**
una **discoteca** discotheque
discreto discreet
una **discusión** (*pl.* discusiones)
argument, discussion
un **diseñador, una diseñadora**
designer
un(a) diseñador(a) de
modas fashion designer
disfraces: una fiesta de
disfraces costume party
disgusta: me disgusta I
(really) dislike
una **disposición**
(*pl.* disposiciones)
disposition, temperament
dispuesto a inclined to
la **distancia** distance
la **diversidad** diversity
una **diversión** pastime, leisure
activity, hobby
las diversiones pastimes
(6.3)
divertido amusing, fun
(3.2); entertaining
divertirse (e→ie) to enjoy
oneself, have fun **(7.4)**
dividido divided
doblado dubbed (*film*)
dobles: un torneo de dobles
femenino women's
doubles tournament (*tennis*)
un **doctor, una doctora** doctor **(9.1)**

un **documental** documentary
el **dólar** dollar *(monetary unit)*
un **dólar** dollar *(coin or bill)*
  dolor: un dolor de cabeza
    headache
  **Dolores: Nuestra Señora de
    los Dolores** Our Lady of
    the Sorrows
  **doméstico: un animal
    doméstico** pet
un **domicilio** residence
la **dominación** domination, rule
  dominar to dominate
  domingo Sunday **(1.5)**
    el domingo (on) Sunday **(6.4)**
    los domingos (on)
      Sundays **(6.4)**
  dominicano Dominican *(from
    the Dominican Republic;
    also noun)*
  donde where **(2.3)**; in which
  ¿dónde? where? **(2.3)**
    ¿adónde? where? (to
      where?) **(4.2)**
    ¿de dónde? from where?
      (where . . . from?) **(3.4)**
    ¿de dónde eres? where
      are you from?
  dormir (o→ue) to sleep **(6.3)**
  dormirse (o→ue) to fall
    asleep **(7.4)**
  dos two **(1.3)**
    dos mil two thousand **(7.2)**
    dos veces twice **(9.3)**
  doscientos two hundred **(7.2)**
  Dr., Dra. *abbreviation of*
    doctor, doctora
un **drama** play, drama
el **driblar** dribbling *(soccer)*
  duda: sin duda doubtless **(9.1)**
un **dueño, una dueña** owner
  dulce sweet
los **dulces** candy
la **duración** duration
  durante during **(8.2)**
  durar to last
  duro: un huevo duro hard-
    boiled egg

e

  e and *(used for* **y** *before
    words beginning with* **i** *or* **hi)**

la **economía** economics
  económico economic
  ecuatoriano Ecuadorian *(also
    noun)*
la **edad** age
    **a la edad de (diez y
      nueve) años** at the
      age of (nineteen), at
      (nineteen) years of age
un **edificio** building
    **un edificio de
      apartamentos**
      apartment building
la **educación** education
  egipcio Egyptian *(also noun)*
  egoísta selfish
  ¡eh! hey!
un **ejecutivo, una ejecutiva**
    executive
  ejemplo: por ejemplo for
    instance, for example **(7.4)**
un **ejercicio** exercise
    hacer ejercicio to
      exercise
  ejercitar to exercise
  el *(pl.* **los)** the *(m.)* **(3.1)**
    el de that of
    el (dos) de (mayo) the
      (second) of (May) **(1.5)**
    el (lunes) on (Monday)
      (6.4)
    el (rojo) the (red) one *(m.)*
    **el (sábado) por la mañana
      (tarde, noche)** (on)
      (Saturday) morning
      (afternoon, night *or*
      evening) **(6.4)**
    el (15) de (junio) on
      (June) (15)
  él he **(2.2)**; him *(after prep.)*
    (2.4)
la **electricidad** electricity
un **electricista, una electricista**
    electrician **(9.4)**
  eléctrico electric
    un aparato eléctrico
      (electrical) appliance
la **electrónica** electronics
  electrónico electronic
la **elegancia** elegance
    con (mucha) elegancia
      (very) elegantly
  elegante elegant
  elemental elementary
un **elemento** element

  eliminar to eliminate, get rid
    of
  ella she **(2.2)**; her *(after
    prep.)* **(2.4)**
  ellas they *(f.)* **(2.2)**; them
    (f.; after prep.) **(2.4)**
  ellos they *(m.)* **(2.2)**; them
    (m.; after prep.) **(2.4)**
la **emancipación** emancipation
un **embajador, una embajadora**
    ambassador
  embargo: sin embargo
    however, nevertheless **(7.1)**
  emocionante exciting
  emparentado related
  empezar (e→ie) to begin
    (6.3)
    empezar a + *inf.* to begin
      to **(6.3)**
  empieza start, begin
    (command)
un **empleado, una empleada**
    employee, clerk **(9.2)**;
    salesperson
  **empleos: una agencia de
    empleos** employment
    agency
una **empresa** firm, company
  en in **(2.1)**; at **(4.2)**; on, of,
    about, into
    **en avión (barco, tren,
      autobús, auto o coche,
      bicicleta)** by plane
      (boat, train, bus, car,
      bicycle) **(4.4)**
    en buena forma fit, in
      good shape
    en casa at home **(4.2)**
    en casa de . . . at . . .'s
      (house) **(4.2)**
    en clase in class
    en general generally
      (6.4)
    en grupo in a group
    en la clase in the
      classroom
    en la escuela in (at)
      school
    en mi opinión in my
      opinion **(6.2)**
    en moto by (on a)
      motorcycle
    en orden in order, tidy
    en seguida right away,
      immediately

en toda ocasión on all occasions, at all times

en todas partes everywhere

en todo throughout

en total in all, altogether

en vez de instead of **(9.2)**

en voz alta (baja) in a loud (low) voice

enamorado in love

el Día de los Enamorados Valentine's Day

estar enamorado de to be in love with

enamorarse to fall in love

encantado (de) delighted (by, with)

encantan: me encanta(n) I love

un **encargado, una encargada** person in charge

enciendes (you) turn on (the radio)

un **encierro** penning (driving bulls into pen before bullfight)

encima (de) on top (of), above, over **(10.4)**

encontrar (o→ue) to find (something lost), to meet (by chance), run into **(6.3)**; to find (consider), think

me encuentra simpático (she) thinks I'm nice

una **encuesta** survey, poll

un **enemigo, una enemiga** enemy

la **energía** energy, vigor

enérgico energetic

enero January **(1.5)**

el **énfasis** emphasis

un **enfermero, una enfermera** nurse **(9.1)**

enfermo sick **(4.3)**

un **enfermo, una enferma** sick person, patient

engañoso tricky, slippery (deceitful)

enojado upset, angry **(8.1)**

enojar to upset, annoy, make (someone) mad

enojarse (con) to get angry (with), get mad (at)

enorme enormous, huge

una **ensalada** salad **(8.4)**

enseñar to teach **(4.1)**; to show, point out **(4.1)**

entender (e→ie) to understand **(6.3)**

enterrado buried

entero whole, entire

del mundo entero from all over the world

un **entierro** burial

entonces then **(8.2)**

entonces . . . well, then . . . **(3.4)**

entra enter (command)

una **entrada de cine** movie ticket

entrar (a, en) to enter, go into (something)

entre between, among

entre paréntesis in parentheses

una **entrevista** interview

entrevistar to interview

envidioso envious

una **época** time (period of time)

equilibrado well-balanced

el **equilibrio** balance, equilibrium

un **equipo** team **(6.2)**; equipment

un deporte de equipo team sport

un equipo de (fútbol) (soccer) team

todo un equipo submarino diving equipment, complete diving outfit

la **equitación** horseback riding

equivocarse to make a mistake **(8.2)**

eras (you) were

es (he, she, it) is, (you, formal) are **(3.1)**

es . . . this is . . . (on the phone) **(9.3)**

es de (Rosa) it belongs to (Rosa), it's (Rosa)'s

es decir that is to say

es el (doce) de (octubre) it's the (twelfth) of (October), it's (October) (12) **(1.5)**

es importante (imposible, mejor, necesario, posible, útil, etc.) it is important (impossible, better, necessary, possible, useful, etc.)

esa that (f.) **(7.2)**

esas those (f.) **(7.2)**

escaparse to escape, run away

una **escena** scene

un **escenógrafo, una escenógrafa** set designer

escoge choose (command)

escoger to choose, pick (out)

escolar school (adj.)

un año escolar school year

el **Escorial** former royal residence near Madrid, Spain

escribe write (command)

escríbenos write (to) us

escribir to write **(5.1)**

escribir a máquina to type **(9.1)**

un **escritor, una escritora** writer

escúchalos listen to them

escuchar to listen (to) **(2.1)**

¡escucha! listen!

una **escuela** school **(4.2)**

a la escuela to (at) school

en la escuela in (at) school

irse a la escuela to leave for school

la cafetería de la escuela the school cafeteria

una escuela comercial business school

una escuela primaria (secundaria) elementary (secondary) school

una escuela técnica technical school

una **escultura** sculpture

ese that (m.) **(7.2)**

ése that (one) (m.)

eso that (neuter)

por eso therefore, that's why **(2.4)**; because of that

esos those (m.) **(7.2)**

un **espacio** space

los **espaguetis** spaghetti

una **espalda** back **(7.4)**

España Spain **(3.4)**

español *(f.* **española)**
Spanish *(also noun)* **(3.4)**
el español Spanish *(language)*
(una clase) de español
Spanish (class)
especial special
especializado specialized
especialmente especially
un espejo mirror
la esperanza hope
esperar to hope **(2.3);** to
wait for **(4.1)**
espérate hold on, hold your
horses
espiritual spiritual
espléndido splendid
una esposa wife **(5.2)**
un esposo husband **(5.2)**
el esquí skiing **(6.2)**
una «cancha de esquí»
ski resort
un esquí *(pl.* **esquís)** ski
un esquiador, una esquiadora
skier
esquiar (i→i) to ski
una esquina corner
esta this *(f.)* **(7.2)**
esta noche tonight
esta vez this time **(9.3)**
ésta this (one) *(f.)*
está: está nublado it's
cloudy **(1.6)**
estable stable, firm
una estación *(pl.* **estaciones)**
season **(1.6);** station
una estación de servicio
service station, gas station
un estadio stadium
estadístico statistical
un estado state
los Estados Unidos
United States **(3.4)**
una estampilla stamp
un estante bookcase **(10.4)**
* **estar** to be, be located **(4.2)**
estar a dieta to be on a
diet
estar de moda to be in
fashion, be in style
estar bonita to be (look)
pretty
estar celoso to be jealous
estar de acuerdo to agree
estar de vacaciones to
be on vacation

estar dispuesto a + *inf.*
to be inclined to
estar en buena forma to
be in good shape,
be fit
estar enamorado de to
be in love with
estar *(pres. tense)* **+** *pres.
part.* to be . . .ing
estas these *(f.)* **(7.2)**
éstas *(pron.)* these *(f.)*
una estatua statue
este this *(m.)* **(7.2)**
éste this (one) *(m.)*
el este east
un estilo style
estimado dear *(opening a
formal letter)*
esto this *(neuter)*
estos these *(m.)* **(7.2)**
éstos *(pron.)* these *(m.)*
estrecho narrow **(7.1)**
una estrella star
estrellar to smash, crash
estricto strict
una estructura structure
un estudiante, una estudiante
student **(3.1)**
estudiar to study **(2.1)**
estudiar mucho to study
hard
un estudio study, studio
los estudios studies
un estudio de televisión
television (TV) studio
un período de estudio
study period
estupendamente
stupendously, terrifically
estupendo stupendous,
terrific **(5.4)**
**¡qué (chico) tan
estupendo!** what a
terrific (boy)! **(5.4)**
estúpidamente stupidly
europeo European *(also
noun)*
un evento event
exactamente exactly
la exactitud exactitude,
punctuality
exacto exact, right
exagerado exaggerated
un examen *(pl.* **exámenes)** test,
exam **(8.1)**

un examen de (inglés)
(English) test
examinar to examine
excedió (he) surpassed
excelente excellent
excéntrico eccentric
excepcional exceptional
excepto except
exclusivamente exclusively
una excursión *(pl.* **excursiones)**
outing, trip, excursion
el éxito success
tener éxito to succeed
explica explain *(command)*
una explicación
(pl. **explicaciones)**
explanation
explicar to explain
un explorador, una exploradora
explorer
explorar to explore
la exportación exporting,
exportation
expresa express *(command)*
expresar to express
expresarse to express oneself
una expresión *(pl.* **expresiones)**
expression
extenso extensive
exterior: el aspecto exterior
outward appearance
extranjero foreign
un extranjero, una extranjera
foreigner
extraordinario extraordinary
el extremo wing *(soccer)*
un extremo end, side

f

una fábrica factory **(9.1)**
fabuloso fabulous **(5.4)**
¡qué (chica) tan fabulosa!
what a fabulous girl! **(5.4)**
fácil easy **(8.1)**
la facilidad facility, ability
con facilidad with ease
**la facilidad para los
idiomas** facility
(ability) in languages

fácilmente easily
una **falda** skirt **(7.2)**
falso false
una **familia** family **(5.2)**
familiar family *(adj.)*
famoso famous
fantástico fantastic, terrific
¡**fantástico**! great! **(2.1)**
¡**qué (profesor) tan fantástico**! what a fantastic (teacher)! **(5.4)**
un **farmacéutico**, una **farmacéutica** pharmacist, druggist
un **favor** favor
hazme el favor de + *inf.* please . . . **(10.1)**
por favor please **(1.3)**
favorito favorite
la **fe** faith
febrero February **(1.5)**
la **fecha** date *(on calendar)* **(1.5)**
¿**cuál es la fecha de hoy (mañana?)** what is today's (tomorrow's) date? **(1.5)**
felicitar to congratulate
feliz *(pl.* **felices**) happy **(8.1)**
Feliz Navidad Merry Christmas
femenino feminine, women's
fenomenal terrific, phenomenal
feo ugly, plain **(3.2)**
un **ferrocarril** railroad
la **línea del ferrocarril** railroad tracks
fiarse (i→i) de to trust
la **ficción** fiction
la **ciencia-ficción** science fiction
una **fiesta** party, festival
un **día de fiesta** holiday
una **fiesta de disfraces** costume party
la **filosofía** philosophy
el **fin** end **(8.1)**
a **fin de cuentas** all in all **(6.3)**
los **fines de semana** on (the) weekends
un **fin de semana** weekend **(1.5)**
un **finalista**, una **finalista** finalist *(sports)*

finalmente finally
una **finca** farm
una **firma** signature
la **física** physics
físico physical
el **flamenco** *vigorous, rhythmic dance style of the gypsies of southern Spain*
una **flauta** flute
flojo poor *(quality)*
una **flor** flower
Florida: la Pascua Florida Easter
folklórico folk
la **forma** form, shape, (physical) fitness
(**estar**) **en buena forma** (to be) in good shape, (be) fit
mantenerse en forma to keep (oneself) in shape, keep (oneself) fit
la **formalidad** formality
formar: formar parte de to be (a) part of
formidable terrific
un **formulario** form *(document)*
una **fortaleza** fortress
una **foto** photo, picture **(3.3)**
sacar fotos to take pictures **(4.1)**
la **fotografía** photography
fotográfico: un concurso fotográfico photography contest
un **fotógrafo**, una **fotógrafa** photographer **(9.2)**
francamente frankly
francés *(f.* **francesa**) French *(also noun)* **(3.4)**
el **francés** French *(language)*
(**un profesor**) **de francés** French (teacher)
Francia France
franco frank
una **frase** sentence
la **frecuencia** frequency
con (mucha) frecuencia (very) frequently, (very) often
frecuente frequent
frecuentemente frequently
una **frente** forehead **(7.1)**
fresco fresh
los **frijoles** beans **(10.2)**

el **frío** cold
hace frío it's cold *(weather)* **(1.6)**
tener frío to be cold **(8.4)**
frito fried
las **papas fritas** French fries
una **frontera** border *(between countries)*
frustrado frustrated
las **frutas** fruit(s) **(10.2)**
el **jugo de frutas** fruit juice **(8.4)**
fue (he, she, it) was
fue: se fue (she) left, went away
fuera de outside (of)
fuera de casa outside the home
fuera de lugar out of place
fueron (they) were
fuerte strong **(7.1)**; bright *(color)*, bad *(headache)*, heavy *(meal)*
la **fuerza** force, strength
fui (I) was, went
fumar to smoke
una **función** *(pl.* **funciones**) function, event
funcionar to work *(function)*
el **fútbol** soccer **(6.2)**
el **fútbol americano** football *(sport)* **(6.2)**
el **futuro** future
el **futuro próximo** near future
futuro future

g

una **galería** gallery
una **gallina** hen
un **gallo** rooster
ganador *(f.* **ganadora**) winning
el **país ganador** winning country
un **ganador**, una **ganadora** winner

ganar to earn *(money)* **(2.2)**; to gain, to win

(el) ganar winning

ganas: tener ganas de + *inf.* to feel like ... ing **(3.4)**; to want to

un **garaje** garage **(5.3)**

   la venta en el garaje (de Luisa) (Luisa's) garage sale

los **garbanzos** chickpeas

una **gaseosa** carbonated beverage, soft drink **(8.4)**

una **gasolinera** gas station (Mexico)

   gastar to spend *(money)* **(6.1)**

un **gasto** expense **(6.1)**

un **gato** cat **(5.2)**

un **gemelo, una gemela** twin

   general general

   en general generally **(6.4)**

   por lo general generally **(6.4)**

   generalmente generally **(6.4)**

la **generosidad** generosity

   generoso generous

la **gente** people **(3.1)**

   la gente de hoy people today

la **geografía** geography

un **gerente, una gerente** manager **(9.2)**

un **gesto** gesture

la **gimnasia** gymnastics **(6.2)**

un **gimnasio** gym(nasium)

un **gobierno** government

un **gol** goal *(sports)*

   gordo fat, chubby **(3.2)**

una **grabadora** tape recorder **(3.3)**

la **gracia** grace

   gracias thank you, thanks **(1.3)**

      ¡mil gracias! a thousand thanks! **(10.1)**

      ¡un millón de gracias! a million thanks! **(10.1)**

un **grado** degree **(1.6)**

   graduarse (u→ú) to graduate

un **gramo** gram *(1/1000 of a kilogram, or about 1/28 of an ounce)*

gran great *(used for **grande** before sing. noun)* **(3.3)**; large, big

grande big, large **(3.3)**; great

   (la ciudad) más grande biggest (city)

   uno de los grandes one of the greats

grandísimo very big (large)

una **granja** farm *(Spain)*

gratis free *(of charge)*

gregario sociable, gregarious

griego Greek *(also noun)*

la **gripe** flu

gris gray **(7.2)**

un **grupo** group

   en grupo in a group

una **guagua** bus *(Puerto Rico, Cuba)*

guapo handsome *(m.)*, goodlooking *(m. and f.)* **(3.2)**

guatemalteco Guatemalan *(also noun)*

¡guau! bowwow!

una **guerra** war

un **guía, una guía** guide *(leader)* **(9.1)**

   un(a) guía de turismo tour guide

una **guía** guide *(model)*

una **guitarra** guitar

   la guitarra flamenca *guitar used to accompany flamenco dancing*

   la música de guitarra guitar music

un **guitarrista, una guitarrista** guitarist

gustar to please, be pleasing **(6.2)**

   ¿le gusta(n)? do you *(formal)* like?

   ¿les gusta(n)? do you *(pl.)* like?

   me gusta(n) más I like better, I prefer **(6.2)**

   ¿me gustan las matemáticas? do I like math?

   (no) me gusta(n) I (don't) like **(2.4) (6.2)**

   (no) te gusta you (don't) like

   ¿(no) te gusta(n)? do you (don't you) like? **(2.4) (6.2)**

   nos gusta we like

   ¿qué deporte te gusta más? what sport do you like best (prefer)?

   ¿te gusta(n) más? do you like better? do you prefer?

el **gusto** taste

   a cada uno su gusto each to his or her own taste

   con mucho gusto with pleasure **(1.3)**

h

ha: ha invitado (he, she) has invited

   ha pedido has asked

Habana: La Habana Havana *(capital of Cuba)*

   la Pequeña Habana Little Havana

una **habilidad** ability

un **habitante, una habitante** inhabitant

un **hábito** habit *(monk's robe)*

habitualmente habitually

habla: de habla española Spanish-speaking

hablar to speak **(2.1)**; to talk

   hablar con to speak with, talk to

   hablar de to talk about

   hablar (español) bien, hablar bien el (español) to speak (Spanish) well

* **hacer** to do, to make **(5.2)**

   ¿cuánto tiempo hace que + *(verb in the present)*? (for) how long ...? **(8.1)**

   hace buen (mal) tiempo the weather's nice (bad) **(1.6)**

   hace (calor, mucho calor, frío, sol, viento) it's (warm [hot], very warm [very hot], cold, sunny, windy) *(weather)* **(1.6)**

hace *(period of time)* **que** *(verb in the present)* I have *(etc.)* been ... ing for ...

hacer ejercicio to exercise

hacer el payaso to clown around

hacer entrar to make *(something)* enter

hacer la cama to make the (one's) bed

hacer la maleta to pack a suitcase **(5.2)**

hacer la tarea to do the assignment **(5.2)**

hacer las tareas to do homework **(5.2)**

hacer un viaje to go on a trip **(5.2)**; to make a voyage

hacer una entrevista to have an interview

hacer una pregunta to ask a question

¿qué tiempo hace? what's the weather like? **(1.6)**

tener (mucho) que hacer to have (a lot) to do

hacia toward(s) **(10.4)**

hambre: tener hambre to be hungry **(8.4)**

una **hamburguesa** hamburger **(8.4)**

un **hámster** hamster

hasta until **(8.2)**

hasta la vista so long **(1.2)**

hasta luego see you later **(1.2)**

hasta pronto see you soon

hasta tarde until late (at night)

quedarse hasta más tarde to stay after *(school)*

Hawai Hawaii

hay there is, there are **(3.1)**

(hay) mucho que (hacer) (there is) a lot (to do)

hay que one has to

no hay there is (are) no **(3.3)**

no hay de qué you're welcome **(1.3)**

haz: haz el papel (los papeles) de ... play the part (parts) of ...

hazle una pregunta ask him (her) a question

hazme el favor de + *inf.* please ... **(10.1)**

hecho taken

una **heladería** ice cream parlor

un **helado** ice cream **(8.4)**

la **herencia** heritage

una **hermana** sister **(5.2)**

una **hermanita** little sister

un **hermanito** little brother

un **hermano** brother **(5.2)**

los **hermanos** brothers, brother(s) and sister(s)

hice (I) did, made

hicieron (they) did

¿qué hicieron? what did they do?

hiciste (you) did

el **hielo** ice

una **hija** daughter **(5.2)**

un **hijo** son **(5.2)**

. los **hijos** children, son(s) and daughter(s)

un **hipódromo** racetrack *(horses)*

hispánico Hispanic

hispano Hispanic *(also noun)*

los **hispanos** Hispanic people

Hispanoamérica Spanish America

hispanoamericano Spanish-American *(also noun)*

hispanohablante Spanish-speaking *(also noun)*

la **historia** history, story

histórico historical

lo histórico historical things, what is historical

las **historietas (cómicas)** comics, comic strips

hizo (he, she) did, made, took *or* went on *(trip)*

¡hola! hi! hello! **(1.2)**

un **hombre** man **(3.1)**

hondureño Honduran *(also noun)*

la **honestidad** honesty

una **hora** hour, time **(1.4)**

a la hora de comida at mealtime

¿a qué hora? (at) what time? **(1.4)**

las altas horas de la madrugada early morning hours

media hora a half hour, half an hour

por hora per hour

un **horario** schedule

un horario de clases class schedule

horizontalmente horizontally, from side to side

el **horóscopo** horoscope

horror: ¡qué horror! how horrible! how awful!

un **hospicio** orphanage

un **hospital** hospital

la **hospitalidad** hospitality

hoy today **(1.5)**

hoy día today, nowadays

hoy no not today

la gente de hoy people today

una **huerta** vegetable garden

un **huevo** egg **(10.2)**

un huevo duro hard-boiled egg

el **humo** smoke

el **humor** mood, humor

(estar) de buen (mal) humor (to be) in a good (bad) mood

el buen humor good mood, high spirits

el mal humor bad mood, ill humor

un sentido del humor sense of humor

húngaro Hungarian *(also noun)*

i

ibérico Iberian

la **Península Ibérica** the Iberian Peninsula (Spain and Portugal)

idealista idealistic

idéntico identical

identificar to identify

un **idioma** language

una **iglesia** church **(4.2)**

ir a la iglesia to go to church

ignorar to ignore

una **iguana** iguana *(large South American lizard)*

451

la iluminación lighting

el (la) encarcado(a) de la iluminación lighting director *(theater)*

ilustrar to illustrate

imagina imagine *(command)*

la imaginación imagination

imaginar to imagine

imitar to imitate

impaciencia: con impaciencia impatiently

impecable impeccable

un impermeable raincoat **(7.2)**

importa: no importa it doesn't matter

la importación importing, importation

los negocios de importación importing business

la importancia importance

importante important

imposible impossible

lo imposible the impossible

la impulsividad impulsiveness

inaceptable unacceptable

un inca, una inca Inca *(an Indian of the group of peoples that ruled Peru before the Spanish conquest)*

incluso even, including

incluye (it) includes

incluyen (they) include

increíble incredible

indeciso undecided

indefinido indefinite

la independencia independence

independiente independent

indicar to indicate

un índice index finger

indiferente indifferent

indio Indian *(also noun)*

indirecto indirect

individual individual

una casa individual private (single-family) home

la individualidad individuality

individualista individualistic

un infinitivo infinitive

una influencia influence

influyeron en (they) influenced

la información information

informal informal **(7.1)**

la informalidad informality

un ingeniero, una ingeniera engineer **(9.2)**

Inglaterra England

inglés *(f. inglesa)* English *(also noun)* **(3.4)**

el inglés English *(language)*

(una clase) de inglés English (class)

inicial initial (at the beginning of a word)

iniciar to initiate, start

inmediatamente immediately

inmediato immediate

la inmigración immigration

insistir en + *inf.* to insist on . . . ing

una institución *(pl. instituciones)* institution

un instituto secondary school (high school, junior high school, middle school)

un instrumento instrument

un instrumento de música musical instrument

intelectual intellectual

inteligentemente intelligently

intercambiar to exchange

un intercambio exchange

un(a) estudiante de intercambio exchange student

un programa de intercambio (de estudiantes) (student) exchange program

un interés *(pl. intereses)* interest

interesado interested

interesante interesting **(3.2)**

interesar to interest, be of interest to, appeal to

interesarse (en) to be interested (in)

interescolar interscholastic

el interior inside *(soccer)*

interiores: un(a) decorador(a) de interiores interior decorator

internacional international

una interpretación *(pl. interpretaciones)* interpretation

un intérprete, una intérprete interpreter

interrogar to interrogate, question

interrogativo interrogative *(asking a question)*

íntimo intimate, private

introdujeron (they) introduced

inútil useless **(8.1)**

inútilmente needlessly, for no (good) reason

inventar to invent

investigar to investigate

el invierno winter **(1.6)**

las Olimpíadas de Invierno Winter Olympics

una invitación *(pl. invitaciones)* invitation

invitado: ha invitado (he, she) has invited

invitar to invite **(4.1)**

invitar a + *inf.* to invite (someone) to (do something)

* ir to go **(4.2)**; to match *(colors)*

ir a + *inf.* to be going to **(4.2)**; to go to

ir a la escuela to go to school

ir a la iglesia to go to church

ir a pie to go on foot, walk **(4.4)**

ir al centro to go downtown, into town

ir al cine to go to the movies

ir de compras to go shopping

ir en avión (barco, tren, autobús, auto o coche, bicicleta) to go by plane (boat, train, bus, car, bicycle) **(4.4)**

Irlanda Ireland

irlandés *(f. irlandesa)* Irish *(also noun)*

* irse to go away, leave **(7.4)**

irse de to leave *(go out of something)*

irse a la escuela (al trabajo) to leave for school (work)

una **isla** island
    la «**Isla Encantada**»
      Enchanted Isle *(= Puerto Rico)*
    Italia Italy
    italiano Italian
el **italiano** Italian *(language)*
la **izquierda** left, left side
    a la izquierda (de) on (to) the left (of) **(10.4)**
    izquierdo left **(7.4)**

j

un **jaguar** jaguar *(large South American cat similar to a leopard)*
el **jai alai** jai alai *(extremely fast court game originating among the Basques of Spain)*
la **jalea** jelly
el **jamón** ham **(10.2)**
el **Japón** Japan
el **japonés** Japanese *(language)*
un **jardín** *(pl.* **jardines)** garden **(5.3)**
un **jefe, una jefa** boss
un **jinete** jockey
una **jirafa** giraffe
    joven *(pl.* **jóvenes)** young **(7.1)**
un **joven** young man **(3.1)**
    los **jóvenes** young people
una **joven** young woman **(3.1)**
una **joya** jewel
    unas **joyas** jewelry
    juegan (they) play
    juegas (you) play
un **juego** game
    el **juego de bolos** (candlepin) bowling
    los **Juegos Olímpicos** Olympic Games
    los **Juegos Panamericanos** Pan-American Games
    un **juego de cabeza** header *(soccer)*
    jueves Thursday **(1.5)**
    el **jueves** (on) Thursday **(6.4)**
    los **jueves** (on) Thursdays **(6.4)**

un **jugador, una jugadora** player **(6.2)**
    el **jugador más valioso** most valuable player
    un(a) jugador(a) de (tenis) (tennis) player
jugar (u→ue) to play **(6.2)**
    jugar a to play *(sport)* **(6.2)**
    jugar al ajedrez to play chess
un **jugo** juice
    el **jugo de frutas** fruit juice **(8.4)**
    el **jugo de naranja (limón)** orange (lemon) juice
julio July **(1.5)**
junio June **(1.5)**
juntos together
la **justicia** justice, law *(profession)*
justo fair, just
juveniles: los problemas juveniles young people's problems
la **juventud** youth *(young people)*

k

un **kilo (gramo)** kilo, kilogram *(1000 grams, or 2.2 pounds)*
un **kilómetro** kilometer *(1000 meters)*

l

la *(pl.* **las)** the *(f.)* **(3.1)**
    la (roja) the (red) one *(f.)*
la *(obj. pron.)* her, it *(f.)* **(4.4)**; you *(f. formal)* **(6.1)**
un **laboratorio** laboratory
    un **laboratorio de lenguas** language laboratory
Láctea: la Vía Láctea Milky Way *(galaxy containing the solar system)*
lado: a (mi) lado next to (me)
    al lado on (at, to) the side **(10.4)**
    al lado de next to, beside, on (at, to) the side of **(10.4)**

una **lámpara** lamp **(10.4)**
un **lápiz** *(pl.* **lápices)** pencil **(3.3)**
largo long **(7.1)**
    (doscientos) metros de largo (two hundred) meters long
las the *(f. pl.)* **(3.3)**
    las que those *(f.)* which
    las (rojas) the (red) ones *(f.)*
las *(obj. pron.)* them *(f.)* **(4.4)**; you *(f. pl.)* **(6.1)**
lástima: ¡qué lástima! too bad! **(2.1)**
latino Latin American *(also noun)*
    la **América Latina** Latin America
Latinoamérica Latin America
latinoamericano Latin American *(also noun)*
lavar to wash
lavarse to wash (oneself) **(7.3)**
    lavarse el pelo (las manos) to wash one's hair (hands)
le to (for) him, to (for) her **(5.4)**; to (for) you *(formal)* **(6.1)**; to (for) it
    ¿le gusta(n)? do you *(formal)* like?
una **lección** *(pl.* **lecciones)** lesson
la **lectura** reading **(5.1)**
    un **ejercicio de lectura** reading exercise
la **leche** milk **(8.4)**
la **lechuga** lettuce
lee read *(command)*
leer to read **(5.1)**
legendario legendary
las **legumbres** vegetables
lejos (de) far (from) **(4.2)**
una **lengua** language
    un **laboratorio de lenguas** language laboratory
un **lenguaje** language
lento slow
un **léon** *(pl.* **leones)** lion
les to (for) them **(5.4)**; to (for) you *(pl.)* **(6.1)**
    ¿les gusta(n)? do you *(pl.)* like?
levanta: se levanta (he) gets up

levantado raised
levantarse to get up **(7.4)**
la **libertad** liberty, freedom
un **libertador, una libertadora** liberator
Libra Libra *(zodiac sign)*
libre free
una **librería** bookstore
un **libro** book **(3.3)**
    un **libro de (castellano)** (Spanish) book
un **liceo** secondary school (high school, junior high school, middle school)
una **licuadora** blender
un **líder, una líder** leader
una **liebre** hare
una **liga** league
    las **grandes ligas** major leagues *(baseball)*
ligero: el peso ligero lightweight *(boxing)*
un **limón** *(pl.* **limones***)* lemon
una **limonada** lemonade
limpiar to clean, clean up (out)
limpio clean, neat
lindo pretty **(7.1)**
una **línea** line
    una **línea aérea** airline
    la **línea de puerta** goal line *(soccer)*
    la **línea del ferrocarril** railroad tracks
Lisboa Lisbon *(capital of Portugal)*
liso straight *(hair)* **(7.1)**
la **literatura** literature
lo *(neuter pron.)* the, that, it
    lo cierto what is certain
    lo contrario the opposite
    lo histórico (moderno) historical (modern) things, what is historical (modern)
    lo imposible the impossible
    lo más importante the most important thing
    lo mismo the same (thing)
    lo moderno modern things, what is modern
    lo que what *(the things that)* **(9.4)**; that which

lo siento (I'm) sorry
(no) lo creo I (don't) believe it (that)
(no) lo sé I (don't) know (that)
por lo general generally **(6.4)**
lo *(obj. pron.)* him, it *(m.)* **(4.4)**; you *(m. formal)* **(6.1)**
locamente madly
loco crazy, mad
la **locuacidad** talkativeness
un **locutor, una locutora** radio *or* TV announcer **(9.2)**
lógicamente logically
lógico logical
Londres London
la **longitud** length
los the *(m. pl.)* **(3.3)**
    los (domingos) on (Sundays) **(6.4)**
    los (rojos) the (red) ones *(m.)*
los *(obj. pron.)* them **(4.4)**; you *(pl.)* **(6.1)**
luego then **(8.4)**
    hasta luego see you later **(1.2)**
un **lugar** place **(4.2)**
    cualquier lugar anywhere, anyplace
un **lujo** luxury
    un **artículo de lujo** luxury
la **luna** moon
lunes Monday **(1.5)**
    el lunes (on) Monday **(6.4)**
    los lunes (on) Mondays **(6.4)**

ll

una **llama** llama *(South American animal related to the camel)*
una **llamada** (telephone) call
llamar to call **(5.4)**
    llamar a la puerta to knock at the door
    llamar por teléfono to call on the phone **(5.4)**
    llamarse to be called, be named, call oneself

¿cómo se llama? what's his (her) name? what is he (she) called? **(3.1)**; what is it called?
¿cómo se llaman? what are their names? what are they called? **(3.1)**
¿cómo te llamas? what's your name? **(1.1)**
me llamo my name is **(1.1)**
se llama his (her) name is, (it) is called
si te llamas if your name is
un **llano** plain
una **llegada** arrival
llegar to arrive **(4.1)**
    llegar a + *noun or pron.* to reach, get to
    llegar a ser to become
llenar to fill
llenarse de to fill (be filled) with
lleno (de) full (of), filled (with)
llevar to take (someone or something), carry (something) **(4.1)**; to wear **(7.2)**
llorar to cry, weep
llueve it's raining **(1.6)**; it rains

m

la **madera** wood
una **madre** mother **(5.2)**
    el Día de la Madre Mother's Day
madrileño of (from) Madrid
la **madrugada** early morning
    las altas horas de la madrugada early morning hours
un **maestro, una maestra** teacher **(3.1)**
    la práctica hace al maestro practice makes perfect
magnífico terrific, great, magnificent **(5.4)**

¡qué (regalo) tan
magnífico! what a
great (gift)! (5.4)

el maíz corn (10.2)

mal bad (used for malo
before m. sing. noun) (3.2)

mal (adv.) bad (1.2); badly,
poorly (2.1)

mal visto looked on with
disapproval

muy mal very bad,
terrible (1.2)

salir mal en (un examen)
to flunk (an exam) (8.1)

sentirse mal to feel bad
(sick)

una maleta suitcase

hacer la maleta to pack a
suitcase (5.2)

malo bad (3.2)

¡qué malo! that's bad! (1.6)

ser malo to be bad
(naughty), misbehave

la mamá mother (5.2)

manda send (command)

mandar to send (5.4)

mandar a hacer su ropa a
la modista to have
one's clothes made by a
seamstress

un mandato command

mándenos (Ud). send (to) us

una manera manner, way

cada cual a su manera
each in his or her own
way

de todas maneras in any
case (10.3)

de una manera (diferente)
in a (different) way

un maní (pl. maníes or manises)
peanut

una mano hand (7.4)

con las manos with his
(their) hands

lavarse las manos to
wash one's hands

manso gentle

* mantener (e→ie) to
maintain, keep

mantener contacto to
maintain contact, keep
in touch

* mantenerse (e→ie) to keep
(maintain) oneself

mantenerse en contacto
to keep in contact
(touch)

mantenerse en forma to
keep (oneself) in shape,
keep (oneself) fit

la mantequilla butter (10.2)

manuscrito handwritten

las manzanas apples (10.2)

mañana tomorrow (1.5)

una mañana morning

de la mañana in the
morning, a.m. (1.4)

el (jueves) por la mañana
(on) (Thursday) morning
(6.4)

por la mañana in the
morning

un mapa map

una máquina machine; car
(Puerto Rico)

escribir a máquina to
type (9.1)

una máquina de coser
sewing machine

el mar sea (4.2)

un mar de a lot of, loads
of

una maraca gourdlike instrument
usually played in pairs

maravilloso marvelous

marcar to score (sports)

una marimba kind of xylophone

marrón brown (clothing)
(7.2)

martes Tuesday (1.5)

el martes (on) Tuesday
(6.4)

los martes (on) Tuesdays
(6.4)

marzo March (1.5)

más more, most (4.4); and,
plus (addition)

el (la, los, las) + noun +
más + adj. the most
(adj.) (noun), the -est
(noun)

(los deportes) más
peligrosos y rápidos
fastest and most
dangerous (sports)

más de (number) more
than

más (estrictos) more
(strict), (strict)er

más grande larger, bigger
(7.1)

más pequeño smaller
(7.1)

más . . . que more . . .
than, -er than (7.1)

más tarde later

me gusta(n) más I like
better, I prefer (6.2)

¿te gusta(n) más? do you
like better? do you
prefer?

masculino masculine, men's

un match match (sports)

las matemáticas math

(una clase) de
matemáticas math
(class)

el matrimonio marriage

máximo maximum

mayo May (1.5)

el cinco de mayo the
Fifth of May (Mexican
national holiday)

mayor older (5.2) oldest
(7.1); elderly, largest

el (la) mayor, los (las)
mayores the oldest

las personas mayores
grown-ups, adults

mayor que older than

una hermana mayor
older sister, big sister

la mayoría majority

me to (for) me (6.1); myself,
to (for) myself (7.3)

me caigo (I) fall down

me disgusta I (really)
dislike

me encanta(n) I love

me gusta(n) más I like
better, I prefer (6.2)

me levanto (I) get up

me llamo my name is
(1.1)

me quedo I stay

(no) me gusta(n) I
(don't) like (2.4) (6.2)

la mecánica mechanics

mecánico mechanical

un mecánico, una mecánica
mechanic

una medalla medal

la medalla de oro gold
medal

media: (es la una) y media
(it's one) thirty, (it's) half
past (one) **(1.4)**

medial medial (in the middle
of a word, between vowels)

la **medicina** medicine
(profession)

un **médico, una médica** doctor,
physician

una **medida** measure,
measurement

medio half (a), middle

medio: el medio ala
halfback *(soccer)*

el medio centro center
halfback *(soccer)*

el peso medio
middleweight *(boxing)*

un **medio** means

un medio de transporte
means of transportation

el **mediodía** noon, midday

mejor better, best **(7.1)**

**el (la) mejor, los (las)
mejores** the best

mejor que better than

mejorar to improve
(something)

la **melancolía** melancholy

un **melón** *(pl.* **melones)** melon

una **memoria** memory

memorizar to memorize

menor younger **(5.2)**
youngest **(7.1)**

**el (la) menor, los (las)
menores** the youngest

menor que younger than

un(a) hermano(a) menor
younger brother (sister),
little brother (sister)

menos to *or* of *(telling time)*
(1.4); less

el (la, los, las) + *noun* +
menos + *adj.* the least
(adj.) (noun)

menos de *(number)* less
than

menos, no no less ...

menos .. que less ...
than **(7.1)**

**(son las dos) menos
(cinco)** (it's) (five) to
(two) **(1.4)**

un **mensaje** message

una **mentira** lie

menudo: a menudo often **(5.1)**

un **mercado** market

merendar (e→ie) to have a
(late afternoon) snack
(10.2)

la **merienda** late afternoon
snack **(10.2)**

un **mes** month **(1.5)**

una **mesa** table **(10.4)**

poner la mesa to set the
table **(10.1)**

métrico metric

el sistema métrico metric
system

un **metro** meter *(unit of
measurement)*

mexicano Mexican *(also
noun)* **(3.4)**

mexicano-americano
Mexican-American *(also
noun)*

México Mexico **(3.4)**

la ciudad de México
Mexico City

**México, D.F. = México,
Distrito Federal**
Mexico, Federal District

una **mezcla** mixture

mezclar to mix, blend

mi, mis my **(5.2)**

mí me *(after prep.)* **(2.4)**

miedo: tener miedo to be
afraid

un **miembro** member

miércoles Wednesday **(1.5)**

el miércoles (on)
Wednesday **(6.4.)**

los miércoles (on)
Wednesdays **(6.4)**

mil a (one) thousand **(7.2)**

dos mil two thousand
(7.2)

¡mil gracias! a thousand
thanks! **(10.1)**

mil novecientos (ochenta)
19(80) *(date)*

mil quinientos fifteen
hundred **(7.2)**

un **milímetro** millimeter
(1/1000 of a meter)

una **milla** mile

un **millón** *(pl.* **millones)** million
(7.2)

**(treinta y cinco) millones
de (habitantes)** (thirty
five) million
(inhabitants)

¡un millón de gracias! a
million thanks! **(10.1)**

un millón (millones) de +
noun a million
(millions of)

un **millonario, una millonaria**
millionaire

un **mini-diálogo** mini-dialog

mínimo minimum

un **minuto** minute

¡un minuto! just a
minute!

mío: ¡Dios mío! gosh! **(5.3)**

mirar to watch, look (at)
(2.2)

¡mira! look! **(3.3)**; look
at *(something)!*

¡mira a *(person)!* look
at ...!

mirar a los ojos to look
into (someone's) eyes

mirar pasar a la gente
to watch the people go
by

mirarse to look at oneself
(7.3)

mismo same **(4.4)**

al mismo tiempo at the
same time **(8.3)**

contigo mismo with
yourself *(fam.)*

lo mismo the same
(thing)

el **misterio** mystery

misterioso mysterious

mixto mixed

la **moda** fashion

a la moda de after the
fashion of, in the style of

estar de moda to be in
fashion, be in style

ir a la moda to dress
fashionably

ir a la última moda to
follow the latest fashion,
to be (dressed) in the
latest fashions

**un(a) diseñador(a) de
modas** fashion
designer

una revista de modas
fashion magazine

un **modelo, una modelo** model

moderadamente moderately

una **modista** dressmaker,
seamstress **(9.4)**

un modo   way, means
 un modo de vivir
  lifestyle, way of life
un momentito   just a minute *(on the phone)* **(9.3);** moment
¡un momento!   just a minute!
una mona   monkey, ape *(f.)*
la moneda   currency, money, coin
 una moneda de oro   gold coin
 una unidad de monetaria   monetary unit
un monja   nun
un monje   monk
un mono   monkey **(5.2)**
una montaña   mountain
un monumento   monument
 morado: un ojo morado   black eye
 moreno   dark-haired, brunet(te) **(3.2)**
 morir (o→ue)   to die
 Moscú   Moscow
una moto   motorcycle **(3.3)**
 en moto   by (on a) motorcycle
 mover (o→ue)   to move (something), to shake *(one's head)*
una muchacha   girl **(3.1)**
un muchacho   boy **(3.1)**
 muchísimos   a great many
 mucho   much *(pl.* many), a lot of **(3.3);** very *(with* **calor, frío,** *etc.)*
 muchas gracias   thank you **(1.3)**
 muchas veces   many times, often **(9.3)**
 muchos   many (others)
 mucho *(adv.)*   a lot **(2.1);** much
 estudiar (trabajar) mucho   to study (work) hard
los muebles   furniture **(10.4)**
la muerte   death
una mujer   woman **(3.1)**
 mundial   world *(adj.)*
 la Copa Mundial   World Cup
el mundo   world
 del mundo entero   from all over the world
 por todo el mundo   all over the world

todo el mundo   everyone, everybody
un muñeco   dummy
un mural   mural
un músculo   muscle
un museo   museum **(4.2)**
 el Museo del Prado   the Prado *(museum in Madrid)*
la música   music
 musical   musical
 un programa de variedades musicales   musical variety show
 una comedia musical   musical comedy **(6.3)**
muy   very **(2.1)**
 muy mal   very bad, terrible **(1.2)**

n

nací   (I) was born
el nacimiento   birth
 el lugar de nacimiento   birthplace
una nación *(pl.* **naciones)**   nation
 las Naciones Unidas   United Nations
nacional   national
la nacionalidad   nationality
nada   nothing, not anything **(6.1);** not at all
 de nada   you're welcome **(1.3)**
nadar   to swim **(2.2)**
nadie   no one, not anyone **(6.1)**
las naranjas   oranges **(10.2)**
una nariz *(pl.* **narices)**   nose **(7.1)**
la natación   swimming **(6.2)**
 natal: la ciudad natal   hometown
la naturaleza   nature
una nave   ship
la Navidad   Christmas
 Feliz Navidad   Merry Christmas
necesariamente   necessarily
necesario   necessary
necesitar   to need **(2.3);** to require
la negación   negation
negativo   negative

la negligencia   carelessness
negligente   careless, negligent
los negocios   business
 los negocios de importación y exportación   importing and exporting business
negro   black **(7.1)**
neozelandés *(f.* **neozelandesa)**   from New Zealand *(also noun)*
nervioso   nervous
nevado   snow-covered, snow-capped *(mountain)*
ni   nor, (not) . . . or
 ni . . . ni   neither . . . nor, (not) either . . . or
nicaragüense   Nicaraguan *(also noun)*
los nietos   grandchildren
nieva   it's snowing **(1.6);** it snows
la nieve   snow
ningún   no, not any *(used for* **ninguno** *before m. sing. noun)* **(6.1)**
ninguno   no, not any **(6.1)**
los niños   children
no   no **(1.1);** not **(2.1)**
 ahora no   not now
 ¡claro que no!   of course not! **(2.2)**
 ¡cómo no!   of course! **(2.2)**
 decir que no   to say no **(5.3)**
 hoy no   not today
 ¿no?   no? right? isn't it? *etc.*
 no hay   there is (are) no **(3.3)**
 no hay de qué   you're welcome **(1.3)**
 no importa   it doesn't matter
 no lo creo   I don't believe it (that)
 no lo sé   I don't know (that)
 ¡no me digas!   you don't say! **(4.3)**
 no . . . nada   nothing, not anything **(6.1)**
 no . . . nadie   no one, not anyone **(6.1)**
 no . . . ni . . . ni   not either . . . or, neither . . . nor

no ... ninguno (ningún) no, not any **(6.1)**

no ... nunca never, not ever **(6.1)**

no puedo I can't **(2.3)**

no sólo ... sino (también) not only ... but (also)

no tienes que you mustn't (shouldn't)

no todos tenemos we all do not have, not all of us have

¿por qué no? why not?

ya no no longer, not ... anymore

yo no not I (me)

una **noche** night, evening

buenas noches good evening, good night **(1.2)**

de la noche in the evening, at night, p.m. **(1.4)**

de noche at night

el (sábado) por la noche (on) (Saturday) night, evening **(6.4)**

esta noche tonight

la noche del sábado Saturday night

los (sábados) por la noche (on) (Saturday) nights **(6.4)**

por la noche at night

la **Nochebuena** Christmas Eve

Noel: Papá Noel Santa Claus

un **nombre** name

nombre y apellidos full name *(first name and last name)*

un nombre de familia family name

una **norma** rule

normal: una escuela normal teachers' school

el **norte** north

Norteamérica North America

norteamericano (North) American *(from the USA; also noun)* **(3.4)**

nos us, to (for) us **(6.1)**; ourselves, to (for) ourselves **(7.3)**; each other, one another

nos gusta we like

nos vemos (pronto) see you (soon)

nosotros(as) we **(2.4)**; us *(after prep.)* **(6.1)**

una **nota** grade *(mark in school)* **(8.1)**; note

sacar una buena (mala) nota to get a good (bad) grade

notar to note, notice

las **noticias** news **(6.3)**

novecientos nine hundred **(7.2)**

una **novela** novel **(5.1)**

una **novia** girlfriend **(3.1)**

noviembre November **(1.5)**

un **novio** boyfriend **(3.1)**

los novios boyfriend(s) and girlfriend(s)

nublado: está nublado it's cloudy **(1.6)**

nuestro our **(5.3)**

nuevo new **(3.3)**

Nueva York New York

Nuevo México New Mexico

numerado numbered

un **número** number **(1.3)**

un número de teléfono telephone number

nunca never, not ever **(6.1)**

O

o or **(2.1)**

* **obedecer (c→zc)** to obey **(6.4)**

un **objetivo** purpose, aim, objective

un **objeto** object **(3.3)**

una **obligación** *(pl. obligaciones)* obligation

obligatorio required, obligatory

una **obra** work, play *(drama)*

una obra de teatro play **(6.3)**

una **observación** *(pl. observaciones)* observation

observar to observe

la **obstinación** stubbornness

* **obtener (e→ie)** to obtain, get

obvio obvious

una **ocasión** *(pl. ocasiones)* occasion, event, affair

en toda ocasión on all occasions, at all times

un **océano** ocean

el Océano Atlántico Atlantic Ocean

el Océano Pacífico Pacific Ocean

oceanográfico oceanographic

octubre October **(1.5)**

ocupado busy, occupied

ocurrir to happen, occur

ochocientos eight hundred **(7.2)**

odiar to hate

el **oeste** west

una película del oeste western (movie) **(6.3)**

ofensivo offensive, rude

una **oferta** offer

una **oficina** office **(9.1)**

una oficina de turismo tourist office

un **oficio** job, trade **(9.1)**

* **ofrecer (c→zc)** to offer **(6.4)**

* **oír** to hear **(6.4)**

un **ojo** eye

los ojos eyes **(7.1)**

mirar a los ojos to look into (someone's) eyes

¡ojo! be careful! watch out!

tener los ojos (azules) to have (blue) eyes **(7.1)**

un ojo morado black eye

una **ola** wave

correr las olas to surf

las **Olimpíadas** the Olympics

las Olimpíadas de Invierno Winter Olympics

olímpico Olympic

los Juegos Olímpicos Olympic Games

un **olor** smell, odor

olvidar to forget (something)

olvidarse (de) + *inf.* to forget (to do something) **(9.2)**

un **ómnibus** *(pl. ómnibus)* bus *(Argentina)*

una **onza** ounce

una **opinión** (*pl.* **opiniones**) opinion

    cambiar de opinión to change one's mind

    en mi opinión in my opinion **(6.2)**

oponen: se oponen (they) are opposed

una **oportunidad** opportunity

un **optometrista**, una **optometrista** optometrist

el **opuesto** opposite

una **oración** (*pl.* **oraciones**) sentence

el **orden** order

    en orden in order, tidy

una **orden** (*pl.* **órdenes**) order (*command*)

las **orejas** ears **(7.1)**

un **organizador**, una **organizadora** organizer

    organizar to organize, arrange

el **orgullo** pride

    orgulloso proud

    estar orgulloso de (ser) to be proud of (being), proud to (be)

el **Oriente** Orient, East

un **origen** (*pl.* **orígenes**) origin

    original original

la **originalidad** originality

    originalmente originally

    originario de originating from, native to

el **oro** gold

    la medalla de oro gold medal

una **orquesta** orchestra, band

    os yourselves, to (for) yourselves (*fam. pl.*), you, to (for) you

    oscuro dark

el **otoño** autumn, fall **(1.6)**

otro another, other **(3.3)**

    (los) otros others, other people

    otra vez again **(9.3)**

    otro (bajo) another that is (short)

    ovalado oval

una **oveja** sheep

    ¡oye! listen! **(3.3)**

    oyen: se oyen one hears

    oyes you (can) hear

p

la **paciencia** patience

    con (mucha) paciencia (very) patiently

    perder la paciencia to lose one's patience

    tener paciencia to be patient

paciente patient

un **paciente**, una **paciente** patient

un **padre** father **(5.2)**

    los padres parents **(5.2)**

los **padrinos** godparents

pagar to pay, pay for **(6.1)**

    pagar por to pay for

una **página** page

    la página deportiva sports page

un **país** country **(3.4)**

un **paisaje** landscape

un **pájaro** bird **(5.2)**

una **palabra** word **(2.1)**

    tú tienes la palabra it's your turn to speak

un **palacio** palace

una **palma** palm tree

el **pan** bread **(10.2)**

un **panadero**, una **panadera** baker

Panamá Panama

panameño Panamanian (*also noun*)

panamericano Pan-American (*involving North America, South America, and Central America*)

    los Juegos Panamericanos Pan-American Games

una **pandereta** tambourine

una **pandilla** group of friends (*Spain*)

unos **pantalones** pants **(7.2)**

    unos pantalones cortos shorts **(7.2)**

una **papa** potato

el **papá** father **(5.2)**

    Papá Noel Santa Claus

un **papagayo** parrot **(5.2)**

las **papas** potatoes **(10.2)**

    las papas fritas French fries

el **papel** paper

un **papel** role, part

para for **(2.4)**; (in order) to **(9.2)**; by

    dar permiso para to give (someone) permission to, permit (someone) to

    ¿para qué? why? what for?

    tener permiso (tiempo) para to have permission (time) to

parada: las paradas de portero saves (*soccer*)

    una parada de pecho chest trap (*soccer*)

paraguayo Paraguayan (*also noun*)

parar to stop, save (*soccer*)

una **pared** wall

paréntesis: entre paréntesis in parentheses

un **pariente**, una **parienta** relative

    los parientes relatives **(5.2)**

un **parque** park

un **párrafo** paragraph

una **parte** part

    a (en, por) todas partes everywhere

    formar parte de to be (a) part of

participar to participate, take part

un **participio** participle

un **partido** game, match **(6.2)**

    un partido de (fútbol) (soccer) game

pasable passable, fair

pasado last (*previous*)

    el año pasado last year

    el (miércoles) pasado last (Wednesday) **(6.4)**

el **pasado** past

un **pasajero**, una **pasajera** passenger

un **pasaporte** passport

pasar to spend (*time*), to pass (by), to happen **(8.2)**; to pass (something to someone) to go (by)

    mirar pasar a la gente to watch the people go by

    pasar el tiempo to pass (while away) the time

pasar por to pass by (through)

pasar por la calle to walk down (along) the street

¿qué pasa? what's wrong? what's the matter? **(1.4)**

un **pasatiempo** pastime, hobby

la **Pascua Florida** Easter

un **pase** pass *(soccer)*

los **pases** plays *(soccer)*

un **paseo** walk, stroll, boulevard, avenue

de paseo walking down the street

un **pastel** pastry, pie **(8.4)**

un **patio** patio, courtyard

el **Patio de los leones** Court of the Lions *(courtyard in the Alhambra Palace near Granada, Spain)*

un **pato** duck

patrón: un santo patrón patron saint *(guardian saint of a nation, city, etc.)*

payaso: hacer el payaso to clown around

la **paz** peace

el **Cuerpo de Paz** Peace Corps

pecho: una parada de pecho chest trap *(soccer)*

un **pediatra, una pediatra** pediatrician

pedido: ha pedido has asked

pedir (e→i) to ask, ask for, request, to order (something) **(6.1)**

pedir prestado to borrow

pegar a to hit, kick

un **peinador, una peinadora** hairdresser

peinar to comb

peinarse to comb one's hair **(7.3)**

pelar to peel

pelear to fight

una **película** film, movie **(6.3)**

una **película de aventuras** adventure movie **(6.3)**

una **película del oeste** western **(6.3)**

una **película policíaca** police *or* detective movie **(6.3)**

una **película romántica** love movie **(6.3)**

el **peligro** danger

peligroso dangerous

el **pelo** hair **(7.1)**

lavarse el pelo to wash one's hair

tener el pelo (rubio) to have (blond) hair

una **pelota** ball

pena: ¡qué pena! what a pity!

una **península** peninsula

pensar (e→ie) to think **(6.3)**

pensar + inf. to plan to **(6.3)**

pensar de to think of, think about *(have an opinion about)* **(6.3)**

pensar en to think about *(give thought to)* **(6.3)**

pensar que to think that **(6.3)**

peor worse, worst **(7.1)**

el **(la) peor, los (las) peores** the worst

peor que worse than

la **pequeñez** pettiness

pequeño small, little *(size)* **(3.3)**

la **Pequeña Habana** Little Havana

las **peras** pears **(10.2)**

perder (e→ie) to lose **(6.3)**

perder el tiempo to waste time **(6.3)**

perder la confianza en to lose one's confidence (trust) in, stop trusting (someone)

perder la paciencia to lose one's patience (temper)

¡perdón! excuse me! pardon me! **(5.2)**

perezoso lazy

un **perezoso** sloth *(slow, tree-dwelling animal of South America)*

perfeccionista perfectionist(ic)

perfectamente perfectly

perfecto perfect

un **periódico** newspaper **(3.3)**

un **puesto de periódicos** newsstand

un **periodista, una periodista** journalist **(9.2)**

un **período** period

un **período de estudio** study period

una **perla** pearl

permanecer to stay, remain

permisivo lenient, permissive

el **permiso** permission

dar permiso para to give (someone) permission to

tener permiso para to have permission to

un **permiso de conducir** driver's license

permitir to permit, allow

pero but **(2.1)**

perplejo perplexed

un **perro** dog **(5.2)**

la **perseverancia** perseverance

perseverante persevering, persistent

una **persona** person

las **personas** persons, people

las **personas mayores** grown-ups, adults

un **personaje** character *(comic strip, film, play, etc.)*, personage

personal personal

una **personalidad** personality

el **Perú** Peru

peruano Peruvian *(also noun)*

pesado: el peso pesado heavyweight *(boxing)*

pesar to weigh

un **pescador** fisherman

una **pescadora** fisherwoman

un **pescado** fish *(caught)*

la **peseta** the peseta *(monetary unit of Spain)*

el **peso** the peso *(Hispanic monetary unit)*

un **peso** peso, weight

perder peso to lose weight

el **peso pesado (medio, welter, ligero, pluma)** heavyweight (middleweight, welterweight, lightweight, featherweight) *(boxing)*

un **pez** *(pl.* **peces)** fish *(live)* **(5.2)**

un **pez de color**   goldfish
picante   highly spiced, hot
pide   ask for *(command)*
un **pie**   foot **(7.4)**
   a pie   on foot **(4.4)**
   ir a pie   to go on foot,
     walk **(4.4)**
   piensa (en)   think (about)
    (command)
una **pierna**   leg **(7.4)**
un **piloto**   driver *(auto race)*
la **pimienta**   pepper **(10.2)**
el **ping pong**   Ping-Pong
un **pingüino**   penguin
pintar   to paint
un **pintor, una pintora**   painter
pintoresco   picturesque
una **piña**   pineapple
una **piraña**   piranha *(South
   American carnivorous fish)*
los **Pirineos**   Pyrenees *(mountain
   range between France and
   Spain)*
un **piropo**   compliment
   decir un piropo   to pay a
     compliment, make a
     flattering remark
una **piscina**   swimming pool **(4.2)**
un **piso**   floor *(of a building)*
   (5.3)
una **pista**   track *(racing)*
el **placer**   pleasure
un **plan**   plan
planear   to plan
un **planeta**   planet
plano   flat
un **plano**   plan *(architects's
   drawing)*
una **planta**   floor *(of a building)*
   la planta baja   ground
     floor, first floor *(USA)*
los **plátanos**   bananas *(for
   cooking; also called*
   plantains) **(10.2)**
   un refresco de plátanos
     banana shake
un **platillo**   saucer
un **plato**   plate, dish **(10.1)**
una **playa**   beach **(4.2)**
una **plaza**   plaza, (public) square
   (4.2)
   una plaza de toros
     bullring
un **plomero**   plumber
pluma: el peso pluma
   featherweight *(boxing)*

el **plural**   plural
la **población**   population
pobre   poor **(6.1)**; unlucky
   ser pobre   to be poor **(6.1)**
poco   little
un **poco**   a little **(2.1)**
   un poco de + *noun*   a
     little
* **poder (o→ue)**   can, to be able
   (to), may **(6.3)**
   puede ser   it may be
   ¿puedo hablar con ...?
     may I talk to ... ? *(on
     the phone)* **(9.3)**
un **poema**   poem
la **poesía**   poetry
un **poeta**   poet
la **policía**   police
un **policía, una policía**   police
   officer
policíaco   detective
   un cuento policíaco
     detective story
   una película policíaca
     police *or* detective movie
     (6.3)
la **política**   politics
un **político, una política**
   politician
un **pollito**   chick
el **pollo**   chicken **(10.2)**
pon   put *(command)*
un **poncho**   poncho
* **poner**   to put, put on **(6.4)**
   poner la mesa   to set the
     table **(10.1)**
* **ponerse**   to put (something)
   on (oneself) **(7.3)**; to try
   (something) on
la **popularidad**   popularity
poquito   very little
por   for, by, along, through
   (9.3); throughout, because
   of
   los (sábados) por la noche
     (on) (Saturday) nights
     (6.4)
   por avión   by plane
   por ciento   percent
   por desgracia
     unfortunately **(10.4)**
   por ejemplo   for instance,
     for example **(7.4)**
   por eso   therefore, that's
     why **(2.4)**; because of
     that

   por favor   please **(1.3)**
   por hora   per hour
   por la calle   down (along)
     the street
   por la mañana   in the
     morning
   por la noche   at night
   por la tarde   in the
     afternoon
   por lo general   generally
     (6.4)
   ¿por qué?   why? **(2.3)**
   ¿por qué no?   why not?
   por suerte   luckily
   ¡por supuesto!   of course!
     (2.2)
   por teléfono   on the (by)
     phone
   por todas partes
     everywhere
   por todo el mundo   all
     over the world
porque   because **(2.3)**
un **porqué**   reason, cause
la **portería**   goal *(soccer)*
el **portero**   goalie *(soccer)*
   las paradas de portero
     saves *(soccer)*
un **portero**   doorman
el **portugués**   Portuguese
   (language)
la **posesión**   possession,
   ownership
las **posesiones**   possessions,
   belongings
posesivo   possessive
una **posibilidad**   possibility
posible   possible
una **posición** *(pl. **posiciones**)*
   position
una **postal**   postcard
el **postre**   dessert
   los postres   dessert(s)
     (10.2)
practica: se practica   (it) is
   engaged in
la **práctica**   practice
   **la práctica hace al
     maestro**   practice
     makes perfect
practicar   to practice, to take
   part in, play *(sports)*
práctico   practical
un **precio**   price
precioso   precious
la **precisión**   precision

preciso precise

una **preferencia** preference

preferido favorite, preferred

preferir (e→ie) to prefer **(6.3)**

pregunta ask *(command)*

una **pregunta** question

　　hacer una pregunta to ask a question

preguntar to ask, to inquire **(6.1)**

un **premio** prize

preocupado worried

prepara prepare *(command)*

preparado prepared

preparar to prepare, get ready

prepararse to prepare (oneself)

una **preposición** *(pl.* preposiciones*)* preposition

una **presentación** *(pl.* presentaciones*)* personal appearance

presentar to present, to perform, put on *(play, etc.)*

presente present

el **presente** present *(tense)*

un **presidente, una presidenta** president

un **preso, una presa** prisoner

prestado: pedir prestado to borrow

prestar to lend **(5.4)**

un **presupuesto** budget

el **pretérito** preterite *(tense)*

un **pretexto** excuse

una **prima** cousin *(f.)* **(5.2)**

primario primary

　　una escuela primaria elementary school

la **primavera** spring **(1.6)**

primero first **(1.5)**

　　el primero de (agosto) the first of (August), (August) 1 **(1.5)**

　　los primeros auxilios first aid

primero *(adv.)* first **(9.4)**

un **primo** cousin *(m.)* **(5.2)**

principal main, principal

　　un actor (una actriz) principal starring actor (actress), leading man (lady)

principalmente principally, mainly

prisa: con (mucha) prisa hurriedly, in a (great) hurry

probablemente probably

un **problema** problem

　　un problema sentimental problem of the heart, love problem

un **procedimiento** procedure

　　un procedimiento de primeros auxilios first-aid procedure

un **proceso** process

proclamado proclaimed

producir (c→zc) to produce

un **producto** product

　　un producto químico chemical

un **productor, una productora** producer

una **profesión** *(pl.* profesiones*)* profession **(9.1)**

profesional professional

un **profesor, una profesora** teacher, professor **(3.1)**

un(a) **profesor(a) de (inglés)** (English) teacher

un **programa** program **(6.3)**

　　un programa de intercambio (de estudiantes) (student) exchange program

　　un programa de televisión television program, TV show

　　un programa de variedades variety show **(6.3)**

un **programador, una programadora** (computer) programmer **(9.2)**

un **pronombre** pronoun

pronto soon

　　hasta pronto see you soon

la **pronunciación** pronunciation

pronunciar to pronounce

propio own

propósito: a propósito by the way **(10.2)**

provee (he) provides

una **provincia** province

próximo next **(5.3)**; coming, approaching

el **próximo (martes)** next (Tuesday) **(6.4)**

el **verano próximo** next summer

un **proyecto** project, plan

　　en proyectos económicos in economic planning

prudente careful, cautious, prudent

prudentemente carefully, cautiously

la **psicología** psychology

psicológico psychological

un **psiquiatra, una psiquiatra** psychiatrist

publicidad: una agencia de publicidad advertising agency

público public

el **público** public

　　atender al público to wait on (take care of) people

pude: no pude (I) could not **(9.4)**

un **pueblo** town, village **(4.2)**; people *(national group)*

　　otros pueblos other peoples

puede: puede ser it may be

puedo: ¿puedo hablar con . . .? may I talk to . . .? *(on the phone)* **(9.3)**

una **puerta** door **(5.3)**; goal *(soccer)*

　　el área de puerta goal area *(soccer)*

　　llamar a la puerta to knock at the door

un **puerto** port, harbor

puertorriqueño Puerto Rican *(also noun)* **(3.4)**

pues . . . well . . .

un **puesto** position *(job)*, stand

un **puesto de periódicos** newsstand

pulcro neat, perfectly dressed

un **pulgar** thumb

un **pulmón** *(pl.* pulmones*)* lung

un **puma** puma *(large cat of the Andes)*

punto: un punto de vista point of view

puntual punctual

la **pureza** purity

puro: el aire puro clean air, fresh air

q

que *(rel. pron.)* that, which, who, whom **(3.4)**
  del (en, con) que about (in, with) which
  lo que what
que *(conj.)* that, than
  más (menos) ... que more (less) ... than, -er than **(7.1)**
  ¡que tenga(n) un buen día! have a good day!
¿qué? what? **(2.3)**
  ¿a qué hora? (at) what time? **(1.4)**
  ¿por qué? why? **(2.3)**
  ¿qué es lo que ...? what (is it that) ...?
  ¿qué hago? what shall (should) I do? what can I do?
  ¿qué hicieron? what did they do?
  ¿qué hora es? what time is it? **(1.4)**
  ¿qué pasa? what's wrong? what's the matter? **(1.4)**
  ¿qué sabes tú? what do you know?
  ¿qué tal? how are you? how's it going? how are things? **(1.2)**
  ¿qué tiempo hace? what's the weather like? **(1.6)**
¡qué! how! what!
  no hay de qué you're welcome **(1.3)**
  ¡qué + *adj.*! how ... ! **(3.2)**
  ¡qué bueno! great! **(1.6)**
  ¡qué bueno ...! how great (it will be) ... !
  ¡qué horror! how horrible! how awful!
  ¡qué lástima! too bad! **(2.1)**
  ¡qué malo! that's bad! **(1.6)**
¡qué *(noun,* or *adj. + noun)!* what (a, an) ... !
¡qué *(noun)* **tan** *(adj.)!* what (a, an) ... ! **(5.4)**
¡qué pena! what a pity!
¡qué suerte! what luck! how lucky! **(5.1)**
¡qué suerte tienes! how lucky you are! **(5.1)**
¡qué terrible! how terrible! how awful!
quedarse to stay, remain **(7.4)**
  quedarse con to keep
  quedarse en casa to stay home
  quedarse en la cama to stay in bed
  quedarse hasta más tarde to stay after *(school)*
* **querer (e→ie)** to want **(6.3)**
  querer + *inf.* to want to **(6.3)**
  querer a *(person)* to like, to love **(6.3)**
  querer decir to mean **(6.3)**
querido dear *(opening an informal letter)* **(9.2)**
el **queso** cheese **(10.2)**
  el queso de crema cream cheese
el **quetzal** the quetzal *(monetary unit of Guatemala)*
un **quetzal** quetzal *(Central American bird with brilliant plumage)*
¿quién(es)? who? whom? *(after prep.)* **2.3**
  ¿a quién(es)? whom? *(personal dir. obj.)* **(4.1)**
  ¿de quién(es)? whose? **(5.1)**
  ¿de quién es? whose is it?
  ¿quién eres? who are you?
  ¿quién es? who is that?
quien *(rel. pron.)* who
la **química** chemistry
un **químico, una química** chemist
químico chemical
  un producto químico chemical

quinientos five hundred **(7.2)**
  mil quinientos fifteen hundred **(7.2)**
quiquiriquí cock-a-doodle-doo
quitarse to take (something) off (oneself) **(7.3)**
quise (I) tried **(9.4)**
  no quise (I) refused **(9.4)**
quiso (she) wanted, tried

r

la **radio** radio *(broadcasting)*
  escuchar la radio to listen to the radio
un **radio** radio *(set)* **(3.3)**
una **rana** frog
un **rancho** ranch
  rápidamente rapidly, quickly, fast
  rápido rapid, fast, swift
  rápido *(adv.)* rapidly, fast
una **raqueta** racket
  una raqueta de tenis tennis racket
  raras veces rarely, seldom **(6.1)**
el **Rastro** *flea market in Madrid*
  ratón: un ratón de biblioteca bookworm
un **rayo** (flash of) lightning
una **razón** *(pl.* **razones)** reason
  tener razón to be right
la **realidad** reality, truth
  en realidad in fact, really, actually
  realista realistic
  realmente really, actually
una **receta** recipe
  recibido received
  recibir to receive **(8.1)**; get **(8.3)**
  recientemente recently
un **récord** record *(sports)*
  recordar (o→ue) to remember
un **recuerdo** souvenir
una **red** net, network
  redondo round
una **referencia** reference
  reflejar to reflect

un **refrán** (pl. **refranes**) proverb,
saying
un **refresco** cold drink
un refresco de plátanos
banana shake
un **regalo** present, gift **(3.3)**
regatear to bargain
una **región** (pl. **regiones**) region,
area
una **regla** rule (grammar)
regular fair, not bad, pretty
well, O.K. **(1.2)**
regularmente regularly
(6.1)
una **reina** queen
una **relación** (pl. **relaciones**)
relation, relationship
relativo relative
religioso religious
un **reloj** watch **(3.3)**
relleno stuffed
un chile relleno stuffed
chili pepper (Mexican
dish)
reparar to repair, fix
un **repaso** review
repente: de repente
suddenly
un **representante, una**
representante
representative
representar to represent
una **república** republic
la República Dominicana
Dominican Republic
requerir (e→ie) to require
un **requisito** requirement,
qualification
res: la carne de res beef
la **resistencia** endurance,
stamina, resistance
respetado respected
respetar to respect
responder to answer, reply,
respond
una **respuesta** answer, reply,
response
el **resto** rest (remainder)
resuelves (you) solve
un **resultado** result
un **retrato** portrait
una **reunión** (pl. **reuniones**)
party, (social) gathering
reunirse (u→ú) to gather
(together)

revelar to reveal
una **revista** magazine **(3.3)**
un **rey** king
rico rich **(6.1)**
ser rico to be rich **(6.1)**
ridículo ridiculous
ríe: se ríe (he, she) laughs
ríen, se ríen (they) laugh
un **río** river
un **ritmo** rhythm
rizado curly (hair) **(7.1)**
un **robo** robbery, burglary
el **rock** rock 'n' roll
una **rodilla** knee **(7.4)**
rojo red **(7.2)**
Roma Rome
romántico romantic
una película romántica
love movie **(6.3)**
rompas: ¡no te rompas ... !
don't break ... !
romper to break (an object)
(8.3)
romperse to break (part of
the body) **(8.3)**
la **ropa** clothes, clothing **(7.2)**
rosa pink
roto broken
rubio blond(e) **(3.2)**
un **ruido** noise, sound
las **ruinas** ruins
ruso Russian (also noun)
el **ruso** Russian (language
una **rutina** routine

S

S.A. abbreviation of
Sudamérica
sábado Saturday **(1.5)**
el sábado (on) Saturday **(6.4)**
la noche del sábado
Saturday night
los sábados (on)
Saturdays **(6.4)**
los sábados por la noche
(on) Saturday nights
(6.4)
* **saber** to know (facts,
information) **(9.1)**
saber + inf. to know how
to, can (mental
knowledge) **(9.1)**

sabes (you) know
¿sabes? do you know?
sacar to take (pictures)
(4.1); to get (a grade)
(8.1); to take out
(something)
sacar de to take
(something) out of
(something)
sacar fotos to take
pictures **(4.1)**
sacar una buena (mala)
nota to get a good
(bad) grade
sagrado holy, sacred
el Sagrado Corazón
Sacred Heart
la Sagrada Familia
Church of the Holy
Family (unfinished
cathedral of the Catalan
architect Gaudí, in
Barcelona, Spain)
la **sal** salt **(10.2)**
una **sala** living room **(5.3)**
un **salario** salary
una **salida** departure
* **salir** to leave, to go out
(6.4)
salir a + inf. to go out to
(9.2)
salir bien (mal) en (un
examen) to pass (fail)
(an exam) **(8.1)**
salir de to leave (a place)
salir de casa to leave the
house
un **salón** (pl. **salones**) salon
un salón de belleza
beauty salon
una **salsa** sauce
la salsa de tomate
tomato sauce
saltar to jump, leap
la **salud** health
saludando greeting (someone)
saludar to greet
un **saludo** greeting
salvadoreño Salvadoran
(also noun)
salvar to save, rescue
san saint
unas **sandalias** sandals **(7.2)**
un **sándwich** sandwich **(8.4)**
la **sangre** blood

sano healthy, healthful
un santo, una santa saint
   el día del santo saint's day, name day
un sapo toad
se himself, herself, yourself *(formal)*, themselves, yourselves **(7.3)**; to him (her, it), to you *(formal, pl.)*, to them *(used for le and les before dir. obj. pronoun beginning with l)*
   se acuerda(n) de (they, you *pl.*) remember
   se anuncia (it) is announced
   se están durmiendo (they) are falling asleep
   se fue (she) left, went away
   se levanta (he) gets up
   se lo puso (she) tried it on
   se llama his (her) name is, (it) is called
   se llena de (it) fills (is filled) with
   se oyen one hears
   se ríe (he, she) laughs
   se ríen (they) laugh
   se va de la casa (he) leaves the house
   se vista de (she) may dress in
sé (I) know (how)
secretamente secretly
un secretario, una secretaria secretary **(9.1)**
un secreto secret
secundario secondary
   un actor (una actriz) secundario(a) supporting actor (actress)
sed: tener sed to be thirsty **(8.4)**
la seda silk
seguida: en seguida right away, immediately
según according to
un segundo second *(unit of time)*
seguramente surely
seguro sure
   seguro de ti mismo sure of yourself *(fam.)*

seiscientos six hundred **(7.2)**
seleccionar to select
un sello stamp
una semana week **(1.5)**
   los fines de semana on (the) weekends
   un fin de semana weekend **(1.5)**
el SENA (Servicio Nacional de Aprendizaje) *technical and vocational training program in Colombia*
senegalés *(f. senegalesa)* Senegalese *(also noun)*
sensacional sensational
la sensibilidad sensitivity
sensitivo sensitive
sentarse (e→ie) to sit down **(7.4)**; to sit
un sentido sense
   el sentido común common sense
   el sentido del equilibrio sense of balance
   un sentido del humor sense of humor
sentimental sentimental, of the heart
   un problema sentimental problem of the heart, love problem
un sentimiento feeling
sentir (e→ie) to feel **(6.3)**; to regret, be sorry
   lo siento I'm sorry
sentirse (e→ie) to feel **(7.4)**
   sentirse mal to feel bad (sick)
señor (Sr.) Mr., sir **(1.2)**
   señores (Srs.) Mr. and Mrs.
   ¡señores! ladies and gentlemen!
un señor man, gentleman **(3.1)**
   los señores men, gentlemen, husband and wife
señora (Sra.) Mrs., ma'am **(1.2)**
una señora lady **(3.1)**; wife
   Nuestra Señora de los Dolores Our Lady of the Sorrows
señorita (Srta.) Miss, miss **(1.2)**

una señorita young lady
septiembre September **(1.5)**
*** ser** to be **(3.1)**
   llegar a ser to become
   ser aficionado a to be fond of
   ser amable con to be kind to
   ser celoso to be jealous *(a jealous person)*
   ser de to belong to, to be . . .'s
   ser malo to be bad, misbehave
   ser pobre (rico) to be poor (rich) **(6.1)**
una serenata serenade
seriamente seriously
serio serious **(3.2)**
una serpentina streamer
servicial helpful
un servicio service
   una estación de servicio service station, gas station
servir (e→i) to serve **(8.4)**
setecientos seven hundred **(7.2)**
Sevilla Seville *(city in southwestern Spain)*
si if **(4.4)**
   si te llamas if your name is
sí yes **(1.1)**
siempre always **(2.1)**
siento: lo siento (I'm) sorry
una siesta nap, rest
   tomar una siesta to have (take) a nap *(after lunch)*
un siglo century
   el siglo (veinte) (twentieth) century
un significado meaning, significance
significar to mean, signify
siguiente following
una sílaba syllable
   las sílabas con acento accented (stressed) syllables
una silla chair **(10.4)**
simbólico symbolic
simpático nice **(3.2)**
simplemente simply
sin without **(9.2)**

sin + *inf.* without . . .ing
sin duda doubtless (9.1)
sin embargo however, nevertheless (7.1)
sinceramente sincerely *(closing a letter)* (9.2)
la **sinceridad** sincerity
sincero sincere
sino but *(on the contrary)*
¿sirves? do (you) serve?
un **sistema** system
situado located, situated
sobre on, on top of, above, over (10.4); about, concerning
la **sociabilidad** sociability
una **sociedad** society
el **sol** the sol *(monetary unit of Peru)*
el **sol** sun
   hace sol it's sunny (1.6)
   tomar el sol to sunbathe
   unos anteojos de sol sunglasses (7.2)
solamente only
solar solar
   el sistema solar solar system
un **solicitante,** una **solicitante** applicant
solicitar to apply for
una **solicitud** application
sólido solid
solitario solitary
solo alone, single (4.4)
sólo only (4.4)
   no sólo sino (también) not only . . . but (also)
una **solución** *(pl.* **soluciones)** solution, answer
un **sombrero** hat (7.2)
son (they, you *pl.)* are (3.1)
   son de (Isabel) they belong to (Isabel), they are (Isabel)'s
   son las (dos) it's (two) o'clock (1.4)
un **sondeo** poll
un **sonido** sound
una **sonrisa** smile
sonrojarse to blush
la **sopa** soup
una **sorpresa** surprise
un **sótano** basement
   Sr. *abbreviation of* **señor** (1.2)

Sra. *abbreviation of* **señora** (1.2)
Srta. *abbreviation of* **señorita** (1.2)
su, sus his, her, your *(formal, pl.),* their (5.3)
suave soft, mellow
submarino: todo un equipo submarino diving equipment, complete diving outfit
un **subtítulo** subtitle
un **suceso** event
el **sucre** the sucre *(monetary unit of Ecuador)*
un **sucre** sucre *(coin)*
Sudáfrica South Africa
Sudamérica South America
sudamericano South American *(also noun)*
sueco Swedish *(also noun)*
un **sueño** dream, sleep, sleepiness
   tener sueño to be sleepy (8.4)
la **suerte** luck
   ¡buena suerte! good luck! (5.1)
   por suerte luckily
   ¡qué suerte! what luck! how lucky! (5.1)
   ¡qué suerte tienes! how lucky you are! (5.1)
   tener suerte to be lucky (5.1)
un **suéter** *(pl.* **suéteres)** sweater (7.2)
suficiente enough, sufficient
el **sufrimiento** suffering
Suiza Switzerland
suizo Swiss *(also noun)*
un **sujeto** subject
sumar to add up, total
superfluo superfluous, extra, unwanted *(calories)*
un **supermercado** supermarket
supersticioso superstitious
suplementario extra, additional, supplementary
supe (I) found out (9.4)
supo (he, she) knew, knew how to, found out
supuesto: ¡por supuesto! of course! (2.2)
el **sur** south
el **suroeste** southwest

un **sustantivo** noun

t

las **tácticas** tactics *(skillful maneuvering)*
tal: ¿qué tal? how are you? how's it going? how are things? (1.2)
   tal como as, just as
   tal vez maybe (2.2)
el **talento** talent
un **tamal** tamale *(Mexican dish)*
también also, too (2.1)
un **tambor** drum
tampoco neither, (not) . . . either
tan: ¡qué (noun) tan (adj.)! what (a, an) . . .! (5.4)
   tan . . . como as . . . as (7.1)
tanto: tanto (noun) como as much *(pl.* many) . . . as
un **taquillero,** una **taquillera** ticket seller
tarde late (8.2)
   hasta tarde until late (at night)
   más tarde later
   quedarse hasta más tarde to stay after *(school)*
una **tarde** afternoon
   (ayer) por la tarde (yesterday) afternoon
   buenas tardes good afternoon (1.2)
   de la tarde in the afternoon, p.m. (1.4)
   el (viernes) por la tarde (on) (Friday) afternoon (6.4)
   por la tarde in the afternoon
una **tarea** assignment (8.1)
   hacer la tarea to do the assignment (5.2)
   hacer las tareas to do homework (5.2)
   las tareas homework (8.1)
una **tarjeta** card, postcard (5.1)
   una tarjeta postal postcard

un **taxista, una taxista** taxi driver

una **taza** cup **(10.1)**

te you, to (for) you *(fam.)* **(6.1)**; yourself, to (for) yourself *(fam.)* **(7.3)**

¿(no) te gusta(n)? do you (don't you) like? **(2.4)** **(6.2)**

si te llamas if your name is

¿te gusta(n) más? do you like better? do you prefer?

el **té** tea **(8.4)**

el **teatro** theater *(drama)* **(6.3)**

una **obra de teatro** play **(6.3)**

un **teatro** theater *(building)* **(4.2)**

las **técnicas** technical professions

técnico technical

una **escuela técnica** technical school

un **técnico, una técnica** technician

una **teja** tile

telefonear to telephone

un **teléfono** telephone

llamar por teléfono to call on the phone **(5.4)**

un **número de teléfono** telephone number

un **telegrama** telegram

la **televisión** television, TV *(broadcasting)* **(6.3)**

un **estudio de televisión** television (TV) studio

un **programa de televisión** television program, TV show

un **televisor** television (TV) set **(3.3)**

un **temperamento** temperament

la **temperatura** temperature

temprano early **(8.2)**

ten *see* **tener**

un **tenedor** fork **(10.1)**

* **tener** to have **(3.3)**

aquí tienes here is, here are

ten take *(command)*

tener calor to be *(feel)* hot **(8.4)**

tener cuidado to be careful

tener el pelo (rubio), los ojos (azules) to have (blond) hair, (blue) eyes

tener éxito to succeed

tener frío to be *(feel)* cold **(8.4)**

tener ganas de + *inf.* to feel like ... ing **(3.4)**

tener hambre to be hungry **(8.4)**

tener la costumbre de + *inf.* to have the habit of ... ing

tener miedo to be afraid

tener (muchas cosas) que (aprender) to have (a lot) to (learn)

tener (mucho) que hacer to have (a lot) to do

tener *(number)* **años** to be *(number)* years old **(3.4)**

tener paciencia to be patient

tener que + *inf.* to have to **(3.4)**

tener razón to be right

tener sed to be thirsty **(8.4)**

tener sueño to be sleepy **(8.4)**

tener suerte to be lucky **(5.1)**

tener una correspondencia to carry on a correspondence

tengan: ¡que tengan un buen día! have a good day!

el **tenis** tennis **(6.2)**

una **raqueta de tenis** tennis racket

la **teoría** theory

una **terminación** *(pl.* **terminaciones)** ending

terminar to end, finish

un **terremoto** earthquake

el **terreno** field

terrible terrible, awful

¡qué terrible! how terrible! how awful!

un **territorio** territory

un **tesoro** treasure

los **textiles** textiles

ti you *(fam.; after prep.)* **(2.4)**

una **tía** aunt **(5.2)**

el **tiempo** weather **(1.6)**; time

a tiempo on time **(8.2)**

al mismo tiempo at the same time **(8.3)**

¿cuánto tiempo hace que *(verb in the present)?* (for) how long ...? **(8.1)**

el **tiempo libre** free time

hace buen (mal) tiempo the weather's nice (bad) **(1.6)**

perder el tiempo to waste time **(6.3)**

¿qué tiempo hace? what's the weather like? **(1.6)**

tener tiempo para to have time to

una **tienda** store, shop, boutique **(4.2)**

tiene: aquí tiene here you are, here is

tienes: aquí tienes here is, here are

no tienes que you mustn't (shouldn't)

tú tienes la palabra it's your turn to speak

la **tierra** earth, land

tímido shy, timid

un **tío** uncle **(5.2)**

los tíos aunt(s) and uncle(s)

típicamente typically

típico typical

un **tipo** type, sort, kind

un **título** title

un **tocadiscos** record player **(3.3)**

tocar to play *(musical instrument)* **(2.1)**; to play *(music)*

todavía still **(7.3)**

todo all **(3.3)**; everything

a (en, por) todas partes everywhere

de todas maneras in any case **(10.3)**

en toda ocasión on all occasions, at all times

en todo throughout

por todo el mundo all over the world

todo el, toda la + *noun*
all (the), the whole
(3.3)

todo el mundo everyone,
everybody

todos, todas all,
everybody **(4.4)**

todos los, todas las
+noun all (the)
(3.3)

todos los días every day
(6.4)

Tokio Tokyo

tolerante tolerant

tomar to take, to have
(something to eat or drink)
(4.1)

tomar (el autobús) to
take *or* catch (the bus)

tomar el sol to sunbathe

tomar un descanso to
have (take) a rest

tomar una decisión (de)
to make a decision

tomar una siesta to have
(take) a nap *(after lunch)*

un **tomate** tomato

la salsa de tomate
tomato sauce

los tomates tomatoes
(10.2)

tonificar to tone up

unas **tonterías** foolishness,
nonsense

tonto foolish, stupid **(3.2)**;
silly

torear to fight (bulls)

el **toreo** bullfighting

un **torneo** tournament

**un torneo de dobles
femenino** women's
doubles tournament
(tennis)

un **toro** bull

una corrida de toros
bullfight

una plaza de toros
bullring

una **torta** cake **(10.2)**

una **tortilla** *in Mexico, a thin
cornmeal pancake; in
Spain, an omelet*

una tortilla de huevos
omelet

una **tortuga** tortoise, turtle

una **tostada** (slice of) toast

total: en total in all,
altogether

totalmente totally, wholly

un **trabajador social, una
trabajadora social** social
worker **(9.1)**

trabajar to work **(2.1)**

trabajar mucho to work
hard

el **trabajo** work, job **(6.1)**

irse al trabajo to leave
for work

**un trabajo de oficina
(verano)** office
(summer) job

una **tradición** *(pl.* **tradiciones)**
tradition

tradicionalmente
traditionally

* **traducir (c→zc)** to translate
(6.4)

un **traductor, una traductora**
translator

* **traer** to bring **(6.4)**

el **tráfico** traffic

un **traje** suit **(7.2)**

un traje de baño bathing
suit **(7.2)**

tranquilo calm

transformar to transform

una **transmisión**
(pl. **transmisiones)**
broadcast

el **transporte** transportation

los **transportes** (means of)
transportation

tratar de to try to **(9.2)**

tremendo tremendous,
terrific

un **tren** train **(4.4)**

trescientos three hundred
(7.2)

triangular triangular

triste sad **(4.3)**

tu, tus your *(fam.)* **(5.2)**

tú you *(fam.)* **(2.3)**

turco Turkish *(also noun)*

el **turismo** tourism, tourist
business

un(a) guía de turismo
tour guide

una agencia de turismo
tourist agency

un **turista, una turista** tourist

tuvieron (they) had

tuviste (you) had

tuve (I) received, got **(9.4)**

tuvo (it) had

u

u or *(used for* **o** *before words
beginning with* **o** *or* **ho)**

Ud. *abbreviation of* **usted**
(2.3)

Uds. *abbreviation of* **ustedes**
(2.4)

último last **(5.3)**; latest

un a, an **(3.1)**

una one **(1.3)**; a, an **(3.1)**

unas *See* **unos**

único only

una **unidad** unit

unido united, close

las Naciones Unidas
United Nations

los Estados Unidos
United States **(3.4)**

un **uniforme** uniform

con uniforme in a
uniform

la **unión** joining, linking *(of
vowels, words)*

una **universidad** university,
college

universitario university
(adj.)

uno, una one *(number)* **(1.3)**

a (es) la una at (it's) one
o'clock **(1.4)**

cado uno, cada una each
one, every one

una vez once, one time
(9.3)

(veinte) y uno (twenty)-
one

unos *(pl. of* **un)**, **unas** *(pl. of*
una) some, a few, any *(in
negative and interrogative
sentences)* **(3.3)**; about,
approximately *(with
number)*

unos some (people)

unos diez about ten
la **urgencia** emergency
   en caso de urgencia in (case of) an emergency
   uruguayo Uruguayan *(also noun)*
   usado used
   usar to use, to wear
   se usan (they) are used
el **uso** use
   usted (Ud.) you *(formal)* **(2.3)**
   ustedes (Uds.) you *(pl.)* **(2.4)**
   útil useful **(8.1)**
las **uvas** grapes

V

una **vaca** cow
las **vacaciones** vacation
   estar de vacaciones to be on vacation
   vacío empty
la **vainilla** vanilla
   vale (it) is worth
la **valentía** courage
   valioso valuable
   el jugador más valioso most valuable player
un **valor** value
un **valle** valley
   el Valle de los Caídos Valley of the Fallen *(memorial to the victims of the Spanish Civil War, near Madrid)*
   ¡vamos! let's go! **(4.2)**
   vamos a + *inf.* let's *(verb)* **(4.2)**
   ¿vamos a + *inf.*? shall we ...?
   vamos a + *place* let's go to (the) **(4.2)**
   vamos a ver let's see **(5.1)**
la **vanidad** vanity
una **variedad** variety
   las variedades variety shows
   un programa de variedades variety show **(6.3)**

varios several, various
vasco Basque *(from the Basque Provinces, in northern Spain; also noun)*
un **vaso** glass
veces *see* vez
un **vecino, una vecina** neighbor
los **vegetales** vegetables **(10.2)**
veinte twenty **(1.3)**
   el siglo veinte twentieth century
   veinte y (uno) twenty-(one) **(1.3)**
una **velocidad** *(pl.* **velocidades)** speed, velocity
   a gran velocidad very fast
vemos: nos vemos (pronto) see you (soon)
un **vendedor, una vendedora** salesperson **(9.2)**
   un vendedor viajero traveling salesperson
vender to sell **(5.1)**
venezolano Venezuelan *(also noun)*
* **venir** to come **(3.4)**
   venir a + *inf.* to come to **(9.2)**
   venir a ver to come and see (someone)
una **venta** sale
   de venta for sale
una **ventaja** advantage
una **ventana** window **(5.3)**
* **ver** to see **(5.1)**
   (vamos) a ver let's see **(5.1)**
   ver para creer seeing is believing
el **verano** summer **(1.6)**
   un trabajo de verano summer job
veras: ¿de veras? really? **(1.5)**
   ¡de veras! really! truly!
un **verbo** verb
la **verdad** truth
   es verdad it's true
   ¿verdad? right? doesn't he (she, it)? isn't he (she, it)? **(2.2)**
verdaderamente really, truly
verdadero true, real
verde green **(7.1)**

las **verduras** vegetables
verter (e→ie) to pour
verticalmente vertically, up and down
vestido dressed
un **vestido** dress **(7.2)**
   un vestido de boda wedding gown
vestirse (e→i) to dress (oneself), get dressed **(7.3)**
   vestirse de to dress (oneself) in
un **veterinario, una veterinaria** veterinarian **(9.1)**
la **vez** *(pl.* **veces)** time **(9.3)**
   a veces sometimes **(5.1)**
   ¿cuántas veces? how many times? **(9.3)**
   de vez en cuando once in a while from time to time **(5.1) (9.3)**
   dos veces twice **(9.3)**
   en vez de instead of **(9.2)**
   esta vez this time **(9.3)**
   muchas veces many times, often **(9.3)**
   otra vez again **(9.3)**
   raras veces rarely, seldom **(6.1)**
   tal vez maybe **(2.2)**
   una vez once, one time **(9.3)**
Vía: la Vía Láctea the Milky Way
viajar to travel **(2.2)**
un **viaje** trip, voyage
   de viaje on a trip
   hacer un viaje to go on a trip **(5.2)**; to make a voyage
   un(a) agente de viajes travel agent
   una agencia de viajes travel agency
viajero traveling
   un(a) vendedor(a) viajero(a) traveling salesperson
un **viajero, una viajera** traveler
una **víctima** victim
la **vida** life
   viejo old **(3.3)**
el **viento** wind
   hace viento it's windy **(1.6)**

viernes Friday **(1.5)**
   el viernes (on) Friday **(6.4)**
   los viernes (on) Fridays **(6.4)**
vigilar to watch (over), keep an eye on
vigoroso vigorous, strenuous
el **vinagre** vinegar **(10.2)**
vinieron (they) came
el **vino** wine **(8.4)**
la **violencia** violence
un **visitante, una visitante** visitor
visitar to visit **(2.2)**
vista: se vista de (she) may dress in
una **vista** sight, view, vista, panorama
   hasta la vista so long **(1.2)**
   un punto de vista point of view
visto: mal visto looked on with disapproval
¡viva! hooray for! three cheers for! long live!

viviendo: viviendo en apartamentos apartment living
vivir to live **(5.1)**
   un modo de vivir lifestyle, way of life
un **vocabulario** vocabulary
vocacional vocational
una **vocal** vowel
el **volibol** volleyball *(sport)* **(6.2)**
volver (o→ue) to return, go back **(6.3)**; to come back
   volver a casa to return (go, get) home
vosotros(as) you *(fam. pl.; used in Spain)* **(2.4)**
una **voz** *(pl.* **voces)** voice
   en voz alta (baja) in a loud (low) voice
vuelta: de vuelta going back
la **«Vuelta»** *long-distance bicycle race around Spain*
el **vuelto** change *(money)*
vuestro your *(fam. pl.; used in Spain)*

Y

y after *(telling time);* and **(2.1)**
   (es la una) y media (it's one) thirty, (it's) half past (one) **(1.4)**
   (son las dos) y cinco (it's) five after (two) **(1.4)**
ya already
   ya no no longer, not . . . anymore
yo I **(2.1)**
   como yo like me, as I am
   yo no not I (me)
el **yogur** yogurt

Z

las **zanahorias** carrots
unos **zapatos** shoes **(7.2)**
el **zodíaco** zodiac
una **zona** zone
un **zoológico** zoo
un **zorro** fox

ENGLISH-SPANISH VOCABULARY

The English-Spanish Vocabulary lists the active words and expressions.

a

a, an un, una **(3.1)**
  a few unos, unas **(3.3)**
  a little un poco **(2.1)**
  a lot (of) mucho **(2.1)**
able: to be able (to) *poder **(6.3)**
about de **(4.2)**
above encima (de), sobre **(10.4)**
active: active in sports deportista **(6.2)**
actor un actor **(6.3)**
actress una actriz **(6.3)**
addition: in addition además **(8.1)**
adventure: adventure movie una película de aventuras **(6.3)**
advice (piece of) un consejo **(6.1)**
after después (de) **(9.2)**
  after that después **(9.4)**
afternoon: good afternoon buenas tardes **(1.2)**
  in the afternoon de la tarde **(1.4)**
  (on) (Friday) afternoon el (viernes) por la tarde **(6.4)**
again otra vez **(9.3)**
agent: travel agent un (una) agente de viajes **(9.1)**
airplane un avión (*pl.* aviones) **(4.4)**
all todo **(3.3)**
  all in all a fin de cuentas **(6.3)**
  all right! ¡bueno! **(3.1)**
almost casi **(4.4)**
alone solo **(4.4)**
along por **(9.3)**
also también **(2.1)**
always siempre **(2.1)**
a.m. de la mañana **(1.4)**
amusing divertido **(3.2)**
an un, una **(3.3)**
and y (e *before* i *or* hi) **(2.1)**
angry enojado **(8.1)**

announcer *(radio or TV)* un locutor, una locutora **(9.2)**
another otro, otra **(3.3)**
to answer contestar **(8.1)**
any unos, unas **(3.3);** alguno (algún) **(6.1)**
  in any case de todas maneras **(10.3)**
  not any ninguno (ningún) **(6.1)**
anyone alguien **(6.1)**
  not anyone nadie **(6.1)**
anything algo **(6.1)**
  not anything nada **(6.1)**
apartment un apartamento **(5.3)**
apple una manzana **(10.2)**
April abril **(1.5)**
arm un brazo **(7.3)**
around alrededor (de) **(10.4)**
to arrive llegar **(4.1)**
as como **(2.1)**
  as ... as tan ... como **(7.1)**
to ask *(a question)* preguntar **(6.1)**
  to ask for pedir (e→i) **(6.1)**
asleep: to fall asleep dormirse (o→ue) **(7.4)**
assignment una tarea **(8.1)**
  to do the assignment hacer la tarea **(5.2)**
at a **(1.4);** en **(4.2)**
  at ...'s house en casa de ... **(4.2)**
  at home en casa **(4.2)**
  at the same time al mismo tiempo **(8.3)**
  at the side (of) al lado (de) **(10.4)**
  at two o'clock a las dos **(1.4)**
  at what time? ¿a qué hora? **(1.4)**
athlete un (una) atleta **(6.2)**
athletic deportista **(6.2)**
to attend asistir a **(5.1)**
  attendant: flight attendant un aeromozo, una aeromoza **(9.1)**
August agosto **(1.5)**

aunt una tía **(5.2)**
autumn el otoño **(1.6)**
away: to go away *irse **(7.4)**

b

back una espalda **(7.4)**
  in back (of) detrás (de) **(10.4)**
  to go back volver (o→ue) **(6.3)**
bad mal, malo **(3.2)**
  badly mal **(2.1)**
  that's bad! ¡qué malo! **(1.6)**
  the weather is bad hace mal tiempo **(1.6)**
  too bad! ¡qué lástima! **(2.1)**
  very bad muy mal **(1.2)**
bag un bolso **(3.3)**
banana un plátano **(10.2)**
baseball *(sport)* el béisbol **(6.2)**
basketball *(sport)* el básquetbol **(6.2)**
bath: to take a bath bañarse **(7.3)**
bathing suit un traje de baño **(7.2)**
bathroom un baño **(5.3)**
to be *ser **(3.1);** *estar **(4.2)**
  to be ... (years old) tener ... años **(3.4)**
  to be from ser de **(3.1)**
  to be going to ir a + *inf.* **(4.2)**
  to be located estar **(4.2)**
  to be rich (poor) ser rico (pobre) **(6.1)**
  to be (sleepy, thirsty, hot, cold, hungry) tener (sueño, sed, calor, frío, hambre) **(8.4)**
beach una playa **(4.2)**
beans los frijoles **(10.2)**
because porque **(2.3)**
bed una cama **(10.4)**

to go to bed acostarse (o→ue) **(7.4)**
bedroom un cuarto **(5.3)**
beer la cerveza **(8.4)**
before antes **(5.1)**; antes de **(9.2)**
to begin empezar (e→ie) **(6.3)**
　to begin to empezar a **(6.3)**
behind detrás (de) **(10.4)**
to believe creer **(5.1)**
below bajo **(1.6)**; debajo (de) **(10.4)**
beneath debajo (de) **(10.4)**
beside al lado (de) **(10.4)**
best mejor **(7.1)**
better mejor **(7.1)**
bicycle una bicicleta **(3.3)**
big grande **(3.3)**
　bigger más grande **(7.1)**
bird un pájaro **(5.2)**
birthday un cumpleaños **(1.5)**
black negro **(7.1)**
blond(e) rubio **(3.2)**
blouse una blusa **(7.2)**
blue azul **(7.1)**
boat un barco **(4.4)**
body un cuerpo **(7.3)**
book un libro **(3.3)**
bookcase un estante **(10.4)**
boring aburrido **(3.2)**
boutique una tienda **(4.2)**
boy un chico, un muchacho **(3.1)**
boyfriend un novio **(3.1)**
bread el pan **(10.2)**
to break romper **(8.3)**
　to break one's ... romperse + *part of body* **(8.3)**
breakfast el desayuno **(10.2)**
　to have breakfast desayunarse **(10.2)**
to bring llevar **(4.1)**; *traer **(6.4)**
brother un hermano **(5.2)**
brown *(eyes)* de color café, *(hair)* castaño **(7.1)**; *(clothing)* marrón **(7.2)**
brunet(te) moreno **(3.2)**
bus un autobús (*pl.* autobuses) **(4.4)**
but pero **(2.1)**
butter la mantequilla **(10.2)**
to buy comprar **(4.1)**
　to buy (for oneself) comprarse **(7.3)**
by por **(9.3)**
　by the way a propósito **(10.2)**

c

cafe un café **(4.2)**
cake una torta **(10.2)**
to call llamar **(5.4)**
　I am called me llamo **(1.1)**
　to be called *(name)* llamarse **(7.4)**
　to call on the phone llamar por teléfono **(5.4)**
camera una cámara **(3.3)**
can *poder (o→ue) **(6.3)**
　I can't no puedo **(2.3)**
car un coche **(3.3)**
carbonated drink la gaseosa **(8.4)**
card una tarjeta **(5.1)**
care: to take care of atender (e→ie) **(9.1)**
carpenter un carpintero, una carpintera **(9.4)**
to carry (something) llevar **(4.1)**
case: in any case de todas maneras **(10.3)**
cat un gato **(5.2)**
chair una silla **(10.4)**
to change cambiar **(8.2)**
cheese el queso **(10.2)**
chicken el pollo **(10.2)**
chubby gordo **(3.2)**
church una iglesia **(4.2)**
city una ciudad **(4.2)**
clerk un empleado, una empleada **(9.2)**
close (to) cerca (de) **(4.2)**
clothing la ropa **(7.2)**
cloudy: it's cloudy está nublado **(1.6)**
coffee el café **(8.4)**
cold: it's cold hace frío **(1.6)**
　to be cold tener frío **(8.4)**
color: what color? ¿de qué color? **(7.2)**
to comb (one's hair) peinarse **(7.3)**
to come *venir **(3.4)**
comedian un comediante **(6.3)**
comedienne una comediante **(6.3)**
comedy: musical comedy una comedia musical **(6.3)**
content contento **(4.3)**
cordially cordialmente **(9.2)**
corn el maíz **(10.2)**

to cost costar (o→ue) **(6.3)**
could: I could not no pude **(9.4)**
to count contar (o→ue) **(6.3)**
country un país **(3.4)**
country(side) el campo **(4.2)**
course: of course! ¡claro!, ¡cómo no!, ¡por supuesto! **(2.2)**
　of course not! ¡claro que no! **(2.2)**
cousin un primo, una prima **(5.2)**
cream: ice cream un helado **(8.4)**
Cuba Cuba **(3.4)**
Cuban cubano **(3.4)**
cup una taza **(10.1)**
curly rizado **(7.1)**

d

to dance bailar **(2.1)**
dark-haired moreno **(3.2)**
date *(appointment)* una cita **(1.4)**; *(calendar)* la fecha **(1.5)**
　it is (May 5) es el (5) de (mayo) **(1.5)**
　what is today's (tomorrow's) date? ¿cuál es la fecha de hoy (mañana)? **(1.5)**
daughter una hija **(5.2)**
day un día **(1.5)**
　every day todos los días **(6.4)**
　good day buenos días **(1.2)**
　what day is it? ¿qué día es hoy? **(1.5)**
dear querido **(9.2)**
December diciembre **(1.5)**
degree un grado **(1.6)**
　thirty degrees treinta grados **(1.6)**
dentist un (una) dentista **(9.1)**
designer un (una) dibujante **(9.1)**
to desire desear **(2.3)**
desserts los postres **(10.2)**
detective movie una película policíaca **(6.3)**
difficult difícil **(8.1)**
dining room un comedor **(5.3)**
dinner la cena **(10.2)**
　to have dinner cenar **(10.2)**

to **discover** descubrir (8.3)
to **do** *hacer (5.2)
    to do homework hacer las tareas (5.2)
    to do the assignment hacer la tarea (5.2)
doctor un doctor, una doctora (9.1)
doesn't he (she, it)? ¿verdad? (2.2)
dog un perro (5.2)
door una puerta (5.3)
doubtless sin duda (9.1)
down: to sit down sentarse (e→ie) (7.4)
downtown el centro (4.2)
draftsman un (una) dibujante (9.1)
to **draw** dibujar (9.1)
dress un vestido (7.2)
    to dress (oneself) vestirse (e→i) (7.3)
dressmaker una modista (9.4)
drink una bebida (8.4)
    carbonated drink la gaseosa (8.4)
to **drink** tomar (4.1); beber (5.1)
to **drive** *conducir (c→zc) (6.4)
during durante (8.2)

e

each cada (4.4)
early temprano (8.2)
to **earn** ganar (2.2)
ears las orejas (7.1)
easy fácil (8.1)
to **eat** comer (5.1)
egg un huevo (10.2)
eight ocho (1.3)
    eight hundred ochocientos (7.2)
eighteen diez y ocho (1.3)
eighth octavo (5.3)
eighty ochenta (1.3)
electrician un (una) electricista (9.4)
elegant elegante (7.1)
eleven once (1.3)
employee un empleado, una empleada (9.2)
end el fin (8.1)
to **end** acabar (8.1)

f

fabulous fabuloso (5.4)
    what a fabulous *(noun)!* ¡qué *(noun)* tan fabuloso! (5.4)
face una cara (7.3)
factory una fábrica (9.1)
fair regular (1.2)
fall *(season)* el otoño (1.6)
to **fall** *caer (3.4)
    to fall asleep dormirse (o→ue) (7.4)
family una familia (5.2)
fan: a fan (of) un aficionado a, una aficionada a (6.2)
fantastic fantástico (2.1)
    what a fantastic *(noun)!* ¡qué *(noun)* tan fantástico! (5.4)
far (from) lejos (de) (4.2)
fat gordo (3.2)
father un padre, el papá (5.2)

engineer un ingeniero, una ingeniera (9.2)
English inglés (*f.* inglesa) (3.4)
to **enjoy oneself** divertirse (e→ie) (7.4)
enough bastante (3.2)
evening: good evening buenas noches (1.2)
    in the evening de la noche (1.4)
    (on) (Saturday) evening el (sábado) por la noche (6.4)
every cada (4.4)
    every day todos los días (6.4)
everybody todos (4.4)
exam un examen (*pl.* exámenes) (8.1)
    to pass (flunk) an exam salir bien (mal) en un examen (8.1)
    to take an exam tomar un examen (7.4)
example: for example por ejemplo (7.4)
excuse me! ¡perdón! (5.2)
expense un gasto (6.1)
expensive caro (3.3)
eyeglasses unos anteojos (7.2)
eyes los ojos (7.1)

February febrero (1.5)
to **feel** sentir (e→ie) (6.3); sentirse (7.4)
    to feel like tener ganas de + *inf.* (3.4)
few: a few unos, unas (3.3)
fifteen quince (1.3)
fifth quinto (5.3)
fifty cincuenta (1.3)
film una película (6.3)
to **find** encontrar (o→ue) (6.3)
fine bien (2.1)
finger un dedo (7.3)
to **finish** acabar (8.1)
first primero (1.5); primer (5.3)
fish un pez (*pl.* peces) (5.2)
fisherman un pescador, una pescadora (9.4)
five cinco (1.3)
    five hundred quinientos (7.2)
flight attendant un aeromozo, una aeromoza (9.1)
floor *(of a building)* un piso (5.3)
to **flunk** salir mal (8.1)
food la comida (8.4)
foods los alimentos (10.2)
foolish tonto (3.2)
foot un pie (7.4)
football *(sport)* el fútbol americano (6.2)
for para (2.4); por (9.3)
    for example por ejemplo (7.4)
    (for) how long? ¿cuánto tiempo hace? (8.1)
    for instance por ejemplo (7.4)
forehead la frente (7.1)
to **forget** olvidarse (de) (8.2)
fork un tenedor (10.1)
forty cuarenta (1.3)
found: I found out supe (9.4)
four cuatro (1.3)
    four hundred cuatrocientos (7.2)
fourteen catorce (1.3)
fourth cuarto (5.3)
French francés (*f.* francesa) (3.4)
Friday viernes (1.5)
    (on) Friday el viernes (6.4)
    (on) Fridays los viernes (6.4)

friend un amigo, una amiga (3.1)

from de (2.1)

  are you from? ¿eres de? (1.1)

  from time to time de vez en cuando (9.3)

  from where? ¿de dónde? (3.4)

  he (she) is from ... es de ... (1.1)

  I'm from ... soy de ... (1.1)

  you are from ... eres de ... (1.1)

front: in front (of) delante (de) (10.4)

fruit una fruta (10.2)

  fruit juice jugo de frutas (8.4)

fun divertido (3.2)

  to have fun divertirse (e→ie) (7.4)

furniture los muebles (10.4)

g

game un partido (6.2)

garage un garaje (5.3)

garden un jardín (*pl.* jardines) (5.3)

generally generalmente, por lo general, en general (6.4)

gentleman un señor (3.1)

to **get** *(a grade)* sacar (8.1); recibir (8.3)

  to get dressed vestirse (e→i) (7.3)

  to get up levantarse (7.4)

gift un regalo (3.3)

girl una chica (3.1); una muchacha (3.1)

girlfriend una novia (3.1)

to **give** *dar (5.4)

glass un vaso (10.1)

to **go** *ir (4.2)

  let's go! ¡vamos! (4.2)

  let's go to ...! ¡vamos a *place!* (4.2)

  to be going to ir a + *inf.* (4.2)

  to go away *irse (7.4)

  to go back volver (o→ue) (6.3)

to go by plane (by train, ...) ir en avión (en tren, ...) (4.4)

to go on a trip hacer un viaje (5.2)

to go on foot ir a pie (4.4)

to go out *salir (6.4)

to go to asistir a (5.1)

to go to bed acostarse (o→ue) (7.4)

good buen, bueno (3.2)

  good afternoon buenas tardes (1.2)

  good day buenos días (1.2)

  good evening buenas noches (1.2)

  good-looking guapo (3.2)

  good luck! ¡buena suerte! (5.1)

  good morning buenos días (1.2)

  good night buenas noches (1.2)

  goodby adiós (1.2)

  it's good weather hace buen tiempo (1.6)

gosh! ¡Dios mío! (5.3)

got: I got tuve (9.4)

grade una nota (8.1)

grandfather un abuelo (5.2)

grandmother una abuela (5.2)

gray gris (7.2)

great gran (3.3)

  great! ¡qué bueno! (1.6)

green verde (7.1)

guide un (una) guía (9.1)

gymnastics la gimnasia (6.2)

h

hair el pelo (7.1)

  dark-haired moreno (3.2)

half: half past (one) es (la una) y media (1.4)

ham el jamón (10.2)

hamburger una hamburguesa (8.4)

hand una mano (7.3)

handsome guapo (3.2)

to **happen** pasar (8.2)

happy alegre, contento (4.3); feliz (*pl.* felices) (8.1)

hat un sombrero (7.2)

to **have** *tener (3.3)

to have *(food, drink)* tomar (4.1)

to have a snack merendar (e→ie) (10.2)

to have breakfast desayunarse (10.2)

to have dinner cenar (10.2)

to have fun divertirse (e→ie) (7.4)

to have just acabar de + *inf.* (8.1)

to have lunch almorzar (o→ue) (10.2)

to have to tener que + *inf.* (3.4)

he él (2.2)

head una cabeza (7.3)

to **hear** *oír (6.4)

hello! ¡hola! (1.2); ¡aló! (9.3)

to **help** ayudar (5.4)

her ella *(after prep.)* (2.4); la *(dir. obj.)* (4.4); su, sus *(poss. adj.)* (5.3)

  to her le (5.4)

here aquí (1.1)

herself se (7.3)

hey! ¡caramba! (5.3)

hi! ¡hola! (1.2)

him él *(after prep.)* (2.4); lo *(dir. obj.)* (4.4)

  to him le (5.4)

himself se (7.3)

his su, sus (5.3)

home una casa (4.2)

  at home en casa (4.2)

  (to) home a casa (4.2)

homework las tareas (8.1)

  to do homework hacer las tareas (5.2)

to **hope for** esperar (2.3)

hot: it's hot hace calor (1.6)

  it's very hot hace mucho calor (1.6)

  to be hot tener calor (8.4)

hotel un hotel (4.2)

hour una hora (1.4)

house una casa (4.2)

  at ...'s house en casa de ... (4.2)

  to ...'s house a casa de ... (4.2)

how? ¿cómo? (2.3)

  how (adj.)! ¡qué *(adj.)!* (3.2)

  how are you? ¿cómo está Ud.?, ¿cómo estás?, ¿qué tal? (1.2)

how long?, for how long?
¿cuánto tiempo hace?
(8.1)

how lucky! ¡qué suerte!
(5.1)

how lucky you are! ¡qué
suerte tienes! **(5.1)**

how many? ¿cuántos? **(3.3)**

how many times? ¿cuántas
veces? **(9.3)**

how much? ¿cuánto? **(3.3)**

how much is it? ¿cuánto es?
(1.3)

how's it going? ¿qué tal?
(1.2)

however sin embargo **(7.1)**

hundred cien (ciento) **(1.3)**

two hundred doscientos
(7.2)

three hundred trescientos
(7.2)

four hundred cuatrocientos
(7.2)

five hundred quinientos
(7.2)

six hundred seiscientos
(7.2)

seven hundred setecientos
(7.2)

eight hundred ochocientos
(7.2)

nine hundred novecientos
(7.2)

hungry: to be hungry tener
hambre **(8.4)**

husband un esposo **(5.2)**

i

I yo **(2.1)**

ice cream un helado **(8.4)**

if si **(4.4)**

ill enfermo **(4.3)**

in en **(2.1)**

in any case de todas
maneras **(10.3)**

in back (of) detrás (de)
(10.4)

in front (of) delante (de)
(10.4)

in my opinion en mi opinión
(6.2)

in order to para **(9.2)**

in the afternoon de la tarde
(1.4)

in the evening de la noche
(1.4)

in the morning de la
mañana **(1.4)**

inexpensive barato **(3.3)**

informal informal **(7.1)**

to **inquire** preguntar **(6.1)**

instance: for instance por
ejemplo **(7.4)**

instead of en vez de **(9.2)**

intelligent inteligente **(3.2)**

interesting interesante
(3.2)

into: to run into encontrar
(o→ue) **(6.3)**

to **invite** invitar **(4.1)**

is: this is . . . es . . . **(9.3)**
isn't it? ¿verdad? **(2.2)**

it él, ella *(after prep.)* **(2.4)**; lo,
la *(dir. obj.)* **(4.4)**; lo *(neuter
pron.)* **(9.1)**

how's it going? ¿qué tal?
(1.2)

**it is (cold, hot, very hot,
sunny, windy)** hace (frío,
calor, mucho calor, sol,
viento) **(1.6)**

it's cloudy está nublado
(1.6)

it's one o'clock es la una
(1.4)

it's (two o'clock) son (las
dos) **(1.4)**

what time is it? ¿qué hora
es? **(1.4)**

j

jacket una chaqueta **(7.2)**

January enero **(1.5)**

jeans unos blue-jeans **(7.2)**

job un trabajo **(6.1)**; un oficio
(9.1)

journalist un (una) periodista
(9.2)

juice: fruit juice jugo de frutas
(8.4)

July julio **(1.5)**

June junio **(1.5)**

just: to have just acabar de +
inf. **(8.1)**

just a minute un momentito
(9.3)

k

kitchen una cocina **(5.3)**

knee una rodilla **(7.3)**

knife un cuchillo **(10.1)**

to **know** *(people)* *conocer (c→zc)
(6.4); *(facts)* *saber **(9.1)**

l

lady una señora **(3.1)**

lamp una lámpara **(10.4)**

large grande **(3.3)**

larger más grande **(7.1)**

last último **(5.3)**

last night anoche **(8.2)**

last (Wednesday) (el)
(miércoles) pasado **(6.4)**

late tarde **(8.2)**

later después **(5.1)**

see you later hasta luego
(1.2)

lawyer un abogado, una
abogada **(9.2)**

to **learn** aprender **(5.1)**

to **leave** *salir **(6.4)**; *irse **(7.4)**;
dejar **(8.2)**

left izquierdo **(7.4)**

on (to) the left (of) a la
izquierda (de) **(10.4)**

leg una pierna **(7.4)**

to **lend** prestar **(5.4)**

less: less . . . than menos . . .
que **(7.1)**

let's: let's . . . vamos a + *inf.*
(4.2)

let's go! ¡vamos! **(4.2)**

let's go to . . . vamos a . . .
(4.2)

let's see a ver, vamos a ver
(5.1)

letter una carta **(5.1)**

like como **(2.1)**

to **like** gustar **(6.2)**

do you like? ¿te gusta?
(2.4)

I like me gusta **(2.4)**

to feel like tener ganas de +
inf. **(3.4)**

to like *(someone)* *querer (e→ie) a **(6.3)**

what is . . . like? ¿cómo es . . .? **(3.2)**

listen! ¡oye! **(3.3)**

to listen (to) escuchar **(2.1)**

little: a little un poco **(2.1)**

to live vivir **(5.1)**

living room una sala **(5.3)**

long largo **(7.1)**

(for) how long? ¿cuánto tiempo hace? **(8.1)**

look! ¡mira! **(3.3)**

to look (at) mirar **(2.2)**

to look at oneself mirarse **(7.4)**

to look for buscar **(4.1)**

to lose perder (e→ie) **(6.3)**

lot: a lot mucho **(3.3)**

love movie una película romántica **(6.3)**

to love *(someone)* *querer (e→ie) a **(6.3)**

low bajo **(7.1)**

luck: good luck! ¡buena suerte! **(5.1)**

how lucky! ¡qué suerte! **(5.1)**

how lucky you are! ¡qué suerte tienes! **(5.1)**

what luck! ¡qué suerte! **(5.1)**

lunch el almuerzo **(10.2)**

to have lunch almorzar (o→ue) **(10.2)**

m

ma'am señora (Sra.) **(1.2)**

magazine una revista **(3.3)**

magnificent magnífico **(5.4)**

what a magnificent *(noun)!* ¡qué *(noun)* tan magnífico! **(5.4)**

to make *hacer **(5.2)**

to make a mistake equivocarse **(8.2)**

man un hombre, un señor **(3.1)**

young man un joven *(pl.* jóvenes) **(3.1)**

manager un (una) gerente **(9.2)**

many muchos **(3.3)**

how many? ¿cuántos? **(3.3)**

how many times? ¿cuántas veces? **(9.3)**

many times muchas veces **(9.3)**

too many demasiado **(6.1)**

March marzo **(1.5)**

match un partido **(6.2)**

May mayo **(1.5)**

may *poder (o→ue) **(6.3)**

may I talk to . . .? ¿puedo hablar con . . .? **(9.3)**

maybe tal vez **(2.1)**

me mí *(after prep.)* **(2.4);** me **(6.1)**

to (for) me me **(6.1)**

with me conmigo **(2.4)**

meal una comida **(10.2)**

to mean querer decir **(6.3)**

meat la carne **(10.2)**

mechanic un mecánico, una mecánica **(9.4)**

to meet encontrar (o→ue) **(6.3)**

Mexican mexicano **(3.4)**

Mexico México **(3.4)**

milk la leche **(8.4)**

million millón *(pl.* millones) **(7.2)**

a million thanks un millón de gracias **(10.1)**

minute: just a minute un momentito **(9.3)**

Miss señorita (Srta.) **(1.2)**

mistake: to make a mistake equivocarse **(8.2)**

mister (Mr.) señor (Sr.) **(1.2)**

Monday lunes **(1.5)**

(on) Monday el lunes **(6.4)**

(on) Mondays los lunes **(6.4)**

money el dinero **(6.1)**

monkey un mono **(5.2)**

month un mes **(1.5)**

more más **(4.4)**

more . . . than más . . . que **(7.1)**

moreover además **(8.1)**

morning: good morning buenos días **(1.2)**

in the morning de la mañana **(1.4)**

(on) (Thursday) morning el (jueves) por la mañana **(6.4)**

most más **(4.4)**

mother una madre, la mamá **(5.2)**

motorcycle una moto **(3.3)**

mouth boca **(7.1)**

movie una película **(6.3)**

adventure movie una película de aventuras **(6.3)**

love movie una película romántica **(6.3)**

police (detective) movie una película policíaca **(6.3)**

movie theater un cine **(4.2)**

movies el cine **(6.3)**

Mr. señor (Sr.) **(1.2)**

Mrs. señora (Sra.) **(1.2)**

much mucho **(3.3)**

how much? ¿cuánto? **(3.3)**

how much is it? ¿cuánto es? **(1.3)**

too much demasiado **(6.1)**

museum un museo **(4.2)**

musical comedy una comedia musical **(6.3)**

my mi (mis) **(5.2)**

myself me **(7.3)**

n

name: my name is . . . me llamo . . . **(1.1)**

to be named llamarse **(7.4)**

what are their names? ¿cómo se llaman? **(3.1)**

what's his (her) name? ¿cómo se llama? **(3.1)**

what's your name? ¿cómo te llamas? **(1.1)**

narrow estrecho **(7.1)**

near cerca (de) **(4.2)**

nearby cerca **(10.4)**

necktie una corbata **(7.2)**

to need necesitar **(2.3)**

neighborhood un barrio **(4.2)**

never nunca **(6.1)**

nevertheless sin embargo **(7.1)**

new nuevo **(3.3)**

news las noticias **(6.3)**

newspaper un periódico **(3.3)**

next próximo **(5.3)**

next to al lado de **(10.4)**

next (Tuesday) el próximo (martes) **(6.4)**

nice simpático **(3.2)**

the weather is nice hace buen tiempo **(1.6)**

night: at night de la noche (1.4)

    good night buenas noches (1.2)

    last night anoche (8.2)

    (on) (Saturday) night el (sábado) por la noche (6.4)

    (on) (Saturday) nights los (sábados) por la noche (6.4)

nine nueve (1.3)

    nine hundred novecientos (7.2)

nineteen diez y nueve (1.3)

ninety noventa (1.3)

ninth noveno (5.3)

no no (1.1); ninguno (ningún) (6.1)

    no one nadie (6.1)

none ninguno (6.1)

North American norteamericano (3.4)

nose una nariz (*pl.* narices) (7.1)

not no (2.1)

    not any ninguno (6.1)

    not anyone nadie (6.1)

    not anything nada (6.1)

    of course not! ¡claro que no! (2.2)

notebook un cuaderno (3.3)

nothing nada (6.1)

novel una novela (5.3)

November noviembre (1.5)

now ahora (2.1)

number un número (1.3)

nurse un enfermero, una enfermera (9.1)

o

to obey *obedecer (c→zc) (6.4)

object un objeto (3.3)

October octubre (1.5)

of de (2.1)

    it's (five) of (two) son (las dos) menos (cinco) (1.4)

    of course! ¡claro!, ¡cómo no!, ¡por supuesto! (2.2)

    of course not! ¡claro que no! (2.2)

to offer *ofrecer (c→zc) (6.4)

office una oficina (9.1)

officer: police officer un (una) policía (9.1)

often a menudo (5.1); muchas veces (9.3)

oil el aceite (10.2)

O.K. regular (1.2)

old viejo (3.3)

    to be . . . years old tener . . . años (3.4)

older mayor (5.2)

oldest mayor (7.1)

on sobre (10.4)

on *(day of the week)* el *(day of the week)*, los *(day of the week)* (6.4)

    on the left (right) of a la izquierda (derecha) de (10.4)

    on the side (of) al lado (de) (10.4)

    on time a tiempo (8.2)

    on top of sobre, encima (de) (10.4)

once una vez (9.3)

    once in a while de vez en cuando (5.1)

one un, uno, una (1.3)

    it is one o'clock es la una (1.4)

    no one nadie (6.1)

    one hundred cien, ciento (1.3)

    one hundred one ciento uno (una) (7.2)

    one million un millón (7.2)

    one thousand mil (7.2)

    one thousand five hundred mil quinientos (7.2)

    one time una vez (9.3)

only sólo (4.4)

opinion: in my opinion en mi opinión (6.2)

or o (u *before* o *or* ho) (2.1)

orange una naranja (10.2)

order: in order to para (9.2)

to order pedir (e→i) (6.1)

other otro (3.3)

ought to deber + *inf.* (8.3)

our nuestro (5.3)

ourselves nos (7.3)

out: to go out *salir (6.4)

over encima (de), sobre (10.4)

overcoat un abrigo (7.2)

p

to pack a suitcase hacer la maleta (5.2)

pants unos pantalones (7.2)

pardon me! ¡perdón! (5.2)

parents los padres (5.2)

parrot un papagayo (5.2)

to pass salir bien (8.1); pasar (8.2)

    past: it's (five) past (two) son las (dos) y (cinco) (1.4)

pastimes las diversiones (6.3)

pastry un pastel (8.4)

to pay (for) pagar (por) (6.1)

pear una pera (10.2)

pen un bolígrafo (3.3)

pencil un lápiz (*pl.* lápices) (3.3)

people la gente (3.1)

pepper la pimienta (10.2)

photo una foto (3.3)

photographer un fotógrafo, una fotógrafa (9.2)

picture una foto (3.3)

    to take pictures sacar fotos (4.1)

pie un pastel (8.4)

place un lugar (4.2)

plain feo (3.2)

to plan to pensar + *inf.* (e→ie) (6.3)

plate un plato (10.1)

play *(theater)* una obra de teatro (6.3)

to play *(musical instrument)* tocar (2.1); *(game)* jugar (u→ue) a (6.2)

player un jugador, una jugadora (6.2)

    record player un tocadiscos (3.3)

plaza una plaza (4.2)

pleasant simpático (3.2)

please por favor (1.3)

    it pleases me me gusta (2.4)

    please . . . hazme el favor de + *inf.* (10.1)

    to be pleasing gustar (6.2)

pleasure: with pleasure con mucho gusto (1.3)

p.m. de la tarde, de la noche (1.4)

to **point out** enseñar (4.1)
  police movie una película policíaca (6.3)
  police officer un (una) policía (9.1)
  pool: swimming pool una piscina (4.2)
  poor: to be poor ser pobre (6.1)
  postcard una tarjeta (5.1)
  potatoes las papas (10.2)
to **prefer** preferir (e→ie) (6.3)
  present un regalo (3.3)
  pretty bonito (3.2); lindo (7.1)
  profession una profesión (9.1)
  professor un profesor, una profesora (3.1)
  program (television) un programa (6.3)
  programmer un programador, una programadora (9.2)
  public square una plaza (4.2)
  Puerto Rican puertorriqueño (3.4)
  Puerto Rico Puerto Rico (3.4)
  pupil un alumno, una alumna (3.1)
  purse un bolso (3.3)
to **put** *poner (6.4)
to **put on** (oneself) *ponerse (7.3)

q

  quarter un cuarto (1.4)
    it's quarter past (quarter of) one es la una y cuarto (menos cuarto) (1.4)
  quite bastante (3.2)

r

  radio (set) un radio (3.3)
    radio announcer un locutor, una locutora (9.2)
  rain: it's raining llueve (1.6)
  raincoat un impermeable (7.2)
  rarely raras veces (6.1)
  rather bastante (3.2)
to **read** leer (5.1)
  reading la lectura (5.1)

really? ¿de veras? (1.5); ¿cierto? (4.3)
to **receive** recibir (8.1)
  received: I received tuve (9.4)
  record un disco (2.1)
    record player un tocadiscos (3.3)
  recorder: tape recorder una grabadora (3.3)
  red rojo (7.2)
  refused: I refused no quise (9.4)
  regularly regularmente (6.1)
to **relate** contar (o→ue) (6.3)
  relatives los parientes (5.2)
to **remain** quedarse (7.4)
to **remember** recordar (o→ue) (6.3)
to **request** pedir (e→i) (6.1)
  restaurant un restaurante (4.2)
to **return** volver (o→ue) (6.3)
  rice el arroz (10.2)
  rich: to be rich ser rico (6.1)
  right derecho (adj.) (7.4)
    all right buen, bueno (3.1)
    on the right of a la derecha de (10.4)
    right? ¿verdad? (2.2)
    to the right of a la derecha de (10.4)
  room un cuarto (5.3)
    bathroom un baño (5.3)
    bedroom un cuarto (5.3)
    dining room un comedor (5.3)
    living room una sala (5.3)
to **run into** encontrar (o→ue) (6.3)

s

  sad triste (4.3)
  salad una ensalada (8.4)
  salesperson un vendedor, una vendedora (9.2)
    traveling salesperson un vendedor viajero, una vendedora viajera (9.2)
  salt la sal (10.2)
  same mismo (4.4)
    at the same time al mismo tiempo (8.3)
  sandals unas sandalias (7.2)
  sandwich un sándwich (8.4)

  Saturday sábado (1.5)
    (on) Saturday el sábado (6.4)
    (on) Saturday nights los sábados por la noche (6.4)
    (on) Saturdays los sábados (6.4)
  saucer un platillo (10.1)
to **save** ahorrar (6.1)
to **say** *decir (5.3)
    to say yes (no) decir que sí (no) (5.3)
    you don't say! ¡no me digas! (4.3)
  school una escuela (4.2)
  scientist un científico, una científica (9.2)
  sea el mar (4.2)
  seamstress una modista (9.4)
  season una estación (pl. estaciones) (1.6)
  second segundo (5.3)
  secretary un secretario, una secretaria (9.1)
to **see** *ver (5.1)
    let's see a ver, vamos a ver (5.1)
    see you later hasta luego (1.2)
  seldom raras veces (6.1)
to **sell** vender (5.1)
to **send** mandar (5.4)
  September septiembre (1.5)
  serious serio (3.2)
to **serve** servir (e→i) (8.4)
to **set the table** poner la mesa (10.1)
  seven siete (1.3)
    seven hundred setecientos (7.2)
  seventeen diez y siete (1.3)
  seventh séptimo (5.3)
  seventy setenta (1.3)
  shabby vulgar (7.1)
  she ella (2.2)
    she is from . . . es de . . . (1.1)
  ship barco (4.4)
  shirt una camisa (7.2)
    T-shirt una camiseta (7.2)
  shoes unos zapatos (7.2)
  shop una tienda (4.2)
  short bajo (3.2); corto (7.1)
  shorts unos pantalones cortos (7.2)
  should deber + inf. (8.3)

show: variety show un programa de variedades **(6.3)**

to **show** enseñar **(4.1)**

sick enfermo **(4.3)**

side: on (at, to) the side (of) al lado (de) **(10.4)**

sincerely sinceramente **(9.2)**

to **sing** cantar **(2.1)**

singer un (una) cantante **(6.3)**

single solo **(4.4)**

sir señor (Sr.) **(1.2)**

sister una hermana **(5.2)**

to **sit down** sentarse (e→ie) **(7.4)**

six seis **(1.3)**

    six hundred seiscientos **(7.2)**

sixteen diez y seis **(1.3)**

sixth sexto **(5.3)**

sixty sesenta **(1.3)**

skiing el esquí **(6.2)**

skirt una falda **(7.2)**

to **sleep** dormir (o→ue) **(6.3)**

sleepy: to be sleepy tener sueño **(8.4)**

small pequeño **(3.3)**

    smaller más pequeño **(3.3)**

snack *(late afternoon)* una merienda **(10.2)**

    to have a snack merendar (e→ie) **(10.2)**

snow: it's snowing nieva **(1.6)**

so: so long hasta la vista **(1.2)**

soccer el fútbol **(6.2)**

social worker un trabajador social, una trabajadora social **(9.1)**

socks unos calcetines *(sing.* calcetín) **(7.2)**

some unos, unas **(3.3)**; alguno (algún) **(6.1)**

someone alguien **(6.1)**

something algo **(6.1)**

sometimes a veces **(5.1)**

son un hijo **(5.2)**

so-so así, así **(1.2)**

Spain España **(3.4)**

Spanish español *(f.* española) **(3.4)**

to **speak** hablar **(2.1)**

to **spend** *(money)* gastar **(6.1)**; *(time)* pasar **(8.2)**

sport un deporte **(6.2)**

    active in sports deportista **(6.2)**

    sports *(concerning)* deportivo **(6.2)**

spring la primavera **(1.6)**

square: public square una plaza **(4.2)**

to **stay** quedarse **(7.4)**

steak el bistec **(10.2)**

still todavía **(7.3)**

to **stop** dejar de + *inf.* **(9.2)**

store una tienda **(4.2)**

story un cuento **(5.1)**

straight liso **(7.1)**

street una calle **(4.2)**

strong fuerte **(7.1)**

student un alumno, una alumna, un (una) estudiante **(3.1)**

to **study** estudiar **(2.1)**

stupid tonto **(3.2)**

sugar el azúcar **(10.2)**

suit un traje **(7.2)**

    bathing suit un traje de baño **(7.2)**

suitcase: to pack a suitcase hacer la maleta **(5.2)**

summer el verano **(1.6)**

sun: it's sunny hace sol **(1.6)**

    sunglasses unos anteojos de sol **(7.2)**

Sunday domingo **(1.5)**

    (on) Sunday el domingo **(6.4)**

    (on) Sundays los domingos **(6.4)**

sure: are you sure? ¿cierto? **(4.3)**

sweater un suéter *(pl.* suéteres) **(7.2)**

to **swim** nadar **(2.2)**

swimming la natación **(6.2)**

swimming pool una piscina **(4.2)**

t

T-shirt una camiseta **(7.2)**

table una mesa **(10.4)**

    to set the table poner la mesa **(10.1)**

tablespoon una cuchara **(10.1)**

to **take** tomar **(4.1)**

    to take a bath bañarse **(7.3)**

    to take an exam tomar un examen **(8.1)**

    to take care of atender (e→ie) a **(9.1)**

    to take off quitarse **(7.3)**

    to take pictures sacar fotos **(4.1)**

    to take *(someone or something)* llevar **(4.1)**

talk: may I talk to . . . ? ¿puedo hablar con . . . ? **(9.3)**

    to talk about hablar de **(4.1)**

tall alto **(3.2)**

tape una cinta **(3.3)**

tape recorder una grabadora **(3.3)**

tea el té **(8.4)**

to **teach** enseñar **(4.1)**

teacher un maestro, una maestra, un profesor, una profesora **(3.1)**

team un equipo **(6.2)**

teaspoon una cucharita **(10.1)**

teeth los dientes **(7.1)**

television *(transmission)* la televisión **(6.3)**

    television set un televisor **(3.3)**

to **tell** *decir **(5.3)**; contar (o→ue) **(6.3)**

temperature la temperatura **(1.6)**

    what is the temperature? ¿cuál es la temperatura? **(1.6)**

ten diez **(1.3)**

tennis el tenis **(6.2)**

tenth décimo **(5.3)**

terrible muy mal **(1.2)**

terrific fantástico **(2.1)**; estupendo, magnífico **(5.4)**

    what a terrific *(noun)!* ¡qué *(noun)* tan fantástico (estupendo, magnífico)! **(5.4)**

than: more (less) . . . than más (menos) . . . que **(7.1)**

thank you gracias, muchas gracias **(1.3)**

    a million thanks un millón de gracias **(10.1)**

    a thousand thanks mil gracias **(10.1)**

that que *(rel. pron.)* **(3.4)**; ese, esa **(7.2)**; lo *(neuter pron.)* **(9.1)**

    that . . . over there aquel, aquella **(7.2)**

that's bad! ¡qué malo! **(1.6)**
that's why por eso **(2.4)**
the things that lo que **(9.4)**
the el, la **(3.1)**; los, las **(3.3)**
theater el teatro **(6.3)**
  movie theater un cine **(4.2)**
their su, sus **(5.3)**
them ellos, ellas *(after prep.)*
(2.4); los, las *(dir. obj.)* **(4.4)**
  to (for) them les **(5.4)**
themselves se **(7.3)**
then entonces **(8.2)**; luego
(8.4)
  well then ... entonces ...
  (3.4)
there allí **(4.2)**
  there is, there are hay
  (3.1)
  there is (are) no no hay
  (3.3)
  what is there? ¿qué hay?
  (3.3)
therefore por eso **(2.4)**
these estos, estas **(7.2)**
they ellos, ellas **(2.2)**
thin delgado **(3.2)**
thing una cosa **(3.3)**
  the things that lo que **(9.4)**
to **think** creer **(5.1)**; pensar (e→ie)
(6.3)
  I think that ... creo que ...
  (4.4)
  to think about pensar de,
  pensar en **(6.3)**
  to think of pensar de **(6.3)**
  to think that pensar que
  (6.3)
third tercero **(5.3)**
thirsty: to be thirsty tener sed
(8.4)
thirteen trece **(1.3)**
thirty treinta **(1.3)**
this este, esta **(7.2)**
  this is ... *(on the phone)*
  es ... **(9.3)**
  this time esta vez **(9.3)**
those esos, esas, *(over there)*
aquellos, aquellas **(7.2)**
thousand mil **(7.2)**
  a thousand thanks mil
  gracias **(10.1)**
  one thousand five hundred
  mil quinientos **(7.2)**
three tres **(1.3)**
  three hundred trescientos
  (7.2)

through por **(9.3)**
Thursday jueves **(1.5)**
  (on) Thursday el jueves
  (6.4)
  (on) Thursdays los jueves
  (6.4)
tie una corbata **(7.2)**
time la hora **(1.4)**; la vez
(pl. veces) **(9.3)**
  at the same time al mismo
  tiempo **(8.3)**
  at what time? ¿a qué hora?
  (1.4)
  from time to time de vez en
  cuando **(9.3)**
  how many times? ¿cuántas
  veces? **(9.3)**
  many times muchas veces
  (9.3)
  on time a tiempo **(8.2)**
  one time una vez **(9.3)**
  this time esta vez **(9.3)**
  to waste time perder el
  tiempo **(6.3)**
  what time is it? ¿qué hora
  es? **(1.4)**
tired cansado **(4.3)**
to **a** **(2.1)**
  to ...'s house a la casa
  de ... **(4.2)**
  to the left (right) of a la
  izquierda (derecha) de
  (10.4)
  to the side (of) al lado (de)
  (10.4)
today hoy **(1.5)**
today is (May 2) hoy es el (2)
de (mayo) **(1.5)**
tomato un tomate **(10.2)**
tomorrow mañana **(1.5)**
too también **(2.1)**; demasiado
(3.2)
  too much (many) demasiado
  (3.2)
  too bad! ¡qué lástima! **(2.1)**
top: on top of encima de, sobre
(10.4)
toward(s) hacia **(10.4)**
town un pueblo **(4.2)**
trade un oficio **(9.1)**
train un tren **(4.4)**
to **translate** *traducir (c→zc)
(6.4)
to **travel** viajar **(2.2)**
  travel agent un (una) agente
  de viajes **(9.1)**

traveling salesperson un
vendedor viajero, una
vendedora viajera **(9.2)**
tree un árbol **(5.3)**
tried: I tried quise **(9.4)**
trip: to go on a trip hacer un
viaje **(5.2)**
to **try to** tratar de + *inf.* **(9.2)**
Tuesday martes **(1.5)**
  (on) Tuesday el martes
  (6.4)
  (on) Tuesdays los martes
  (6.4)
TV set un televisor **(3.3)**
  TV announcer un locutor,
  una locutora **(9.2)**
twelve doce **(1.3)**
twenty veinte **(1.3)**
twice dos veces **(9.3)**
two dos **(1.3)**
  it's two o'clock son las dos
  (1.4)
  two hundred doscientos
  (7.2)
  two thousand dos mil **(7.2)**
to **type** escribir a máquina **(9.1)**

ugly feo **(3.2)**
uncle un tío **(5.2)**
under debajo (de) **(10.4)**
underneath debajo (de) **(10.4)**
to **understand** comprender **(5.1)**;
entender (e→ie) **(6.3)**
unfortunately
desafortunadamente, por
desgracia **(10.4)**
United States los Estados
Unidos **(3.4)**
unpleasant antipático **(3.2)**
until hasta **(8.2)**
up: to get up levantarse **(7.4)**
upset enojado **(8.1)**
us nosotros *(after prep.)*, nos *(obj.
pron.)* **(6.1)**
  to us nos *(obj. pron.)* **(6.1)**
useful útil **(8.1)**
useless inútil **(8.1)**

V

variety show un programa de
variedades **(6.3)**

480

vegetable un vegetal (10.2)
very muy (2.1)
   very bad muy mal (1.2)
   very well, and you? muy
     bien, ¿y tú? (1.2)
veterinarian un veterinario, una
   veterinaria (9.1)
village un pueblo (4.2)
vinegar el vinagre (10.2)
to **visit** visitar (2.2)
volleyball *(sport)* el volibol
   (6.2)

w

to **wait for** esperar (4.1)
   to wait on atender (e→ie)
     (9.1)
to **walk** ir a pie (4.4)
to **want** desear (2.3); *querer
   (e→ie) (6.3)
   to want to querer + *inf*.
     (6.3)
   warm: it's warm hace calor
     (1.6)
to **wash** lavar (7.3)
   to wash (oneself) lavarse
     (7.3)
to **waste time** perder el tiempo
   (6.3)
watch un reloj (3.3)
to **watch** mirar (2.2)
water el agua (8.4)
way: by the way a propósito
   (10.2)
we nosotros, nosotras (2.4)
weak débil (7.1)
to **wear** llevar (7.2)
weather el tiempo (1.6)
   the weather's bad (nice)
     hace mal (buen) tiempo
     (1.6)
   what's the weather like?
     ¿qué tiempo hace? (1.6)
Wednesday miércoles (1.5)
   (on) Wednesday el miércoles
     (6.4)
   (on) Wednesdays los
     miércoles (6.4)
week una semana (1.5)
weekend el fin de semana (1.5)
welcome: you're welcome de
   nada, no hay de qué (1.3)
well bien (2.1)

very well, and you? muy
   bien, ¿y tú? (1.2)
well ... bueno ... (3.1)
well then ... entonces ...
   (3.4)
western *(movie)* una película del
   oeste (6.3)
what? ¿qué? (2.3); ¿cuál?,
   ¿cuáles? (6.3)
   what lo que (9.4)
   what! ¡caramba! (5.3)
   what a *(adj. + noun)*! ¡qué
     (noun) tan *(adj.)*! (5.4)
   what are their (your)
     names? ¿cómo se llaman?
     (3.1)
   what are they called?
     ¿cómo se llaman? (3.1)
   what color? ¿de qué color?
     (7.2)
   what day is it today
     (tomorrow)? ¿qué día es
     hoy (mañana)? (1.5)
   what (did you say)? ¿cómo?
     (2.3)
   what is ... like? ¿cómo
     es ...? (3.2)
   what is he (she) called?
     ¿cómo se llama? (3.1)
   what is his (her) name?
     ¿cómo se llama? (3.1)
   what is the temperature?
     ¿cuál es la temperatura?
     (1.6)
   what is the weather like?
     ¿qué tiempo hace? (1.6)
   what is there ...? ¿qué
     hay ...? (3.3)
   what is today's (tomorrow's)
     date? ¿cuál es la fecha de
     hoy (mañana)? (1.5)
   what is your name? ¿cómo
     te llamas? (1.1)
   what luck! ¡qué suerte!
     (5.1)
   what time is it? ¿qué hora
     es? (1.4)
   what's wrong? ¿qué pasa?
     (1.4)
wheelchair silla de ruedas
when cuando (2.3)
when? ¿cuándo? (2.3)
where donde (2.3)
where? ¿dónde? (2.3)
   from where? ¿de dónde?
     (3.4)

   to where? ¿adónde? (4.2)
which que *(rel. pron.)* (3.4)
which? ¿cuál?, ¿cuáles? (6.3)
while: once in a while de vez
   en cuando (5.1)
white blanco (7.2)
who, whom que *(rel. pron.)*
   (3.4)
who?, whom? ¿quién(es)? (2.3)
   to whom? ¿a quien(es)?
     (4.1)
whole: the whole todo el, toda
   la (3.3)
whose? ¿de quién(es)? (5.1)
why? ¿por qué? (2.3)
   that's why por eso (2.4)
wide ancho (7.1)
wife una mujer (3.1); una
   esposa (5.2)
window una ventana (5.3)
windy: it's windy hace viento
   (1.6)
wine: el vino (8.4)
winter el invierno (1.6)
to **wish** desear (2.3)
with con (2.1)
   with me conmigo (2.4)
   with pleasure! ¡con mucho
     gusto! (1.3)
   with you contigo (2.4)
without sin (9.2)
woman una mujer (3.1)
   young woman una joven
     (pl. jóvenes) (3.1)
word una palabra (2.1)
work el trabajo (6.1)
to **work** trabajar (2.1)
   worker: social worker un
     trabajador social, una
     trabajadora social (9.1)
worse peor (7.1)
worst peor (7.1)
wow! ¡caramba! (5.3)
to **write** escribir (5.1)

Y

year un año (1.5)
   to be ... years old tener ...
     años (3.4)
yellow amarillo (7.2)
yes sí (1.1)
yesterday ayer (8.2)

you   tú *(fam.)*, usted *(formal)*
(2.3); vosotros(as) *(fam. pl.)*,
ustedes *(pl.)*, ti *(after prep.)*
(2.4); te *(fam.)*, lo, la, los, las
(formal) (obj. pron.)   (6.1)
   how are you?   ¿cómo está
Ud? *(formal)*, ¿cómo estás?
(fam.)   (1.2)
   to you   te *(fam.)*, le, les
(formal)   (6.1)

with you   contigo   (2.4)
young   joven   (7.1)
   young man, young woman
un joven, una joven
(pl. jóvenes)   (3.1)
younger   menor   (5.2)
youngest   menor   (7.1)
your   tu, tus *(fam.)*   (5.2); su, sus
(formal)   (5.3)

yourself   te *(fam.)*, se *(formal)*
(7.3)
yourselves   se   (7.3)

Z

zero   cero   (1.3)

INDEX

a
  after **ir** to express future 146
  contraction with **el** 136
  personal 134
  verbs followed by 227, 353
abbreviations 11
acabar de + infinitive 309
accents 4, 161, 327, 335, 402, 419, 421
adjectives 92-93, 104
  agreement and formation 92-93, 104, 106, 256
  comparative forms 258-259
  demonstrative 268
  nouns used as, with **de** 180
  of nationality 112, 202
  of quantity 106
  ordinal numbers 187
  position before and after the noun 95, 101
  possessive 178, 188, 189, 195
  shortened forms 95, 101
  superlative forms 261
  used as nouns 269
adverbs 292
affirmative words 220-221
agreement
  noun-adjective 92-93, 104, 256
  subject-verb 52, 58, 64, 72-73, 74
alphabet 6
-ar verbs 52, 58, 64, 72, 74, 134-135
  English cognates 165, 431
  preterite 317, 330
  spelling-changing 319, 409
  stem-changing 227, 236, 239, 330
articles 84, 86, 103
  see definite article; indefinite article
caer 326
cognates 79, 118, 165, 251, 337, 431
commands
  affirmative 399, 401, 419, 424
  irregular 417, 418
  negative 409, 411
  with pronouns 401, 411, 419, 424
conducir 246, 368
conocer 246
  vs. **saber** 344-345
contractions (**al, del**) 136
creer 326
¿cuál? 235

dar 197, 325, 418
dates 28, 244
  days of the week 28, 244
  months of the year 28
de
  contraction with **el** 136
  indicating possession 173-174
  noun + **de** + noun 180
  verb + **de** + infinitive 353
  with time expressions 21
decir 186, 368, 417
definite article 86, 103
  contractions with 136
  to show possession 257, 279, 284
  used in general sense 228
  with days of the week 244
demonstrative adjectives 268
diphthongs: see pronunciation
dormir 238, 239
encontrar 238, 239
-er verbs 170
  preterite 324, 326, 330
  spelling-changing 326
  stem-changing 236, 239, 330
estar 142, 375, 418
  in present progressive 152
  vs. **ser** 142, 150
future (near), with **ir a** 146
gender 84, 92-93, 256
greetings 11
gustar 75, 229
hacer 181, 375, 417
  to express duration of action 311
  to express weather conditions 33
hay 85, 101
indefinite article 84, 103
  omission of 88, 101, 103, 106, 266, 343
infinitive 52, 65
  after **acabar de** 309
  after **ir a** 146
  after prepositions 353, 356
  after verbs 65, 353
  of reflexive verbs 288
  position of pronouns 160, 196, 419
interrogative expressions 66-67, 106, 111, 138, 145, 154, 174, 235, 311
ir 144, 366, 418
  with **a** to express future 146
-ir verbs 170
  preterite 324, 326, 330, 331
  stem-changing 222, 236, 239, 331
jugar 227
leer 326
linking: see pronunciation

lo 347
  with **que** 377
negatives 53, 220-221
nouns
  gender: masculine / feminine 84-85
  number: singular / plural 103
  used as adjectives 180
numbers 16, 18, 270, 432
  for ages 110
  in dates 28
  in telling time 21, 24
  ordinal 187
oír 245, 326
para 356, 358
past tense
  preterite 317, 324
  recent past (**acabar de**) 309
pedir 221
  vs. **preguntar** 222
pensar 235, 236
  idiomatic use 236
personal **a** 134
place, expressions of 145
plural
  adjectives 104, 256
  articles 103
  nouns 103
poder 238, 239, 375
polite expressions 19
poner 245, 375, 417
por 369
possession 173-174
  adjectives 178, 188-189, 195
  with definite article 279, 284
preferir 235
prepositions 143, 145, 356, 369
  of place 143, 145, 426
  para 358
  por 369
  with infinitives 353, 356
present participle 152, 170, 433
present progressive tense 152
present tense 74, 170
  irregular forms: *see* individual verb listings
  reflexive 275-276, 278-279, 285-286, 288
  stem-changing 235-236, 238-239
  with **hace** to express duration 311
preterite tense 317, 324, 330
  irregular forms 325, 326, 366, 368, 375
  spelling changes 319, 326
  stem-changing verbs 330, 331
pronouns 64, 72, 398

direct object 158, 196, 218-219, 398, 419

indirect object 198, 218-219, 398, 419, 424

lo 347, 377

omission of subject 52, 58, 64

position 158, 160, 196, 198, 218, 401, 411, 419, 424

reflexive 275-276, 285, 286, 288, 401

relative 113

subject 52, 58, 64, 72-73

with commands 401, 411, 419, 424

with **gustar** 75, 229

with infinitives 160, 196, 198, 218, 419, 424

with prepositions 75

pronunciation

diphthongs 96, 240, 327

linking 88, 106

stress 154-155, 161, 327, 335, 402, 421

vowels 12, 18, 24, 30, 36, 312, 327

b 174

c 146, 320, 370, 379

-ción 348

ch 280

d 138-139, 248

g 55, 190-191, 230, 320

h 54

j ("jota") 55, 230

/k/ 320, 370

l 199, 271

ll 60, 271

ñ 115

p 223

q 320

r 76, 359

rr 182, 428

s 146

-sión 348

t 412

v 68-69, 289

x 55

z 146, 262, 379

punctuation 4

que (relative pronoun) 113

¡qué + adjective! 36, 97

querer 235, 375

idiomatic use 236

questions 59-60

information questions 66

pronouns 67

saber 344, 375

vs. **conocer** 344-345

salir 245, 417

se 275-276, 424

ser 88, 134, 235, 366, 418

vs. **estar** 142, 150

stem-changing verbs 235, 238, 433-434

see entries under **-ar, -er, -ir** verbs

stem of regular **-ar** verbs 74

superlative 261

tener 100-101, 134, 375, 417

expressions with 110, 332

time 21, 24, 172

with **hace** + present 311

traer 245, 368

tú vs. **Ud./Uds.** 64, 72

venir 111, 375, 417

ver 173, 325

verbs

see listings under **-ar, -er, -ir** verbs; individual irregular verbs

commands 399, 401, 409, 411, 417, 418

infinitive 52, 65, 146, 288, 309, 353, 356

irregular: summary chart 434-435

reflexive 275-276, 278-279, 285, 286, 288

regular: summary chart 432

stem-changing: summary charts 236, 239, 433-434

with direct and indirect objects 196, 198

vowel sounds: see pronunciation

weather, expressions of 33, 34-35

word order

in commands 399, 401, 411, 419

in negative statements 53

in questions 59-60

of adjectives 95, 101

of pronouns 158, 160, 401, 411, 419

PHOTO CREDITS